Springer-Verlag Berlin Heidelberg GmbH

Jörg Biethahn
Burkhard Huch (Hrsg.)

Informations-systeme für das Controlling

Konzepte, Methoden
und Instrumente
zur Gestaltung
von Controlling-Informationssystemen

Mit 101 Abbildungen

Springer-Verlag Berlin Heidelberg GmbH

Prof. Dr. Jörg Biethahn
Georg-August-Universität Göttingen
Institut für Wirtschaftsinformatik
Abteilung I
Platz der Göttinger Sieben 5
D-37037 Göttingen

Prof. Dr. Burkhard Huch
Universität Hildesheim
Institut für Betriebswirtschaftslehre
Rechnungswesen/Controlling
Marienburger Platz 22
D-31141 Hildesheim

ISBN 978-3-540-57778-2   ISBN 978-3-642-57932-5 (eBook)
DOI 10.1007/978-3-642-57932-5

Vorwort

Controlling und Informationssysteme sind sehr eng miteinander verwoben. Zum einen sind Informationssysteme unabdingbar, um dem Controlling Informationen als Entscheidungsgrundlage zu liefern. Fortschritte in der Konzeption des Controlling konnten oftmals erst durch Weiterentwicklungen von Informations- und Kommunikationskonzepten sowie -technologien initiiert und entsprechend umgesetzt werden.

Zum anderen kommt der Informationsverarbeitung in betrieblichen Organisationen aus strategischer und operativer Sicht eine solch wachsende Bedeutung zu, daß diese selbst Gegenstand einer betriebswirtschaftlichen Gestaltung und Steuerung nach den Grundsätzen des Controlling sein muß. Controlling von Informationssystemen gewinnt auch in der Unternehmenspraxis zunehmend an Bedeutung.

Diesen Entwicklungen soll die vorliegende Veröffentlichung Rechnung tragen, wenn in fünf Hauptkapiteln Konzepte, Methoden und Instrumente von Informationssystemen für das Controlling dargelegt werden.

Im ersten Kapitel steht das Konzept des Controlling mit spezifischen Strukturen, Prozessen und Instrumenten im Vordergrund.

Ein – möglichst ganzheitlich zu konzipierendes – Informationssystem ist neben dem Planungs- und Kontrollsystem das wichtigste Instrument des Controlling. Im zweiten Kapitel werden diese Controlling-Informationssysteme hinsichtlich Begriff, Funktionen und Struktur aufgezeigt.

Controlling der Informationssysteme ist Gegenstand des dritten Kapitels; hier geht es um mehr als die Minimierung der Kosten der Informationsversorgung, wenn sowohl aus operativer als auch aus strategischer Sicht das Informationssystem als Erfolgsfaktor zu optimieren ist.

Informationssysteme bedürfen des konzeptionellen Entwurfs und der konkreten Umsetzung. Deshalb werden im vierten Kapitel Datenbanksysteme und -modelle sowie Entwurfsmethoden zur Konzeption von Informationssystemen dargelegt, wobei auch neuere Ansätze – wie objektorientierte Analyse und objektorientiertes Design von Informationssystemen – berücksichtigt werden.

Im fünften Kapitel werden schließlich Programmier- und Planungssprachen, Tabellenkalkulationssysteme sowie FIS-Generatoren und KI-Entwicklungsumgebungen als Werkzeuge zur Entwicklung von Controlling-Informationssystemen diskutiert.

Diesen konzeptionellen Darlegungen schließen sich in einem sechsten Kapitel drei Anwenderberichte aus den Häusern Bertelsmann, Krupp Hoesch und Varta an, um die Entwicklungen unterschiedlicher Unternehmen beispielhaft aufzuzeigen.

Diese Veröffentlichung richtet sich sowohl als Lehrbuch an die Studenten der Betriebswirtschaftslehre, der Wirtschaftsinformatik und der Informatik als auch an die Praktiker aus den Bereichen Informationsverarbeitung und Controlling, um diesen die neueren Entwicklungen als Grundlage eigener Konzeptionen darzulegen.

Wir danken insbesondere den Herren Dipl.-Kfm. Fritz Dürkop, Dr. Axel Dycke, Dr. Reinhard Liedl und Dipl.-Ing. Ernst Sander, die mit ihren Beiträgen sehr wesentlich zur Praxisnähe dieses Buches beigetragen haben. Wir wissen zu schätzen, was es heißt, neben den täglichen beruflichen Verpflichtungen noch Zeit für solche Beiträge zu finden.

Ferner danken wir unseren Mitarbeitern für ihre konstruktive und für das Gesamtwerk wertvolle inhaltliche Mithilfe, insbesondere aber für ihre namentlich gekennzeichneten Beiträge.

Die Diskussion innerhalb und zwischen unseren Instituten der Universitäten Göttingen und Hildesheim hat sich positiv auf das Konzept und den Inhalt des vorliegenden Buches ausgewirkt. Besonders danken wir Herrn Dr. Wolfgang Behme für seine Initiativen zu diesem Projekt und die zusammen mit Herrn Dipl.-Inform. Thomas Ohlendorf übernommene kapitelübergreifende Koordination sowie die redaktionelle Leitung. Unserer Dank gilt auch Herrn Dipl.-Kfm. Jochen Kuhl für die Betreuung der Praxisbeiträge. Für die Anfertigung der Druckvorlage am Institut für Betriebswirtschaftslehre der Universität Hildesheim danken wir Frau cand. inform. Pia Krebs, Herrn cand. inform. Karsten Schreyer sowie Herrn cand. inform. Andreas Totok, ohne deren Detailarbeit das Buch nicht in dieser Form hätte vorgelegt werden können.

Dem Springer-Verlag und hier insbesondere Herrn Dr. Peter Schuster gilt unser Dank für die Aufnahme dieses Lehrbuchs in das Verlagsprogramm und die gute Zusammenarbeit.

Göttingen/Hildesheim   Jörg Biethahn
im Januar 1994   Burkhard Huch

Inhaltsverzeichnis

1 Controlling: Konzepte, Aufgaben und Instrumente

von Burkhard Huch und Katja Schimmelpfeng

1.1 Konzepte des Controlling

1.1.1 Managementkonzepte

In der Praxis angewandte Managementkonzepte haben in den letzten Jahren strukturelle Veränderungen erfahren (Huch 1992, S.15). Wurde Management als zielorientierte Unternehmensführung lange Zeit als alleinige Aufgabe der Unternehmensleitung angesehen, so wurde es zunehmend auch auf hierarchisch tiefer angesiedelte Instanzen ausgeweitet. Dieses geschah teils bedingt durch das Wachstum, aber insbesondere auch aufgrund der Erfahrung, daß in den Fachabteilungen oftmals bessere Sachkenntnisse vorhanden sind und so Entscheidungen für bestimmte Probleme schneller und besser getroffen werden können. Ein weiteres Argument für die Delegation von Managementfunktionen liegt in der stärkeren Motivation solcher Mitarbeiter, die nach produktiver Selbstentfaltung streben. Insgesamt wurde dieser Wandel im Management aber erst durch den Controlling-Gedanken ermöglicht.

Ausgangspunkt aller Controlling-Betrachtungen ist die Sichtweise von Unternehmensführung und Management entweder als Funktion oder als Institution (Hahn 1985, S.12ff; Schierenbeck 1989, S.71f): Management als Funktion beinhaltet die Gestaltung und Steuerung des sozio-ökonomisch-technischen Systems 'Unternehmen'. Ausgeübt wird diese Managementfunktion von einer Institution, die im Top-, Middle- und Lower-Management angesiedelt sein kann.

In der Unternehmenspraxis realisiertes Management wird gemäß Abbildung 1/1 (Schierenbeck 1989, S.72) sowohl als spezifische Funktion als auch als Institution durch prozessuale, strukturelle und personelle Dimensionen gekennzeichnet.

Die prozessuale Dimension schreibt für jede Managementtätigkeit die Beachtung des Phasenschemas als verbindlichen Rahmen vor (Wild 1982, S.37; Schierenbeck 1989, S.73ff): Jede Managementtätigkeit durchläuft die Phasen der Willensbildung als Planung mit Zielsetzung, Maßnahmenplanung, Maßnahmenbewertung und Entscheidung sowie Willensdurchsetzung mit Durchführung und Kontrolle. Der Kontrolle schließt sich gegebenenfalls eine erneute Planung an (Hahn 1985, S.23ff).

Hinsichtlich der strukturellen Dimension des Managements ist eine wechselseitige Abhängigkeit und Beeinflussung zwischen der Managementfunktion und -institution sowie der Aufbau- und Ablauforganisation zu beobachten: Einerseits charakterisiert das Management durch seine strukturbildende Kraft die Aufbau- und Ablauforganisation, andererseits hat sie sich dieser zu fügen (Schierenbeck 1989, S.79ff; Horváth 1992, S.802f).

Die personelle Dimension der Managementaktivitäten wird durch den Führungsstil, der als 'autoritär', 'kooperativ', 'demokratisch' oder 'partizipativ' beschrieben werden kann, gekennzeichnet (Schierenbeck 1989, S.83ff).

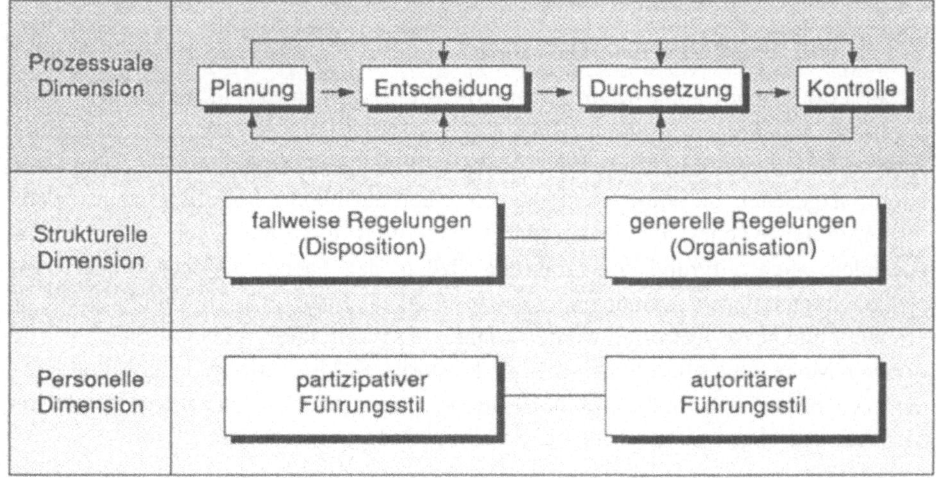

Abb. 1/1: Managementdimensionen

Insgesamt stellt Management als Funktion einen personengebundenen Informationsverarbeitungsprozeß mit Willensbildung und -durchsetzung (Hahn 1985, S.25) unter Beachtung der oben skizzierten Dimensionen unterschiedlicher Ausprägung dar.

1.1.2 Controlling als Führungskonzept und Unternehmensinstanz

Controlling-Definitionen sind sehr unterschiedlich und erstrecken sich über ein äußerst breites, unterschiedlich gehandhabtes Spektrum: Unter Controlling werden ein Instrumentarium, ein Führungskonzept, ein organisatorischer Bereich, ein Aufgabengebiet oder auch ein Informationssystem verstanden (Küpper 1990, S.785; Weber 1991a, S.12ff).

Die etymologische Erklärung des Controlling geht in das Mittelalter zurück (Horváth 1992, S.28f): Lateinisch war 'contra rolatus' ('Gegenrolle') die Bezeichnung für eine zu Kontrollzwecken vorgenommene weitere Aufzeichnung von Geschäftsvorgängen; diese Gegenaufzeichnungen (französisch: 'contre rôle', englisch: 'counter roll') oblagen dem 'countre-roullour' bzw. dem 'counterroller'.

Heute wird der Begriff des Controlling meist im Sinne des englischen 'to control' ('steuern, regeln, beherrschen') benutzt (Weber 1991a, S.11). Controlling bedeutet dann zielorientierte Steuerung des Unternehmens und wird damit dem wesentlichen Teil der Führungstätigkeit des Managements zugeordnet (Ulrich 1985, S.23; Haufs 1989, S.4).

In Literatur und Unternehmenspraxis wird Controlling zumeist entweder als funktionaler Teilbereich des Managements oder als institutioneller Teilbereich innerhalb der Unternehmensorganisation gesehen (Weber 1991a, S.12ff).

Als funktionaler Teilbereich des Managements bedeutet Controlling die Steuerung des Unternehmensgeschehens als die eigentliche Kernaufgabe des Managements oder aber die Unterstützung des Managements bei der Ausübung seiner Kernaufgabe.

Betrachtet man ein Unternehmen auf hoher Abstraktionsebene, so lassen sich mit Abbildung 1/2 das Basissystem und das Führungssystem als zwei unterschiedliche Subsysteme, die jeweils weiter unterteilt werden können, unterscheiden (in Anlehnung an Haufs 1989, S.6ff).

Dem Basissystem werden alle realen Sach- und Dienstleistungsprozesse in den Funktionsbereichen Beschaffung, Produktion und Vertrieb jeweils einschließlich Logistik und Verwaltung zur Erstellung der betrieblichen Gesamtleistung zugeordnet.

Die Steuerung dieser Leistungsprozesse innerhalb des Basissystems obliegt dem Führungssystem, das sich in ein Führungssystem i.e.S. sowie ein Controllingsystem unterteilt. Das Controllingsystem wird damit zum Teilbereich des Führungssystems (Dellmann 1992, S.115).

Aufgabe des Führungssystems i.e.S. ist die zielorientierte Unternehmenssteuerung, die gemäß dem Managementphasenschema in die Phasen Willensbildung und -durchsetzung mit den Teilfunktionen Zielbildung (unter Berücksichtigung von Unternehmensphilosophie, -kultur und -politik), Planung, Entscheidung, Durchsetzung mit Realisation und Kontrolle zerlegt wird.

Das Controllingsystem wird für alle Belange der Managementunterstützung benötigt. Darunter fallen Teilaufgaben, wie die

- Sicherung der Planung und Integration von Planung und Kontrolle,

- Sicherung der Informationsversorgung,

- Unterstützung bei der Sicherung der Koordinationsfähigkeit der Unternehmensführung sowie

- Unterstützung bei der Sicherung und Erhöhung der Flexibilität (Welge 1988, S.32ff).

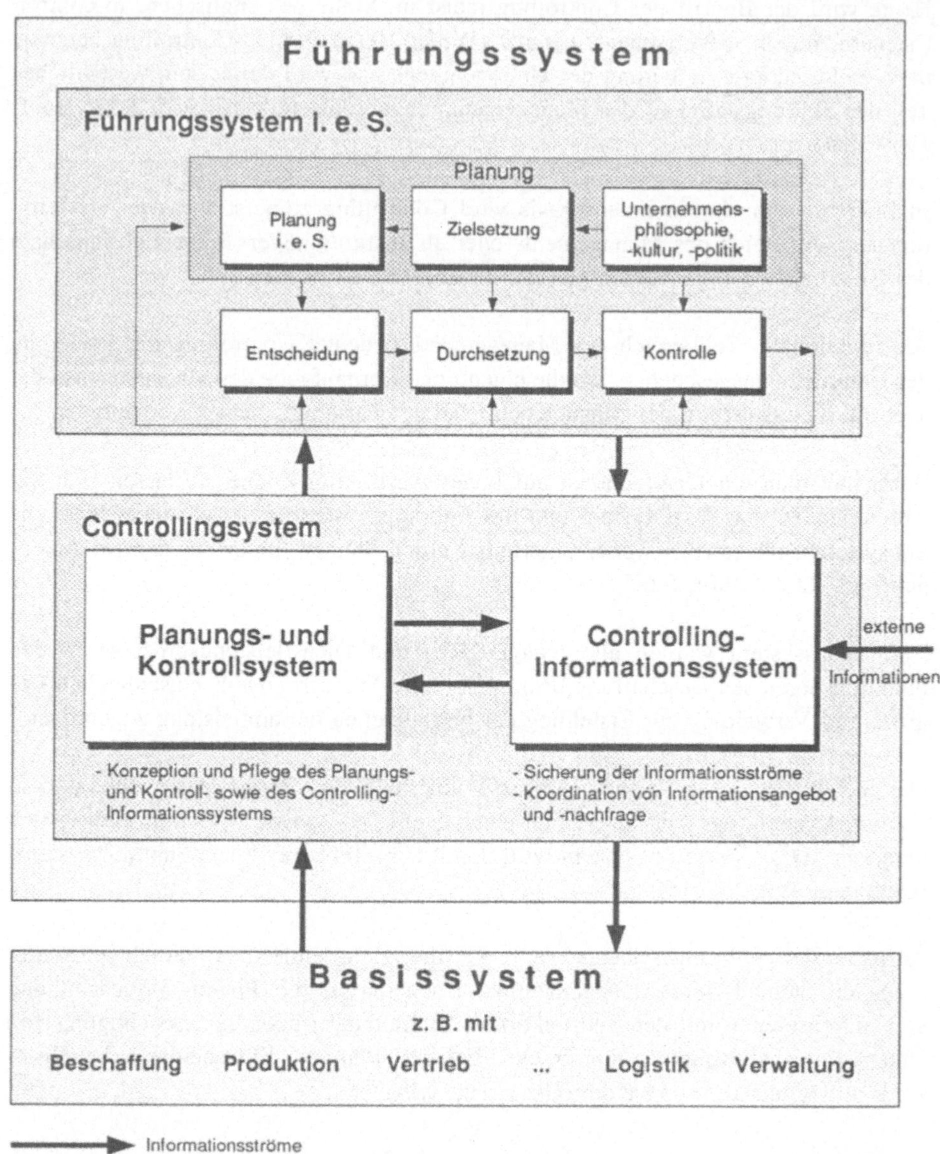

Abb. 1/2: Systemstruktur von Unternehmen

Anders ausgedrückt wird Controlling zu einem das Management unterstützenden Subsystem, das für die zielorientierte Steuerung ein Planungs- und Kontrollsystem sowie
ein Controlling-Informationssystem (als Teil aller betrieblichen Informationssysteme)
definiert und organisatorisch durchsetzt sowie für die Durchführung entsprechende
Methoden/Instrumente bereitstellt (Haufs 1989, S.6). Das Controllingsystem stellt
also mit hinreichendem Genauigkeits- und Verdichtungsgrad dem Führungssystem
i.e.S. die für die Wahrnehmung und Optimierung seiner Aufgaben benötigten Infor-

mationen zur Verfügung. Das Planungs- und Kontrollsystem (PuK-System) und das Controlling-Informationssystem bilden Subsysteme des Controllingsystems, die die Aufgabe der Sicherung der Informationsströme und der Koordination von Informationsangebot und -nachfrage haben.

Dabei übernimmt das Controlling-Informationssystem die Beschaffung von Informationen und deren Bereitstellung in einen Informationspool. Um Vorteile der Arbeitsteilung und Spezialisierung – auch bei möglicherweise auftretenden Problemen bei der Gewinnung und Aufbereitung interner und externer Daten – nutzen zu können, wird diese Aufgabe in einem separaten, vom Planungs- und Kontrollsystem getrennten, System gelöst (Horváth 1992, S.348).

Das Planungs- und Kontrollsystem versorgt die Unternehmensführung zielgerichtet mit den für den Planungs- und Kontrollprozeß notwendigen Informationen, die es aus dem vom Controlling-Informationssystem gefüllten Informationspool entnimmt. Dabei verlaufen die Informationsströme nicht nur in eine Richtung, es werden auch Informationen als Rückmeldungen an die versorgenden Systeme gegeben. Verantwortlich für Konzeption und Pflege dieses Planungs- und Kontrollsystems sowie für die Koordination der Informationsdefizite und der Schnittstellendefinition zwischen internen und externen Informationsquellen und dem Controlling-Informationssystem einerseits und den einzelnen Subsystemen andererseits ist das Controlling.

Als Erfolgsmerkmal für das Controlling ist die Deckungsrate des entstehenden Defizits zwischen Informationsbedarf, -angebot und -nachfrage zu sehen. Der sich aus Aufgaben und Zielen des Führungssystems i.e.S. ergebende Informationsbedarf wird über das Planungs- und Kontrollsystem als Informationsnachfrager und vom Controlling-Informationssystem als Informationsanbieter im optimalen Fall voll gedeckt.

1.1.3 Controllingorganisation

Die Frage, ob die Institution des Controllers als Stab oder als Linie institutionalisiert werden soll, ist immer wieder diskutiert worden (Weber 1991a, S.125ff; Welge 1988, S.404ff). Bei der Tätigkeit des Controllers, der die Verantwortung für Konzeption, Realisierung und Pflege des Controllingsystems trägt, handelt es sich vorrangig um eine typische Stabsaufgabe, wenn seine Aufgaben im wesentlichen Unterstützungscharakter (Informations- und Serviceaufgaben für das Management) haben.

Bedenkt man, daß dem Controller in seiner Verantwortung für die Gestaltung des Controllingsystems mit Planungs- und Kontrollsystem und Controlling-Informationssystem auch die Aufgabe und das Recht für die Veränderung betrieblicher Strukturen und Abläufe zufallen kann, wird deutlich, daß auch weitreichende Konsequenzen für den Tätigkeitsbereich einzelner Linienmanager impliziert werden können. Dieses erfordert zunehmend ein direktes, Strukturen und Abläufe steuerndes

Eingreifen gegenüber den Instanzen, was den Stabscharakter des Controllers nicht adäquat erscheinen läßt.

Eine weitere Möglichkeit beteht in der Übernahme direkter Linienfunktionen durch die Controllinginstitution, wenn dieser die Verantwortung für die Bereiche Rechnungswesen (Finanzbuchhaltung, Kosten- und Leistungsrechnung), Steuern, Versicherungen und oftmals den Bereich Informationswesen mit EDV übertragen wird.

Ausgehend vom Selbstverständnis des Controlling mit den Aspekten

- Selbststeuerung des Managements durch Eigenplanung und -kontrolle
- bei Delegation von Verantwortung
- in Verbindung mit einem partizipativen Führungsstil
- und gemäß der Strukturierung des Gesamtsystems Controlling in nach unterschiedlichen Controllingfeldern oder -inhalten differenzierte Teilsysteme

ist zwangsläufig eine Dezentralisierung des Controlling erforderlich. Jeder Managementbereich nimmt eigenständig die für seinen Bereich relevanten Controllingfunktionen wahr. Sofern dabei eine institutionelle Unterstützung notwendig ist, hat sich in der Praxis die Eingliederung dieser Controllinginstitution in den entsprechenden Bereich bewährt. So gibt es Marketing-Controller, Fertigungs-Controller usw., die dem Bereich Marketing, Fertigung usw. organisatorisch zugeordnet sind.

Gerade bei einem hohen Dezentralisierungsgrad ist eine Steuerung des Gesamtsystems aus ganzheitlicher Sicht erforderlich, wobei die Steuerungsabläufe jeweils nach dem Konzept vermaschter Regelkreise organisiert werden. Daher ist eine zentrale Controllinginstitution notwendig, die die Verantwortung für das Controlling-Gesamtsystem sowie die fachliche Verantwortung für die an die dezentralen Controllinginstitutionen delegierten ressort-spezifischen Controlling-Aufgaben übernimmt.

Das dezentrale Controlling ist nach dem dotted-line-Prinzip organisiert (Horváth 1992, S.785f): Die dezentralen Controller sind fachlich dem Zentral-Controller und disziplinarisch der jeweiligen Ressortleitung unterstellt. Bei dieser Organisationsform ist es besonders wichtig, die informellen Beziehungen den tatsächlichen betrieblichen Erfordernissen anzupassen, um Mißverständnisse und Unstimmigkeiten durch nicht eindeutige Zuständigkeiten im täglichen Ablauf zu vermeiden.

1.1.4 Erfolgsfaktoren des Controlling

Controlling kann schlechthin als Führungskonzept verstanden werden, das für die zielorientierte Steuerung der Basissysteme des Unternehmens unter Beachtung einer sachgerechten Aufbau- und Ablauforganisation ein in sich abgestimmtes Planungs- und Kontrollsystem definiert und unter Heranziehung betriebswirtschaftlicher Instrumente und organisatorischer, insbesondere EDV-technischer, Instrumente installiert.

Eine optimale Integration des Basissystems und der Führungsinstrumente stellt ein wichtiges Kriterium für erfolgreiches Controlling dar. Die zu erreichenden Ziele sind dabei eine hohe Führungs- und Entscheidungssicherheit im Unternehmen sowie eine hohe Wirtschaftlichkeit des Controllingsystems.

Die Führungs- und Entscheidungssicherheit des Controlling hängt im hohem Maße von der Qualität der verwendeten Daten ab, für die Konsistenz, Aktualität, Detaillierungsgrad, Vollständigkeit und die schnelle Verfügbarkeit der Daten die entscheidenden Merkmale sind (Wagner 1990, S.217ff).

Für die Beurteilung der Wirtschaftlichkeit eines Controllingsystems ist eine Klassifizierung in die verschiedenen Aufgabengebiete des Controlling notwendig. Viele Unternehmen unterliegen ständigen Veränderungen ihrer Strukturen, z.B. durch Unternehmenszukäufe und Fusionen. Die optimale Gesamtintegration zu einem einheitlichen Controllingsystem macht erfolgreiches Controlling aus (Wagner 1990, S.232).

Grundlage ist eine detaillierte Analyse der Controllingsysteme. Ein Analyseraster hierfür beinhaltet folgende Erfolgsfaktoren (Wagner 1990, S.212; Huch 1992, S.21):

- Controllingstrukturen sind durch eine weitestgehende Delegation von Kompetenz und Verantwortung hinsichtlich Planung, Entscheidung und Kontrolle auf selbständige Verantwortungsbereiche gekennzeichnet.

- Controllingprozesse sind durch das Konzept vermaschter Regelkreise unter Beachtung der Prinzipien von Gegenstromverfahren, Management-by-objectives, -results und -exception charakterisiert.

- Zu den Controllinginstrumenten gehören sowohl betriebswirtschaftlich ausgerichtete – auch EDV-gestützte – Planungs- und Kontrollsysteme, die die individuellen personengebundenen Informationsverarbeitungsprozesse für Willensbildung und -durchsetzung unterstützen, als auch Informationssysteme zur Deckung des Controlling-spezifischen Informationsbedarfs.

Controllingstrukturen, -prozesse und -instrumente sollen Managementprozesse bei hoher Entscheidungssicherheit einerseits und hoher Systemwirtschaftlichkeit andererseits ermöglichen.

In der Unternehmenspraxis wird häufig die Qualität des Controlling, insbesondere die Führungs- und Entscheidungssicherheit im Unternehmen sowie die Wirtschaftlichkeit der Controlling-Informationssysteme, beklagt, so daß immer wieder Forderungen zum Überdenken oder zur gänzlich neuen Konzeption von EDV-gestützten integrierten Informationssystemen im Controlling erhoben werden.

1.2 Controllingstrukturen

1.2.1 Aufbauorganisation

Mit wachsender Unternehmensgröße wird die Notwendigkeit immer größer, Entscheidungskompetenzen zu dezentralisieren. Zu den Gründen zählen im einzelnen (Horváth 1992, S.530):

- die Schnelligkeit, bestimmte Entscheidungen treffen zu müssen,

- die zunehmende Spezialisierung bei Ressortentscheidungen und

- der Wunsch der Mitarbeiter nach produktiver Selbstentfaltung und Selbständigkeit bei der Aufgabenerfüllung.

Aus dieser Delegation von Managementfunktionen resultiert als organisatorische Konsequenz die Divisionalisierung der Unternehmen in selbständige Verantwortungsbereiche, wobei allerdings wichtige Probleme zu lösen sind (Horváth 1992, S.530):

- Abgrenzung selbständiger Verantwortungsbereiche nach funktionalen oder anderen sachlichen Kriterien,

- Festlegung des Autonomiegrades dieser Verantwortungsbereiche,

- Festlegung sachlicher Zuständigkeiten,

- Organisation der Planungs- und Kontrollprozesse im Zusammenwirken mit hierarchisch vor-, neben- und nachgelagerten Bereichen,

- Organisation eines auf Verantwortungsbereiche abgestellten Planungs- und Kontrollsystems unter Einbeziehung des Rechnungswesens,

- Definition von Erfolgsmaßstäben für einzelne Verantwortungsbereiche, die als Zielgrößen vorgegeben werden können und deren Realisierungsgrad aus dem Abrechnungssystem zu erkennen ist, sowie

- verursachungsgerechte Verrechnung innerbetrieblicher Leistungen.

Ein auf selbständige Verantwortungsbereiche zugeschnittenes Planungs- und Kontrollsystem unter Einbeziehung des Rechnungswesens mit Kosten- und Leistungsrechnung entspricht dem Konzept des 'responsibility accounting' (Kilger 1988, S.505): Für jeden Verantwortungsbereich erfolgt eine in sich abgeschlossene Rechnungslegung; für das bereichsspezifisch ausgewiesene wirtschaftliche Ergebnis ist der jeweilige Bereichszuständige auch verantwortlich.

Verantwortungsbereiche werden je nach Umfang der Verantwortlichkeit im Rechnungswesen als Profit-Center, Als-ob-Profit-Center oder als Cost-Center (Coenenberg 1992, S.431f; Frese 1990, S.139ff; Horváth 1992, S.531) geführt und abgerechnet. Profit-Center sind meist nach Sparten, Vertriebswegen oder Produktgruppen geführte Vertriebsabteilungen, deren Ergebnis (Deckungsbeitrag) zur Deckung der Kosten anderer Bereiche und zum Gewinn beiträgt. Als-ob-Profit-Center sind i.d.R. nach funktionalen Kriterien geführte Kostenstellen (z.B. Fertigung) oder Servicestellen (z.B. EDV-Abteilung); ihr Ergebnis zeigt sich in der Kostendeckung. Cost-Center sind ebenfalls meist nach funktionalen Kriterien geführte Kostenstellen (z.B. Buchhaltung), deren Ergebnisbeitrag in Höhe entstandener, nicht weiterverrechneter Kosten ausgewiesen wird. Der eigentliche Erfolg eines Bereiches zeigt sich darin, inwieweit die geplanten und budgetierten Ergebnisbeiträge realisiert oder im Hinblick auf das Gesamtergebnis verbessert werden können.

Bei einem derart divisionalisierten Rechnungswesen kommt der Verrechnung von innerbetrieblichen Leistungen auf der Grundlage von Verrechnungspreisen eine zentrale Bedeutung zu, wenn zwischen den Verantwortungsbereichen ausgetauschte Leistungen zu bewerten sind, um eine sachgerechte Abrechnungs-, Planungs- und Erfolgszuweisungsfunktion zu gewährleisten (Coenenberg 1992, S.424ff; Behme/Schimmelpfeng 1993b, S.662).

1.2.2 Controllingfelder

Objekt der Steuerung nach dem Konzept des Controlling ist das Unternehmen als Ganzes. Bei größeren Organisationen ist auch die Struktur des Controlling entsprechend der betrieblichen Arbeitsteilung nach der des Unternehmens aufzubauen, dementsprechend sind Struktur und Aufbau des Controlling nach sogenannten Controllingfeldern (Welge 1988, S.252ff) zu differenzieren.

Entsprechend der Aufbauorganisation kann neben einem übergeordneten ganzheitlichen Controlling für unterschiedlich strukturierte Teilbereiche nach Geschäftsbereichs- und Sparten- und/oder Funktions-Controlling wie Marketing- und Vertriebs-Controlling, Forschungs- und Entwicklungs-Controlling, Fertigungs- oder Beschaffungs-Controlling unterschieden werden.

Gemäß Abbildung 1/3 lassen sich die verschiedenen Controllingfelder und -inhalte in ihrer gegenseitigen Zuordnung – ohne Berücksichtigung des Zeithorizonts – strukturieren. Dabei treten zwischen den einzelnen Controlling-Subsystemen teilweise Überschneidungen auf. Die Bewältigung und Überwindung der Schnittstellen gehört zu den wichtigsten Aufgaben bei der Konzeption des Controllingsystems.

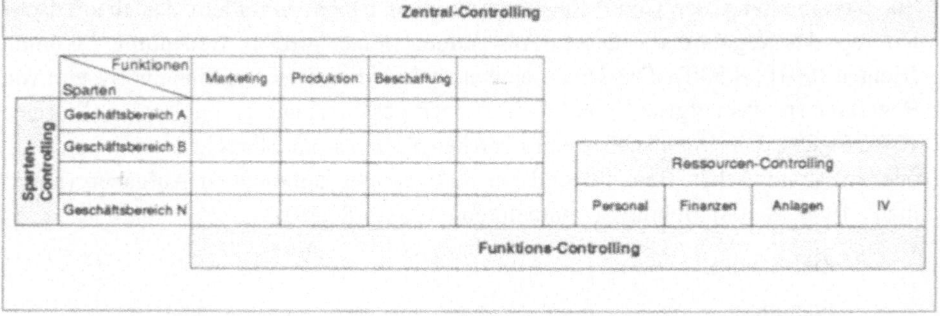

Abb. 1/3: Controllingfelder

Neben diesen nach Sparten und Funktionen gegliederten klassischen Controllingfeldern hat sich in einer zweiten Dimension das Ressourcen-Controlling als Querschnittsfunktion (Welge 1988, S.137ff) zur Steuerung insbesondere der finanziellen,
personellen und sachlichen Ressourcen herausgebildet. Dem wird in der Unternehmenspraxis mit dem Finanz-, Personal-, Anlagen- und IV-Controlling inzwischen
weitgehend Rechnung getragen. Eine ähnliche Querschnittsfunktion übernimmt das
Projekt-Controlling (Welge 1988, S.317ff): Komplexe, meist innovative Aufgaben
und Vorhaben werden unter Einbeziehung mehrerer betrieblicher Funktionen und Bereiche unter Zugriff auf verschiedene Ressourcen gesteuert.

Eine weitere Unterscheidung kann hinsichtlich des Zeithorizonts des Problems in
operatives und strategisches Controlling vorgenommen werden.

Aufgabe des strategischen Controlling ist die Schaffung, Erhaltung und Realisierung von Erfolgspotentialen unter Einbeziehung interner und externer Trends sowie
qualitativer und quantitativer Aspekte. Entscheidend ist die langfristige Sichtweise
bei grundsätzlichen Überlegungen, wobei keine Einschränkungen durch vorhandene
Strukturen vorliegen.

Das kurz- und mittelfristig angelegte operative Controlling beinhaltet die Umsetzung
der langfristigen Unternehmensziele aus dem strategischen Controlling in operative
Zielvorgaben und Maßnahmenpläne für die einzelnen Teilbereiche des Unternehmens.
Ziel ist die kurzfristige Erfolgsoptimierung, wobei haupsächlich quantitative, insbesondere Rechnungswesen-orientierte Faktoren Berücksichtigung finden. Dabei sind
die Handlungsspielräume durch gegebene Strukturen stark eingeengt.

Eine Übersicht hinsichtlich weiterer Abgrenzungen in bezug auf operatives und strategisches Controlling gibt Abbildung 1/4 (in Anlehnung an Dellmann 1992, S.134).

1.3 Controllingprozesse

1.3.1 Das Unternehmen als kybernetisches System

Zur Beschreibung der Controllingprozesse eignet sich vor allem das theoretische
Konzept des Regelkreises, dessen Anwendung immer größere Bedeutung zukommt
(Heinen 1991b, S.58ff). Das Unternehmen ist im kybernetischen Sinn ein System von
Regelkreisen, das aufgrund von Informationen gesteuert und geregelt wird (Wittlage
1976, S.189). Die Impulsgeber eines solchen Systems, unabhängig ob im operativen
oder im strategischen Bereich, sind bei routinemäßig anfallenden Aufgaben (Liessmann 1990, S.308; Behme/Schimmelpfeng 1993a, S.289):

- Zielsetzung,

- Planung,

- Kontrolle (Plan-Ist-Vergleich),

	operatives Controlling	strategisches Controlling
Management-ebene	• untere Managementebene • bereichsbezogenes Denken • Ressortegoismus	• oberste Managementebene • unternehmensbezogenes Denken • bereichsübergreifend
Zeithorizont	• kurzfristig	• langfristig
Orientierung	• Wirtschaftlichkeit betrieblicher Prozesse	• Adaption an Umwelt
Dimensionen	• Leistungen/Kosten • Ertrag/Aufwand • Ein-/Auszahlung	• Chancen/Risiken • Stärken/Schwächen
inhaltliche Differen-zierung	• Komplexität und Unsicherheit reduziert • viele Details • Administrations- und Dispositionsentscheide • durchführungsorientiert • intern orientiert • viele Teilpläne • hohe Verbindlichkeit, starre Systeme • geringer Handlungsspielraum	• hohe Komplexität und Unsicherheit • schlecht strukturierte Problemstellung • strategische Planungs- und Kontrollsysteme • analyse- und entscheidungsorientiert • Unternehmensgesamtmodelle • geringe Verbindlichkeit, Flexibilität • breiter Alternativenrahmen
Ziele, Aufgaben	• Erfolg und Liquidität dominierend • Bestands- und Systemwahrung • Erfüllen von Aufgaben	• Aufbau und Sicherung von Erfolgspotentialen durch Investition • geplanter Wandel, Systemänderung • neue Aufgaben suchen
Organisation	• Sparten, Profit- und Cost-Center	• Strategische Geschäftseinheiten
Instrumente	• Rechnungswesen	• Portfolio-Analyse • Szenario-Technik

Abb. 1/4: Operatives und strategisches Controlling

- Abweichungsanalyse und

- Steuerung.

Die Kenntnis über diese Impulsgeber und ihre Inhalte ist notwendige Voraussetzung für die Ausübung der Managementfunktion.

In der Sichtweise der Kybernetik wird das Unternehmen als ein sich selbst steuerndes System dargestellt, das durch geeignete Maßnahmen ständig versucht, ein Gleichgewicht zwischen den aus vorgegebenen Führungsgrößen bzw. Zielvorgaben abgeleiteten Sollwerten und den als Istwerten erfaßten Regelgrößen herzustellen (Siegwart/Menzel 1978, S.45f; Behme/Schimmelpfeng 1993a, S.289).

Die Steuerung basiert dabei auf dem Prinzip der Vorwärtsverkettung (feedforward) (Siegwart/Menzel 1978, S.60ff): Mögliche Störgrößen müssen noch vor dem Realisierungsprozeß (ex-ante) bekannt sein, damit möglichen Abweichungen zwischen der Regel- und Führungsgröße von vorneherein entgegengewirkt werden kann (Behme/Schimmelpfeng 1993a, S.289). Die Voraussetzung dieses Prinzips liegt in den im voraus erkennbaren und damit erfolgreich abwehrbaren Störungen. Steuerung kann insgesamt nur dann erfolgreich sein, wenn determinierte Prozesse vorliegen, bei denen alle möglichen Störgrößen bekannt und erfaßbar sind, sich jeder Störung eine adäquate Steuerungsmaßnahme zuordnen läßt und der Realisationsprozeß keine Unstimmigkeiten aufweist (Siegwart/Menzl 1978, S.61; Behme/Schimmelpfeng 1993a, S.289).

Der Regelung liegt das Prinzip der Rückwärtskopplung (feedback) zugrunde. Die in der Realität nicht vorhersehbaren oder nicht vorhergesehenen Störungen werden nach dem Realisierungsprozeß als Abweichungen (ex-post) erkannt. Geeignete Maßnahmen zur Wiederherstellung der vorgegebenen Sollgröße werden aufgrund systeminterner Wirkungszusammenhänge eingeleitet, um so vorgegebene Sollgrößen künftig zu erreichen. Regelung ist also ohne vorherige detaillierte Kenntnis aller potentiellen Störgrößen mit ihren jeweiligen Auswirkungen möglich (Siegwart/Menzl 1978, S.60). Das Konzept der Regelung wird ineffizient, wenn unrealistische Führungsgrößen bzw. zu kleine Toleranzbereiche vorgegeben werden oder eine zeitlich verzögerte Regelung erfolgt (Behme/Schimmelpfeng 1993a, S.290).

Da beide vorgestellten Konzepte Schwachpunkte aufweisen, ist es sinnvoll, beide bei der Abbildung des Unternehmens zu berücksichtigen. Demnach lassen sich Controllingprozesse wie in Abbildung 1/5 im Regelkreis darstellen: Die Entscheidungsinstanz erhält Zielvorgaben (Führungsgrößen) aus einem vorgeschalteten Regelkreis oder aus dem Zielsystem des Unternehmens. Die dabei dargestellten Störgrößen beinhalten beide möglichen Varianten:

- Die ex-ante bestimmten Störgrößen sind der Entscheidungsinstanz bereits bekannt; sie können sofort abgewehrt werden.

- Bei den ex-post erkannten Störgrößen handelt es sich um nicht determinierte Störungen, die weder örtlich, zeitlich noch hinsichtlich ihrer Auswirkungen vorherberechnet werden konnten. Durch sie wird der Regelungsmechanismus in Gang gesetzt, da die Regelgröße beeinflußt wird.

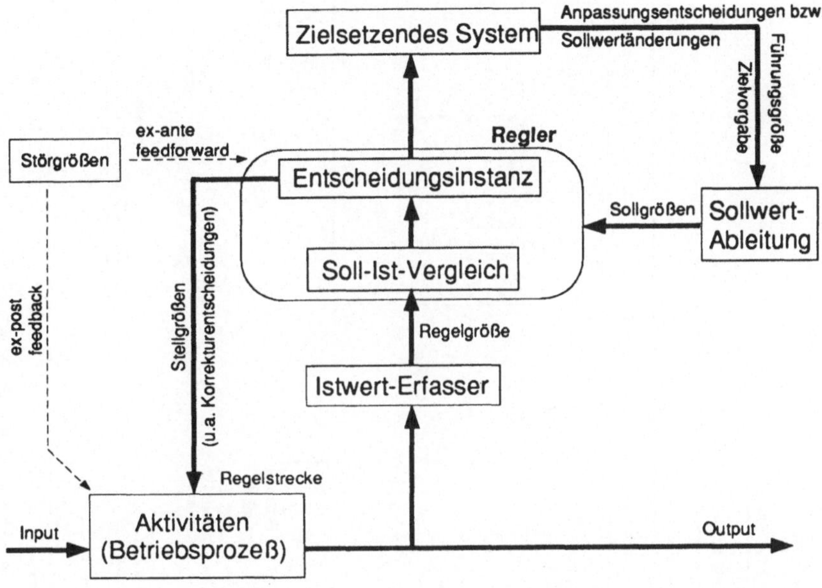

Abb. 1/5: Controllingprozesse im Regelkreis

Die aus den Zielvorgaben abgeleiteten Sollwerte werden mit den Regelgrößen, den tatsächlich realisierten Werten, die der Istwert-Erfasser liefert, verglichen. Je nach Art und Umfang der durch den Soll-Ist-Vergleich festgestellten Abweichungen erfolgen die Korrekturen regelkreisintern in Form neuer Stellgrößen an den Betriebsprozeß oder als Rückmeldung starker, dauerhafter Störungen an das übergeordnete zielsetzende System.

Feedback-Systeme basieren auf klassischen, meist Rechnungswesen-orientierten Berichtssystemen, während feedforward-Systeme Frühwarn- bzw. Früherkennungssysteme voraussetzen, um mögliche Störungen ex-ante zu erkennen, so daß der Realisationsprozeß keine Unbestimmtheiten mehr aufweist.

1.3.2 Vermaschte Steuerungs- und Regelungssysteme

Komplexe Unternehmen mit mehreren Hierarchieebenen bestehen gemäß Abbildung 1/6 (Behme/Schimmelpfeng 1993c, S.924) aus einer Vielzahl vermaschter Steuerungs- und Regelungssubsysteme. Neben in verschiedenen Hierarchieebenen untereinanderliegenden Regelkreisen können auch auf einer Ebene mehrere Regelkreise parallel liegen. Auf eine detailliertere Darstellung (z.B. verschiedener Maschinenarbeitsplätze) wurde aus Gründen der Übersichtlichkeit verzichtet.

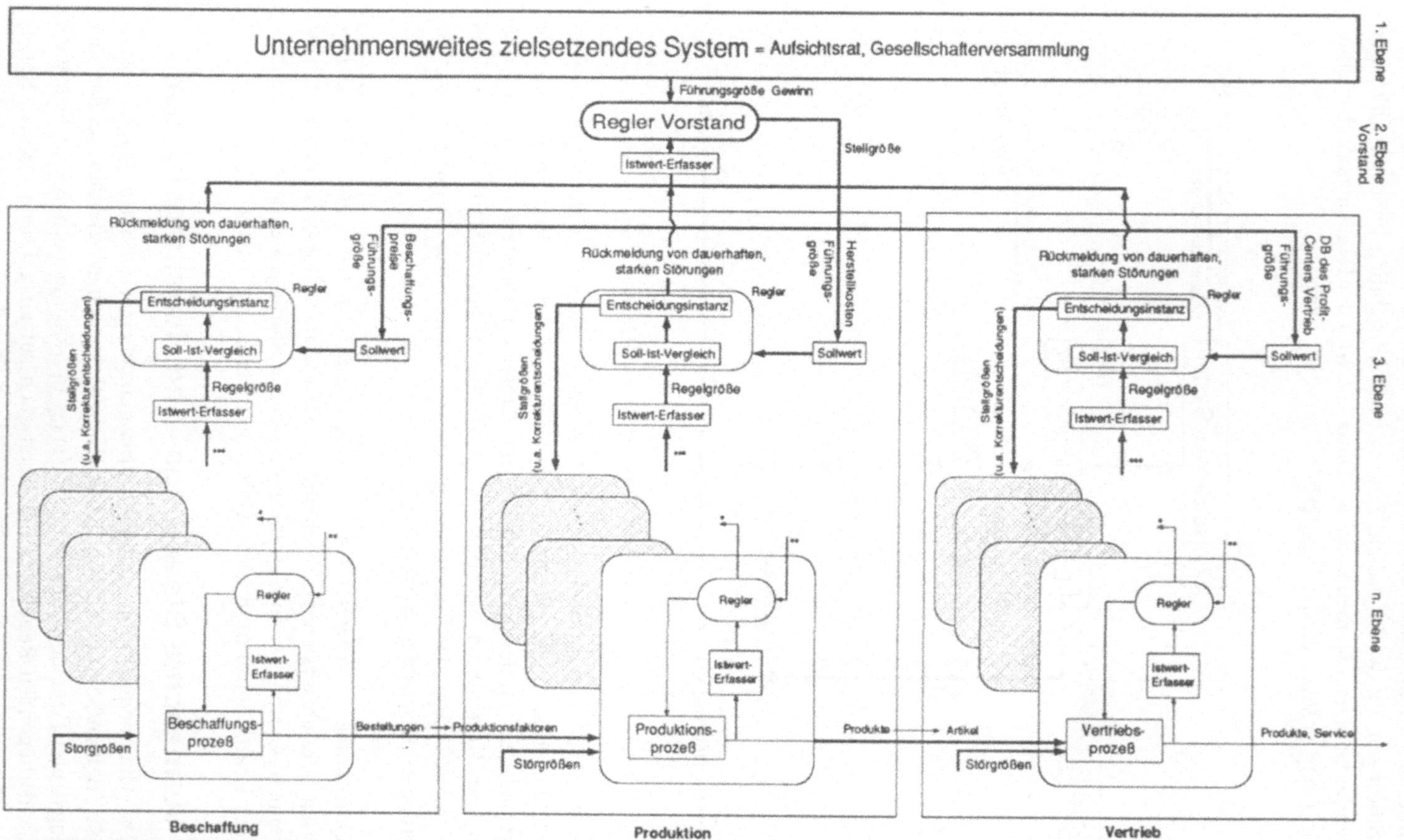

Abb. 1/6: Vermaschte Regelkreise im Controlling

Die einzelnen Planungs- und Kontrollobjekte des Unternehmens, schematisiert als Regelkreisobjekte, sind entweder Regler, Regelstrecke oder für mehrere Regelkreise beides. Im Unternehmen fungiert dabei die oberste Managementebene nur als Regler, während ausschließlich ausführende Einheiten als Regelstrecke dienen (Ebene n). Dazwischen liegende Regelkreise, die sowohl Führungs- als auch Ausführungsaufgaben übernehmen, sind Regler und Regelstrecke zugleich. Die sich aus übergeordneten Regelkreisen ergebende Stellgröße entspricht der Führungsgröße des untergeordneten Regelkreises. Alle Einheiten im vermaschten Regelkreis ist somit durch einen komplexen Informationsstrom untereinander verbunden (Behme/Schimmelpfeng 1993a, S.293).

Die Geschäftsleitung gibt der Spartenleitung eine Zielgröße z.B. den Sparten-Deckungsbeitrag vor; aus dieser werden für die einzelnen Bereichsleiter spezifische Führungsgrößen z.B. Produkt-Umsatz bzw. Deckungsbeitrag abgeleitet. Die Rückmeldungen verbleiben im Regelkreis, sofern dessen Instrumentarium und Vollmachten ausreichen, um die Abweichungen zu regulieren. Nach den Grundsätzen des Management-by-exception wird die Rückmeldung nur in Ausnahmefällen an höhere Instanzen gegeben und ist dort Auslöser weitergehender Entscheidungen und Handlungen.[1]

1.3.3 Ablauforganisation

Im Mittelpunkt der Ablauforganisation steht die Koordination des sachlichen und zeitlichen Ablaufs während des Entscheidungsprozesses. Der im Rahmen des Controlling-orientierten Managements vorherrschende partizipative Führungsstil, bei dem Verantwortung für Planung, Durchführung und Kontrolle den betrieblichen Hierarchien entsprechend delegiert wird, ist durch folgende Aspekte gekennzeichnet:

1. Bei der Planung nach dem Gegenstromverfahren werden zwei unterschiedliche Ansätze – der Top-down- und der Bottom-up-Ansatz – miteinander kombiniert: Im Top-down-Ansatz werden gesamtunternehmensbezogene Zielsetzungen auf Teilziele für bestimmte Unternehmensbereiche heruntergebrochen; im Bottom-up-Ansatz werden aufgrund der Teilziele im jeweiligen Sachressort Maßnahmen zur Zielerreichung geplant. Anschließend erfolgt die Konsolidierung der Teilpläne zum Gesamtunternehmensplan mit integrierter Erfolgs-, Finanz- und Bilanzplanung.

2. Die Betonung beim Management-by-objectives liegt auf dem Zielsystem als Führungsinstrument. Innerhalb des Systems sollen Partizipation, Autonomie und Eigenkontrolle verwirklicht werden (Horváth 1992, S.804). Aus dem Gesamtunternehmensplan werden für alle Ressorts Budgets als Zielvorgaben abgeleitet, über die die Steuerung durch die Unternehmensleitung erfolgt. Die Budgeterfüllung erfolgt eigenverantwortlich pro Ressort, wobei jedoch bestimmte organisatorische Verhaltensrichtlinien beachtet werden müssen.

---

[1] Diese Ausführungen werden durch ein Beispiel bei (Behme/Schimmelpfeng 1993c, S.923ff) verdeutlicht.

3. Die Steuerung der Geschäftsabläufe erfolgt auch bei Budgetabweichungen durch Fehlentwicklungen im Geschäftsablauf dezentral in der Verantwortung der Sachressorts (Management-by-results). Nur in Ausnahmesituationen, wenn starke, dauerhafte Störungen eingetreten sind oder die einzuleitenden Maßnahmen die Kompetenz des Sachressorts überschreiten, müssen andere, höhere Entscheidungsinstanzen eingeschaltet werden (Management-by-exception).

1.4 Controllinginstrumente

1.4.1 Planungs- und Kontrollsystem

1.4.1.1 Gestaltung des Planungs- und Kontrollsystems

Im Mittelpunkt des Controlling stehen die systembildenden Aufgaben mit Aufbau, Pflege und Organisation des Planungs- und Kontrollsystems sowie dessen Integration in ein Informationssystem, das unterschiedlich strukturierte Planungs- und Kontrollinformationen zur Steuerung von Unternehmensaktivitäten und -prozessen bereitstellt. Dabei ist dieses Informationssystem nach bestimmten Aufbau- und Ablaufprinzipien strukturiert; die Informationen beziehen sich auf Planungs- und Kontrollobjekte, wobei diese Pläne und Kontrollen von Planungs- und Kontrollsubjekten mit Hilfe spezieller Instrumente und Methoden erarbeitet werden (Töpfer 1976, S.91; Horváth 1992, S.168ff). Planungs- und Kontrollobjekte können Prämissen, Ziele, Maßnahmen und Ressourcen sein (Töpfer 1976, S.129ff); Planungs- und Kontrollsubjekte sind die mit der Planung und Kontrolle beauftragten Instanzen im Unternehmen.

Mit Planung und Kontrolle soll einerseits das Unternehmen insgesamt gestaltet werden; andererseits bedarf dieses Planungs- und Kontrollsystem aber selbst auch der Konzeption, Koordination und Gestaltung (Albach 1981, S.296; Haufs 1989, S.10).

Zur Gestaltung dieses Planungs- und Kontrollsystems stehen dem Controlling verschiedene Gestaltungsparameter zur Verfügung, die gemäß Abbildung 1/7 (in Anlehnung an Haufs 1989, S.14) systematisiert werden können. Aufgrund der Komplexität des Systems werden zunächst zerlegende, arbeitsteilige Parameter zur Differenzierung des Gesamtsystems in Teilsysteme und – damit verbunden – zur Komplexitätsreduktion eingesetzt. Im nächsten Schritt ist es aufgrund der Bildung einer Vielzahl von Subsystemen notwendig, diese im Hinblick auf die entstehenden Schnittstellen strukturell zu integrieren. Die dazu verwendeten integrierenden Parameter wirken sich zusätzlich auf die dynamische Gestaltung der Ausführungsprozesse aus.

Im Rahmen der strukturellen Differenzierung, die hinsichtlich der Hierarchie, der Zeit und der Inhalte erfolgt, wird zunächst die Aufbaustruktur für das Planungs- und Kontrollsystem geschaffen. Der Grad der Delegation von Planung und Kontrolle, der in entscheidendem Maße vom Führungsstil abhängt, bedingt die Spezialisierung auf Teilaufgaben und den Umfang der Selbstplanung und -kontrolle der Mitarbeiter. Dadurch ergibt sich eine Struktur aus über- und untergeordneten Plänen und Kontrollen der unterschiedlichen Hierarchieebenen, wodurch eine entsprechende Mittel-Zweck-Beziehung entsteht, so daß zusätzlich eine Fremdplanung und -kontrolle erfolgt (Haufs 1989, S.15).

Neben der hierarchischen Differenzierung erfolgt auch eine inhaltliche Differenzierung hinsichtlich der Detaillierungsgrad, der Operationalität und der Vollständigkeit der Pläne sowie eine zeitliche Differenzierung im Hinblick auf die Reichweite mit Unterscheidung von operativem und strategischem Controlling.

Daraus lassen sich verschiedene Kernaussagen ableiten (Haufs 1989, S.16; Huch/Behme/Ohlendorf 1992, S.205f):

- Mit sinkender Hierarchieebene steigen der Plan-Detaillierungsgrad sowie die Planverwirklichung, verkleinert sich der betrachtete Systemausschnitt und werden aus den Grobplänen Feinpläne.

- Je mehr man sich der Planrealisierung nähert - sowohl zeitlich als auch funktional, desto genauer müssen die Pläne sein, um konkretes Handeln anleiten zu können. In hochentwickelten Planungs- und Kontrollsystemen enthalten die kurzfristigen operativen Teilpläne alle für die Unternehmenssteuerung relevanten und planbaren Unternehmensaktivitäten.

- Mit steigender Hierarchieebene korrelieren die zeitliche Reichweite und die Größe des betrachteten Systemausschnittes positiv, Präzision, Verbindlichkeit und Operationalität der Pläne negativ.

So betrifft strategisches Controlling die langfristige Steuerung des Unternehmens bei langem Zeithorizont, großem Systemausschnitt, geringer Planpräzision bzw. -operationalität in der Verantwortung der oberen Unternehmensleitung, während operatives Controlling die kurzfristige Steuerung des Unternehmens in der Verantwortung insbesondere mittlerer und unterer Führungsebenen auf Basis operativer Pläne bedeutet.

Die strukturelle Differenzierung des Planungs- und Kontrollsystems sollte so erfolgen, daß möglichst wenig Schnittstellen zwischen den gebildeten Segmenten entstehen, aber trotzdem eine optimale Aufgabenerfüllung ermöglicht wird. Es verbleibt eine Vielzahl von Interdependenzen, die berücksichtigt werden muß, um Insellösungen zu vermeiden. Somit wird neben der strukturellen Differenzierung eine strukturelle Integration notwendig, die die entstandenen Subsysteme auf gleicher Ebene (horizontale Integration) und auf unterschiedlichen Ebenen (vertikale Integration) verbindet und aufeinander abstimmt. In der vertikalen Planabstimmung werden die Ableitungsrichtung der Pläne (Top-down-, Bottom-up-Ansatz oder Gegenstromverfahren) und der zeitliche Ablauf über die Systemebenen hinweg festgelegt. Die horizontale Planabstimmung beinhaltet die Integration der Pläne einer Ebene. Das entstehende Gesamtsystem muß nun auf der Ausführungsebene dynamisch gestaltet werden, d.h. die Phasen Planung, Entscheidung, Durchsetzung und Kontrolle werden festgelegt.

Dabei werden sie nicht nur einmal in strenger Abfolge, sondern in der Regel mehrfach durchlaufen, da der Planungs- und Kontrollprozeß durch zahlreiche Rückkopplungen und Anpassungen gekennzeichent ist (Huch/Behme/Ohlendorf 1992, S.207).

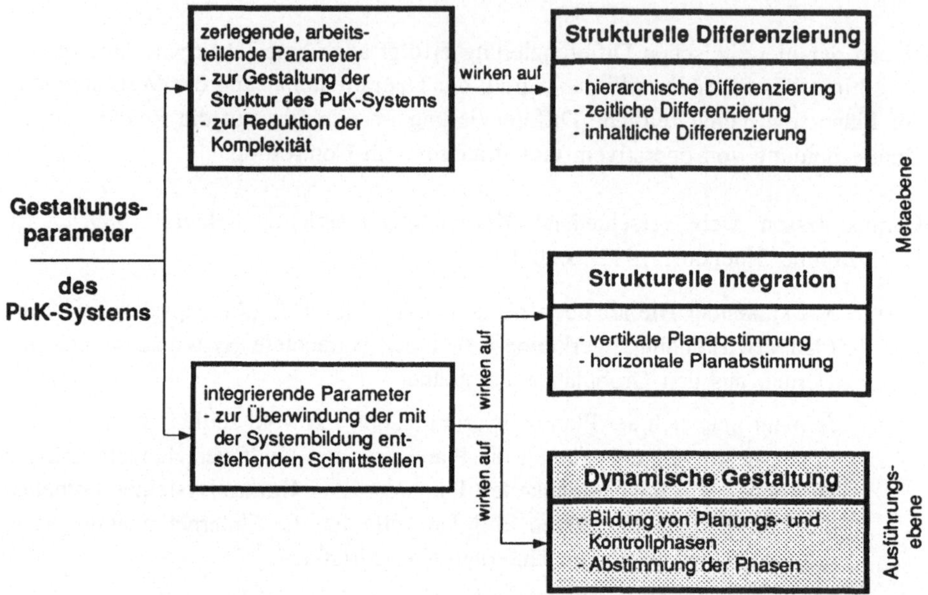

Abb. 1/7: Gestaltungsparameter von Planungs- und Kontrollsystemen

1.4.1.2 Planungs- und Kontrollinstrumente

Ein Modell stellt das Abbild eines Systems dar. Zur Modifikation des Modells, d.h. der Transformation von einem Anfangszustand in einen Endzustand, werden Methoden im Sinne von Verfahrensanweisungen benötigt (Horváth 1992, S.563; Picot/Maier 1992, S.925f). Diese Methoden werden im Rahmen des Controllingprozesses gemäß Abbildung 1/8 auch als Planungs- und Kontrollinstrumente oder Controllinginstrumente bezeichnet (Weber 1991b, S.1ff; Serfling 1992, S.119). Unter diesem Begriff werden alle Methoden, Verfahren und Techniken zusammengefaßt, die in den einzelnen Planungs- und Kontrollphasen angewandt werden (Töpfer 1976, S.167).

Abgrenzungsmöglichkeiten der Planungs- und Kontrollinstrumente ergeben sich einmal nach der Art des Denk- und Informationsprozesses (logisch-diskursive Prozesse, kreative Suchprozesse, Prozesse der Prognose und Erwartungsbildung und Bewertungs- und Selektionsprozesse) und zum anderen nach den Phasen des Planungs- und Kontrollprozesses (Problemerkennung und Analyse der Situation, Zielerkennung, Synthese oder Alternativenbildung sowie Bewertung und Auswahl) (Serfling 1992, S.119; Horváth 1992, S.203f; Huch/Behme/Ohlendorf 1992, S.236). Die zugehörigen Instrumente sind in analytische Instrumente, Ideenfindungsinstru-

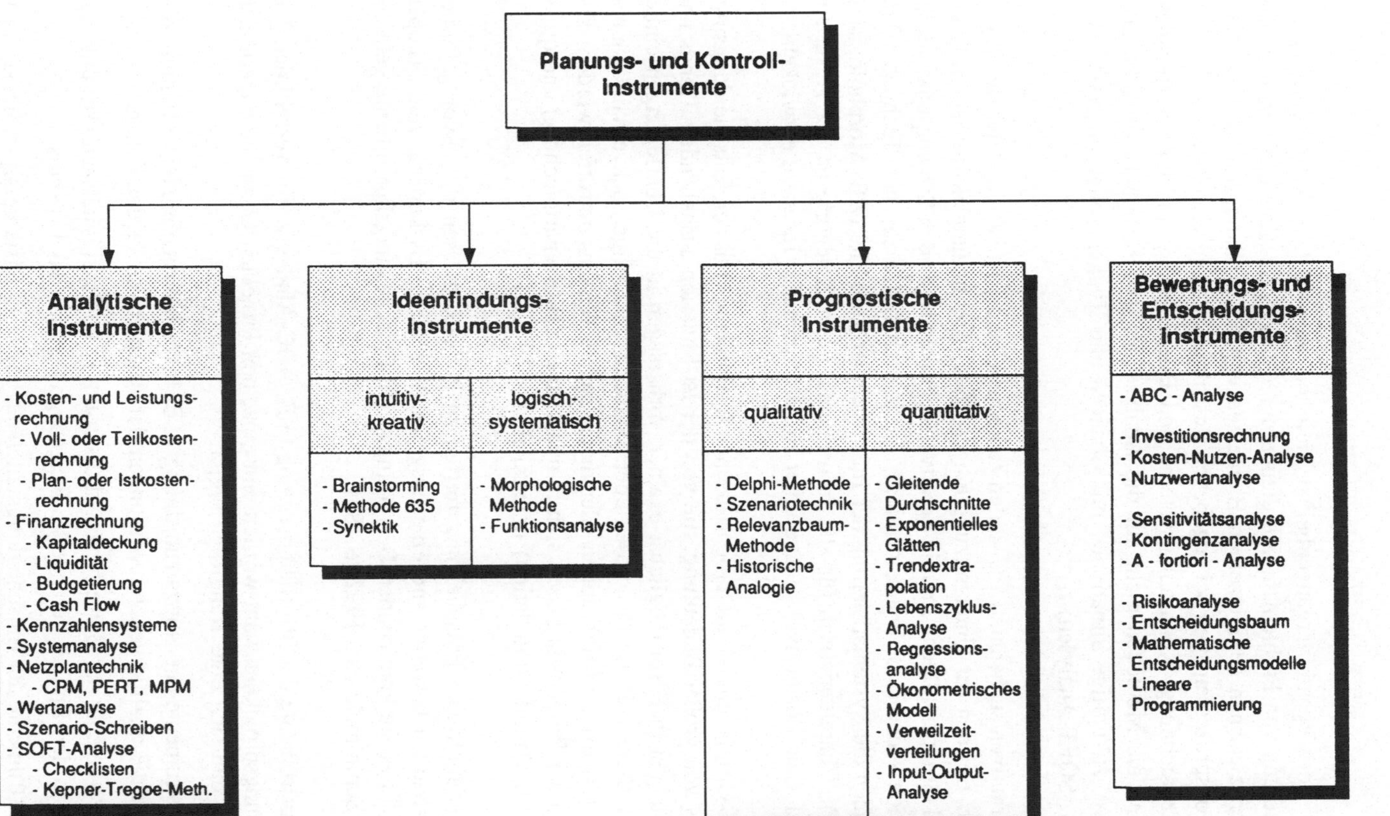

Abb. 1/8: Planungs- und Kontrollinstrumente

mente, prognostische Instrumente sowie Bewertungs- und Entscheidungsinstrumente unterteilbar.

Ziel der vorwiegend vergangenheitsorientierten analytischen Instrumente ist die Strukturierung von Problemen. Sie dienen der Analyse von Zielen, Elementen, Beziehungen zwischen den einzelnen Elementen und des Ablaufs von Planungs- und Realisationsprozessen auch bei gegebenen Restriktionen. Die verschiedenen Systeme der Kostenrechnung, Kennzahlensysteme und Budgetierung sind hierfür Beispiele. Dabei sind die Methoden nicht auf die Analyse der Ist-Situation beschränkt, auch alternative, zukünftige Situationen mit Chancen und Risiken sollen analysiert werden (z.B. SOFT-Analysen).

Um Alternativen suchen und auswählen zu können, ist die Kreativität aller Beteiligten gefordert. Bei den zur Unterstützung eingesetzten Ideenfindungsinstrumenten lassen sich zwei Gruppen bilden: Intuitiv-kreative Techniken legen den Schwerpunkt auf die Informationssuche (z.B. Brainstorming); die logisch-systematischen Techniken hingegen haben die Systematisierung der Informationen zum Ziel (z.B. Morphologische Methode). Charakteristisch für alle Instrumente dieser Kategorie ist der Anspruch, möglichst viele Lösungsvorschläge unter Einsatz spontaner Ideen zu entwickeln.

Die dritte Gruppe umfaßt die prognostischen Instrumente. Für den Entscheidungsprozeß ist es von großer Bedeutung, die von der Ist-Situation ausgehenden Trends und Entwicklungen in Form möglichst exakter Vorhersagen in die Überlegungen einbeziehen zu können. Diese Prognosen über mögliche, zukünftige Sachverhalte können aufgrund praktischer Erfahrungen oder theoretischen Wissens getroffen werden. Die Methoden der Prognostik lassen sich in qualitative (z.B. Szenariotechnik) und quantitative (z.B. Trendextrapolation) unterteilen.

Um letztendlich eine Entscheidung treffen zu können, müssen die zuvor gefundenen Alternativen bewertet und eine ausgewählt werden. Es können vier Gruppen der dafür in Frage kommenden Bewertungs- und Entscheidungsinstrumente gebildet werden (Schimmelpfeng 1992, S.184):

- Instrumente der Prioritätensetzung (z.B. ABC-Analyse): Im Vorfeld der Planungsprojektauswahl werden den einzelnen Projekten Gewichte zugeordnet, so daß sich eine Rangfolge ergibt.

- Instrumente der Nutzenzuordnung (z.B. Investitionsrechnungsverfahren) sollen die qualitativen Auswirkungen der Alternativen verdeutlichen.

- Instrumente der Bewertungsstabilisierung (z.B. Sensitivitätsanalyse) untersuchen den Einfluß veränderter Eingabegrößen auf das Ergebnis.

- Instrumente der Entscheidungsunterstützung (z.B. Risikoanalyse, lineare Programmierung) sollen Hilfestellung bei der Auswahl der optimalen Alternative unter Berücksichtigung unterschiedlicher Randbedingungen geben.

1.4.2 Informationssysteme

Zu den wesentlichen Aufgaben der Entscheidungsvorbereitung gehört, den Entscheidungsträgern die für eine Entscheidung erforderlichen Informationen verfügbar zu machen. Im Optimalfall gehören dazu vollständige Informationen über die Handlungsalternativen, die möglichen Umweltzustände zum Zeitpunkt der Entscheidung, die Bewertungskriterien und deren Verknüpfung, also die Zielfunktion, sowie die möglichen Ergebnisse bei der Auswahl einer Handlungsalternative in Abhängigkeit einer gegebenen Umweltsituation.

Dabei wird die Bereitstellung der richtigen Information zur richtigen Zeit am richtigen Ort verlangt. Die sachlichen, zeitlichen und örtlichen Anforderungen an diese Versorgung ergeben sich aus den Informationsbedarfen, die sich aus den Anforderungen der jeweiligen Entscheidungsträger für die Erfüllung ihrer Aufgaben ergeben. Eine wichtige Aufgabe des Controlling besteht darin, die Informationsnachfrage der Beteiligten zu ermitteln, das bestehende Angebot zu analysieren und beide Größen derart zu beinflussen, daß alle Nutzer auf für sie entscheidungsrelevante Informationen zugreifen können, aber gleichzeitg gewährleistet ist, daß die Informationsbereitstellung ökonomisch vertretbar ist. Ein Maß für die optimale Informationsversorgung kann aus den Kosten für die Bereitstellung zusätzlicher Informationen (Planungs-, Beschaffungs- und Verteilungskosten) sowie den Kosten, die durch die Auswirkungen einer nicht optimalen Entscheidung aufgrund einer mangelhaften Informationsgrundlage entstehen, gebildet werden.

Ein ganzheitliches betriebliches Informationssystem erstreckt sich über die gesamte Wertschöpfungskette und liefert den Entscheidungsträgern aller Funktionsbereiche jeder hierarchischen Ebene die für deren Aufgabenstellungen relevanten Informationen. Dabei besteht dieses Informationssystem aus verschiedenen, aufeinander abgestimmten und miteinander vernetzten Teilsystemen, die jeweils auf unterschiedliche Aufgabenstellungen und auf spezifische Funktionsbereiche spezialisiert sein können.

Um betriebliche Entscheidungen in bezug auf die Aufgabenstellung seitens der Anwender optimal unterstützen zu können, muß das Informationssystem folgende Anforderungen erfüllen:

- Realitätsnähe der Abbildung der Unternehmensstrukturen,

- Flexibilität in bezug auf Veränderungen der Systemumwelt,

- Transparenz der Verarbeitungsabläufe,

- Benutzerfreundlichkeit, um Akzeptanz zu gewährleisten,

- Aktualität der Daten,

- Vollständigkeit der Daten,

- Konstistenz der Daten,

- schnelle Verfügbarkeit der Daten mit dem individuell benötigten Detaillierungsgrad.

Darüberhinaus sollte eine unternehmensweite Lösung angestrebt werden, um Redundanzen und damit Fehlentscheidungen aufgrund unterschiedlicher Informationen zu vermeiden und um dem Benutzer die Möglichkeit zu geben, an unterschiedlichen Teilsystemen ohne große Umstellung und Lernphase zu arbeiten.

1.5 Literaturverzeichnis

Albach, H. (1981)
Die Koordination der Planung in Großunternehmen, in: Steinmann, H.; Achenbach, R. (Hrsg.): Planung und Kontrolle – Probleme der Strategischen Unternehmensführung, München 1981, S.293-306

Behme, W.; Schimmelpfeng, K. (1993a)
Unternehmensführung als kybernetischer Prozeß, in: WISU 4/1993, S.289-294

Behme, W.; Schimmelpfeng, K. (1993b)
Verrechnungspreise als Mechanismus zur Lenkung selbständiger Geschäftseinheiten, in: WISU 8-9/1993, S.662-666

Behme, W.; Schimmelpfeng, K. (1993c)
Modellierung der Unternehmensstruktur mit Hilfe vermaschter Regelkreise, in: WISU 11/1993, S.923-925

Coenenberg, A. G. (1992)
Kostenrechnung und Kostenanalyse, Landsberg am Lech 1992

Dellmann, K. (1992)
Eine Systematisierung der Grundlagen des Controlling, in: Spremann, K.; Zur, E. (Hrsg): Controlling, Wiesbaden 1992, S.113-140

Frese, E. (1990)
Das Profit-Center-Konzept im Spannungsfeld von Organisation und Rechnungswesen, in: Ahlert, D.; Franz, K.-P.; Göppl, H. (Hrsg.): Finanz- und Rechnungswesen als Führungsinstrument, Wiesbaden 1990, S.137-155

Hahn, D. (1985)
Planungs- und Kontrollrechnung – PuK, 3. Aufl., Wiesbaden 1985

Haufs, P. (1989)
DV-Controlling, Heidelberg 1989

Heinen, E. (1991)
Industriebetriebslehre als entscheidungsorientierte Unternehmensführung, in: Heinen, E. (Hrsg.): Industriebetriebslehre, 9. Aufl., Wiesbaden 1991, S.1-71

Horváth, P. (1992)
Controlling, 4. Aufl., München 1992

Huch, B. (1992)
EDV-gestütztes Controlling – Stand und Entwicklungen, in: Huch, B.; Behme, W.; Schimmelpfeng, K. (Hrsg.): Controlling und EDV, Frankfurt a.M. 1992, S.15-28

Huch, B.; Behme, W.; Ohlendorf, Th. (1992)
Rechnungswesen-orientiertes Controlling, Heidelberg 1992

Kilger, W. (1988)
Flexible Plankostenrechnung und Deckungsbeitragsrechnung, 9. Aufl., Wiesbaden 1988

Küpper, H.-U. (1990)
Industrielles Controlling, in: Schweitzer, M. (Hrsg.): Industriebetriebslehre, München 1990, S.781-891

Liessmann, K. (1990)
Strategisches Controlling als Aufgabe des Managements, in: Mayer, E.; Weber, J. (Hrsg.): Handbuch Controlling, Stuttgart 1990, S.303-324

Picot, A.; Maier, M. (1992)
Informationssysteme, computergestützte, in: Frese, E. (Hrsg.): Handbuch der Organisation, Stuttgart 1992, Sp. 923-936

Schierenbeck, H. (1989)
Grundzüge der Betriebswirtschaftslehre, 10. Aufl., München/Wien 1989

Schimmelpfeng, K. (1992)
Planungs- und Kontrollinstrumente, in: Huch, B.; Behme, W.; Schimmelpfeng, K. (Hrsg.): Controlling und EDV, Frankfurt a.M. 1992, S.181-196

Schweitzer, M. (1990)
Gegenstand der Industriebetriebslehre, in: Schweitzer, M. (Hrsg.): Industriebetriebslehre, München 1990, S.3-60

Serfling, K. (1992)
Controlling, 2. Aufl., Stuttgart 1992

Siegwart, H.; Menzl, I. (1978)
Kontrolle als Führungsaufgabe, Bern/Stuttgart 1978

Töpfer, A. (1976)
Planungs- und Kontrollsysteme industrieller Unternehmungen, Berlin 1976

Ulrich, H. (1985)
Controlling als Managementaufgabe, in: Probst, G. J. B.; Schmitz-Draeger, R. (Hrsg.): Controlling und Unternehmensführung, Bern/Stuttgart 1985, S.15-27

Wagner, H.-P. (1990)
Die Integration von Basissystemen und Führungsinstrumenten als Erfolgsfaktor für das Controlling, in: Scheer, A.-W. (Hrsg.): Rechnungswesen und EDV, 11. Saarbrücker Arbeitstagung, Heidelberg 1990, S.211-234

Weber, J. (1991a)
Einführung in das Controlling, Teil 1: Konzeptionelle Grundlagen, 3. Aufl., Stuttgart 1991

Weber, J. (1991b)
Einführung in das Controlling, Teil 2: Instrumente, 3. Aufl., Stuttgart 1991

Welge, M. K. (1988)
Unternehmungsführung, Band 3: Controlling, Stuttgart 1988

Wild, J. (1982)
Grundlagen der Unternehmensplanung, 4. Aufl., Opladen 1982

Wittlage, H. (1976)
Unternehmensorganisation, 3. Aufl., Herne/Berlin 1976

2 Controlling-Informationssysteme

von Jörg Biethahn und Dirk Fischer

2.1 Information und Informationssysteme

2.1.1 Begriff der Information

Die wesentliche Aufgabe des in Abschnitt 1.1.2 beschriebenen Controlling-Systems ist das Versorgen des Führungssystems mit den benötigten Informationen. Die Information ist somit das zentrale Objekt sowohl des Controlling als auch der in diesem Abschnitt zu behandelnden Controlling-Informationssysteme (CIS). Deshalb soll an erster Stelle der Begriff Information definiert werden (die zentrale Position des Begriffs äußert sich im übrigen auch in der Vielzahl der existierenden Definitionen; Steinbuch zählt 160 publizierte Definitionen bis zum Zeitpunkt 1978 (Steinbuch 1978, S.48)). Es bietet sich an, bei der Definition in Anlehnung an die Semiotik drei Betrachtungsebenen zu unterscheiden: die syntaktische, die semantische und die pragmatische Ebene (Bessler 1985, S.8f; Brockhaus 1992, S.9).

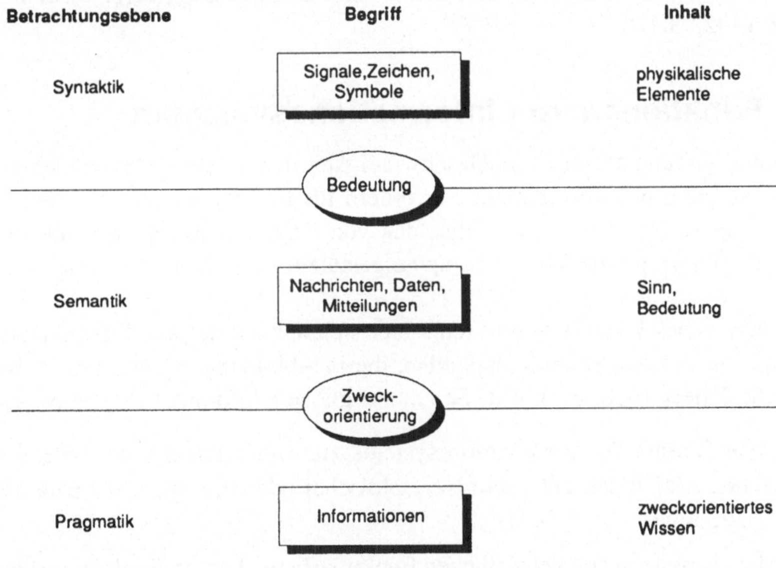

Abb. 2/1: Betrachtungsebenen der Semiotik

Objekte der syntaktischen Ebene sind Signale, Zeichen und Symbole, die von einem Ausgangspunkt an einen Endpunkt übertragen werden (Piechota 1990, S.78). Auf dieser Betrachtungsebene bleiben sowohl die Bedeutung der physikalischen Elemente als auch ihre Verwendung unberücksichtigt; lediglich die mathematisch-statistischen Zusammenhänge der Objekte zueinander werden betrachtet (Bessler 1985, S.9). Beispiele hierfür sind die (syntaktischen) Informationsbegriffe von Shannon, Wiener, Weaver u.a. (Kleinhans 1989, S.11).

Auf der semantischen Ebene erhalten die Signale, Zeichen und Symbole durch ihre Zusammensetzung zu einer Nachricht, einem Datum oder einer Mitteilung eine Bedeutung. Eine Nachricht ist eine Folge von Signalen (Zeichen, Symbolen), "*... deren Bedeutung (semantischer Wert) ein Empfänger aufgrund von vereinbarten Zeichenfolgen (Syntax) versteht*" (Busch 1985, S.76).

Auf der pragmatischen Ebene werden auch der Empfänger und der Zweck der Nachricht in die Betrachtung mit einbezogen (Pfeiffer 1990, S.8). Während auf der semantischen Ebene der Aspekt im Vordergrund der Betrachtung steht, ob eine Nachricht vom Empfänger grundsätzlich verstanden werden kann, zielt die Betrachtung auf der pragmatischen Ebene darauf ab, ob die übermittelte und verstandene Nachricht beim Empfänger eine Wirkung hat. Die Betriebswirtschaftslehre rückt die pragmatische Ebene in den Vordergrund. Als Information werden nur die korrekt empfangenen Nachrichten bezeichnet, die für einen bestimmten Empfänger und seine Aufgabenstellung eine Bedeutung haben (Mag 1977, S.5f).

Information ist demnach "*... die durch den Austausch von Signalen beim Empfänger verursachte Strukturveränderung, die durch die Übersendung zweckorientierter Nachrichten mit Neuigkeitscharakter von einem Sender an einen Empfänger entsteht*" (Trott zu Solz 1992, S.47).

2.1.2 Funktionen von Informationssystemen

Sowohl der Umfang als auch die Geschwindigkeit der für ein Unternehmen notwendigen Versorgung mit Informationen erfordern für Informationssysteme den Einsatz von Computertechnik. Wenn im folgenden von Informationssystemen die Rede ist, handelt es sich grundsätzlich um computergestützte Informationssysteme.

Die Struktur eines Informationssystems läßt sich anhand der aus Literatur und Praxis bekannten Systempyramide darstellen, die in Abbildung 2/2 gezeigt ist (Mertens 1991, S.6; Scheer 1988, S.3). Das Schaubild gliedert Informationssysteme nach

- dem Einsatz des Informationssystems zur Unterstützung der unternehmerischen Aktivitäten auf operativer, taktischer oder strategischer Ebene (Schultheis/Sumner 1992, S.319),

- dem Einsatz in den betrieblichen Funktionsbereichen (in Produktionsbetrieben von der Forschung und Entwicklung bis hin zum Versand der erstellten Ware) und

- den Phasen des Managements (Planung und Kontrolle).

Auf strategischer Ebene sind die langfristigen Ziele der Unternehmung festzulegen und auf ihre Erfüllung hin zu überwachen. Anhand dieser Ziele werden auf der taktischen Ebene die unternehmerischen Ressourcen mittels der Aufstellung von Plänen eingeteilt und der Ressourceneinsatz überwacht. Die operative Ebene konkretisiert die Pläne der taktischen Ebene hinsichtlich des 'Tagesgeschäftes' und überwacht ihr

Einhalten (Mag 1990, S.50ff; Kuhn 1990, S.81ff; Schultheis/Sumner 1992, S.319). Aus den Aufgaben, die den Ebenen zuzuordnen sind, lassen sich die verschiedenen Arten von Informationssystemen ableiten, wobei diese Teilsysteme dann jeweils auf spezifische betriebliche Funktionsbereiche wie Marketing/Vertrieb, Produktion, Personal, Forschung/Entwicklung und Finanzen beschränkt sein können:

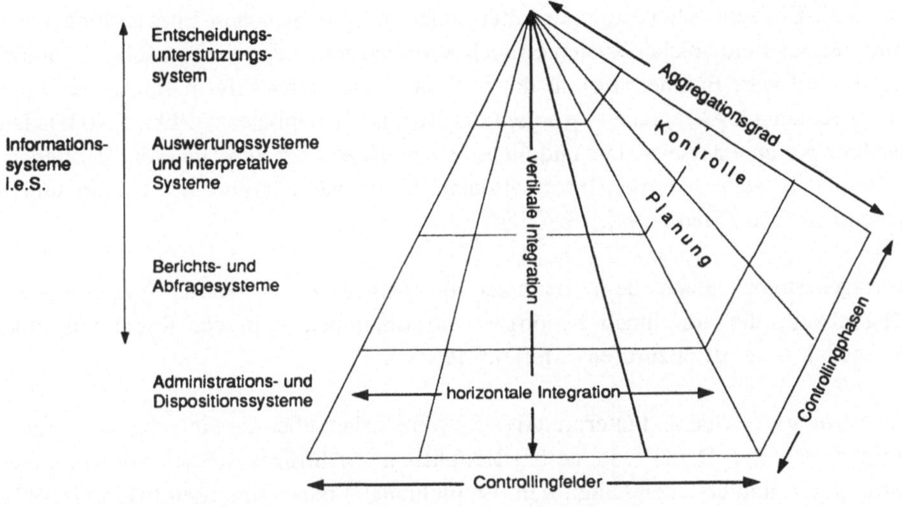

Abb. 2/2: Informationssystempyramide

Administrationssysteme werden zur rationellen Verarbeitung von Massendaten verwendet. Im Vordergrund stehen sehr einfache Tätigkeiten wie die Verwaltung von Lagerbeständen oder die Auftragsabwicklung.

Dispositionssysteme unterstützen Routineentscheidungen; sie werden überwiegend auf operativer Ebene eingesetzt. Mögliche Aufgaben sind die Bestelldisposition von Fremdgütern, das Festlegen von Losgrößen usw.

Administrations- und Dispositionssysteme sind überwiegend mengen- und wertorientiert. Gegenstand dieser Systeme sind auch Informationen, die keinen engeren betriebswirtschaftlichen Inhalt aufweisen. So gehören z.B. zu betrieblichen Informationssystemen auf der Stufe von Administrations- und Dispositionssystemen auch technisch ausgerichtete Systeme für die Fertigung wie Produktionsplanungs- und -steuerungssysteme, Materialsteuerungssysteme für den Komplex der Logistik, aber auch branchenspezifische Systeme wie Materialwirtschaftssysteme für Handelsbetriebe (Stahlknecht 1993, S.336ff). Administrations- und Dispositionssysteme bilden die Grundlage der als Informationssysteme i.e.S. bezeichneten Systeme, die nachstehend beschrieben sind (Reese 1990, S.132):

Berichtssysteme stellen dem Benutzer zu einem vorher festgelegten Anlaß in Struktur und Umfang ebenfalls vorbestimmte Informationen zur Verfügung (Krcmar 1990, S.407). Die Berichte können periodisch gegeben oder beim Eintreten von Ausnahmesituationen angefordert werden (Mertens 1991, S.1). Management-Informationssysteme (MIS) waren in den 60er Jahren der erste Versuch, den damaligen EDV-Einsatz über den administrativen Bereich hinaus auszudehnen und dem Management mittels standardisierter Berichte Führungsinformationen bereitzustellen. Das MIS-Konzept scheiterte aber unter anderem an dem hohen Entwicklungs- und Wartungsaufwand solcher Systeme (auch aufgrund fehlender methodischer Grundlagen des Software Engineering), an der noch unzureichenden Informationstechnik und an der fehlenden Akzeptanz von seiten der Benutzer (Stahlknecht 1993, S.403f). Die Systeme waren einerseits starr und nicht benutzerorientiert, zum anderen lieferten sie insbesondere keine externen Informationen, die für das Führen eines Unternehmens wesentlich sind (Stenz 1992, S.704f).

Abfragesysteme geben dem Benutzer im Gegensatz zu Berichtssystemen die Möglichkeit, die von ihnen benötigten Informationen – in der Regel aus einer Datenbank – selbst abzurufen (Mertens 1991, S.4).

Auswertungssysteme und interpretative Systeme gehen über die einfache Wiedergabe der gespeicherten Daten, wie sie bei Berichts- und Abfragesystemen vorgenommen wird, hinaus und erstellen Diagnosen, Empfehlungen oder Prognosen (Mertens 1991, S.2ff).

Entscheidungsunterstützungssysteme (EUS, auch Decision Support-Systeme oder DSS) sollen Entscheidungsträger der mittleren und oberen Führungsebene in Situationen unterstützen, die im Zeitverlauf so unterschiedlich sind, daß im allgemeinen davon abgesehen wird, hierfür eine Menge an Lösungsprozeduren zu programmieren (Schultheis/Sumner 1992, S.557; Heilmann 1987, S.11). Solche Entscheidungssituationen werden auch als schlecht oder unstrukturiert bezeichnet, d.h., Vorgehensweise, Ziele und Variablen der Entscheidung sind nicht spezifiziert (Krcmar 1990, S.405f). Im Rahmen von DSS übernimmt der Computer in der Regel die besser strukturierten Teile einer Entscheidungssituation und ermöglicht es dem Menschen, sich auf die weniger gut strukturierten Aspekte zu konzentrieren (Alter 1992, S.133; Kurbel 1989, S.171f). Zu diesem Zweck enthalten DSS eine Menge flexibler Methoden zum graphischen Aufbereiten und Analysieren von Daten. Daneben stellen DSS Simulations- und Optimierungsmodelle zum Formulieren und Überprüfen alternativer Entscheidungen sowie Planungssprachen bereit (Alter 1992, S.135). Vom Entwurf her sind DSS dialogorientierte Systeme und enthalten selbst einfache Datenbanken oder ermöglichen den Zugriff zu umfassenderen Datenbanken (Mertens/Griese 1991, S.5). Sie zielen auf bestimmte Typen von Entscheidungssituationen. DSS können als eine "... *Reaktion auf die Frustration nach der MIS-Euphorie* ..." verstanden werden (Krcmar 1990, S.135; Alter 1992, S.135).

DSS werden im allgemeinen nicht isoliert eingesetzt. Je nach der Integration von DSS sind zwei weitere Arten von Informationssystemen zu nennen:

Executive Information-Systeme (EIS, auch Executive Support-Systeme (ESS), Führungsinformationssysteme oder Chef-Informationssysteme) fassen die auf bestimmte Entscheidungssituationen zugeschnittenen DSS zu einem Informationssystem zusammen, das alle wesentlichen Entscheidungssituationen eines Managers unterstützt (arbeitsplatzbezogene Integration) (Krallmann/Rieger 1987, S.29). Darüber hinaus wird die Konzentration auf den eigentlichen Entscheidungsprozeß zugunsten des umfassenderen Managementprozesses aufgegeben. EIS wenden sich an den Informationsbedarf des oberen Managements und stellen im Idealfall alle notwendigen aktuellen Informationen über Unternehmenssituation, Projekte usw. bereit und bereiten sie in Form von Graphiken und Tabellen auf (Kemper 1991, S.78; Schultheis/Sumner, S.570). Während Entscheidungsunterstützungssysteme recht hohe Anforderungen an den Benutzer stellen (Planungssprachen, Datenbankabfragen, Werkzeugauswahl), steht bei den EIS eine einfache Bedienbarkeit im Vordergrund (Abbildung 2/3, Alter 1992, S.137). Sie *"...sollen dem Manager auf Knopfdruck die für ihn interessanten Daten liefern, ohne daß dieser sich mit der EDV abmühen muß"* (o.V. 1992, S.14). In EIS sind Planungs- und Kontrollsysteme integriert.

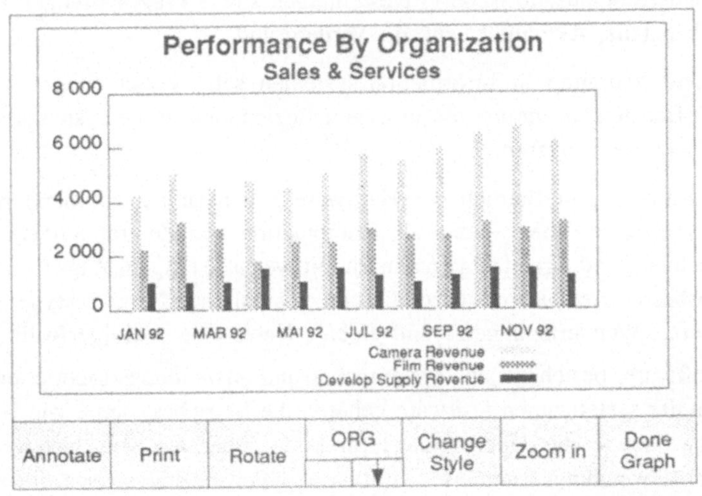

Abb. 2/3: Beispiel einer interaktiven Benutzeroberfläche eines Executive Information Systems

Ein Management Support-System (MSS) kann als eine Zusammenfassung mehrerer EIS mit den dazugehörigen DSS angesehen werden. MSS scheint aber momentan eher als begriffliches Konstrukt zu fungieren (Krallmann/Rieger 1987, S.29), wohingegen EIS in der Praxis scheinbar Fuß gefaßt haben. Bei einer Befragungsaktion über Entwicklung und Einsatz von EIS gaben *"... viele Unternehmen an, in den nächsten zwei Jahren ihr umfassendes, unternehmensweites EIS (step by step) entwickeln zu wollen ..."* (Kemper 1991, S.78).

2.1.3 Informationsversorgung mit Informationssystemen

Nachdem verschiedene Typen von Informationssystemen vorgestellt wurden, ist nun zu klären, in welcher Weise eine Informationsversorgung mittels solcher Systeme erfolgt. Grundsätzlich lassen sich die folgenden drei Phasen der Informationsversorgung unterscheiden:

1. Datenbeschaffung aus unterschiedlichen Quellen für das Informationssystem: Hier werden Daten aus unternehmensinternen Quellen (beispielsweise im Rahmen der Betriebsdatenerfassung oder der Finanzbuchhaltung) oder aus unternehmensexternen Quellen (beispielsweise mit Abfragen aus externen Datenbanken) in das Informationssystem zur Verarbeitung zu entscheidungsrelevanten Informationen übernommen (Behme 1992, S.181).

2. Informationsverarbeitung im Informationssystem: Hierbei handelt es sich um die eigentliche EDV-gestützte Informationsgewinnung auf der Grundlage der unter 1. gewonnenen Daten unter Einsatz betriebswirtschaftlicher, mathematisch formulierter Methoden und Modelle.

3. Informationsübermittlung (Kommunikation) vom Informationssystem an den Informationsnutzer: Bei dieser Informationsübertragung an den Informationsempfänger als Nutzer der Information stehen neben den technischen insbesondere organisatorische Fragestellungen sowie Fragestellungen hinsichtlich Akzeptanz, Aktualität usw. im Vordergrund.

Informationsversorgung in Informationssystemen setzt verschiedene Elemente im Sinne von Bausteinen voraus, die in einem Beziehungsgefüge systematisch miteinander vernetzt sein müssen:

*   Hardware: Im Bereich der Hardware haben sich zunehmend miteinander vernetzte Rechnersysteme als Kombination von Zentralrechnern, Bereichsrechnern und Arbeitsplatzrechnern mit wechselseitigem Zugriff durchgesetzt. Insbesondere spielen hierbei die unterschiedlichen Netzwerktypen wie lokale Netze, Weitverkehrsnetze und globale Netze eine wichtige Rolle.

*   Software, bestehend aus systemnaher und anwendungsorientierter Software: Zu der systemnahen Software gehören die Betriebssysteme wie UNIX, DOS usw. sowie die Übertragungsprotokolle innerhalb von Netzwerken. Zu der anwendungsorientierten Software zählen beispielsweise die verschiedenen Programme im Rahmen des Rechnungswesens mit Plankostenrechung, Deckungsbeitragsrechnung usw.

*   Entwicklungswerkzeuge: Für die Gestaltung der anwendungsorientierten Software haben sich neben den verschiedenen Programmiersprachen unterschiedlicher Generationen zunehmend Planungssprachen, Tabellenkalkulationssysteme, Führungsinformationssystem-Generatoren sowie verstärkt auch Expertensystem-Shells durchgesetzt.

- Datenbanksysteme: Während in der Vergangenheit hierarchisch oder als Netzwerk organisierte Datenbanksysteme eingesetzt wurden, kommen heute vorwiegend relationale Datenbanksysteme zum Einsatz. In letzter Zeit wurden auch die objektorientierten Datenmodelle zunehmend diskutiert.

2.2 Controlling-Informationssysteme als Instrumente des Controlling

2.2.1 Bedeutung von Informationssystemen für das Controlling

Eine empirische Untersuchung der Stellenanzeigen in den Wochenendausgaben der 'Frankfurter Allgemeinen Zeitung' (Jahrgänge 1985-1989) ergab, daß nach der Kostenrechnung und der Kalkulation die wichtigsten Aufgaben des Controllers im Bereich der EDV und der Organisation liegen (Weber/Kosmieder 1991, S.23). Eine ähnliche Untersuchung, basierend auf den Stellenanzeigen der Jahre 1985/86 der 'Frankfurter Allgemeinen Zeitung', der 'Welt' und des 'Handelsblattes', stellte das EDV-gestützte Controlling in allen Branchen und für alle Unternehmensgrößenklassen als wichtigste Einzelaufgabe des Controlling heraus (Reichmann/Kleinschnittger/Kemper 1988, S.19, 24, 30). Diese Entwicklung gilt jedoch nicht für die kleinen und mittleren Unternehmen. Gerade in diesen Bereichen ist eine dramatische Rückständigkeit in der Anwendung neuer Informationstechnologien zu beobachten (Horváth/Weber 1990, S.309). Hier ist die Verbindung zwischen Informationsversorgung und Controlling noch nicht unbedingt gegeben.

Dennoch ist es offensichtlich, daß die Informationsversorgungsfunktion des Controlling, "... *die Bereitstellung aller im Planungs- und Steuerungsprozeß benötigten Informationen mit dem erforderlichen Aktualitäts-, Genauigkeits- und Verdichtungsgrad sowie aller notwendigen Methoden und Modelle ...*" (Schweitzer/Friedl 1992, S.149), eine enge Verbindung des Controlling mit computergestützten Informationssystemen unabdingbar macht (Küpper/Weber/Zünd 1990, S.288f). Die Zunahme der Bedeutung von Informationssystemen für das Controlling ergibt sich zum einen aus der steigenden Fülle an unternehmensinternen und -externen Daten, der das Unternehmen ausgesetzt ist (zu möglichen Datenvolumina allein im Bereich der Kostenrechnung siehe Männel 1988, S.14), zum anderen aus organisatorischen Veränderungen im Unternehmen, insbesondere aus einem Trend zur Dezentralisation auch der Controlling-Funktion. Der Einsatz von Informationssystemen im Bereich des Controlling zielt dabei nicht auf eine Rationalisierung der Controlling-Tätigkeit, also einer Effizienzsteigerung, sondern auf ein Erhöhen der Effektivität des Controlling und damit auf eine Verbesserung der Controlling- und Führungstätigkeit (Back-Hock 1991, S.94f).

Das Erfordernis und der Zweck von CIS wird deutlich, wenn man den Adressatenkreis dieser Systeme betrachtet.

2.2.2 Begriff und Adressatenkreis von Controlling-Informationssystemen

Das Verständnis von CIS, ihre Gestalt und die von ihnen zu erfüllenden Aufgaben hängen in starkem Maße von dem Verständnis des Controlling und seiner Organisation in den betreffenden Unternehmen selbst ab. Darum ist es erforderlich, in einem ersten Schritt mögliche Betrachtungsweisen des Controlling zu unterscheiden (Küpper/Weber/Zünd 1990, S.283; Schmidt 1991, S.108f; Bramsemann 1990, S.46f). Gängig ist eine Differenzierung in eine institutionale, eine funktionale und eine instrumentale Betrachtungsweise.

- Die institutionale Betrachtungsweise zielt auf den Controller ab. Der Ausdruck Controller bezeichnet den Aufgabenträger, der die Aufgaben wahrnimmt, um Controlling durchführen zu können (Horváth 1990, S.146). Die Arbeitskreisleiter des Controller Vereins e.V. beschreiben die Aufgaben des Controllers wie folgt: *"Der Controller leistet in begleitender Funktion betriebswirtschaftlichen Service; sorgt für Kosten- und Ergebnis- sowie Strategietransparenz; koordiniert die Teilpläne des Unternehmens ganzheitlich und nicht nur zahlenmäßig; organisiert ein unternehmensübergreifendes Berichtswesen und sorgt für Wirtschaftlichkeit im System."* (Deyhle 1990, S.2f). Die institutionale Betrachtungsweise verwendet einen dienstleistungs- oder koordinationsbezogenen Controlling-Begriff. Beide Begriffe setzen 'Controlling' und 'Controller' gleich.

  Der dienstleistungsbezogene Begriff sieht das Controlling nicht als eine Führungsaufgabe an sich an, sondern als ein informationsverarbeitendes System, dessen vorrangige Aufgabe es ist, als Informationsversorgungs- und Servicezentrum Dienstleistungen für die Unternehmensführung zu erbringen (Serfling 1983, S.17, 23).

  Der koordinationsbezogene Begriff versteht das Controlling als die Koordination der Bereiche Planung, Kontrolle und Informationsversorgung im Rahmen des Führungssystems des Unternehmens (Horváth 1990, S.144ff; Deyhle 1991, S.2). Das Controlling-System bildet ein Subsystem des Führungssystems (Horváth 1990, S.146; Küpper/Weber/Zünd 1990, S.282). Seine Aufgabe ist wiederum die einer Dienstleistung im Form einer Koordinationstätigkeit.

- Die funktionale Betrachtungsweise des Controlling rückt die Durchführenden des Controlling in den Mittelpunkt. Während sowohl der dienstleistungsbezogene als auch der koordinationsbezogene Controlling-Begriff nicht zwischen der Institution und der Funktion des Controlling unterscheiden, nimmt der managementorientierte Controlling-Begriff diese Differenzierung vor. Controlling stellt im Rahmen der managementbezogenen Sichtweise als Konzept der Unternehmensführung die zielorientierte Steuerung des Unternehmens mit Hilfe von Planung, Kontrolle und Informationsversorgung dar. Controlling ist also selbst das Lenken des Unternehmens auf ein bestimmtes Ziel hin (Huch 1992, S.15). Der Aufgabenbereich des Controllers ('Controllership') liegt in der Unterstützung des Managements. Die Anwender oder Aufgabenträger des Controlling sind nicht die Controller selbst (Horváth 1990, S.27; Seibt 1990, S.117). Controlling ist eine Management-Aufgabe (Horváth 1990, S.27; Dellmann 1992, S.116), die unabhängig von Controller-Stellen und Controlling-Abteilungen realisierbar ist (Bramsemann 1990, S.48): *"Jeder Manager ist bis zu einem gewissen Grade für das Controlling seiner eigenen Maßnahmen ... zuständig"* (Seibt 1990, S.117). Das Erfordernis eines Controlling durch das Management selbst drückt Ziegenbein aus: *"Grundsätzlich sollten Kontrollen durch die Entscheidungsträger erfolgen, denn Selbstkontrollen ermöglichen nicht nur Anpassungsmaßnahmen, sondern vielmehr Lernprozesse im Sinne zukunftsorientierter Informationsgewinnung"* (Ziegenbein 1992, S.36).

- Die instrumentale Betrachtungsweise des Controlling stellt die Instrumente, die zur Durchführung des Controlling eingesetzt werden, in den Mittelpunkt der Betrachtung. Zu den Instrumenten zählen zum Beispiel das betriebliche Rechnungswesen und Kennzahlensysteme (Küpper/Weber/Zünd 1990, S.288f).

	Managementbezogener Controlling-Begriff	Dienstleistungsbezogener Controlling-Begriff	Koordinationsbezogener Controlling-Begriff
Controlling-Verständnis	Controlling = Steuerung des Unternehmens 'Führungsphilosophie', 'Denkweise'	Controlling = Unterstützung der Unternehmensführung bei der Steuerung des Unternehmens	Controlling = Koordination innerhalb des Führungssystems der Unternehmung
Aufgabe des Controllers (Controllership)	Unterstützung des Managements beim Controlling Controller als Dienstleister (Trennung der Begriffe 'Controlling' und 'Controller')	Durchführung des Controlling Controller als Dienstleister	Durchführung des Controlling Controller als Dienstleister
Führungsverständnis	generell zentral oder dezentrale Führung möglich	generell zentral oder dezentrale Führung möglich	grundsätzlich dezentrales Führungsverständnis

Abb. 2/4: Controlling-Begriffe

Abbildung 2/4 faßt die unterschiedlichen Controlling-Begriffe zusammen (Almstedt 1993, S.40).

Wir unterstellen im weiteren Text den managementbezogenen Controlling-Begriff, insbesondere wegen der in den Unternehmen zunehmenden Tendenz nach Dezentralisierung und schlanken Organisationsformen, die unter den Schlagworten 'Lean Management' oder 'Lean Enterprise' firmieren (siehe hierzu unter anderem Zuboff 1988 und Warnecke 1992).

In Abbildung 2/5 sind die zentralen Objekte der einzelnen Betrachtungsweisen des Controlling und ihre Verbindungen dargestellt.

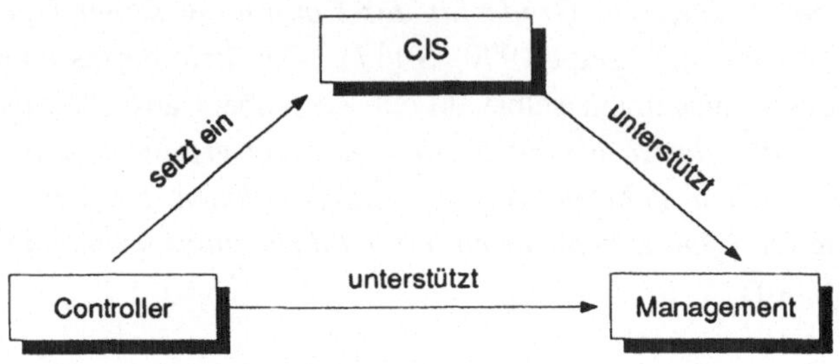

Abb. 2/5: Controller, Management und CIS

Die Controller unterstützen das Management bei der Durchführung der Controlling-Aufgaben. Dazu setzen sie CIS ein. Das Management greift entweder direkt auf das CIS zu oder erhält die benötigten Informationen über den Controller. Adressat der von CIS bereitgestellten Informationen ist also immer (zumindest mittelbar) das Management. Die personelle Differenzierung zwischen dem Personenkreis, der Controlling betreibt und dem Personenkreis, der hierbei unterstützt, ist für die weitere Betrachtung sehr wichtig. Zum einen verändern sich die Aufgaben des Controlling und damit auch die Unterstützungsaspekte eines CIS, zum anderen führt eine andere Endbenutzergruppe zu einer abweichenden Gestaltung von CIS. In Anlehnung an Abbildung 2/5 läßt sich nun folgende Definition vornehmen:

CIS sind computerbasierte Instrumente, welche – im allgemeinen in der organisatorischen Zuständigkeit der Controller (institutional) (Horváth 1990, S.629) – den Entscheidungsträgern einer Unternehmung die Informationen zur Verfügung stellen, die sie für eine zielgerechte Planung, Steuerung und Kontrolle ihrer Handlungen benötigen. Dazu unterstützen CIS das Planungs- und Kontroll- sowie das Informationsversorgungssystem (Horváth 1990, S.347). Sie erfassen, verarbeiten und bewerten Informationen und bereiten sie für die Adressaten auf (siehe auch Joswig 1991, S.28). CIS integrieren Controlling-Instrumente (Rechnungswesen, Kennzahlensysteme usw.) und stellen sie computergestützt zur Verfügung. Das Ziel ihres Einsatzes ist vornehmlich eine Effektivitätsverbesserung.

CIS sind im Bereich der auf den Administrations- und Dispositionssystemen basierenden Informationssysteme i.e.S. einzuordnen. Ihre Funktion liegt in einer sachgerechten Informationsversorgung des Managements für die jeweilige Phase des Managementprozesses. Diese Informationen beziehen sich dabei jeweils auf die Planungs- und Kontrollphasen des Managementprozesses, so daß jeweils Plan-, Ist- oder Kontrollinformationen generiert werden (Biethahn/Mucksch/Ruf 1991, S.27). Teilweise werden CIS schlechthin als Planungs- und Kontrollsysteme bezeichnet. Planungssysteme sollen die strategischen und taktischen Planungen und die daran anschließenden Entscheidungen unterstützen. Kontrollsysteme dienen dem Überwachen der durchgeführten Entscheidungen im Hinblick auf die Unternehmensziele und dem gegebenenfalls notwendigen Einleiten von Steuerungsmaßnahmen zur Zielerreichung.

2.2.3 Unterstützungsfunktionen von Controlling-Informationssystemen

Das CIS muß den Controlling-Aufgabenträgern Applikationen zur Verfügung stellen, mit denen diese die auftretenden Controlling-Sachprobleme lösen können. Dazu zählen Planung und Entscheidung, Analyse und Kontrolle, Informationsbeschaffung und -aufbereitung, Koordination sowie Kommunikation.

- Unterstützung von Planung und Entscheidung: Das zunehmende Bestreben nach Dezentralisierung von Kompetenz einerseits und einer funktionalen Integration andererseits führt im Ergebnis zu selbständigen dezentralen Unternehmenseinheiten, die zwar zentral koordiniert werden, ihre Aufgaben aber komplett zu erledigen haben (Warnecke 1992, S.146). Entscheidungen werden nicht mehr nur zentral gefaßt und Planungen nicht nur zentral vorgenommen, sondern möglichst nah am Ort getroffen, an dem sie anfallen. Bei den Trägern von Entscheidungen und Planungen bestehen jedoch häufig Wissensdefizite bezüglich zu treffender Entscheidungen, insbesondere dann, wenn der Inhalt der Entscheidung über die eigene Unternehmenseinheit hinausgeht. Aus diesem Grund benötigen die Aufgabenträger eine Unterstützung in Entscheidungsfindungs- und Planungsprozessen.

- Unterstützung von Analyse und Kontrolle: Die oben beschriebene dezentrale Steuerung von Unternehmenseinheiten bedeutet auch das Durchführen einer selbständigen, dezentralen Kontrolle der Prozesse und Zustände der Unternehmenseinheit auf ihre Zielgerichtetheit sowie eine Analyse möglicher Abweichungsursachen. Die Unternehmenseinheiten müssen in die Lage versetzt werden, ständig ihre eigene Leistung messen und im Hinblick auf ihre Aufgabe bewerten zu können. Dazu gehört auch die Fähigkeit zu erkennen, wann das eigenständige Ergreifen von Korrekturmaßnahmen aufgetretene Probleme nicht mehr bewältigen kann, sondern Hilfe 'von außen' zu holen ist.

Wie bei den Funktionen der Planung und Entscheidung liegt auch bei der Analyse und Kontrolle das Hauptproblem in einer möglichen Unerfahrenheit der Aufgabenträger. CIS müssen daher die Aufgabenträger in dem frühzeitigen Erkennen von den Planungen entgegenlaufenden Entwicklungen unterstützen. CIS übernehmen dann die Funktion eines Frühwarnsystems (Lachnit 1990, S.188f).

Zu einer Unterstützung gehört jedoch nicht nur das Feststellen von Abweichungen, sondern auch eine Hilfestellung für den Anwender, wie er im Rahmen seiner Kontroll- und Analysetätigkeit vorgehen sollte (Mertens/Back-Hock/Fiedler 1991, S.44).

- Unterstützung der Koordination: Wenn Unternehmenseinheiten selbst ihre Steuerung vornehmen und für sie verantwortlich sind, bedarf es zur Steuerung des Gesamtunternehmens einer übergreifenden Abstimmung und Ausrichtung der einzelnen Unternehmenseinheiten. Zu einer Unterstützung zählen insbesondere ein Vergleichen der Pläne einer Unternehmenseinheit mit den Plänen der anderen Einheiten (Almstedt 1993, S.91) und eine Beachtung der Kongruenz der Einzelpläne mit dem Zielsystem des Unternehmens (Liedtke 1991, S.133).

- Unterstützung der Kommunikation: Die Dezentralisierung führt zu einem hohen Kommunikationsbedarf der einzelnen Unternehmenseinheiten. Deshalb muß das CIS eine solche Kommunikation unterstützen.

- Unterstützung von Informationsbeschaffung und -aufbereitung: Die Informationsbeschaffung und -aufbereitung steht im Mittelpunkt der Controlling-Funktionen. Aus diesem Grund ist dieser Aspekt expliziter Betrachtungsgegenstand des nächsten Abschnittes.

Abbildung 2/6 faßt die funktionalen Anforderungen zusammen und ordnet ihnen mögliche Funktionstypen von Informationssystemen zu (Almstedt 1993, S.96).

2.2.4 Informationsbedarf für das Controlling

Der Informationsbedarf beschreibt die Art, den Umfang und die Qualität der Informationen, die ein Entscheidungsträger im gegebenen Informationskontext zur Erfüllung seiner Controlling-Aufgaben benötigt (Szyperski 1980, Sp.904). Der Informationsbedarf, den ein CIS decken soll, ist global nicht feststellbar, sondern hängt von dem konkreten Einsatz in einem Unternehmen ab. Daher wird im folgenden der Informationsbedarf aus formaler und aus sachlicher Sicht betrachtet.

2.2.4.1 Informationsbedarf aus formaler Sicht

Informationen können nach verschiedenen formalen Merkmalen geordnet werden. Es lassen sich unterscheiden:

1. Der Ort des Informationsanfalls (unternehmensinterne und unternehmensexterne Informationen):

   Unternehmensinterne Informationen sind Informationen, die in den einzelnen Unternehmensbereichen anfallen und in einem direkten Zusammenhang mit dem Zweck des Unternehmens stehen.

*** Unterstützung von Planung und Entscheidung**
1.   aktive Unterstützung des gesamten Entscheidungsprozesses durch ein Zugangssystem
2.   Unterstützung unstrukturierter Situationen mit nicht qualifizierbaren Größen durch Fuzzy-Logik
3.   Einsatz von Simulationsmethoden zur Bewältigung insbesonders komplexer Probleme
4.   Unterstützung strategischer Planung und Entscheidungen durch adäquate Instumente
5.   Unterstützung kollektiver Entscheidungen durch Einsatz von Groupware
*** Unterstützung von Analyse und Kontrolle**
1.   Unterstützung komplexer Probleme durch den Einsatz eines 'Brain amplifier'
2.   Unterstützung der unerfahrenen Controlling-Aufgabenträger durch ein Frühwarnsystem
3.   Unterstützung von Analyse, Diagnose und Maßnahmenfindung durch ein Expertise-/Abgangssystem
4.   Unterstützung der Messung und Bewertung der eigenen Leistung durch leistungsfähige Instrumente
5.   Unterstützung von Konkurrenzanalyse und Benchmarking durch adäquate Instrumente
6.   automatische Übernahme wiederkehrender Tätigkeiten durch das CIS
*** Unterstützung von Informationsbeschaffung und -aufbereitung**
1.   Beschaffung interner wie auch externer Daten durch Information-Retrieval-Instrumente
2.   Beschaffung quantitativer, aber auch qualitativer Daten durch Daten- und Dokumenten-Retrieval
3.   Unterstützung bei der Festlegung des Informationsbedarfes durch Filter-/Profilmechanismen
4.   Dokumentation erfolgreich angewandter Suchstrategien für die Anwendung auf strukturell ähnlichen Informationsbedarf
5.   Gewährleistung hoher Datenaktualität durch automatische Aktualisierung
6.   Unterstützung bei der Aufbereitung und Weiterverarbeitung von Daten durch ein Zugangssystem
*** Unterstützung der Koordination**
1.   automatische Überprüfung der Bereichspläne auf Konsistenz untereinander sowie Kongruenz zum Zielsystem der Gesamtunternehmung
2.   Unterstützung der bereichsübergreifenden Analyse durch adäquate Instrumente
*** Unterstützung der Kommunikation**
1.   Bereitstellung von Schnittstellen zu (Büro-)Kommunikations-/Weiterverarbeitungs-Funktion
*** Unterstützung des Lernens**
1.   Bereitstellung von Lern-/Trainingsprogrammen
2.   Implementierung eines übergreifenden Lern- und Unterweisungskonzeptes
*** Bereitstellung von Endbenutzerwerkzeugen**
1.   Bereitstellung eines Methodenbaukastens (Controller's Toolbox) zur Weiterentwicklung vorhandener bzw. Generierung vollständig neuer Applikationen

Abb. 2/6: Zusammenfassung der funktionalen Anforderungen

Zu den externen Informationen zählen unter anderem Informationen über die Branche, die Konkurrenz oder über die Märkte (Preißler 1988, S.7). Unternehmensexterne Informationen können ökonomischer, technologischer oder auch sozialer Natur sein.

Externe Informationen wurden bei der Gestaltung früherer Informationssysteme für das Management oftmals unterschätzt. Ein Grund für das Scheitern von Management-Informationssystemen (MIS) lag vor allem in der fehlenden Berücksichtigung externer Informationen.

2. Die inhaltliche Reichweite der Informationen (operativ-taktische und strategische Informationen):

Als operativer Informationsbedarf ist jener Bedarf an Informationen zu bezeichnen, der aus der Erfüllung von dauerhaften, wiederkehrenden Aufgaben resultiert (Müller 1986, S.347ff). Der repetitive Aufgabencharakter dieser Informationen ist ausschlaggebend dafür, daß der operative Informationsbedarf im Zeitablauf nahezu konstant bleibt, da aus den bekannten Arbeitsinhalten weitgehend auf die zukünftigen Anforderungen an Informationen zu schließen ist. Der operative Informationsbedarf stellt daher für diese gut strukturierten Aufgaben die Grundlage periodischer Routineentscheidungen dar. Operative Entscheidungen sind überwiegend vergangenheits- und gegenwartsbezogen (Dörfler 1986, S.55f).

Im Gegensatz zur operativen Führung ist es für die strategische Führung von zentraler Bedeutung, daß sämtliche Größen berücksichtigt werden, die für die langfristige Unternehmensentwicklung relevant sind (Munari/Naumann 1990, S.636). Das bedeutet, daß sich der strategische Informationsbedarf wiederum aus einer internen und einer externen Komponente zusammensetzt.

3. Die funktionale Reichweite der Informationen (Informationen, die nur einen Ausschnitt des Unternehmens zum Inhalt haben oder Informationen, die sich auf die Ganzheit Unternehmen beziehen)

4. Der zeitliche Bezug der Informationen (vergangenheits-, gegenwarts- und zukunftsbezogene Informationen):

Planwerte und Plangrößen als zukunftsbezogene Informationen sind für die zielgerichtete Gestaltung des unternehmerischen Handelns und die Antizipation von Entwicklungen der Unternehmensumwelt erforderlich. Istwerte und Istgrößen als vergangenheits- und gegenwartsbezogene Informationen bewerten die eingetretenen Situationen, insbesondere durch einen Vergleich mit den Planwerten und -größen.

5. Der Aggregationsgrad der Informationen (Einzelinformationen, verdichtete und verknüpfte Informationen):

Verdichtete Informationen entstehen, wenn zwei oder mehr Informationen gleichen Typs zusammengefaßt werden (zum Beispiel kumulierte Umsätze). Verknüpfte Informationen basieren dagegen auf zwei oder mehr Informationen unterschiedlichen Typs. Verknüpfte Informationen sind beispielsweise Kennzahlen (Koreimann 1976, S.53f).

Informationen erhalten durch eine Verdichtung oder Verknüpfung eine größere Aussagefähigkeit (Joswig 1991, S.68). Die Aufnahmefähigkeit des Menschen ist sehr begrenzt (Lüer/Spada 1990, S.261). Insbesondere verknüpfte Informationen wie Kennzahlen erlauben den Entscheidungsträgern eine systematische, also ganzheitliche Betrachtung der Zustände in ihrem Entscheidungsbereich. Im allgemeinen steigt der Bedarf an verdichteter Information mit zunehmender Hierarchiestufe (Horváth 1990, S.369; Reichmann 1985, S.891).

6. Der Integrationsgrad der Informationen (alleinstehende Informationen oder Informationen, die mit anderen Informationen des Unternehmens oder der Unternehmensumwelt verknüpft werden können (Merkelbach 1989, S.293))

Der Integrationsgrad von Informationen ist davon abhängig, wie viele Bereiche des Unternehmens in das CIS einbezogen werden. Je vollständiger die Einbeziehung ist, desto mehr Informationen können miteinander verknüpft werden. Ein hoher Integrationsgrad ist anzustreben, um viele Auswertungen für das Controlling zu ermöglichen.

7. Die Struktur der Informationen (qualitative und quantitative Informationen)

Quantitative Informationen erstrecken sich auf Angaben über Kosten, Umsätze, Gewinne usw. Quantitative Informationen stehen beim operativen Controlling im Vordergrund (Dörfler 1986, S.55). Qualitative Informationen können zum Beispiel Unternehmensziele, Bewertungen quantitativer Informationen oder zu erwartende Entwicklungen in der Umwelt des Unternehmens enthalten.

Der formale Informationsbedarf hängt von der Führungsebene ab, der die jeweiligen Entscheidungsträger angehören. Unterscheidet man eine obere und eine untere Führungsebene, so lassen sich den Ebenen die nachstehenden Merkmalsausprägungen zuordnen (Abbildung 2/7).

Zusätzlich zu diesen formalen Merkmalen ist nach dem Zeitpunkt, wann ein Entscheidungsträger Informationen für sein Handeln oder die Kontrolle seines Handelns benötigt, zu differenzieren. Dabei kann gegliedert werden nach

*   den Erfordernissen einer konkreten Situation:
    Informationen werden im allgemeinen dann benötigt, wenn Entscheidungsträger eine Handlung vorbereiten, durchführen oder ihre Auswirkung überprüfen. Der Informationsbedarf ist damit schlecht planbar.

	unteres Management	oberes Management
Ort des Informationsanfalls	unternehmensintern	unternehmensintern unternehmensextern
inhaltliche Reichweite	operativ-taktisch	strategisch
funktionale Reichweite	bereichsspezifisch	ganzheitlich
zeitlicher Bezug	vergangenheitsbezogen	zukunftsbezogen
Aggregationsgrad	verdichtet und verknüpft	stark verdichtet und verknüpft
Integrationsgrad	integriert	hoch integriert
Struktur	quantitativ	qualitativ und quantitativ

Abb. 2/7: Informationsbedarf in Abhängigkeit vom Managementbereich

- der Möglichkeit, bei Planabweichungen Gegensteuerungsmaßnahmen einleiten zu können:

  Informationen, die es den Entscheidungsträgern erlauben, bei Planabweichungen Gegensteuerungsmaßnahmen einleiten zu können, sind wichtiger als Informationen, die keine Gegensteuerungsmaßnahmen mehr auslösen können, weil keine Handlungsmöglichkeiten mehr bestehen. Letzteres ist zum Beispiel der Fall, wenn es sich um Informationen für bereits abgeschlossene Projekte handelt. Erstgenannte Informationen sind dem Entscheidungsträger so schnell wie möglich zu präsentieren (Dörfler 1986, S.111).

- der Konstanz eines Zustands im Zeitverlauf:

  Die Nachfrage nach Informationen über den Zustand eines Objektes ergibt sich aus der Stabilität des Zustands (Dörfler 1986, S.112). Abschreibungen auf das Anlagevermögen eines Unternehmens sind im allgemeinen im Zeitverlauf weitaus konstanter als beispielsweise Produktumsätze. Mit fallender Stabilität erhöht sich ceteris paribus der Informationsbedarf.

- der Wichtigkeit des Objekts, des Zustands oder Prozesses, den die Information beschreibt:

  Die Nachfrage nach Informationen ergibt sich zudem aus der Wichtigkeit eines Objektes. Mit steigender Wichtigkeit erhöht sich ceteris paribus der Bedarf an Informationen.

- dem von der vorgesetzten Ebene in Verbindung mit dem Controller festgesetzten Zeitpunkten:

  Zwar können die Entscheidungsträger zu festen Zeitpunkten mit Informationen versorgt werden, z.B. im Rahmen eines institutionalisierten Berichtswesens, doch sollten sie im Regelfall unabhängig von dem momentanen Zeitpunkt Informationen über die Auswirkungen ihrer Handlungen erhalten (Preißler 1988, S.97).

2.2.4.2 Informationsbedarf und -bedarfsermittlung aus sachlicher Sicht

Die Informationsverarbeitung im Rahmen des Controlling hat ihre Aufgabe nicht primär in der Steuerung der Realprozesse, *"sondern in der Steuerung des gesamten Unternehmens durch Information über sämtliche Realprozesse ..."* (Bramsemann 1990, S.47). Die für das Controlling benötigten Informationen ergeben sich aus dem Tätigkeitsfeld, in dem das Controlling durchgeführt wird (zur Informationsbedarfsermittlung siehe u.a. Heinrich 1992, S.488ff). Beispiele für Tätigkeitsfelder des Controlling sind einzelne Bereiche wie Beschaffung, Produktion und Absatz oder aber (aus der Sicht der Geschäftsleitung) das gesamte Unternehmen. Benötigt werden Informationen von Größen, über die eine Steuerung des Tätigkeitsfeldes erfolgt oder die ansonsten für das Tätigkeitsfeld besonders bedeutsam sind.

Eine Methode, den strategischen Informationsbedarf zu ermitteln, bildet das Verfahren der Kritischen Erfolgsfaktoren (Daniel 1961, S.111ff). Kritische Erfolgsfaktoren sind die Schlüsselgrößen, die den Erfolg oder Mißerfolg eines Unternehmens in besonderem Maße bestimmen (Rockart 1979, S.85). Zielsetzung der Methode der Kritischen Erfolgsfaktoren ist es, für die Entscheidungsträger die wesentlichen Faktoren für den Unternehmenserfolg zu spezifizieren, um aus ihnen den spezifischen Informationsbedarf abzuleiten (Klotz/Strauch 1990, S.29f). Für das Ableiten des strategischen Informationsbedarfs sind die Kritischen Erfolgsfaktoren zu allgemein und zu wenig greifbar (Adrian 1988, S.71ff). Deshalb sind Maßgrößen zu entwickeln, die die Grundlage für die Bestimmung der benötigten Informationen darstellen (Adrian 1988, S.114). In Abbildung 2/8 sind einige beispielhafte kritische Erfolgsfaktoren und die dazugehörigen Maßgrößen angegeben (Horváth 1990, S.379).

Ein Ausgangspunkt, den eher taktisch-operativen Informationsbedarf zu ermitteln, bilden die Unternehmensziele. Controlling wurde im vorhergehenden Abschnitt als Führung durch Ziele beschrieben. Somit lassen sie sich als Bestimmungsgrößen des Informationsbedarfs auffassen. Die möglichen Inhalte der Unternehmensziele betreffen überwiegend den Gewinn, die Sicherheit, die soziale Verantwortung gegenüber der Belegschaft, den angestrebten Marktanteil, die Unabhängigkeit von anderen Unternehmen, die Kundenpflege, das Wachstum oder das Prestige (Korndörfer 1988, S.39, nach einer von Heinen durchgeführten empirischen Untersuchung). Für das Ziel Gewinnerzielung ergeben sich als Unterziele die Kostensenkung und die Erlössteigerung. Mittel zur Kostensenkung sind beispielsweise die Senkung der Materialkosten, der Personalkosten und der Betriebsmittelkosten (Heinen/Dietel 1985, S.953ff). Die Unternehmensziele lassen sich für die einzelnen Funktionen des Unternehmens weiter spezifizieren. Abbildung 2/9 gibt eine Zuordnung von Funktionszielen zu den Unternehmenszielen.

Kritische Erfolgsfaktoren	Maßgrößen
Image auf den Finanzmärkten	Kurs-Gewinn-Verhältnis
Technologischer Ruf bei den Kunden	Verhältnis von Angebot und Nachfrage
Markterfolg	Veränderung des Marktanteils (für jedes Produkt) · Wachstumsrate der Unternehmensmärkte
Risikoanerkennung bei wesentlichen Angeboten und Verträgen	Anzahl der Jahre, in denen die Unternehmung Erfahrungen mit ähnlichen Produkten hat, neuer oder alter Kunde, frühere Geschäftsbeziehung
Gewinnspanne je Auftrag	Angebotsgewinnspanne als Maßzahl für den Gewinn bei ähnlichen Aufträgen in dieser Produktlinie
Betriebsklima	Fluktuation, Fehlrate etc. Informelle Rückkopplung
Erfolgsplanung bei wesentlichen Aufträgen	Soll/Ist-Vergleich der Auftragskosten

Abb. 2/8: Kritische Erfolgsfaktoren und ihre Maßgrößen

Die Zielinhalte beschreiben die Objekttypen und ihre Attribute, über die die Entscheidungsträger Informationen benötigen. Dem Zielinhalt 'Produktionskostensenkung' lassen sich beispielsweise die Objekttypen Produktionseinheit, Fertigungsauftrag, Fertigungsaktivität und Kapazitätsauslastung zuordnen. Abbildung 2/10 zeigt einen möglichen – aus den Zielen abgeleiteten – Informationsbedarf hinsichtlich der vier genannten Objekttypen und ihrer Attribute (zu dieser Vorgehensweise vgl. Joswig 1991, S.66ff).

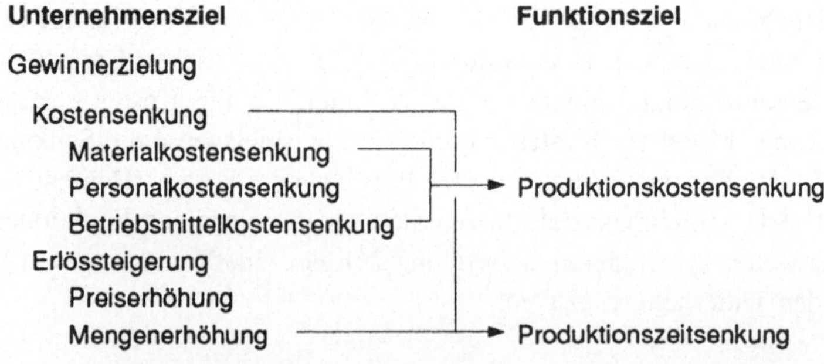

Abb. 2/9: Zuordnung von Funktionszielen zu den Unternehmenszielen

Der hier aufgeführte Informationsbedarf ist noch nicht auf eine Person bezogen, sondern zeigt einen Ausschnitt des Informationsbedarf für ein gesamtes Unternehmen an. Aus diesem Grund ist er nachträglich unter besonderer Beachtung der im vorangegangenen Abschnitt beschriebenen formalen Aspekte noch für die einzelnen Controlling-Treibenden zu spezifizieren.

Objekttyp		**Attribut**
Produktionseinheit	1.	Alter der Produktionseinheit
	2.	durchschnittliche Nutzungsdauer
	3.	Wiederbeschaffungswert
	4.	Instandhaltungs- und Reparaturkosten/Periode
	5.	geplante Produktionsstunden/Periode
	6.	effektive Produktionsstunden/Periode
	7.	Anzahl an Ausweich-Produktionseinheiten
	8.	Anzahl unterschiedlich gefahrener Baugruppen je Produktionseinheit
Fertigungsauftrag	1.	Fertigungsmenge
	2.	Fehlmenge
	3.	effektive Durchlaufzeit
	4.	Standard-Durchlaufzeit
	5.	Ist-/Soll-Materialverbrauch zu Verrechnungspreisen
	6.	effektive/vorkalkulierte Materialkosten
	7.	effektive/vorkalkulierte Produktionskosten
	8.	Terminhaltungs- und Anpassungskosten
	9.	Stillstands-, Stillsetzungs-, Wiederanlaufkosten
Fertigungsaktivitäten	1.	Gesamterzeugung pro Periode
	2.	fehlerhafte Erzeugnisse pro Periode
	3.	Normalarbeitsstunde pro Periode
	4.	Überstunden pro Periode
	5.	Kosten der Fertigungsabteilung
	6.	Instandhaltungs- und Reparaturkosten
	7.	Einrichte- oder Rüstkosten
	8.	Fertigungs- oder Herstellkosten
	9.	Leerkosten, Zwischenlagerungskosten
Kapazitätsbelastung	1.	effektive Produktionsstunden einer Periode
	2.	maximal mögliche Produktionsstunden einer Periode
	3.	Ausfallzeit der Produktionseinheit

Abb. 2/10: Möglicher Ausschnitt des Informationsbedarfs eines Unternehmens

2.2.4.3 Formale Anforderungen an die Informationen

Unabhängig von der Art und dem Inhalt der Information müssen folgende Eigenschaften erfüllt sein (Preißler 1988, S.75):

- Informationen müssen zeitnah und korrekt sein.

- Sie müssen die Schwachstellen und Abweichungen rechtzeitig erkennen lassen.

- Die Zustände sind möglichst objektiv wiederzugeben.

- Die Informationen haben sich inhaltlich, zeitlich und in der Form am Bedarf des Empfängers zu orientieren.

- Sie sind knapp, einfach und übersichtlich zu halten. Besonders geeignet sind visualisierte Informationen.

- Der Nutzen der Informationen sollte ihre Kosten übertreffen.

- Die Informationen müssen zusammenhängend verfügbar sein. Entscheidungsträger einer hohen Hierarchie-Ebene erhalten überwiegend verdichtete und verknüpfte Informationen, bspw. als Kennzahlen. Es muß gewährleistet sein, daß die Information jederzeit in detaillierter Form angeboten werden kann.

2.2.5 Informationsquellen für das Controlling

Zu den wichtigsten Informationsquellen des CIS zählt die Datensammlung des betrieblichen Rechnungswesens. Das betriebliche Rechnungswesen ist ein System zur Erfassung und Bewertung des Unternehmensgeschehens in monetären Größen. *"Die Notwendigkeit eines agierenden, statt bloß reagierenden Vorgehens der Unternehmensführung macht die möglichst frühzeitige, fundierte und umfassende Berücksichtigung von liquiditäts-, finanz- und erfolgswirtschaftlichen Informationen, die das Rechnungswesen zu liefern hat, in nahezu allen Teilphasen des Führungsprozesses erforderlich"* (Männel 1988, S.5).

Um eine vielseitige Auswertung der monetären Größen zu gewährleisten, sind sie in nichtaggregierter Weise in Form einer sogenannten Grundrechnung zu speichern. Die Größen werden dazu einer Bezugsgrößenhierarchie zugeordnet. Die Grundrechnung muß alle relevanten Bezugsgrößen berücksichtigen, die den Informationsbedarf der Entscheidungsträger bilden (Haun 1987, S.11ff). Abbildung 2/11 zeigt eine Grundrechnung auf der Basis einer Bezugsgrößenhierarchie (Riebel 1990, S.145).

Auf der Basis der Grundrechnung erfolgen periodische und fallweise Auswertungen, zu denen die Finanz-, Investitions-, Aufwands- und Ertrags- und die Kosten- und Leistungsrechnungen gehören (Horváth 1990, S.425ff).

Kostenkategorien (0: Zurechnungsobjekte / Bezugsgrößen)	I	II	III	IV	V	VI	VII	VIII	IX	X	XI	XII	XIII	XIV	XV	XVI	XVII	XVIII	XIX	XX	XXI	XXII
Zurechnungsbereich A (Kostenträger und Kostenstellen der Warensparte A) → I–XIII; **Zurechnungsbereich B** (Kostenträger und Kostenstellen der Warensparte B) → XIV–XVIII; **Gemeinsamer Zurechnungsbereich** → XIX–XXI; **Gesamtsumme** → XXII																						
Kostenträger der Warensparte A (I–VIII): Erzeugnisgruppe a (I–VI: Erzeugnisse a_1–a_5 = I–V, a = VI), VII = Σ(I–VI), VIII = Artikelgruppe a_h (Handelsware); IX = Σ(VII+VIII). Kostenstellen der Warensparte A: X = Produktionsstelle P_A, XI = Vertr.-stelle V_A, XII = Σ(X+XI); XIII = Σ(IX+XII). XIV = Kostenträger der Warensparte B (b+bh) insges.; Kostenstellen der Warensparte B: XV = Produktionsstelle P_B, XVI = Vertr.-stelle V_B, XVII = Σ(XV+XVI); XVIII = Σ(XVI+XVII). XIX = Produktionsstelle P_C; XX = Sonstige gemeinsame Kostenstellen / Hilfskostenstelle U; XXI = Σ(XIX+XX). XXII = Σ(XIII+XVIII+XXI)	a_1	a_2	a_3	a_4	a_5	a	Σ I–VI	(Handelsware)	Σ VII+VIII	P_A	V_A	Σ X+XI	Σ IX+XII	(b+bh) insges.	P_B	V_B	Σ XV+XVI	Σ XVI+XVII	P_C	U	Σ XIX+XX	Σ XIII+XVIII+XXI
umsatzwertabhängige Kosten	50	57	19	163	69	-	358	75	433	-	-	-	433	766	-	-	-	766	-	-	-	1199
von mehreren Fakt. abhängige Kosten	-	-	-	-	-	-	-	-	-	-	317	317	317	-	-	41	41	41	-	-	-	358
Σ absatzabhängige Kosten	50	57	19	163	69	-	358	75	433	-	317	317	750	766	-	41	41	807	-	-	-	1557
erzeugungsabhängige Kosten*	326	457	66	1525	768	-	3142	1297	4439	-	-	-	4439	5629	-	-	-	5629	-	-	-	10068
Σ kurzfristig ("automat.") variable Kosten	376	514	85	1688	837	-	3500	1372	4872	-	317	317	5189	6395	-	41	41	6436	-	-	-	11625
kurzfristige *nicht*variable Kosten	-	-	-	-	-	-	-	-	-	506	461	967	967	-	1473	579	2052	2052	606	665	1271	4290
Σ Perioden-Einzelkosten	376	514	85	1688	837	-	3500	1372	4872	506	778	1284	6156	6395	1473	620	2093	8488	606	665	1271	15915
ausgabennahe Perioden-Gemeinkosten	-	-	-	-	-	134	134	-	134	62	48	110	244	75	191	84	275	350	64	92	156	750
Σ ausgabennahe Kosten	376	514	85	1688	837	134	3634	1372	5006	568	826	1394	6400	6470	1664	704	2368	8838	670	757	1427	16665
Deckungs- und Rückstellungsraten für ausgabenferne Perioden-Gemeinkosten	-	-	-	-	-	-	-	-	-	118	57	175	175	-	111	70	181	181	34	72	106	462
Σ ausgabenwirksame Kosten	376	514	85	1688	837	134	3634	1372	5006	686	883	1569	6575	6470	1775	774	2549	9019	704	829	1553	17127

Abb. 2/11: Bezugsgrößenhierarchie für die Grundrechnung

Eine reine monetäre Analyse des Unternehmensgeschehens ist für das Controlling jedoch nicht ausreichend. Zum einen ist das Zielsystem des Unternehmens im allgemeinen nicht auf monetäre Größen beschränkt, zum anderen spiegelt das Rechnungswesen überwiegend das Gesamtunternehmensgeschehen wider. Betrachtet man bspw. den aus den kritischen Erfolgsfaktoren abgeleiteten strategischen Informationsbedarf aus Abbildung 2/8, so fällt auf, daß nur der Soll/Ist-Vergleich der Auftragskosten mit Daten des betrieblichen Rechnungswesens durchgeführt werden kann. Die übrigen Informationen sind dem Rechnungswesen nicht zu entnehmen. Neben dem Rechnungswesen sind deshalb die Informationssysteme der einzelnen Unternehmensfunktionsbereiche als Informationsquellen von Belang. Hierzu gehören unter anderem die Bereiche Forschung und Entwicklung, Marketing und Verkauf, Beschaffung und Lagerhaltung, Produktion, Versand, Finanzen und Personal (Mertens/Griese 1991, S.73ff).

Der Informationsbedarf ist nicht allein durch unternehmsinterne Quellen zu decken; es sind zusätzlich externe Quellen heranzuziehen. Mögliche Informationsquellen sind externe Informations- und Datenbanken, die Informationen über ökonomische Zeitreihen, Marktentwicklungen, Käuferschichten usw. bereithalten (Mertens/Griese 1991, S.29). Jedoch decken die Informationen nicht den speziellen externen Informationsbedarf einer konkreten Unternehmung ab, so daß als Quellen eigene Marktanalysen und ähnliche Erhebungen heranzuziehen sind.

2.3 Struktur von Controlling-Informationssystemen

Nachdem im vorangegangenen Abschnitt das CIS in seiner Eigenschaft als Instrument des Controlling behandelt wurde, sind nun zum einen die Anforderungen an ein solches System und zum anderen dessen Komponenten zu betrachten, mit denen die Anforderungen zu erfüllen sind.

2.3.1 Anforderungen an Controlling-Informationssysteme

Als Anforderungen an CIS sind zu nennen (Almstedt 1993, S.68f, 74, 97):

a) das Bereitstellen von Daten und Methoden für eine angemessene Informationsversorgung der Benutzer, wie sie bereits im Abschnitt 2.2.4 skizziert wurde,

b) Flexibilität hinsichtlich der sich im Zeitverlauf ändernden Strukturen und Prozesse des Unternehmens sowie Anpassungsfähigkeit an unterschiedliche spezifische Benutzersichtweisen,

c) ein hohes Maß an Benutzerfreundlichkeit.

zu a) Die primäre Aufgabe eines CIS liegt darin, für die Benutzer eine für ihre Aufgaben angemessene Informationsversorgung zu gewährleisten. Die Qualität der dargebrachten Informationen ist die wichtigste Bestimmungsgröße für die Bedeutung eines CIS (Bullinger/Huber/Koll 1991, S.18).

Es muß das Ziel des Einsatzes von CIS sein, einen möglichst hohen Deckungs-grad zwischen dem Informationsangebot des CIS, der Informationsnachfrage des Bedarfsträgers und dem tatsächlich notwendigen Informationsbedarf zu erreichen. Um den Informationsbedarf zu befriedigen, ist es erforderlich, den Benutzern zum einen die Daten zur Verfügung zu stellen, die sie benötigen. Eine solche angemessene Informationsversorgung setzt im allgemeinen vor-aus, daß die Bedarfsträger eigenständig festlegen, welche Informationen sie benötigen. Das CIS muß somit zum einen sicherstellen, daß die Bedarfsträger auf alle für sie relevanten Daten zugreifen können. Andererseits muß das CIS aber auch den im allgemeinen im Controlling nicht so sehr erfahrenen Benutzern des Systems eine ausreichende Hilfestellung beim Ermitteln ihres spezifischen Informationsbedarfs geben, um eine Deckung des Informations-bedarfs zu erreichen.

Für die Leistungsfähigkeit eines CIS ist nicht allein die Verfügbarkeit von Da-ten entscheidend. Kennzeichen eines CIS sollte der Zugriff auf zweckneutral gespeicherte Daten sein, da eine zweckgebundene Speicherung die spätere Ver-wendungsfähigkeit der Daten einschränken würde. Mit einer solchen zweck-neutralen Speicherung geht jedoch der Bedarf nach einem Instrumentarium (Methoden) zu einer zweckbezogenen Auswertung der Daten einher, der die Benutzer in die Lage versetzen soll, die vorhandenen Daten selbst zweckge-richtet auswerten zu können. Die Informationsbeschaffung erfordert somit die Bereitstellung und den Einsatz standardisierter Methoden, mit denen die Be-nutzer sich die benötigten Informationen beschaffen können (Martiny 1992, S.139). CIS werden von einem sehr heterogenen Benutzerkreis eingesetzt, der mit dem CIS Probleme unterschiedlichster Art zu lösen hat.

Abbildung 2/12 verdeutlicht die Notwendigkeit des Einsatzes von Methoden: Die Umsatzdaten werden zweckneutral gespeichert; vereinfachend sei ange-nommen, daß die Umsätze für ein Produkt in einer Region quartalsweise ge-speichert sind. Unterhalb der Umsatzmatrizen sind beispielhaft drei Arten eines Informationsbedarfs abgetragen. Die Erfüllung des Informationsbedarfs erfordert das Bearbeiten der zweckneutral gespeicherten Daten.

Hinsichtlich der angemessenen Informationsversorgung ist ein weiterer wich-tiger Aspekt zu beachten: CIS greifen auf Daten und Methoden zu, die auch von anderen Teilsystemen des gesamten betrieblichen Informationssy-stems genutzt werden. Das CIS stellt mithin kein isoliertes Teilsystem, son-dern findet sich eingebettet in das gesamte betriebliche Informationssystem. Es stellt lediglich eine bestimmte Sicht der Controlling-Funktion auf das be-triebliche Informationssystem dar. Dieser Zusammenhang läßt deutlich wer-den, daß zur Gewährleistung eines adäquaten Informationsaustausches zwi-schen den Informationssystemkomponenten auf einen ganzheitlichen Ansatz zurückzugreifen ist. Insbesondere handelt es sich um zwei Ganzheitsmomente, die eine Berücksichtigung zu finden haben:

–   Es muß gewährleistet sein, daß die Controlling-Treibenden auf wirklich alle für sie relevanten Daten und Methoden zurückgreifen und diese so aufbereiten und anwenden können, wie sie es zur Steuerung ihrer Bereiche benötigen (Mertens/Back-Hock 1991, S.270).

–   Die Daten und Methoden des Controlling sind gleichzeitig Teil des gesamten betrieblichen Informationssystems.

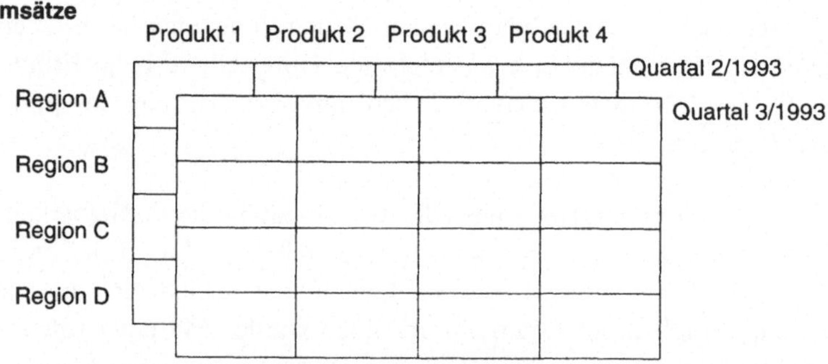

Informationsbedarf 1:   Differenz der kumulierten Umsätze der Produkte 1 in den Quartalen 2 und 3/1993

Informationsbedarf 2:   Differenz der kumulierten Umsätze in der Region B in den Quartalen 2 und 3/1993

Informationsbedarf 3:   prognostizierter Gesamtumsatz für das Geschäftsjahr 1993

Abb. 2/12: Befriedigung des Informationsbedarfs durch die Anwendung von Methoden auf zweckneutral gespeicherte Daten

zu b) Die Flexibilität eines CIS bezieht sich vor allem auf zwei Aspekte: die Anpassungsfähigkeit an sich im Zeitverlauf ändernde Unternehmensstrukturen und die Anpassungsfähigkeit an die spezifische Sichtweise des jeweiligen Systemnutzers.

Die Dynamik der Unternehmensumwelt zwingt die Unternehmen zu einer ständigen Anpassung der Unternehmensstrukturen und damit auch des CIS an die neuen Erfordernisse. Im einzelnen ist zu fordern, daß eine Modifikation von CIS im Zeitablauf möglich ist, also 'Freiheitsgrade für Anpassungen und Erweiterungen' (Bullinger/Huber/Koll 1991, S.20) bestehen, und daß wegen der hohen Frequenz ihres Auftretens die Anpassungsmaßnahmen möglichst leicht und schnell durchführbar sind.

Die erforderliche Anpassungsfähigkeit von CIS an die Sichtweisen der Systemnutzer ergibt sich aus den heterogenen Aufgaben der Benutzer. Es existieren somit viele unterschiedliche, aber durchaus gleichberechtigte Sichtweisen auf die Unternehmensstrukturen und -prozesse, da die Mitglieder eines Unternehmens je nach ihrem Einsatzbereich das Unternehmens- und Umweltgeschehen aus ihrem spezifischen Blickwinkel verfolgen (Almstedt 1993, S.76). Bullinger u.a. bezeichnen diese Sichtweisen als 'mentale Management-Modelle' (Bullinger/Huber/Koll 1991, S.14). CIS erfordern eine möglichst enge Anlehnung an diese mentalen Modelle (Gronau 1992, S.161).

Das Berücksichtigen der beiden dargestellten Flexibilitätsaspekte bestimmt in hohem Maße die Akzeptanz des eingesetzten CIS. Ein vermeintlicher Systemnutzer wird kaum auf ein CIS zurückgreifen, wenn auf der einen Seite das CIS aktuelle Zusammenhänge nicht angemessen abbilden kann oder auf der anderen Seite für die Nutzung des Systems erst ein völliges Umdenken und eine Auseinandersetzung mit unbekannten Begriffen notwendig ist (Kleinhans/Rüttler/Zahn 1989, S.108f).

zu c) Die bei der Vielzahl der Systembenutzer nicht oder kaum vorhandenen Controlling-Kenntnisse erfordern ein sehr hohes Maß an Benutzerfreundlichkeit des CIS. Der Begriff der Benutzerfreundlichkeit bedeutet, "... *dem Benutzer eine sichere, komfortable und leicht verständliche Handhabung des Systems ... zu ermöglichen*" (Kemper 1990, S.61). Die Benutzerfreundlichkeit ist eine Anforderung, die insbesondere an die Benutzerschnittstelle mit der Dialogkomponente und dem Hilfesystem sowie an die Applikationen zu stellen ist.

Die Benutzerschnittstelle und die Bedienung des Systems dürfen an die Benutzer keine besonderen Anforderungen stellen, so daß auch in der Informationstechnik unerfahrene Benutzer das System bedienen können, selbst bei nur sporadischer Nutzung (Bullinger/Huber/Koll 1991, S.20; Back-Hock 1990, S.138).

Von besonderer Wichtigkeit ist die Gestaltung des Dialoges zwischen den Benutzern und dem System. Die allgemeinen Anforderungen an diese Gestaltung sind in DIN 66234 geregelt, so daß hier auf eine Darlegung verzichtet wird (Deutsches Institut für Normung e.V. 1984; Rosenthal 1990, S.15ff).

Eine sehr wichtige Unterstützung der Benutzer bei den jeweiligen Anwendungen bieten Hilfesysteme. Hilfesysteme sollten ebenso wie das gesamte System einfach zu bedienen sein, so daß sie den Hilfesuchenden einen leichten und schnellen Umgang mit der Hilfe erlauben (Bauer/Schwab 1988, S.200). Die Hilfe sollte zu jedem Programmschritt verfügbar sein, dynamisch erfolgen, sich also auf den aktuellen Kontext beziehen und aktiv angeboten werden, also nicht erst dann reagieren, wenn der Benutzer eine Hilfe verlangt (Bullinger/Huber/Koll 1991, S.20; Bauer/Schwab 1988, S.198ff).

Auch die erforderlichen Applikationen sind unter ergonomischen Gesichtspunkten zu gestalten; für sie gelten ebenfalls die Forderungen nach Einfachheit und Überschaubarkeit, so daß sie auch für solche Benutzer zu verstehen sind, die wenige Kenntnisse im Controlling besitzen. Im Idealfall sollten sich die

Applikationen von selbst erklären und den Benutzer Schritt für Schritt durch die Benutzung führen (Bullinger/Huber/Koll 1991, S.19). Weiterhin ist auf die Transparenz des Verfahrensablaufs und der Verarbeitungslogik zu achten, um die Anwender in die Lage zu versetzen, die einzelnen Programmschritte nachzuvollziehen und zu verstehen (Joswig 1992, S.34). Dazu gehört es, "... *dem Benutzer jederzeit eine transparente Navigation durch das System (zu) ermöglichen*" (Bullinger/Huber/Koll 1991, S.20). Gleiches gilt auch für die Ergebnisse der Anwendungen. Ihr Zustandekommen muß für die Benutzer Schritt für Schritt nachvollziehbar sein. Dabei ist auf eine einfache, aber aussagekräftige Darstellung der betriebswirtschaftlichen Sachverhalte zu achten (Back-Hock 1991, S.98; Mertens/Back-Hock/Fiedler 1990, S.277).

Die große Heterogenität der Benutzer äußert sich zum einen in der großen Zahl der unterschiedlichen Bedürfnisse, die mit Hilfe des CIS befriedigt werden sollen, und zum anderen im unterschiedlichen Wissensstand der Benutzer hinsichtlich der Kenntnisse in computerbasierten Informationssystemen und hinsichtlich der Controlling-Kenntnisse. Das CIS sollte auf die Bedürfnisse und Kenntnisse der einzelnen Benutzer Rücksicht nehmen. Dies kann über den Einsatz von Benutzermodellen geschehen (Balzert 1990, S.590). Benutzermodelle enthalten Fakten oder Annahmen über den Benutzer, die in der Regel aus dem Dialog zwischen dem Benutzer und dem System gewonnen und in einem Modell abgelegt werden. Die abgelegten Informationen dienen dem System dazu, den Benutzer besser zu 'verstehen' und den Dialog mit diesem in entsprechender Weise anzupassen (Bodendorf 1992, S.234, siehe dort auch eine Kategorisierung von Benutzermodellen). Die Eigenschaften von Benutzermodellen im Rahmen von CIS lassen sich in der Forderung zusammenfassen, die Bereiche Benutzerkonventionen, -kompetenz und -intentionen abzudecken (Almstedt 1993, S.108f):

– Benutzerkonventionen ermöglichen eine den individuellen Bedürfnissen des Anwenders entsprechende Gestaltung der Benutzerschnittstelle. Dazu zählen bspw. die Art der Bildschirmaufbereitung oder die Anpassung der Begriffswahl an den jeweiligen Benutzer.

– Benutzerkompetenz erlaubt die Berücksichtigung von Vorkenntnissen und bisherigen Erfahrungen des Benutzers bei der Systemanwendung. So ist z.B. die Intensität des Hilfeangebots auf den jeweiligen Anwender abzustimmen.

– Benutzerintentionen erlauben das Erkennen der Benutzerabsichten und eine darauf aufbauende Unterstützung der Zielerreichung, also die unmittelbare Hilfe bei der Lösung von Sachproblemen.

2.3.2 Komponenten von Controlling-Informationssystemen

Die in den vorangegangenen Abschnitten beschriebenen Daten und Methoden werden nicht ausschließlich durch das CIS genutzt. Auch andere Teil-Informationssysteme greifen auf sie zu. Das CIS stellt somit kein isoliertes System dar, sondern es ist ein Teil des gesamten betrieblichen Informationssystems. Die Unterschiede zu anderen Teil-Informationssystemen liegen im Informationsbedarf der Benutzer und in den Verfahren zur Informationsverarbeitung, nicht jedoch in der Systemstruktur. Aus diesem Grund besitzt die hier beschiebene Struktur mit ihren Komponenten starke Ähnlichkeiten zu anderen Informationssystemen.

Die Entwicklung von Informationssystemen geht dahin, daß Benutzer immer weniger Kenntnisse über die Struktur und die Arbeitsweise eines Informationssystems benötigen. Insbesondere für CIS ist diese Entwicklung wichtig, da das Controlling nicht von Spezialisten der Informationstechnik und -verarbeitung betrieben wird, sondern hauptsächlich von Managern, die zu einem Großteil von ihrem Tätigkeitsgebiet her mit Informationssystemen nicht in dem Maße vertraut sind wie 'reine' Controller.

Für die Benutzer von Informationssystemen sind andere Komponenten eines Informationssystems bedeutsam als für die Entwickler eines solchen Systems. In Abbildung 2/13 sind die zentralen Komponenten eines Informationssystems dargestellt. Der obere Teil des Bildes gibt die Komponenten wieder, die für die Benutzer relevant sind, der untere Teil enthält die Komponente, die die Systementwickler für ihre Aufgaben benötigen.

Die für die Benutzer relevanten Komponenten sind:

- die Benutzerschnittstelle,

- das Datenbanksystem,

- die Kommunikationsschnittstelle,

- die Applikationsbibliothek und

- die Sammlung der Endbenutzerwerkzeuge.

Die Benutzerschnittstelle dient der Kommunikation der Benutzer mit dem System. Sie enthält die Dialogkomponente, über die die Benutzer ihre Anfragen eingeben und die vom CIS generierten Ergebnisse in einer für sie adäquaten Form erhalten, sowie das Hilfesystem, das die Benutzer bei der Arbeit mit dem CIS zu unterstützen hat.

Die Basis des CIS bildet ein Datenbanksystem, bestehend zum einen aus einer Datenbank, die man auch als Datenbasis bezeichnet, und dem Datenbankverwaltungssystem (Datenbankmanagementsystem, DBMS). Die Datenbank enthält in der Regel alle für das Unternehmen relevanten Daten. Damit ist das Datenbanksystem als Basis aller betrieblichen Teilinformationssysteme zu betrachten. Sein Inhalt entstammt datenliefernden Programmen, z.B. Betriebsdatenerfassungs- oder Produktionsplanungs-

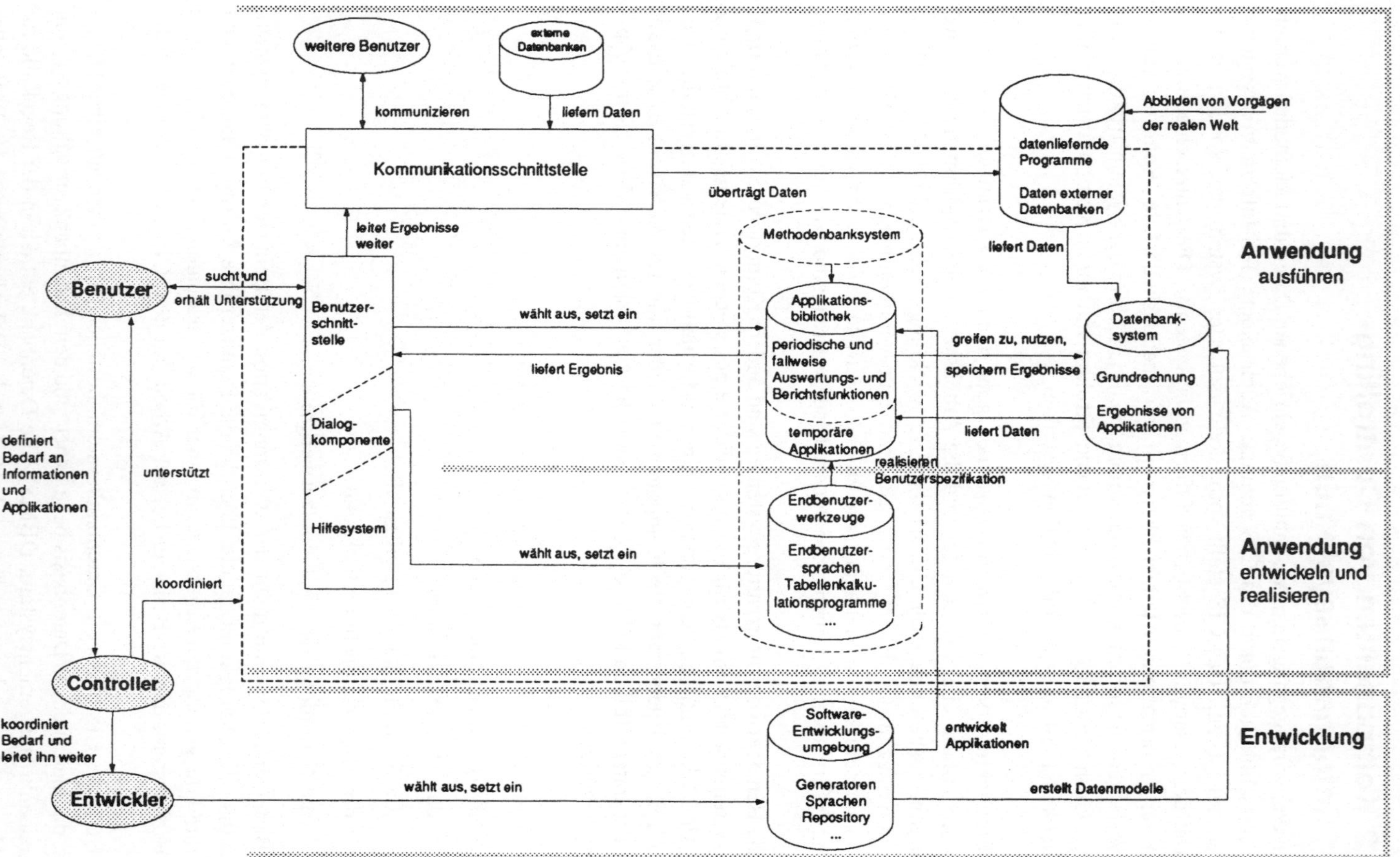

Abb. 2/13: Komponenten und Struktur eines Controlling-Informationssystems aus Sicht der Benutzer und der Systementwickler

und -steuerungssystemen, und externen Datenbanken. Die Anwendungsprogramme nutzen den gemeinsamen Datenbestand, greifen aber nicht wie beim früheren Dateikonzept direkt auf die gespeicherten Daten zu, sondern erhalten die angeforderten Daten über das Datenbankmanagementsystem (zum Ablauf einer Datenbankabfrage vgl. Biethahn/Mucksch/Ruf 1991, S.8f). Jeder Benutzer erhält seine spezielle 'Sicht' auf die Daten, was zum einen sicherstellen soll, daß er nur diese Daten nutzen kann (Schlageter/Stucky 1983, S.22, 30). Zum anderen ermöglichen diese externen Sichten, daß die Benutzer keinerlei Kenntnis über die physische Organisation der Daten besitzen müssen.

Um insbesondere den Bedarf an externer Information zu decken, ist es notwendig, daß eine Kommunikationsmöglichkeit zu anderen, insbesondere externen Datenträgern (z.B. externen Datenbanken) besteht. Ein solcher Datenaustausch erfolgt auf der Basis von Kommunikationsnetzwerken (Spaniol/Kauffels 1990, S.896f), deren Anbindung an das CIS durch eine Kommunikationsschnittstelle dargestellt ist.

Die neben dem Datenbanksystem zweite zentrale Komponente ist das Methodenbanksystem. Zu ihm zählen zum einen die Applikationsbibliothek und zum anderen die Sammlung der Endbenutzerwerkzeuge. Die Applikationsbibliothek enthält die in Computerprogramme umgesetzten Methoden, die für das Auswerten der im Datenbanksystem enthaltenen Daten erforderlich sind, sowie eine Dokumentation der verfügbaren Applikationen.

Benötigen Benutzer Informationen, die nicht durch eine bereits vorhandene Applikation erstellt werden können, haben sie die Möglichkeit, mit Hilfe von sogenannten Endbenutzerwerkzeugen selbständig eine Applikation zu erstellen. Endbenutzerwerkzeuge bezeichnen Softwaresysteme, *"die es einem EDV-Laien erlauben, Problemlösungen ohne Unterstützung durch die EDV-Abteilung und ohne die Aneignung von speziellen EDV-Kenntnissen zu erarbeiten"* (Hansen 1992, S.406). Tabellenkalkulationsprogramme (im englischen: spreadsheet programs) sind ein Beispiel für Endbenutzerwerkzeuge. Sie bestehen aus elektronischen Arbeitsblättern, die eine Matrix darstellen, in deren Felder man Werte (bspw. Daten aus dem betrieblichen Rechnungswesen, die aus der Datenbank in das Programm importiert werden) und Formeln eingeben kann, die sich miteinander verknüpfen lassen. In Abbildung 2/14 ist das Ergebnistableau einer Kostenarten- und Kostenstellenrechnung dargestellt.

Ein anderes Endbenutzerwerkzeug stellen die sogenannten Endbenutzersprachen dar, die aus Abfragesprachen für Datenbankmanagementsysteme hervorgegangen sind und den Endbenutzer neben der Abfrage von Daten aus dem Datenbanksystem auch die Programmierung von Verarbeitungsfunktionen ermöglichen sollen (Stahlknecht 1993, S.112f). In Abbildung 2/15 ist eine Datenbankabfrage enthalten, deren Syntax einer Endbenutzersprache nahekommt.

Aus der Sicht der Entwickler stellt die Software-Entwicklungsumgebung die zentrale Komponente eines betrieblichen Informationssystems dar. Sie bildet eine Sammlung von Werkzeugen, durch die alle Entwicklungsphasen eines Informationssystems unterstützt werden sollen. Software-Entwicklungsumgebungen bezeichnet man häufig auch als CASE-Tools (Computer Aided Software Engineering). Zu ihnen gehören bspw. Generatoren, die Bildschirmmasken oder Programmcode erzeugen, das sogenannte Repository, eine Sammlung aller Informationen über Daten, Datenmodelle, Applikationen, Spezifikationen usw. Werkzeuge der Systementwicklung sind auch die Programmiersprachen, mit denen Applikationen für die Benutzer entwickelt werden können.

	A	B	C	D	E	F	G	H	I	J
1										
2	KA/KS	1	2	3	4	5	6	7	8	Summe
4	1	10.22	0.00	0.00	4.58	0.00	0.00	0.00	105.22	120.02
5	2	0.00	0.00	3.38	0.00	0.00	0.00	0.00	0.00	3.38
6	3	0.00	0.00	0.00	0.00	0.00	0.00	0.00	0.00	0.00
7	4	0.00	0.00	0.00	0.00	0.00	1.75	0.00	0.00	1.75
8	5	0.00	0.00	0.00	0.00	0.00	0.00	0.00	0.00	0.00
9	6	0.00	0.00	0.00	0.00	0.00	0.00	0.00	0.00	0.00
0	7	0.00	0.00	0.00	0.00	0.00	0.00	0.00	0.00	0.00
11	8	0.00	0.00	0.00	0.00	0.00	0.00	0.00	0.00	0.00
12	9	0.00	0.00	0.00	0.00	0.00	0.00	0.00	0.00	0.00
13	10	101.00	0.00	0.00	0.00	0.00	0.00	0.00	100.31	201.31
15 Summe		111.22	0.00	3.38	4.58	0.00	1.75	0.00	205.53	326.46
16										

04-Feb-93 04:03 PM

Abb. 2/14: Ergebnistableau einer Applikation mit einem Tabellenkalkulationsprogramm

Die Controller nehmen eine Koordinationsfunktion zwischen den Benutzern und den Entwicklern ein. Sie unterstützen die Benutzer bei der Definition ihres Informationsbedarfs, koordinieren die Entwicklung des gesamten CIS und leiten den Bedarf an Applikationen und Informationen von Seiten der Benutzer an die Systementwickler weiter.

Nenne alle Produkte der Warengruppe I, deren tatsächlicher Umsatz im IV.Quartal um mehr als 20% unter dem geplanten Umsatz lag.

Abb. 2/15: Datenbankabfrage unter Verwendung einer Endbenutzersprache

2.4 Entwicklung von Controlling-Informationssystemen

Die Vorgehensweise zur Entwicklung von Informationssystemen und damit auch von CIS orientiert sich überwiegend an sogenannten Phasenkonzepten. Die Konzepte teilen die gesamte Entwicklungstätigkeit in einzelne Phasen auf. Phasen stellen zeitlich und funktional abgrenzbare Teile des Entwicklungsverlaufs dar. Die Gesamtheit der Phasen, geordnet nach ihrer zeitlichen Abfolge, wird auch als 'software life cycle' bezeichnet (Pomberger 1990, S.218). Das Ziel, das mit der Anwendung solcher Konzepte verfolgt wird, ist es, durch das Zerlegen des Entwicklungsprozesses die Qualität der entwickelten Produkte zu erhöhen, die Komplexität der Entwicklung zu reduzieren und die Entwicklung transparent zu machen, um so Termin-, Kosten-, Qualitäts- und Leistungsziele besser erreichen und kontrollieren zu können.

Die in Abschnitt 2.2.4 beschriebenen zahlreichen Informationsquellen für die Tätigkeit des Controlling verdeutlichen exemplarisch die Vernetztheit der Informationen in einem Unternehmen. Das Controlling benötigt sowohl Daten des betrieblichen Rechnungswesens als auch Daten aus den Funktionsbereichen Beschaffung, Absatz, Produktion usw. Während der Entwicklung eines Informationssystems ist es daher erforderlich, dieser Vernetztheit Rechnung zu tragen und sicherzustellen, daß die Gesamtheit des Informationsbedarfs einer Unternehmung befriedigt werden kann. Das zu entwickelnde Informationssystem ist als eine Ganzheit anzusehen. In Abbildung 2/16 ist ein mögliches Phasenschema angegeben (Biethahn/Mucksch/Ruf 1991, S.18f).

Das Phasenkonzept enthält sieben Phasen:

1. Problemspezifikation,
2. Systemspezifikation,
3. Systemkonstruktion,
4. Systemimplementierung und -test,
5. Systemverifikation,
6. Systemeinführung und -übergabe,
7. Systemwartung.

Der Kern des Phasenkonzeptes ist eine Vorgehensweise vom Allgemeinen zum Speziellen und vom konzeptuellen zum physischen Entwurf. Das Verfahren der fortschreitenden Konkretisierung und Verfeinerung, das man als 'Top Down-Methode' bezeichnet, findet auch in den einzelnen Phasen Anwendung. Entwicklungen von Informationssystemen sind sehr komplexe Projekte, die selbst durch ein Phasenschema nicht vollständig transparent erscheinen. Um die Vorgehensweise einer Systementwicklung zu verdeutlichen, empfiehlt es sich, die einzelnen Phasen aus verschiedenen Blickwinkeln zu betrachten. Es bieten sich folgende Sichten an:

- das Betrachtungsobjekt der Phase und die erforderliche Personengruppe,

- der Inhalt der Phase,

- das angestrebte systembezogene und dokumentierte Ergebnis der Phase,

- die eingesetzten Mittel und die eingeschlagene Vorgehensweise,

- die verwendeten Hilfsmittel (wobei es sich im allgemeinen um die Ergebnisse der jeweils vorangegangenen Phase handelt) und

- die organisatorischen Ergebnisse der Phase.

Abbildung 2/16 gibt die einzelnen Phasen aus den beschriebenen Blickwinkeln wieder. Im Folgenden werden die einzelnen Phasen aus den einzelnen Blickwinkeln näher beschrieben.

- Problemspezifikation:
  Betrachtungsobjekt der Problemspezifikation sind die festgestellten Probleme und Problembereiche. Die Entwicklung eines CIS oder eines computerbasierten Informationssystems im allgemeinen wird mit dem Feststellen eines Handlungsbedarfs angestoßen. Dabei kann es sich beispielsweise um ein Empfinden äußern, daß die bisherige Unterstützung durch ein bestehendes Informationssystem nicht ausreichend ist, oder es kann sich um ein Streben nach einer effizienteren und effektiveren Aufgabenbewältigung handeln, um gegenüber der Konkurrenz einen Wettbewerbsvorteil zu erlangen. Eng verbunden mit dem empfundenen Handlungsbedarf ist die Kenntnis eines erwünschten Sollzustands.

  An der Problemspezifikation sind die jeweiligen Fachabteilungen, die das Controlling betreiben, die Controlling-Abteilung sowie die Unternehmensleitung beteiligt.

  Die Problemspezifikation baut direkt auf diesen Anregungsinformationen auf. Charakteristisch für die Problemspezifikation ist, daß sie von dem zu entwickelnden System vollständig abstrahiert. Sie hat zum Inhalt,

  a. die Problembereiche des gegenwärtig eingesetzten Systems oder – falls noch kein Einsatz von computerbasierten Informationssystemen stattfindet – der gegenwärtigen Aufgabenbewältigung zu identifizieren,
  b. die Ziele des zu entwickelnden Systems, die mit der Einführung eines Informationssystems verfolgt werden, zu spezifizieren und
  c. in einem sehr groben Rahmen Anforderungen zu definieren sowie
  d. die generelle Durchführbarkeit des Projektes abzuschätzen, d.h. zu überprüfen, ob ein Beheben der Mängel mit einem CIS technisch überhaupt möglich ist.

  Als Beispiel sei hier angenommen, daß in einem Unternehmen das Management keinen Zugriff auf ein CIS besitzt, sondern zu bestimmten Terminen oder auf Anforderung von der Controlling-Abteilung standardisierte Berichte erhält. Das Problem der bisherigen Arbeitsweise liege darin, daß die Informationen, wenn sie die Manager erreichen, zu einem Großteil schon veraltet sind und nicht den erforderlichen Detailliertheitsgrad besitzen, so daß dem Management ein angemessenes Instrument zur Planung und Steuerung seiner Maßnahmen fehle.

Phase	Betrachtungsobjekt/ beteiligte Personen	Inhalt	angestrebte systembezogene und dokumentierte Ergebnisse	Vorgehensweise	vorhandene Hilfsmittel	organisatorische Ergebnisse
Problemspezifikation	Probleme und Problembereiche/ Fachabteilung, Controller, Unternehmensleitung	Ziele Problembereiche Anforderungen Abschätzung der generellen Durchführbarkeit	Problemverständnis und Anstoß der Systementwicklung	Istanalyse - Analyse der Daten - Analyse der Funktionen	Unternehmensdatenmodell, Funktionsmodell (sofern vorhanden)	grober zeitlicher Rahmen
Systemspezifikation	Systemfunktionen/ Fachabteilung, Controller, Unternehmensleitung, Systementwickler	Festlegung der Anforderungen - Funktionalität für den Benutzer - Einbettung in das betriebliche Informationssystem - Abschätzung der Durchführbarkeit	vollständige Anforderungsspezifikation	Erweiterung/Erstellung eines Daten- und Funktionsmodells, Untersuchung der Durchführbarkeit	Unternehmensdatenmodell, Funktionsmodell (sofern vorhanden)	grober Projektplan mit grober Ressourcenplanung (Kosten, Zeit, Personal)
Systemkonstruktion	logische Systemstruktur und logische Systemprozesse/ Fachabteilung, Controller, Systementwickler	konzeptuelle Ebene des CIS	konzeptuelles Modell des CIS	Entwurf/Erweiterung des konzeptuellen Schemas und der Applikationen, Auswahl von Hard- und Software	Anforderungskatalog Daten- und Funktionsmodell	detaillierter Projektplan mit genauer Ressourcenplanung (Zeit- und Kostenplan) sowie personeller Zuordnung
Systemimplementierung und -test	physische Systemstruktur und physische Systemprozesse/ Systementwickler	Implementierungsebene des CIS	physisches Modell des CIS	Entwurf/Erweiterung des internen Schemas und Kodierung von Hard- und Software	konzeptuelles Modell des CIS	Soll-Ist-Abweichungen aus Planüberwachung
Systemverifikation	Systemverhalten/ Systementwickler, Controller	Anforderungserfüllung	fehlerfreies CIS	Prüfung auf Erbringen der Funktionalität und auf Vereinbarkeit mit dem betrieblichen Informationssystem	implementiertes CIS	Soll-Ist-Abweichungen aus Planüberwachung
Systemeinführung	Zusammenspiel neues (Teil-)System und bestehendes System/ Systementwickler, Controller, Fachabteilung	Einführung des CIS Schulung der Benutzer	einsetzbares CIS Schulungsunterlagen	(siehe Inhalt)	vollständige Systembeschreibung des CIS	Einführungsplan (Zeit, Personal)
Systemwartung	Systemfunktionen/ Fachabteilung, Controller, Systementwickler, Unternehmensleitung	Anforderungserfüllung	einsetzbares CIS	(siehe Inhalt)	vollständige Systembeschreibung des CIS	

Abb. 2/16: Phasenkonzept zur Entwicklung eines Controlling-Informationssystems

Die Problembereiche der gegenwärtigen Aufgabenbewältigung bestünden somit in einer unzureichenden Informationsversorgung des Managements.

Um die Ziele und Anforderungen des zu entwickelnden Systems bestimmen zu können, ist es erforderlich, den gegenwärtigen Zustand des Systems oder des Bereichs, in dem die Probleme auftreten, im Rahmen einer Ist-Analyse zu erheben und auf Schwachstellen zu analysieren (Heinrich/Burgholzer 1989, S.312ff). Im Zentrum der Untersuchung steht in diesem Beispiel die Informationsversorgung des Managements für Steuerungs- und Kontrollaufgaben.

Die Analyse darf sich nicht auf den scheinbar einfach abgrenzbaren Problembereich beschränken, sondern muß immer die Wirkungszusammenhänge des identifizierten Problembereichs mit anderen Bereichen, dem gesamten Unternehmen und auch der Umwelt des Unternehmens berücksichtigen. Ort der Ursachen und Ort der Symptome von Problemen müssen nicht immer identisch sein. Eine fehlende Deckung des Informationsbedarfs des Managements durch die bisher erstellten Berichte der Controlling-Abteilung kann beispielsweise seine Ursache auch darin haben, daß die erforderlichen Informationen am Ort ihres Anfalles gar nicht vollständig erhoben und gespeichert wurden, also selbst der Controlling-Abteilung nicht zur Verfügung stehen. Der Entwurf eines CIS ohne Berücksichtigung dieses Mangels würde die fehlende Informationsbedarfsdeckung des Managements nicht beheben.

Schwerpunkt der Ist-Analyse ist eine Daten- und Funktionsanalyse. Sofern bereits ein betriebliches Informationssystem existiert und dieses System in Form eines Unternehmensdatenmodells (Scheer 1989, S.438ff) und eines Funktionsmodells dokumentiert ist, kann auf diese Modelle als Hilfsmittel zurückgegriffen werden.

Innerhalb der Problemspezifikation ist ein grober zeitlicher Rahmen zu planen, in dem die Entwicklung des CIS stattfinden soll.

- Systemspezifikation:
  Gegenstand der Betrachtung in der Systemspezifikation sind die Funktionen, die das zu entwickelnde System erbringen soll, d.h., es ist festzulegen, wie sich das neue System nach außen verhalten soll. Die Systemspezifikation führen Mitglieder der Fach- sowie der Controllingabteilung, der Unternehmensleitung und Systementwickler aus.

  Dazu sind auf der Grundlage einer Informationsbedarfsanalyse die Anforderungen an das neue System festzulegen (Balzert 1989, S.24). Zum einen beschreiben die Anforderungen die Funktionalität, die das System aus der Sicht der Benutzer erbringen soll, zum anderen beziehen sie sich auf die Einbettung des Systems in das bestehende betriebliche Informationssystem. Es geht in dieser Phase nicht um die Art der Realisierung der Funktionen. Das Ergebnis der Spezifikationsphase muß sämtliche Informationen enthalten, die für die Realisierung der Funktionen erforderlich sind.

Das angestrebte Ergebnis ist eine vollständige Anforderungsspezifikation des zu entwickelnden Systems. Da ein System im allgemeinen nicht in einem 'Wurf' zu realisieren ist, sind für die einzelnen Funktionen Prioritäten ihrer Realisierung zu vergeben. Allgemein gilt, daß die Entwicklung eines CIS erst dann sinnvoll ist, wenn bereits eine ausreichende Informationssystem-Infrastruktur im Unternehmen vorhanden ist, bspw. in Form von Administrations- und Dispositionssystemen. Liegt das momentane Problem des Unternehmens in einer unzureichenden Erfassung von Daten des Betriebsgeschehens, so wird bei einer begrenzten Entwicklungskapazität die Entwicklung eines CIS erst im Anschluß an die Entwicklung eines Systems zur Erfassung der Betriebsdaten erfolgen können.

Das Vorgehen besteht – in Abhängigkeit davon, ob bereits ein Unternehmensdatenmodell und ein Funktionsmodell existieren – in einer Erweiterung oder einer Neuerstellung dieser Modelle. Des weiteren ist auf der Grundlage der Anforderungen die Durchführbarkeit der Entwicklung zu untersuchen.

Die Hilfsmittel sind – soweit vorhanden – mit den Hilfsmitteln der vorangegangenen Phase identisch.

Aus organisatorischer Sicht erfolgt in dieser Phase das Erstellen eines groben Projektplanes mit einer groben Ressourcenplanung, die einen Zeit- und Kostenplan umfaßt sowie eine personelle Zuordnung zu den einzelnen Entwicklungsaufgaben vornimmt.

- Systemkonstruktion:
  Betrachtungsobjekt der Systemkonstruktion sind die logische Systemstruktur und die logischen Systemprozesse, die die in der vorangegangenen Phase bestimmten Systemfunktionen erbringen sollen. Beteiligte Personen sind Mitglieder der Fachabteilungen, des Controlling und die Systementwickler.

Inhaltlich wird in dieser Phase das konzeptuelle Modell des CIS entworfen, welches losgelöst von Aspekten der tatsächlichen Realisation mit Programmiersprachen, kommerziellen Datenbanksystemen usw. ist und das Ergebnis dieser Phase darstellt.

Zur Erstellung des konzeptuellen Modells ist es erforderlich, hinsichtlich der Daten ein konzeptuelles Schema und hinsichtlich der Funktionen die erforderlichen Applikationen zu erstellen. Der Umfang der Entwicklung erfordert in den meisten Fällen ein Strukturieren des Gesamtmodells in einzelne Teilmodelle, die unter Berücksichtigung der Zusammenhänge zwischen den einzelnen Teilmodellen zu konstruieren sind. Anschließend sind die Teilkonzeptionen zu einer Gesamtkonzeption zusammenzufügen.

Ebenfalls sollten Endbenutzerwerkzeuge für die Funktionen ausgewählt werden, die nicht als eine permanente Applikation zu erstellen sind. Anhand des konzeptuellen Entwurfs sind der Hard- und Softwarebedarf für das Informationssystem zu ermitteln und die ausgewählte Hard- und Software zu beschaffen.

Als Hilfsmittel dienen die Anforderungsspezifikation, das Daten- und Funktionsmodell sowie das Modell des Kommunikationsnetzes.

Aus organisatorischer Sicht erfolgt das Erstellen eines detaillierten Projektplanes mit einer genauen Ressourcenzuordnung (Zeit- und Kostenplan) sowie einer personellen Zuordnung.

- Systemimplementierung und -test:
  Betrachtungsobjekt der Systemimplementierung und des Systemtests sind die physische Systemstruktur und die physischen Systemprozesse. Beteiligt sind die Systementwickler und Controller.

Inhaltlich erfolgt eine Umsetzung des konzeptuellen Modells in ein physisches, ablauffähiges Modell.

Der logische Systementwurf ist in eine von einem Computer ausführbare Form zu transformieren. Dazu sind zu dem konzeptuellen Schema ein internes Schema zu erstellen sowie die Applikationen in einer Programmiersprache zu kodieren. Anschließend sind die einzelnen Applikationen auf ihre Richtigkeit zu überprüfen.

Die Grundlage der Systemimplementierung ist das konzeptuelle Modell, Grundlage des Systemtests das physische Modell des CIS.

Aus organisatorischer Sicht wird die Einhaltung des Projektplanes überwacht, so daß sich als organisatorische Ergebnisse die Soll-Ist-Abweichungen ergeben.

- Systemverifikation:
  Betrachtungsobjekt der Systemverifikation ist das Verhalten des erstellten Systems. An ihr sind Systementwickler, Controller und Mitglieder der Fachabteilungen beteiligt.

Das gesamte System ist daraufhin zu untersuchen, ob es die geforderte Funktionalität erbringt. Eventuell auftretende Mängel sind zu beseitigen.

Angestrebtes Ergebnis ist das Beenden der eigentlichen Systementwicklung mit einem die Anforderungen erfüllenden CIS.

Es existieren verschiedene Verfahren, ein Informationssystem auf das Erbringen der geforderten Funktionalität zu testen (siehe z.B. Schmitz 1990, S.316ff).

Einen Schwerpunkt der Verifikation bildet das sogenannte dynamische Testen, bei dem das Verhalten des Systems anhand des Verarbeitens von Testdatensätzen untersucht wird.

Grundlage der Systemverifikation ist das in der vorangegangenen Phase realisierte CIS.

Die organisatorischen Aspekte stimmen mit denen der vorangegangenen Phase überein.

- Systemeinführung und -übergabe:
Betrachtungsobjekt der Systemeinführung und –übergabe ist das Zusammenspiel des neuen Teilsystems mit dem bestehenden System. Beteiligt sind wiederum Systementwickler, Controller und Mitglieder der Fachabteilungen.

Das neue System ist einzuführen und in Betrieb zu nehmen, die Benutzer sind in der Handhabung und Anwendung des neuen Systems zu schulen.

Grundlage ist die in den vorangegangenen Phasen erstellte vollständige Beschreibung des Systems.

Organisatorisches Ergebnis ist ein detaillierter Einführungsplan, der den Zeitrahmen für die Einführung und Übergabe absteckt und eine personelle Zuordnung zu den einzelnen Aufgaben enthält.

- Systemwartung:
Betrachtungsobjekt der Systemwartung sind wiederum die Systemfunktionen. Die Wartung fällt grundsätzlich in den Aufgabenbereich der Controller und der Systementwickler. Zur Wartung gehört jedoch auch ein Überprüfen, ob das System im Zeitverlauf bei sich ändernden Unternehmensstrukturen seine geforderte Funktionalität noch erbringt. Somit lassen sich auch die Mitglieder der Fachabteilungen und auch die Unternehmensleitung als Beteiligte an der Wartung betrachten.

Neue Anforderungen oder Änderungen in der Organisationsstruktur können es erforderlich machen, das Informationssystem den neuen Gegebenheiten anzupassen. Darum ist ein ständiges Überprüfen des Systems auf eine hinreichende Funktionalität erforderlich. Notwendige Ergänzungen sind vorzunehmen. Erfordern beispielsweise neue Anforderungen eine weitreichende Umgestaltung des entwickelten CIS, dann sollte ein vollständig neuer Entwicklungsprozeß durchlaufen werden.

Grundlage der Systemwartung ist die vollständige Beschreibung des erstellten Systems.

2.5 Literaturverzeichnis

Almstedt, M. (1993)
Anforderungen an ein Controlling-Informationssystem im Unternehmen mit schlanker Organisationsstruktur, Freie wissenschaftliche Arbeit im Rahmen der Prüfung für Diplom-Kaufleute an der Universität Göttingen, Göttingen 1993

Alter, S. (1992)
Information Systems: A Management Perspective, Reading, MA 1992

Adrian, W. von (1988)
Strategische Unternehmensführung und Informationssystemgestaltung auf der Grundlage kritischer Erfolgsfaktoren. Ein anwendungsorientiertes Konzept für mittelständische Unternehmen, Bamberg 1988

Back-Hock, A. (1990)
Systementwicklung: Executive Information Systems – Ein neuer Anlauf zur Rationalisierung von computergestützten Management-Informationssystemen, in: WISU 3/1990, S.137-140

Back-Hock, A. (1991)
Perspektiven für die DV-Unterstüzung des Controlling, in: Controlling, 2/1991, S.94-99

Balzert, H. (1989)
Ein Überblick über die Methoden- und Werkzeuglandschaft, in: Balzert, H. (Hrsg.): CASE: Systeme und Werkzeuge; Mannheim u.a. 1989, S.21-85

Balzert, H. (1990)
Sotwareergonomie, in: Kurbel, K.; Strunz, H. (Hrsg.): Handbuch Wirtschaftsinformatik, Stuttgart 1990, S.585-603

Bauer, J.; Schwab, T. (1988)
Anforderungen an Hilfesysteme, in: Balzert, H.; Hoppe, H. U.; Oppermann, R. et al. (Hrsg.): Einführung in die Software-Ergonomie, Berlin u.a. 1988, S.197-214

Behme, W. (1992)
Entscheidungsunterstützungssysteme, in: ZP 2/1992, S.179-184

Bessler, H. (1985)
Die Informationsbetriebe: Typologie und Marketingpolitik, Detmold u.a. 1985

Biethahn, J.; Mucksch, H.; Ruf, W. (1991)
Ganzheitliches Informationsmanagement: Daten- und Entwicklungsmanagement, München/Wien 1991

Bramsemann, R. (1990)
Handbuch Controlling, 3. Aufl., München 1990

Brockhaus, R. (1992)
Informationsmanagement als ganzheitliche, informationsorientierte Gestaltung von Unternehmen, Göttingen 1992

Bullinger, H.-J., Huber, H., Koll, P. (1991)
Chefinformationssysteme (CIS) – Navigationsinstrumente der Unternehmensführung, in: OM 3/1991, S.6-20

Busch, U. (1985)
Konzeption betrieblicher Informations- und Kommunikationssysteme, 2. Aufl., Berlin 1985

Daniel, D. R. (1961)
Management Information Crisis, in: HBR 5/1961, S.111-115

Dellmann, K. (1992)
Eine Systematisierung der Grundagen des Controlling, in: Spremann, K.; Zur, E. (Hrsg.): Controlling: Grundlagen – Informationssysteme – Anwendungen, Wiesbaden 1992, S.113-140

Deutsches Institut für Normung e.V. (Hrsg) (1984)
DIN 66234, Teil 8, Bildschirmarbeitsplätze – Grundsätze der Dialoggestaltung, Berlin/Köln 1984

Deyhle, A. (1991)
Kommentar der 12 Thesen im Beitrag Küpper/Weber/Zünd (1990), in: ZfB Ergänzungsheft 3/91, Controlling: Selbstverständnis – Instrumente – Perspektiven, S.1-8

Dörfler, P. (1986)
Controlling und Information – Informationsbedarf des Controlling und Informationsangebot unter besonderer Berücksichtigung der Häufigkeiten von Bedarf und Angebot, Dissertation, Göttingen 1986

Gronau, N. (1992)
Rechnergestütztes Produktionsmanagement – PPS-Systeme sind keine Management-Informationssysteme, in: FB/IE 4/1992, S.160-163

Hansen, H. R. (1992)
Wirtschaftsinformatik I: Einführung in die betriebliche Datenverarbeitung, 6. Aufl., Stuttgart/Jena 1992

Haun, P. (1987)
Entscheidungsorientiertes Rechnungswesen mit Daten- und Methodenkanken, Berlin u.a. 1987

Heilmann, H. (1987)
Computerunterstützung für das Management – Entwicklung und Überblick, in: HMD 138/1987, S.3-18

Heinen, E., Dietel, B. (1985)
Informationswirtschaft, in: Heinen, E. (Hrsg.): Industriebetriebslehre: Entscheidungen im Industriebetrieb, 8. Aufl., Wiesbaden 1985, S.889-1074

Heinrich, L. J. (1992)
Informationsmanagement: Planung, Überwachung und Steuerung der Informationsstruktur, 4. Aufl., München/Wien 1992

Heinrich, L. J.; Burgholzer, P. (1989)
Systemplanung: Die Planung von Informations- und Kommunikationsbeziehungen,
Band 1, 4. Aufl., München/Wien 1989

Horváth, P. (1990)
Controlling, 3. Aufl., München 1990

Horváth, P.; Weber, J. (1990)
Controlling, in: Pfohl, H.-C. (Hrsg.): Betriebswirtschaftslehre der Klein- und Mittel-
betriebe: Größenspezifische Probleme und Möglichkeiten zu ihrer Lösung, 2. Aufl.,
Berlin 1990, S.288-324

Huch, B. (1992)
EDV-gestütztes Controlling: Stand und Entwicklungen, in: Huch, B.; Behme, W.;
Schimmelpfeng, K. (Hrsg.): Controlling und EDV: Konzepte und Methoden für die
Unternehmenspraxis, Frankfurt a.M. 1992, S.15-28

Joswig, D. (1991)
Das Controlling-Informationssystem CIS: Entwicklung – Einsatz in Unternehmen der
Einzel- und Kleinserienfertigung – Integrationsfähigkeit hinsichtlich PPS-Systemen,
Wiesbaden 1991

Kemper, H.-G. (1990)
Benutzerfreundlichkeit, in: Mertens, P. (Haupthrsg.): Lexikon der Wirtschaftsinformatik, 2. Aufl., Berlin u.a. 1990, S.61-62

Kemper, H.-G. (1991)
Entwicklung und Einsatz von Executive Information Systems (EIS) in deutschen
Unternehmen – Ein Stimmungsbild –, in: IM 4/1991, S.70-78

Kleinhans, A. M. (1989)
Wissensverarbeitung im Management: Möglichkeiten und Grenzen wissensbasierter
Managementunterstützungs-, Planungs- und Kontrollsysteme, Frankfurt a.M. 1989

Kleinhans, A.; Rüttler, M.; Zahn, E. (1989)
Computergestütztes Management marschiert, in: Harvard Manager 4/1989, S.104-
110

Klotz, M.; Strauch, P. (1990)
Strategieorientierte Planung betrieblicher Informations- und Kommunikationssysteme, Berlin u.a. 1990

Koreimann, D. S. (1976)
Methoden der Informationsbedarfsanalyse, Berlin u.a. 1976

Korndörfer, W. (1988)
Unternehmensführungslehre: Einführung, Entscheidungslogik, soziale Komponenten
im Entscheidungsprozeß, 6. Aufl., Wiesbaden 1988

Krallmann, H; Rieger, B. (1987)
Vom Decision Support System (DSS) zum Executive Support System (ESS); in:
HMD 138/1987, S.28-38

Kremar, H. (1990)
Entscheidungsunterstützungssysteme: Hilfsmittel und Werkzeuge; in: Kurbel, K.; Strunz, H. (Hrsg.): Handbuch Wirtschaftsinformatik, Stuttgart 1990, S.403-418

Küpper, H.-U.; Weber, J.; Zünd, A. (1990)
Zum Verständnis und Selbstverständnis des Controlling: Thesen zur Konsensbildung, in: ZfB 3/1990, S.281-293

Kuhn, A. (1990)
Unternehmensführung, 2. Aufl., München 1990

Kurbel, K. (1989)
Entwicklung und Einsatz von Expertensytemen: Eine anwendungsorientierte Einführung in wissensbasierte Systeme, Berlin u.a. 1989

Lachnit, L. (1990)
Frühwarnsysteme, in: Mertens, P. (Haupthrsg.): Lexikon der Wirtschaftsinformatik, 2. Aufl., Berlin u.a. 1990, S.188-189

Liedtke, U. (1991)
Controlling und Informationstechnolgie: Auswirkungen auf die organisatorische Gestaltung, München 1991

Lüer, G.; Spada, H. (1990)
Denken und Problemlösen, in Spada, H. (Hrsg.): Lehrbuch der allgemeinen Psychologie, Bern u.a. 1990, S.189-280

Männel, W. (1988)
Entwicklung der Kostenrechnung zum Controlling-Instrument: Aktuelle Anforderungen, methodische Konzepte, Integritätserfordernis, DV-Unterstützung: in krp Sonderheft 1/88, S.4-18

Mag, W. (1977)
Entscheidung und Information, München 1977

Mag, W. (1990)
Planung, in: Bitz, M. et al. (Hrsg.): Vahlens Kompendium der Betriebwirtschaftslehre, Band 2, 2. Aufl., München 1990, S.1-56

Martiny, L. (1992)
Information Center, in: Huch, B., Behme, W., Schimmelpfeng, K. (Hrsg.): Controlling und EDV: Konzepte und Methoden für die Unternehmenspraxis, Frankfurt a.M. 1992, S.133-147

Merkelbach, H. W. (1989)
Der Einsatz von TZ-INFO im Rahmen eines Controllingkonzepts, in: Controlling 5/1989, S.292-299

Mertens, P. (1991)
Integrierte Informationsverarbeitung 1: Administrations- und Dispisitionssysteme in der Industrie, 8. Aufl., Wiesbaden 1991

Mertens, P., Griese, J. (1991)
Integrierte Informationsverarbeitung 2: Planungs- und Kontrollsysteme in der Industrie, 6. Aufl., Wiesbaden 1991

Mertens, P.; Back-Hock, A.; Fiedler, R. (1990)
Verbindungen der Kosten- und Leistungsrechnung zur computergestützten Informations- und Wissensverarbeitung, in: BFuP 4/1990, S.268-282

Mertens, P.; Back-Hock, A.; Fiedler, R. (1991)
Einfluß der computergestützten Informations- und Wissensverarbeitung auf das Controlling, in: ZfB Ergänzungsheft 3/1991, S.37-59

Müller, W. (1986)
Informationswert und Kosten-Nutzen-Analyse bei dispositiver EDV-Anwendung, in: Zeitschrift für die gesamte Versicherungswirtschaft 75/1986, S.345-367

Munari, S.; Naumann, C. (1990)
Strategische Steuerung – Bedeutung im Rahmen des strategischen Managements, in: Hahn, D.; Taylor, B. (Hrsg.): Strategische Unternehmensführung, 5. Aufl., Heidelberg 1990

O.V. (1992)
EIS-Interessenten sollten den Markt sehr sorgfältig prüfen, in: Computerwoche, 13. Jg., 27. März 1992, S.14

Pfeiffer, P. (1990)
Technologische Grundlage, Strategie und Organisation des Informationsmanagements, Berlin u.a. 1990

Piechota, S. (1990)
Die Informationsversorgung der Unternehmensleitung in multinationalen Unternehmen als Aufgabe des Controlling, Dissertation, Göttingen 1990

Pomberger, G. (1990)
Methodik der Softwareentwicklung, in: Kurbel, K.; Strunz, H. (Hrsg): Handbuch Wirtschaftsinformatik, Stuttgart 1990, S.215-236

Preißler, P. R. (1988)
Operatives Controlling. Checklist: Controlling einsetzen und gewinnbringend durchführen, 3. Aufl., Landsberg am Lech 1988

Reese, J. (1990)
Wirtschaftsinformatik: Eine Einführung, Wiesbaden 1990

Reichmann, T. (1985)
Grundlagen einer systemgestützten Controlling-Konzeption mit Kennzahlen, in: ZfB 9/1985, S.887-898

Reichmann, T.; Kleinschnittger, U.; Kemper, W. (1988)
Funktionsabgrenzung des Controlling; in: Reichmann, T. (Hrsg.): Controlling-Praxis: Erfolgsorientierte Unternehmenssteuerung, München 1988, S.16-59

Riebel, P. (1990)
Einzelkosten- und Deckungsbeitragsrechnung: Grundfragen einer markt- und entscheidungsorientierten Unternehmensrechnung, 6 Aufl., Wiesbaden 1990

Rockart, J. F. (1979)
Chief executives define their own data needs, in: HBR 3-4/1979, S.81-93

Rosenthal, W. (1990)
Der erweiterte Maskengenerator eines Software-Entwicklungs-Systems: Mensch-Maschine-Schnittstelle und Funktionalität eines integrierten Systems zur Software-Erstellung, Heidelberg 1990

Scheer, A.-W. (1989)
Unternehmensdatenmodell, in: Mertens, P. (Haupthrsg.): Lexikon der Wirtschaftsinformatik, 2. Aufl., Berlin u.a. 1990, S.438-440

Scheer, A.-W. (1988)
Wirtschaftsinformatik: Informationssysteme im Industriebetrieb, 2. Aufl., Berlin u.a. 1988

Schlageter, G.; Stucky, W. (1983)
Datenbanksysteme: Konzepte und Modelle, 2. Aufl., Stuttgart 1983

Schmidt, R. (1993)
Grundfunktionen des Controlling, in: krp Sonderheft 1/93, S.63-70

Schmidt, R. (1991)
Controlling-Grundauffassungen, in: krp 2/91, S.108-109

Schmitz, P. (1990)
Softwarequalitätssicherung, in: Kurbel, K.; Strunz, H. (Hrsg.): Handbuch Wirtschaftsinformatik, Stuttgart 1990, S.309-320

Schultheis, R.; Sumner, M. (1992)
Management Information Systems: The Manager's View, 2. Aufl., Homewood, IL/Boston, MA 1992

Schweitzer, M.; Friedl, B. (1992)
Beitrag zu einer umfassenden Controlling-Konzeption, in: Spremann, K; Zur, E. (Hrsg.): Controlling: Grundlagen – Informationssysteme – Anwendungen, Wiesbaden 1992, S.141-167

Seibt, D. (1990)
Informationsmanagement und Controlling, in: WI 2/1990, S.116-126

Serfling, K. (1983)
Controlling, Stuttgart 1983

Spaniol, O.; Kauffels, F.-J. (1990)
Architektur von Datenkommunikationssystemen, in: Kurbel, K.; Strunz, H. (Hrsg.): Handbuch Wirtschaftsinformatik, Stuttgart 1990, S.893-927

Steinbuch, K. (1978)
Maßlos informiert: Die Enteignung unseres Denkens, München 1990

Stahlknecht, P. (1993)
Einführung in die Wirtschaftsinformatik, 6. Aufl., Berlin u.a. 1993

Stenz, T. (1992)
Führungssysteme für das Management: Von Management-Informationssystemen zu Executive-Informationssystemen, in: Spremann, K.; Zur, E. (Hrsg.): Controlling: Grundlagen – Informationssysteme – Anwendungen, Wiesbaden 1992, S.703-712

Szyperski, N. (1980)
Informationsbedarf, in: Grochla, E. (Hrsg.): Handwörterbuch Organisation, 2. Aufl., Stuttgart 1980, Sp.904-913

Trott zu Solz, C. v. (1992)
Informationsmanagement im Rahmen eines ganzheitlichen Konzeptes der Unternehmensführung, Göttingen 1992

Warnecke, H.-J. (1992)
Die fraktale Fabrik: Revolution der Unternehmenskultur, Berlin u.a. 1992

Weber, J; Kosmieder, A. (1991)
Controlling-Entwicklung in der Bundesrepublik Deutschland im Spiegel von Stellenanzeigen, in: ZfB Ergänzungsheft 3/91, S.17-35

Ziegenbein, K. (1992)
Controlling, 4. Aufl., Ludwigshafen/Rhein 1992

Zuboff, S. (1988)
In the Age of the Smart Machine: The Future of Work an Power, Oxford u.a. 1988

3 Informationssysteme als Objekt des Controlling

von Rainer Brockhaus und Edda de Boer

Zwischen Controlling und Informationssystemen (IS) besteht eine wechselseitige und sehr enge Beziehung. Zum einen stellt der Bereich der IS ein wichtiges Objekt des Controlling dar und führt zu speziellen Führungsproblemen, denen nur ein entsprechend abgestimmtes Controlling gerecht werden kann. Zum anderen unterstützen die IS aber auch das Controlling, indem sie den Einsatz neuer Instrumente, Analysen und Auswertungen ermöglichen.

Informationsverarbeitung (IV) im Sinne einer automatisierten Verarbeitung von Daten, Texten, Bildern und Sprache stellt das Controlling somit vor zwei komplexe Koordinierungsprobleme:

Die Informationsverarbeitung stellt einerseits als Instrument der Controllertätigkeit ein enormes Koordinierungspotential dar. Das Controlling muß dieses Potential zur Schaffung und Nutzung eines Planungs-, Kontroll- und Informationssystems effektiv und effizient einsetzen, um

- durch den Einsatz der IV die Ergebnisse der systembildenden Koordination, d.h. der Bildung aufeinander abgestimmter, formaler Systeme qualitativ zu verbessern, und

- durch Ausnutzung der Integrationsmöglichkeiten der IV Probleme der system-koppelnden Koordination, d.h. der Abstimmungsprozesse in dem gegebenen Systemgefüge zu vereinfachen (Horváth 1991, S.122 u. 648; Weber 1992, S.177f).

Da sich der Bereich, auf den sich die Unterstützungsfunktion der Informationsverarbeitung bezieht, und der Objektbereich des Controlling – die gesamte Unternehmung – decken, ist es naheliegend, sich die Informationsverarbeitung für die Koordinierungsaufgabe des Controlling zunutze zu machen.

Die Informationsverarbeitung ist andererseits aber auch Objekt der Controllertätigkeit, da das System der Informationsverarbeitung so komplex ist, daß es einen starken und immer noch wachsenden Koordinierungsbedarf darstellt. So sind beispielsweise bei der Entwicklung und dem Betrieb von Anwendungsprogrammen folgende Teilsysteme zu koordinieren (Horváth 1991, S.122 u. 648):

- das Anwendungsprogrammsystem selbst, als 'Produkt', das entworfen, implementiert und in Betrieb genommen werden muß;

- die Projektorganisation, die die Entwicklung des 'Produktes' durchführt;

- das Rechenzentrum, das die 'laufende Produktion' betreibt;

- das Personal, das letztlich in unmittelbarem Informationsaustausch mit dem 'Produkt' steht;

- die Gesamtunternehmung als System, in die alle übrigen Subsysteme eingebettet sind.

Informationsmanagement und Unternehmensführung können diesen Koordinierungsbedarf nur decken, wenn sie von spezifischen Koordinierungsorganen unterstützt werden.

"Man kann also feststellen, daß die Informationsverarbeitung sowohl Instrument als auch Gegenstand der Controllertätigkeit ist. Diese beiden Aspekte lassen sich natürlich nicht getrennt behandeln. Nur wenn es gelingt, den durch die Informationsverarbeitung auftretenden Koordinationsbedarf zu decken, lassen sich ihre Koordinationsmöglichkeiten vollwertig nutzen." (Horváth 1985, S.7)

Diese Aussagen sind aber nicht nur für den Bereich der reinen technischen IV gültig, sondern beziehen sich in noch stärkerem Maße auf den darüber hinausgehenden Bereich des Informationssystems als "... *eine Menge von Menschen, maschinellen Hilfsmitteln und Organisationsverfahren, die so strukturiert sind, daß vorgegebene Anforderungen an die Verarbeitung und Bereithaltung von Informationen eingehalten und bezüglich bestimmter Extremalziele optimiert werden ...*" (Heinrich 1976, S.13).

Sowohl von der Aufgabenstellung als auch vom Adressatenkreis weisen die Bereiche des Controlling und des Informationssystems eine Reihe von Parallelen auf:

- Querschnittsfunktioncharakter:
  Beide stellen in hohem Maße Querschnittsfunktionen dar. Sowohl das Controlling als auch das Informationssystem sind gleichermaßen funktions- und bereichsübergreifende Bereiche.

- Information als Gegenstand:
  Informationen bilden den Hauptgegenstand beider Bereiche. Das Controlling hat die Funktion, Informationen – vor allem aus den Bereichen Bilanzrechnung, Kosten- und Leistungsrechnung sowie Investitionsrechnung – zu beschaffen, aufzubereiten und schließlich der Führung und den Fachabteilungen zur Verfügung zu stellen. Das Informationssystem als Instrument dient dem Zweck, diese Informationen zu gewinnen, zu verarbeiten bzw. aufzubereiten und weiterzuleiten.

- Beiderseitige Interdependenzen:
  Wie bereits im zweiten Kapitel aufgezeigt, bestehen zwischen beiden Bereichen starke Interdependenzen. So bildet das Informationssystem einerseits das Fundament aller Controlling-Tätigkeiten, ist aber andererseits auch Gegenstand bzw. Objekt der koordinierenden Arbeit des Controllers.

Die Besonderheiten des IS-Controlling ergeben sich aus dem Controlling-Gegenstand: Da das Informationssystem alle Funktionsbereiche durchdringt, ist auch das IS-

Controlling funktionsübergreifend zu gestalten. Es handelt sich also um eine typische Querschnittsfunktion, im Gegensatz zu funktionsbezogenen Controlling-Funktionen, wie z.B. dem Marketing-Controlling oder dem Produktions-Controlling.

3.1 Ziele des IS-Controlling

In Anbetracht zunehmender Koordinations-, Reaktions- und Anpassungsprobleme, denen sich die Unternehmensführung gegenübergestellt sieht, kann die Schaffung und Erhaltung bzw. Verbesserung der Koordinations-, Reaktions- und Anpassungsfähigkeit der Unternehmensführung als ein generelles Ziel des Controlling angesehen werden, welches eine umfassende Informationsversorgung erforderlich macht.

Zu verfolgen ist daher die Sicherstellung der ergebnisorientierten Entscheidungs- und Handlungsprozesse für alle Aktivitäten hinsichtlich der Bereitstellung und Nutzung des Informationssystems. Ziel des IS-Controlling muß es insbesondere sein, "... *das die Entscheidungen der Unternehmensführung unterstützende, auf rationale Überlegungen gegründete Informationssystem eines Unternehmens so zu gestalten, daß jeder Entscheidungsträger und jedes Entscheidungsgremium innerhalb der Unternehmensführung die zur Erfüllung der jeweiligen Aufgaben erforderlichen Informationen in wirtschaftlicher Form erhält*" (Schildbach 1989, S.23). Die Gestaltung des Informationssystems ist insofern die Grundaufgabe des Controlling, seine Zielsetzung die wirtschaftliche Ausgestaltung des Informationssystems. Das daraus abzuleitende übergeordnete Ziel des IS-Controlling liegt in der Ausrichtung des IS-Bereichs auf das Zielsystem des Unternehmens.

Ziele lassen sich in Sach- und Formalziele unterteilen. Sachziele bilden als zu erfüllende Aufgaben ein konkretes Handlungsprogramm und legen Art, Menge und Zeitpunkt einer zu erbringenden Leistung fest. Formalziele hingegen beschreiben die Qualität, die diese Leistungen haben sollten, in Form von wirtschaftlich-monetären Daten. Bezüglich der hierarchischen Gliederung werden hier strategische und operative Ziele unterschieden.

Die strategischen Sachziele betreffen das Informationssystem als Ganzes. Sie legen die Aktionsspielräume fest, in denen sich das Handeln des IS-Controlling auf der operativen Ebene vollziehen soll. Das grundsätzliche Ziel auf dieser Ebene ist die Schaffung einer unternehmenszielgerechten Architektur des Informationssystems. Es geht also um Grundlagenentscheidungen bezüglich der Gestaltung des Informationssystems. Als Beispiele für derart grundsätzliche Entscheidungen sind die Herstellerauswahl, die Entscheidung über Fremdbezug oder Eigenerstellung des IS oder die Festlegung auf eine zentrale oder dezentrale IS-Architektur zu nennen.

Aus den strategischen Zielen sind die operativen Ziele abzuleiten. Hierbei geht es um die Gestaltung von Implementierung und Produktion des IS als unternehmenszielgerechte Prozesse. Im Vordergrund stehen auf dieser Ebene die konkrete Entwicklung von Software, die Geräteauswahl auf der Basis der strategischen Entscheidung zugunsten eines Herstellers oder die Auswahl von speziellen Produktionsverfahren.

Auf der Ebene der Formalziele leitet sich aus dem Oberziel 'Unterstützung der Unternehmensziele' das Ziel der Wirtschaftlichkeit ab: Nur wirtschaftliche IS, die mit der erforderlichen Effizienz und Effektivität entwickelt und eingesetzt werden, können den langfristigen Bestand des Unternehmens sichern. Um den Begriff der Wirtschaftlichkeit zu operationalisieren, kann auf die beiden determinierenden Größen zurückgegriffen werden, aus denen sich die Wirtschaftlichkeit einer Investition ergibt: der Nutzen und die Kosten. Eine Verbesserung der Wirtschaftlichkeit kann sowohl durch eine Senkung der Kosten als auch eine Steigerung des Nutzens erreicht werden. Zu den wesentlichen Merkmalen, die die Nutzenhöhe festlegen, zählen die Qualität und die Funktionalität des IS sowie die Termintreue bei der Entwicklung des IS und bei der Befriedigung von neuen Anforderungen.

Diese Darstellung lehnt sich an eine von Krcmar 1991 durchgeführte Umfrage zum Stand des Informationsverarbeitungs-Controlling in Deutschland an. Dies zeigt die Reihenfolge der am häufigsten genannten Antworten auf die Frage 'Welche Ziele sollte ein Controlling der Informationsverarbeitung verfolgen?' (Krcmar 1992, S.12):

- Unterstützung langfristiger Unternehmensziele,

- Wirtschaftlichkeit der IV-Technik sicherstellen,

- Nutzen des IV-Bereichs steigern,

- Kostenkontrolle im IV-Bereich,

- Qualitätssicherung bei IV-Dienstleistungen,

- Termineinhaltung aller IV-Maßnahmen und

- Gewährleistung der Funktionalität der eingesetzten Software.

"Diese Reihenfolge der Ziele verdeutlicht, daß die Befragten das IV-Controlling nicht als eine Kontrolle der Datenverarbeitung und ihrer Kosten verstanden wissen möchten, sondern vor allem die Unterstützung langfristiger Unternehmensziele, also die Verbindung zur Unternehmensstrategie betonen." (Krcmar 1992, S.12)

Weiterhin fällt auf, daß die Nutzenorientierung gegenüber der Kostenkontrolle als das wichtigere Ziel angesehen wird: Letztere wurde von 42% der Befragten, erstere hingegen von 55,7% als ein Ziel des IV-Controlling genannt (Krcmar 1992, S.12). Für den IS-Controller sollte die Kostenfrage aufgrund des häufig vernachlässigten Aspektes der Innovationskraft neuer Informations- und Kommunikationstechnologien nicht im Vordergrund stehen. Anzustreben ist vor allem die wirtschaftliche Gestaltung des IS-Bereichs, was die Analyse des Informationssystems hinsichtlich einer möglichen Erhöhung des Nutzeffekts erforderlich macht. Die Aufgabe des IS-Controllers liegt in diesem Zusammenhang in der Identifizierung wirtschaftlicher Potentiale der Informations- und Kommunikationstechnologien.

3.2 Aufgabenbereiche des IS-Controlling

Um die oben genannten Ziele erreichen zu können, muß sich das IS-Controlling mit den nachstehenden Aufgabenbereichen beschäftigen:

- Bereitstellung der Planungsverfahren:
  Das IS-Controlling sollte seine Aufgabe vor allem in der Konzipierung und Durchsetzung eines Planungssystemrahmens in der Meta-Planung sehen. Die konkrete inhaltliche Ausgestaltung dieses Rahmens kann dann den jeweiligen Fachabteilungen überlassen werden (Schäfer 1979, S.3).

- Informationsversorgung:
  Der IS-Controller ist sowohl innerhalb des IS-Bereichs als auch gegenüber der Unternehmensführung für Informationsversorgungsaufgaben zuständig. Hier obliegt ihm die Aufbereitung der aus Informationsverarbeitungsprozessen stammenden Daten, z.B. aus der Kosten- oder Investitionsrechnung, zu entscheidungsrelevanten Informationen.

- Planungsbegleitung:
  Sowohl in der Projektarbeit als auch bei sonstigen Planungstätigkeiten hat der Controller die Fachabteilung planungsbegleitend zu unterstützen. Er gibt den Anstoß zur Planung und sorgt durch das Kontrollieren der angewendeten Planungsmethodik dafür, daß systematisch und mit den richtigen Informationen geplant wird. Beim Linienmanagement verbleibt letztendlich die Verantwortung sowie die endgültige Entscheidung darüber, was inhaltlich geplant wird.

- Projektarbeit im IS-Bereich:
  Im Bereich der Projektarbeit für die Entwicklung und Anpassung von einzelnen Anwendungssystemen liegt die Aufgabe des IS-Controllers vor allem in der Strukturierung und Standardisierung des Planungsprozesses der Projekte, die im Einklang mit der Unternehmensplanung zu erfolgen hat, um somit auf eine 'industrielle' Entwicklung von IS hinzuwirken (Horváth 1991, S.667). Dies umfaßt die folgenden Aufgaben (Schäfer 1979, S.5):

  - Erstellung eines Formalrahmens für die IS-Planung,
  - koordinierende Mitarbeit bei der IS-Planung und
  - Integration der IS-Planung in die Gesamtunternehmensplanung.

Als Schwerpunkte in den genannten Bereichen lassen sich folgende Tätigkeiten identifizieren, die im folgenden näher erläutert werden:

- Präzisierung der Ziele des IS-Bereichs,
- Festlegung operationaler Größen zur Messung der Ziele des IS-Bereichs,
- Unterstützung der strategischen und operativen IS-Planung,
- Aufstellung von IS-Budgets,
- Aufbau einer IS-Kosten- und Leistungsrechnung.

3.2.1 Präzisierung der Ziele des IS-Bereichs

Das Controlling ist im Rahmen der Koordination des Führungssystems auch für die Koordinierung der Unternehmensziele, nicht jedoch für die Unternehmenszielbildung verantwortlich. Der Gestaltung von Planung und Kontrolle muß in allen Bereichen des Unternehmens eine Zielableitung und -bildung vorausgehen bzw. zugrundegelegt werden (Haufs 1989, S.7f).

In der Praxis existiert oftmals kein Zielsystem für den IS-Bereich. Dafür gibt es verschiedene Gründe: Wenn die Zielsetzungen nicht gänzlich fehlen, dann sind die einzelnen Ziele meist weder verbindlich formuliert noch schriftlich fixiert. Ebenso häufig mangelt es an der Übermittlung der Zielsetzungen von der Unternehmensführung zu den ausführenden Ebenen, so daß sich dort kaum operationale Ziele ergeben. Hinzu kommt, daß das Denken in Zielsetzungen für viele Führungskräfte noch immer ungewohnt ist. Fehlt ein Zielsystem oder offenbaren sich die erwähnten Unzulänglichkeiten, muß das Controlling der Wegbereiter für den systematischen Prozeß zur Zielsetzung und Zielordnung sein (Schäfer 1979, S.5ff; Kargl 1975, S.98).

Der Prozeß der Zielbildung kann nach dem Top-down-, Bottom-up- oder Gegenstromverfahren erfolgen.

Beim Top-Down-Verfahren werden von den übergeordneten Führungsebenen die grundsätzlichen, aber nur wenig konkreten Zielsetzungen festgelegt. Aus den nicht operationalen und unmittelbar beeinflußbaren Zielen leiten sich im Laufe des Zielbildungsprozesses mit zunehmender Konkretisierung und Differenzierung Ziele, Maßnahmen und Ressourceneinsätze für alle unteren Ebenen ab. Erfolgt der Zielbildungsprozeß im Gegenstromverfahren, so werden von den niedrigeren Ebenen Analysen hinsichtlich der vorgegebenen Ziele vorgenommen und eigene Pläne vorgeschlagen (bottom-up), so daß die oberen Führungsebenen die Möglichkeit erhalten, durch Rückkopplung die vorgegebenen Ziele zu verbessern (top-down) (Haufs 1989, S.38f; Peemöller 1990, S.138f).

In Zusammenarbeit mit den entsprechenden Führungskräften innerhalb (z.B. dem Leiter des Rechenzentrums) und außerhalb des IS-Bereichs (z.B. dem Vorstand) ist es die Aufgabe des IS-Controllers,

- Ziele für den IS-Bereich zu sammeln,

- diese hierarchisch zu ordnen und mit Gewichtungen zu versehen,

- Inkonsistenzen im Zielsystem aufzudecken und zu beseitigen und

- unter allen Beteiligten einen Konsens über das erarbeitete Zielsystem herzustellen (Weber 1991b, S.143f).

Dabei dürfen nicht nur operative Ziele eine Rolle spielen, auch die strategische Bedeutung von Informationssystemen muß Berücksichtigung finden. Hierbei handelt es sich konkret um

- langfristige Ziele des IS-Bereichs,

- die Stellung der strategischen IS-Ziele im strategischen Gesamtzielsystem des Unternehmens und

- die Einbindung der operativen IS-Ziele in die Strategieziele (zur Vermeidung von Zielkonflikten) (Weber 1991b, S.143).

Das IS-Controlling hat letztlich dafür Sorge zu tragen, daß die Ziele des IS-Bereichs auf das Gesamtzielsystem der Unternehmung ausgerichtet werden.

3.2.2 Festlegung operationaler Größen zur Messung der Ziele des IS-Bereichs

Das Formulieren und Präzisieren der Ziele allein ist jedoch nicht ausreichend, um bei den Verantwortlichen ein effizientes und zielgerichtetes Handeln zu erreichen. Damit die Überprüfung der Zielerfüllung möglich ist, sind operationale, d.h. leicht und objektiv erfaßbare Meßgrößen für die Ziele festzulegen (Weber 1991b, S.144f). Außerdem sind alle Ziele bezüglich ihres Zielinhalts und Erreichungszeitraums zu definieren (Haufs 1989, S.39). Aussagen wie z.B. 'Reduktion der Durchlaufzeiten' oder 'Entlastung von Routineaufgaben' erlauben keine Bestimmung der Zielerreichung. Vorgaben wie 'tägliche Bestandsnachführung' oder 'Reduzierung der Lagerbestände um 30% innerhalb von drei Monaten' hingegen sind meß- und überprüfbar.

In der Festlegung der Meßgrößen jedoch liegt für den IS-Controller das entscheidende Problem: Der IS-Bereich ist ein Dienstleistungsbereich, dessen erbrachte Leistungen generell viel unterschiedlicher als Sachleistungen und daher auch schwerer meßbar sind (Weber 1991b, S.144f).

Maschinenleistungen können nicht mit einem bestimmten Kriterium gemessen werden, sondern stellen sich in vielen Dimensionen dar. Ein erledigter Auftrag kann z.B. mit den erforderlichen Druckzeilen, der Anzahl aufgerufener Bildschirme oder auch durch die benötigte CPU-Zeit beschrieben werden (Haufs 1989, S.29). Hier gilt es,

- Teilkapazitäten meßbar abzugrenzen,

- eindeutige Meßgrößen für unterschiedliche Nutzungsintensitäten zu definieren,

- Zuordnungen zu den Auftraggebern vorzunehmen und

- die Schnittstelle zum Kosten- und Leistungsrechnungssystem zu pflegen.

Zur Bildung einer operationalen Meßgröße ist zunächst das Ziel in ein operationales Meßziel zu überführen. Für dieses Meßziel sind anschließend die Meßobjekte zu bestimmen. Meßobjekte sind einzelne Elemente des Untersuchungsgegenstandes, in diesem Falle des Informationssystems. Die schließlich für jedes Meßobjekt zu bildenden Meßgrößen müssen einen Maßstab sowie die geforderte Meßgenauigkeit festlegen (Heinrich 1992, S.63).

3.2.3 Unterstützung der strategischen und operativen IS-Planung

Die Planungsstufen der IS-Planung können nach strategischer und operativer Planung unterschieden werden. Bezüglich der strategischen Planung handelt es sich um grundsätzliche Festlegungen für den IS-Bereich, wie z.B. Mixed Hardware vs. Hardware eines Herstellers. Auf der taktischen Ebene werden die Kapazitäten und Ressourcenbeschaffung (z.B. Mitarbeiterzahl, -qualifikation und -auswahl) sowie das Arbeitsprogramm (Projektportfolio) im Sinne der gewählten Strategie geplant. Die operative Planung legt die konkreten Arbeitsschritte zur Realisierung der Planung fest (z.B. einzelne Projektphasen) (Horváth 1991, S.667). Abbildung 3/1 (nach IBM Formular) stellt die typischen Elemente eines geschlossenen Planungs- und Kontrollsystems für die Informationsverarbeitung dar, das von der langfristigen Festlegung der IS-Strategie über die Investitionsplanung bis zur kurzfristigen Ablaufplanung reicht. Für die Entscheidungsfindung auf jeder Planungsebene sind vom IS-Controlling Entscheidungsmethoden und Informationen bereitzustellen (Weber 1991b, S.145). Die Funktion des Controlling im Bereich der operativen und strategischen Planung liegt somit in der Entscheidungsvorbereitung und -unterstützung.

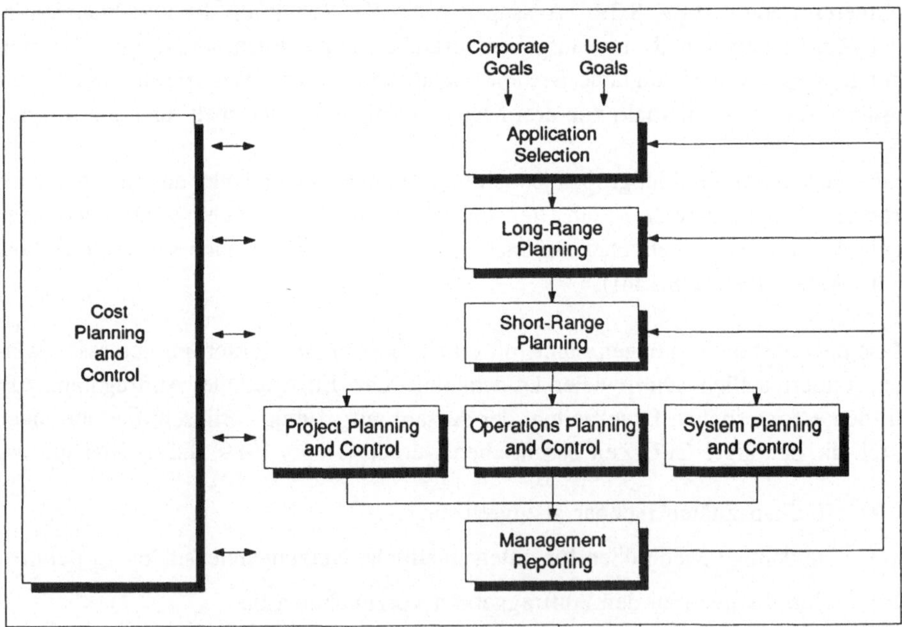

Abb. 3/1: ADV-Planungs- und Kontrollsystem

Die Unterstützung der IS-Planung durch das Controlling ist besonders bedeutsam, da es oftmals noch an einem strategischen Gesamtkonzept im Bereich der Informationsverarbeitung fehlt, die Kommunikation zwischen Unternehmensführung und Informationsmanagement meist mangelhaft ist und häufig keine operative Planung für den IS-Bereich durchgeführt wird (Horváth 1991, S.666).

Für das IS-Controlling stellen sich auf den Ebenen der strategischen und operativen Planung zwei generelle Aufgaben:

- *"Sicherstellung einer mit der Gesamtplanung der Unternehmung abgestimmten strategischen Planung und Kontrolle der Informationsverarbeitung,*

- *Unterstützung durch Planungs- und Kontroll- sowie Informationsversorgungssysteme im Hinblick auf das operative Geschehen in der Informationsverarbeitung. Dies gilt insbesondere für die projektorientierte Planung."* (Horváth 1991, S.666)

3.2.4 Aufstellung von IS-Budgets

Budgets sind verbindliche Pläne, die Entscheidungsinstanzen für einen festgelegten Zeitraum und einen bestimmten Verbindlichkeitsgrad in Form von wertmäßigen Größen (z.B. Einnahmen und Ausgaben, Kosten und Leistungen oder Deckungsbeiträge bzw. Gewinne) vorgegeben sind. Das Budget wird häufig als das Ergebnis der Planung angesehen, durch das der Planungsprozeß in der Quantifizierung der erstellten Pläne seinen Abschluß findet: *"Das Budget ist das 'Schnittende' der Planung"* (Steiner 1975, S.340 zitiert nach Horváth 1991, S.255). Mit der Festlegung von Budgets wird eine verhaltensbeeinflussende Wirkung angestrebt, die sich allerdings nicht aus der Vorgabe von konkreten Maßnahmen ergibt, sondern durch die vom Budget eingegrenzten Handlungsspielräume, innerhalb derer die Verantwortlichen selbständig entscheiden können. Dies ermöglicht, wenn auch in begrenztem Maße, eine Delegation von Entscheidungen und die Aufspaltung der Planung in zentrale und dezentrale Aufgaben (Küpper 1991, S.253f).

Die Planung, Realisierung und anschließende Kontrolle von Kostenbudgets gehört zu den wesentlichen Aufgaben des IS-Controlling. Das Budget der IS-Kosten bildet eine vorgegebene Sollgröße zur Steuerung des IS-Bereichs. Aus der Verpflichtung zur Einhaltung dieses Solls und der daraus entstehenden Möglichkeit der Leistungskontrolle ergibt sich eine Motivationswirkung für die verantwortlichen Stellen.

Als Bestandteil des Gesamtbudgets der Unternehmung ist das IS-Budget mit den Budgets der übrigen Unternehmensbereiche abzustimmen. Mit der Genehmigung des Budgets werden die einzelnen Positionen für den IS-Bereich zu 'verfügbaren' Beträgen, z.B. als Ausgabe-Positionen. Zu beachten ist, daß das IS-Budget bei der unternehmensweiten Dezentralisierung von rechnergestützten IS-Leistungen nicht mehr ausschließlich das Budget der organisatorischen Einheit EDV ist, sondern sich auf alle Fachabteilungen verteilt (Schäfer 1979, S.12; Seibt 1984, S.109; Haufs 1989, S.53). Die Forderung, daß sich die Arbeit des Controlling nicht allein auf eine zentrale EDV-Abteilung beziehen darf, wurde bereits hervorgehoben; sie erlangt im Rahmen der Budgetierung einen besonderen Stellenwert.

Die inhaltlichen Aktivitäten der Budgetierung werden vom Linienmanagement wahrgenommen. Der Controller (oder eine ihm unterstellte Budgetierungsabteilung) ist sowohl für den Aufbau und die Gestaltung des Budgetsystems (systembildende Koordination) als auch für laufende Koordination bei der Budgetaufstellung (systemkoppelnde Koordination) verantwortlich (Serfling 1983, S.205; Horváth 1991, S.268). Für den Controller ergeben sich somit beträchtliche Steuerungsmöglichkeiten, welche die Budgetierung zu einem wichtigen Instrument innerhalb der IS-Planung und -Kontrolle machen.

Im einzelnen erfüllt die Budgetierung die folgenden Funktionen (Seibt 1984, S.111; Haufs 1989, S.50ff):

- Prognose des Unternehmensgeschehens der nächsten Periode(n),

- Quantifizierung der Aktionsplanung,

- Koordination und Integration der Aktionspläne verschiedener organisatorischer Teilbereiche,

- unternehmensinterne Ressourcenallokation,

- Delegation von Verantwortung und Motivation durch Eingrenzen des Spielraums des organisatorischen Teilbereichs Informationssystem mit Hilfe festgelegter Ziele und Standards,

- globale Kontrolle und Überwachung des IS-Bereichs durch die Unternehmensleitung,

- interne Kontrolle des IS-Bereichs,

- Informationsaustausch und Kommunikation,

- zwischenbetrieblicher Vergleich von gleichartigen Teilbereichen verschiedener Organisationen (z.B. Vergleiche mit anderen 'typischen' IS-Budgets).

Die praktische Bedeutung der Budgetierung als Controllinginstrument unterstreicht auch die bereits erwähnte Umfrage von Krcmar zum Stand des Informationsverarbeitungs-Controlling in Deutschland: An erster Stelle der in den befragten Unternehmen angewandten Controlling-Methoden wurden mit 67% die Budgetierungsverfahren angegeben (Krcmar 1992, S.14f). Dies belegt zwar einerseits die Relevanz der Budgetierung in der Praxis, offenbart aber auf der anderen Seite einen noch beträchtlichen Nachholbedarf, da immerhin 23% der befragten Unternehmen die Budgetierung gar nicht einsetzen. Die Aufgabe des IS-Controlling liegt darin, Anstöße zum Auf- oder Ausbau eines IS-Budgetierungssystems zu geben und innovativ tätig zu werden.

3.2.5 Aufbau einer IS-Kosten- und Leistungsrechnung

Die traditionellen Verfahren kommen den Anforderungen an eine IS-Kosten- und Leistungsrechnung in nur unzureichender Art und Weise nach. Dies ist vor allem auf die rechentechnisch nicht erfaßbaren Fixkostenblöcke zurückzuführen, die sich aus dem hohen Anteil an ausbringungsmengenunabhängigen Kosten im IS-Bereich ergeben (Haufs 1989, S.29). Des weiteren werden die Kosten des IS-Bereichs häufig en bloc den Gemeinkosten zugerechnet und nicht weiter nach Kostenarten, Kostenstellen und Kostenträgern differenziert.

Nicht selten sieht man als IS-Kosten auch lediglich die in der EDV-Abteilung anfallenden Kosten an, ohne die unternehmensweite Durchdringung mit Informationstechnik und das damit verbundene bereichsübergreifende Auftreten von IS-Kosten zu berücksichtigen (Seibt 1984, S.111).

Häufige Gründe für die unzureichende Erfassung von IS-Kosten- und Leistungen liegen auch in (Schäfer 1979, S.18):

- der fehlenden Transparenz der Informationsverarbeitungsvorgänge,

- einem Mangel an entsprechend geeigneten Methoden,

- den komplexen Strukturen der Informationstechnik und

- dem Fehlen von Zielvorstellungen bezüglich der Verrechnung von Kosten und Leistungen des IS-Bereichs.

Es besteht ganz offensichtlich ein Mangel an einem bedarfsgerechten, auf die speziellen Eigenschaften des IS-Bereichs abgestimmten Kosten- und Leistungsrechnungssystem.

Um die Aufgaben des IS-Controlling erfüllen zu können, müssen umfassende, exakte und aktuelle Basisdaten verfügbar sein. Die Kosten des IS-Bereichs sind sowohl in der allgemeinen Kostenrechnung als auch im Planungs- und Budgetierungssystem voll zu berücksichtigen (Schäfer 1979, S.18). Eine den Besonderheiten des IS-Bereichs angepaßte Kosten- und Leistungsrechnung, die die benötigten Kosteninformationen bereitstellt, bildet die Grundvoraussetzung für eine auf Wirtschaftlichkeit ausgerichtete Steuerung des IS-Bereichs.

Der IS-Bereich ist daher in das Gesamtsystem der Kostenrechnung zu integrieren. Gegebenenfalls muß hierzu das vorhandene Kostenplanungs-, -erfassungs- und -berichtssystem soweit verändert und erweitert werden, daß es den gestellten Anforderungen hinsichtlich Planung und Kontrolle des IS-Bereichs genügt, d.h. daß die für Planung und Kontrolle erforderlichen Kosteninformationen in der benötigten Form zur Verfügung stehen (Weber 1991b, S.148; Schäfer 1979, S.18). Dies erfordert

- die Ermittlung der unternehmensspezifischen Anforderungen an dieses System sowie

- die Bewertung der verfügbaren Methoden hinsichtlich ihrer Zielerfüllung.

Die ersten Schwierigkeiten beim Auf- bzw. Ausbau einer IS-Kosten- und Leistungsrechnung treten bereits bei der Bestimmung von Inhalt und Umfang des Begriffs 'IS-Kosten' auf (Weber 1991b, S.155f):

- Es gibt IS-Kosten, für die sich eine gesonderte Erfassung nicht lohnt.

- Es gibt 'IS'-Kosten, die sich nicht eindeutig einem bestimmten betrieblichen Bereich zuordnen lassen. Der Querschnittsfunktionscharakter des IS-Bereichs führt bei der Abgrenzung der erbrachten Leistungen zwangsläufig zu Problemen (Welche Kosten gehören zum IS-Bereich und welche zur Fachabteilung?).

- Es gibt IS-Kosten, deren Höhe man nicht exakt festlegen kann.

- Es gibt IS-'Kosten', bei denen es unklar ist, ob es sich überhaupt um Kosten handelt bzw. zukünftig handeln wird (Wem sollen die Kosten von Fehlplanungen zugewiesen werden? Wie hoch sollen entsprechende Beträge angesetzt werden?).

Hinzu kommt ein zweiter wesentlicher Sachverhalt: Die Arbeit des Controllers darf sich nicht allein auf den Auf- und Ausbau eines Systems zur Kosteninformation beschränken. Der eigentliche Engpaß beim Aufbau einer IS-Kosten- und Leistungsrechnung liegt in der Erfassung der IS-Leistungen. Im Gegensatz zu Sachleistungen, die man zählen, messen oder wiegen kann, sind Dienstleistungen ungleich schwerer abzugrenzen.

Maßnahmen, die der Controller zur Überwindung dieser Schwierigkeiten zu ergreifen hat, sind

- die exakte begriffliche Abgrenzung von IS-Kosten und Leistungen (Was ist zu erfassen?),

- die Lokalisierung und Aufzeichnung von IS-Kosten und Leistungen (Welche und wieviele IS-Kosten und Leistungen fallen an?) und

- die Gegenüberstellung von IS-Kosten und Leistungen (Wie teuer ist eine bestimmte Leistung des IS-Bereichs?) (Weber 1991b, S.151).

Auf die in diesem Zusammenhang auftretenden Besonderheiten und Probleme wird an anderer Stelle noch näher eingegangen.

3.3 Methoden des IS-Controlling

Der IS-Controller ist in erster Linie Controller und wird somit auch die 'klassischen' Methoden anwenden, die im Controlling seines Unternehmens gebräuchlich sind. Seine Aufgabe liegt in der Auswahl und Standardisierung dieser Methoden im Rahmen des IS-Controlling sowie in ihrer Anpassung an das Controlling-Gesamtsystem. So ist z.B. eindeutig festzulegen, welche Verfahren der Wirtschaftlichkeitsrechnung mit welchen einheitlichen Merkmalen (z.B. einheitlicher Zinssatz) in welchen Investitionssituationen der Informationsverarbeitung anzuwenden sind. Die Vergleichbarkeit mit Projekten außerhalb des IS-Bereichs muß gewährleistet sein (Horváth 1991, S.675f).

3.3.1 Methoden des strategischen IS-Controlling

Das klassische Controlling ist häufig operativ orientiert. Ausgelöst durch die zunehmende Verbreitung der strategischen Planung in der Unternehmenspraxis setzte erst vor einigen Jahren eine Diskussion ein, in der es um die Frage geht, inwieweit sich das Controlling auch auf die strategische Planung bzw. das strategische Management erstreckt. Inzwischen dürfte aber Einigkeit darüber bestehen, "... *daß die strategische Führung ebenso eine methodensystem- und informationsbezogene Unterstützung hinsichtlich ihrer Aufgabenwahrnehmung benötigt wie die operative Planung und Steuerung*" (Horváth 1991, S.238).

Die IS-Planung erfolgte bisher oftmals nur als Reaktion auf Anforderungen der verschiedenen Funktionsbereiche und beruhte somit nur indirekt auf der Wettbewerbsstrategie des Unternehmens. Eine direkte Beziehung zwischen Unternehmensstrategie und einer originären IS-Strategie bestand nicht. Dieser Zustand ist in verschiedener Hinsicht unbefriedigend:

- Die Anforderungen der Unternehmensstrategie an den IS-Bereich werden durch die Planungen und Wünsche der funktionalen Bereiche gefiltert und möglicherweise verzerrt. Eine optimale Anpassung der IS-Planung an die Unternehmensstrategie ist nur schwer möglich.

- Die IS-Planung wird passiv aus der Unternehmensstrategie abgeleitet. Aktive Elemente des IS-Bereichs, die nötig wären, um von einer IS-Strategie (im Gegensatz zur IS-Planung) sprechen zu können, sind kaum anzutreffen.

- Aus den genannten zwei Problembereichen ergibt sich ein dritter: Die Rückkopplung aus der IS-Planung auf die Unternehmensstrategie ist i.d.R. hemmend und einschränkend.

Die Schwierigkeiten können beseitigt werden, wenn die Unternehmensleitung die Bedeutung einer umfassenden IS-Strategie erkennt und deren Entwicklung fördert. Nur in diesem Fall kann sich die IS-Strategie optimal an die Unternehmensstrategie anpassen, aktiv und innovativ gestalterisch wirken und damit auch den Spielraum der Unternehmensstrategie selber erweitern und neue Möglichkeiten in der Gestaltung der Wettbewerbsstrategie bieten.

Während die operativen Controlling-Ansätze zum Ziel haben, bestehende Erfolgsfaktoren periodenorientiert weiterzuentwickeln, besteht die Funktion des strategischen Controlling in der langfristigen Sicherung der Unternehmensergebnisse durch eine systematische Erschließung neuer Erfolgspotentiale, die sich in der Gegenwart nur als – nicht immer quantifizierbare – Chancen und Risiken beschreiben lassen (vgl. Abbildung 3/2, in Anlehnung an Sokolovsky 1992, S.33; Horváth 1991, S.239). IS-Controlling muß daher im umfassenderen Sinn verstanden werden und sich gleichermaßen auf gesamtunternehmensbezogene strategische Fragestellungen der Informationsverarbeitung als auch auf die operative Gestaltung und Steuerung ihres Einsatzes beziehen.

Nach dem Erfassen der vorhandenen Potentiale und dem Abwägen der Chancen und Risiken lassen sich die strategischen Ziele festlegen und die Strategien zur Erreichung dieser Ziele formulieren. Die Strategien beschreiben die Vorgehensweise bei der Planung und dem Entwurf von Informationssystemen (Heinrich 1992, S.132).

Merkmale	Strategisches IS-Controlling	Operatives IS-Controlling
Umfang	Umwelt und Unternehmung	Unternehmung
Zeitbezug	Zukunftsorientiertheit	Periodenorientiertheit
Zielgrößen	Erfolgspotential	Ergebnis
Dimensionen	Chancen/Risiken, Stärken/Schwächen	Aufwand/Ertrag, Kosten/Leistungen

Abb. 3/2: Abgrenzung von strategischem und operativem IS-Controlling

Der Planungshorizont der strategischen IS-Planung liegt gewöhnlich zwischen fünf und zehn Jahren. In diesem Zeitraum können einerseits die zu erwartenden Umweltzustände noch relativ realistisch abgeschätzt werden, andererseits kann die Dauer der meist mehrere Jahre in Anspruch nehmenden Umsetzung der Planung noch entsprechend berücksichtigt werden (Hansen/Riedl 1990, S.669).

Ein Problem aller hier vorzustellenden Methoden des strategischen IS-Controlling ist, daß sie isoliert eingesetzt nicht allen Anforderungen, die an eine Planungsmethode zu stellen sind, gerecht werden. Um die unterschiedlichen Schritte im Prozeß der IS-Planung zu unterstützen, ist daher der kombinierte Einsatz verschiedener Ansätze erforderlich.

3.3.1.1 Stärken-/Schwächen-Analyse

Zur Ermittlung des Handlungsspielraums des Unternehmens bei der Erstellung einer langfristigen IS-Strategie ist eine Analyse der IS-Bedingungslage erforderlich: Zum einen werden Informationen über die Unternehmensumwelt benötigt (externe Situation) und zum anderen Informationen über das Unternehmen selbst (interne Situation) (vgl. Abbildung 3/3, Hansen/Riedl 1990, S.669). Umweltanalyse und Unternehmensanalyse gehen schließlich in eine Chancen-Gefahren-Analyse ein und bilden die Grundlage des strategischen Planungsprozesses.

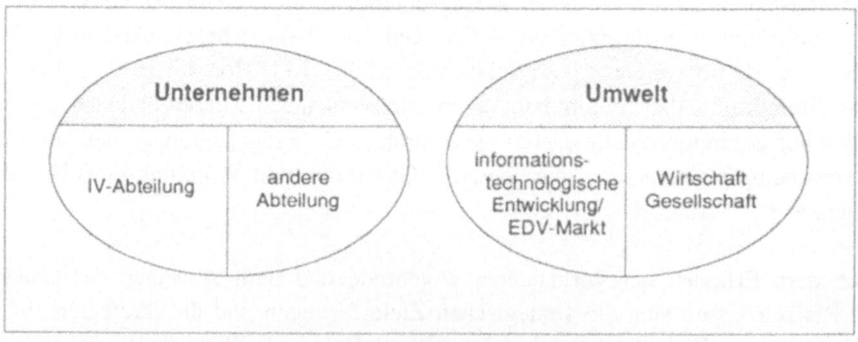

Abb. 3/3: Analyse der IS-Bedingungslage

Die Stärken-/Schwächen-Analyse betrifft einen dieser beiden Aspekte: Sie dient der Untersuchung des aktuellen Zustandes des firmeneigenen Informationssystems, um eine eingehende Kenntnis der Stärken und Schwächen dieses Informationssystems zu erlangen.

Zur Ermittlung der Stärken und Schwächen des Informationssystems ist eine detaillierte Feststellung des unternehmensinternen Ist-Zustands erforderlich. Dazu sind alle vorhandenen IS-Ressourcen zu spezifizieren, zu analysieren und deren jeweilige Belastung festzustellen. Zur Erhebung gehört außerdem die Analyse des IS-Budgets sowie der IS-Kosten- und Leistungssituation (Hansen/Riedl 1990, S.671ff). Hierbei sind alle Objekte des Informationssystems zu berücksichtigen: das IS-Personal, die Informationstechnik unter Berücksichtigung von Hardware und Software sowie die IS-Organisation.

Die Ergebnisse von Stärken-/Schwächen-Analysen werden meist in Form von Profilen dargestellt. Als Vergleich wird normalerweise eine Konkurrenzanalyse durchgeführt und in das Stärken-/Schwächen-Profil aufgenommen. Ein Beispiel hierfür zeigt Abbildung 3/4 (in Anlehnung an Hinterhuber 1992, S.94). Um einen weiteren Vergleichsmaßstab zu erhalten, sollten die Ergebnisse der Stärken-/Schwächen-Analysen fortgeschrieben werden, so daß sich im Laufe der Zeit ein Entwicklungspfad des Unternehmens im Vergleich zu dem (den) wichtigsten Wettbewerber(n) ergibt.

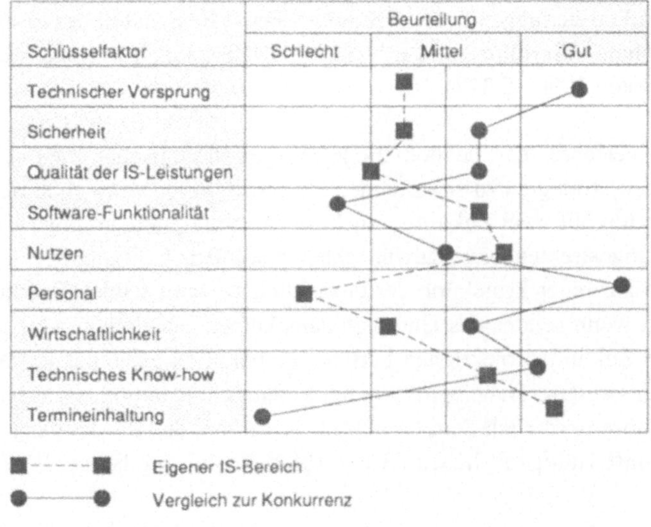

Abb. 3/4: Beispiel eines Stärken-/Schwächen-Profils

Der Ablauf der Stärken-/Schwächen-Analyse stellt sich folgendermaßen dar (Liessmann 1987, S.124f): Ein Strategieteam

- sammelt die internen Stärken und Schwächen des IS-Bereichs in einer Checkliste,

- wählt die ca. zehn wichtigsten Schlüsselfaktoren aus,

- bewertet sie und bestimmt in einem Stärken-/Schwächen-Profil die eigene Position relativ gesehen zu dem (den) maßgeblichen Wettbewerber(n) und

- analysiert das Profil und stellt die Erkenntnisse zum Zweck der Strategieentwicklung zusammen.

Im Rahmen der strategischen Kontrolle obliegt dem Controller die Aufgabe, zu überprüfen, ob und inwieweit sich die Stärken-/Schwächen-Analysen im Zeitablauf als realistisch erweisen.

Die Grenzen der Stärken-/Schwächen-Analyse liegen vor allem in der allgemeinen Planungsunsicherheit, was insbesondere im Fall von Technologieentscheidungen zutage tritt. Ein wesentlicher Unsicherheitsfaktor ist, daß die Aussagefähigkeit vor allem von der Kreativität und Beurteilungsfähigkeit des Planungsteams abhängt. Dem Controller kommt in diesem Zusammenhang die Aufgabe zu, durch eine möglichst gute Vorbereitung der Planungssitzungen die Problemlösungsfähigkeit zu stärken und dafür zu sorgen, daß eingefahrene Denkhaltungen aufgegeben werden (Weber 1991b, S.19).

3.3.1.2 Gap-Analyse

Die Gap-Analyse gehört zu den klassischen Analyseinstrumenten der strategischen Planung und dient zur Früherkennung zukünftiger Lücken ('gaps') zwischen Zielvorstellungen und tatsächlichen Entwicklungen. Sie ist Bestandteil des Frühwarnsystems im strategischen Controlling und erweitert den Zeitraum für Gegensteuerungsmaßnahmen (Becker 1990, S.327).

Sie stellt ein Verfahren dar, bei dem die jeweiligen strategischen Ziele mit den bei unterschiedlichen Strategien zu erwartenden Prognosegrößen verglichen werden. Dieses Verfahren beruht auf zwei Zukunftsprojektionen: zum einen auf einer Zielprojektion, welche die angestrebten bzw. gewünschten zukünftigen Ergebnisse beinhaltet und zum anderen auf einer Projektion der tatsächlich zu erwartenden Ergebnisse, welche sich ergäben, wenn seitens des Unternehmens keine zusätzlichen Aktivitäten initiiert würden. Die Zukunftsprojektionen beruhen gewöhnlich auf einer Extrapolation von Vergangenheitswerten. Dabei wird von der Zeitstabilitätshypothese ausgegangen, d.h. bei der Prognose wird nach dem Grundsatz verfahren, daß die Vergangenheitsgrößen auch in Zukunft Gültigkeit haben (Brose 1982, S.148; Kreilkamp 1987, S.249).

Der Zielwert muß in Form einer quantitativen Größe festgelegt sein, z.B. als fixer Return on Investment, Gewinn oder Umsatz. Abbildung 3/5 (Becker 1990, S.319) zeigt eine weiterentwickelte Gap-Analyse. In den Planwert sind hier auch diejenigen Aktivitäten und Projekte miteinbezogen, die zum Zeitpunkt der Durchführung der Gap-Analyse bereits initiiert bzw. in der Planung berücksichtigt worden sind (z.B. im Rahmen von Budgets).

Neue Projekte werden dabei gemäß der angenommenen Erfolgswahrscheinlichkeit berücksichtigt und deren Lückenschließungspotential folglich mit eingebracht. Die 'Firm base' schließt vorhandene Produkte und bereits initiierte Projekte in den Entwicklungsphasen 2 und 3 mit ein, der Planwert umfaßt zusätzlich Projekte in Phase 1 (Machbarkeitsstudie). Es verbleibt eine ungedeckte strategische Lücke zwischen Planwert und Zielwert.

Zum Schließen dieser Ziellücke ist eine Änderung bzw. Erweiterung der Strategien erforderlich. Die Gap-Analyse selbst liefert allerdings keine Aussagen darüber, welche Strategien zu ergreifen sind, um die Lücke zu schließen. Sie vermittelt lediglich Anregungen und dient als Ausgangspunkt und Stimulans für die Suche nach strategischen Programmen zur Realisierung der angestrebten Ziele.

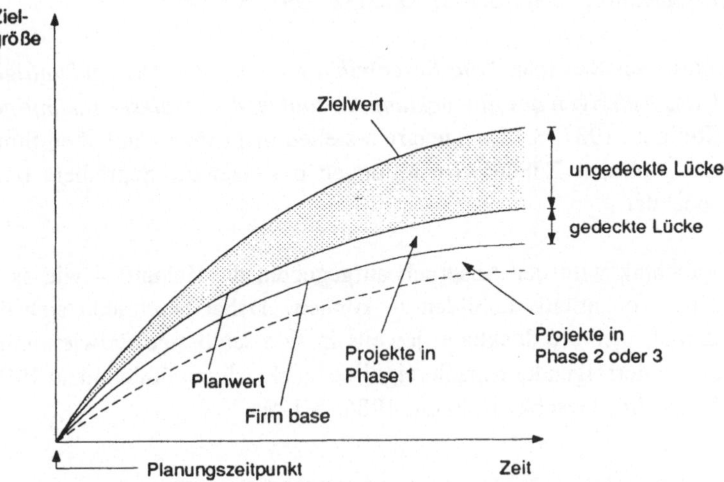

Abb. 3/5: Differenzierte Gap-Analyse (Einbeziehung
von Projekten unterschiedlicher Entwicklungsphasen)

Eine wesentliche Schwäche der Gap-Analyse äußert sich in der Tatsache, daß das an Extrapolation und prognostischer Verbesserung bestehender Zustände orientierte Planen trotz zunehmender Umweltdynamik selten zu einem Umdenken zwingt. Gerade im Bereich EDV-gestützter Informationssysteme, wo sich die Umweltdynamik besonders stark auswirkt – man denke nur an die Entwicklung im Bereich der Mikro-Computer innerhalb der letzten zehn Jahre – erscheint ein allzu starkes Anlehnen an Vergangenheitswerte doch recht problematisch.

Von besonderer Bedeutung erscheint auch die Frage, inwieweit es gelingt, Zielsetzungen in quantitativen Kenngrößen auszudrücken und somit aussagefähig, aber auch überprüfbar zu machen. Da im IS-Bereich auch eine Vielzahl qualitativer Zielsetzungen möglich sind, ergibt sich hier das Problem, Beziehungen zwischen qualitativem Erfolg und quantitativem Aufwand herzustellen.

Dennoch kann die Gap-Analyse zum frühzeitigen Erkennen von Lücken zwischen den Zielwerten der strategischen IS-Planung und den zu erwartenden Ergebnissen bei Berücksichtigung der aktuellen Aktivitäten durchaus ihren Beitrag leisten.

3.3.1.3 Szenario-Technik

Die Veränderungen der Unternehmensumwelt und die damit einhergehende Unsicherheit veranlaßt immer mehr Unternehmen, sich von einfachen Extrapolationen der Vergangenheit in die Zukunft hinein zu lösen und statt dessen Methoden anzuwenden, die sich speziell mit den Umfeldentwicklungen der Zukunft beschäftigen und es ermöglichen, auch qualitative Aspekte in die Planung mit einzubeziehen. Die Szenario-Technik bietet die Möglichkeit, eine größere Bandbreite alternativer Entwicklungen als Grundlage langfristiger Planungen zu verwenden (Huch/Behme/Ohlendorf 1992, S.248; Reibnitz 1991, S.19ff).

Unter einem Szenario versteht man *"die Beschreibung einer möglichen zukünftigen Situation als auch das Aufzeigen des Entwicklungsverlaufes, der zu dieser zukünftigen Situation führt"* (Reibnitz 1987, S.15). Szenarien stellen nicht im eigentlichen Sinne Prognosen, sondern vielmehr Zukunftsvorstellungen des Szenario-Schreibers bzw. der Szenario-Gruppe dar.

Mit der Szenario-Technik wird der Anspruch aufgegeben, die Zukunft – wie es in Prognosen üblich ist – quantitativ abbilden zu können. Daher beschränkt sich die Szenariotechnik darauf, mehrere denkbare, jeweils in sich schlüssige Entwicklungspfade in Form aufeinanderfolgender Einzelereignisse zu skizzieren (Teichmann 1990, S.43) (vgl. Abbildung 3/6, Geschka/Reibnitz 1986, S.129).

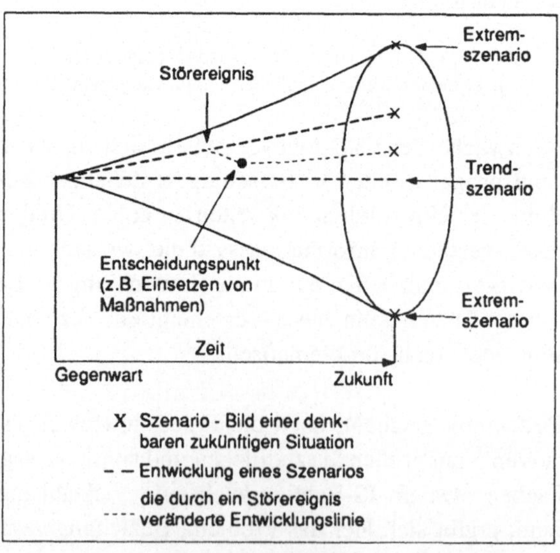

Abb. 3/6: Denkmodell zur Darstellung von Szenarien

Auf der Grundlage der unternehmensspezifischen Ausgangssituation werden zunächst die relevanten Einflußfaktoren ermittelt und anschließend in die Zukunft projiziert. Alle Umfelddaten weisen direkt oder indirekt einen Bezug zum Unternehmen auf, woraus sich die Möglichkeit ergibt, Zukunftsbilder zu ermitteln und daraus speziell auf die Situation des Unternehmens ausgerichtete Strategien abzuleiten.

Eine einheitliche Methode der Szenario-Technik existiert nicht. In der Literatur ist jedoch häufig eine acht Stufen umfassende Vorgehensweise anzutreffen (Huch/Behme/Ohlendorf 1992, S.250f; Reibnitz 1991, S.30ff; Kreilkamp 1987, S.288ff). Diese soll im folgenden kurz dargestellt werden:

1. Aufgabenanalyse:
    Es werden die derzeit verfolgten IS-Ziele und Strategien betrachtet und Stärken und Schwächen des vorhandenen Informationssystems analysiert, um Probleme herauszufinden, die für die Zukunft gelöst werden müssen. Das Untersuchungsfeld ist durch signifikante Deskriptoren zu charakterisieren.

2. Einflußanalyse:
    Für jeden sich aus der Umwelt ergebenden Einflußbereich werden Einflußfaktoren gesammelt, die auf das Untersuchungsfeld einwirken.

3. Projektionen:
    Auf der Basis der im zweiten Schritt ermittelten Einflußfaktoren werden alle für ein Umfeld relevanten Deskriptoren ermittelt und Projektionen für die Zukunft erstellt. Überall dort, wo Unsicherheit über zukünftige Entwicklungen herrscht (kritische Deskriptoren), sind alternative Wege in die Zukunft zu erarbeiten und zu begründen.

4. Alternativbündelung:
    Es ist abzuschätzen, welche Ausprägungen der kritischen Deskriptoren miteinander harmonieren, welche sich neutral zueinander verhalten und welche sich ausschließen, um somit eine Auswahl von in sich logischen und plausiblen Szenario-Grundgerüsten zu erhalten.

5. Szenario-Interpretation:
    Auf der Basis der zuvor erarbeiteten und berechneten Informationen werden, von der Gegenwart ausgehend, Zukunftsbilder zu in sich konsistenten, aber untereinander sehr konträren Szenarien entwickelt.

6. Konsequenzen-Analyse:
    Aus den unterschiedlichen Szenarien zur möglichen Entwicklung der Informationsverarbeitung werden Chancen und Risiken für den IS-Bereich und das Unternehmen abgeleitet. Darauf aufbauend sind Maßnahmen zu entwickeln, die dazu dienen, Chancen so früh wie möglich zu nutzen und Risiken zu vermeiden.

7. Störereignis-Analyse:
    Störereignisse sind plötzlich auftretende Ereignisse, die zuvor trendmäßig nicht erkennbar waren und die Entwicklung in eine neue Richtung lenken.

Mit Hilfe von Kreativitätstechniken wird ermittelt, welche Störfälle auftreten könnten, welche Auswirkungen sie auf den IS-Bereich hätten und wie damit umzugehen wäre.

8. Szenario-Transfer:
    Auf der Grundlage der in Schritt 6 entwickelten Aktivitäten wird schließlich eine Leitstrategie ausgearbeitet, die unter verschiedenen externen Rahmenbedingungen zum Erfolg führt. Zur Absicherung der Leitstrategie werden in diese Präventivmaßnahmen integriert, Alternativstrategien festgelegt und ein Umweltbeobachtungssystem eingerichtet.

Im IS-Bereich kann die Szenario-Technik sinnvollerweise als Frühwarn-Instrument eingesetzt werden, um ein breiteres Spektrum von möglichen Entwicklungen der Informationstechnologie sowie eventuelle Störeinflüsse frühzeitig in den IS-Strategien zu berücksichtigen. Sie unterstützt das Denken in Alternativen und lenkt die Aufmerksamkeit auf eine Vielzahl von Möglichkeiten, die bei einer Analyse der Zukunft in Betracht gezogen werden müssen. Darüber hinaus kann sie mit relativ geringen Kosten durchgeführt werden (Hinterhuber 1992, S.189; Kreilkamp 1987, S.294; Teichmann 1990, S.43).

3.3.1.4 Portfolio-Technik

Portfolio-Analysen zielen darauf ab, "... *erfolgswirksame Ressourcen des Unternehmens in ihrer strategischen Bedeutung zu analysieren und darauf aufbauend Strategien zu ihrer weiteren Lenkung bzw. Steuerung zu entwickeln*" (Weber 1991b, S.24). Hierbei kommen Beurteilungsmatrizen zum Einsatz, die sich grundsätzlich in marktorientierte und technologieorientierte Portfolios einteilen lassen. Die in typischen Portfolios enthaltenen Achsen stellen einen Zusammenhang zwischen zwei Größen dar: einer maßgeblich durch Einflüsse und Maßnahmen des Unternehmens selbst bestimmten Größe, und einer zweiten, die durch die Unternehmensumwelt bestimmt wird.

Die technologische Entwicklung ist eine entscheidende Einflußgröße für die Wettbewerbsfähigkeit eines Unternehmens. Um diesem Rechnung zu tragen, entwickelte Pfeiffer das Technologie-Portfolio. *"Eine Technologie-Portfolio-Analyse versucht prinzipiell, die in einem Produkt steckenden bzw. im Unternehmen angewandten Technologien in einer zweidimensionalen Matrix abzubilden und aus den sich ergebenden Konstellationen differenzierte Strategien für zukünftige Entwicklungsaktivitäten abzuleiten"* (Pfeiffer et al. 1982, S.79). Die beiden Dimensionen des Technologie-Portfolios sind 'Technologieattraktivität' und 'Ressourcenstärke'.

Erstere versteht man als die Summe aller wirtschaftlichen und technischen Vorteile, die durch die Weiterentwicklung der im jeweiligen Technologiegebiet steckenden strategischen Potentiale gewonnen werden können. Indikatoren für die Technologieattraktivität sind das Entwicklungspotential einer Technologie, ihre Einsatz- und Anwendungsbereiche sowie die Kompatibilität. Die Ressourcenstärke ist ein Maß für die technische und wirtschaftliche Beherrschung der Technologie in Relation zur Konkurrenz. Bestimmt wird sie durch die Indikatoren technisch-qualitativer Beherrschungsgrad, Potentiale an Ressourcen und (Re-) Aktionsgeschwindigkeit bei technischen Weiterentwicklungen.

Investieren, Selektieren und Desinvestieren sind Handlungsempfehlungen, die sich aus der technologieorientierten Portfolio-Analyse ergeben. Prinzipiell wird immer angestrebt, 'attraktive und starke' Positionen zu fördern und 'unattraktive und schwache' Positionen zu vernachlässigen.

Einen weiteren Ansatz bildet das integrierte Technologie-Markt-Portfolio-Konzept von McKinsey. Bei diesem Konzept wird berücksichtigt, daß zwischen dem marktlichen Erfolgspotential von Geschäftsfeldern und dem Weiterentwicklungspotential der Technologien zeitliche Verschiebungen bestehen können. Dadurch versucht man die Integration der technologischen Dimension in die strategische Gesamtplanung sicherzustellen. Die relevanten Technologien werden hier in Abhängigkeit von ihrer Attraktivität und der relativen Technologieposition betrachtet. Mit steigender Ausprägung dieser Dimensionen erhöht sich die Priorität der jeweiligen Technologie für das Unternehmen. Die Marktprioritäten ergeben sich aus deren Einordnung im konventionellen Marktportfolio. In einem Gesamtportfolio werden die Technologie- und Marktprioritäten gegenübergestellt (Michel 1987, S.138ff).

Eine ähnliche Verknüpfung von technologischen und marktstrategischen Überlegungen wird im Ansatz von Little vorgenommen. In Abhängigkeit der Lebenszyklen von Geschäftsfeldern und Technologien werden Investitionsprioritäten bei solchen Technologien gesetzt, die sich im frühen Stadium ihres Lebenszyklus befinden, da hier im Gegensatz zu allgemein verfügbaren Basistechnologien noch das größte wettbewerbliche Differenzierungspotential besteht (Michel 1987, S.142).

Die Portfolio-Analyse im Rahmen des strategischen IS-Controlling soll durch die Betrachtung aller im Unternehmen geplanten und vorhandenen Anwendungen deren strategische Relevanz und Wirtschaftlichkeit sicherstellen (Krcmar 1992, S.9). Dazu werden zum einen Informationen darüber benötigt, wie die Gesamtheit der verfügbaren IS-Ressourcen und Objekte beschaffen ist, des weiteren wie sie im Idealfall beschaffen sein könnte und vor allem wie sie zumindest beschaffen sein sollte, um der strategischen Rolle der Informationsverarbeitung entsprechen und die strategischen Ziele unterstützen zu können (Heinrich 1992, S.309).

Die Vorgehensweise bei der Portfolio-Analyse soll im folgenden anhand eines Beispiels kurz dargestellt werden (Hartwig 1987, S.12; Heinrich 1992, S.309ff). Die Achsen sind in diesem Beispiel mit 'Strategische Wettbewerbsstärke' und 'Technologieattraktivität' bezeichnet. Erstere beschreibt die Schlagkraft bzw. die Leistung des vorhandenen Bestands an Informationssystemen im Vergleich zu den Wettbewerbern und bildet somit die vom Unternehmen beeinflußbare Größe.

Letztere ist ein Gradmesser für den Beitrag der Informationssysteme zur Wettbewerbsposition des Unternehmens, bildet also die nicht beeinflußbare, von der Unternehmensumwelt vorgegebene Größe.

Im ersten Schritt werden die wichtigsten Wettbewerber ausgewählt und in absteigender Reihenfolge nach ihrem Marktanteil geordnet. Im Anschluß daran unterteilt man die Gesamtheit der Informations-Infrastruktur in fünf bis sieben Anwendungssystem-Gruppen, die 'Strategischen Informations-Infrastruktur-Einheiten' (SIE). Wichtig ist, daß die SIE in sich möglichst gleichartig (interne Homogenität), verschiedene SIE jedoch eindeutig voneinander abgrenzbar sind (externe Heterogenität).

Im vierten Schritt wird der Ist-Zustand der Informations-Infrastruktur ermittelt. Dazu werden die SIE und die Mitbewerber auf der Grundlage der bisherigen Informationen in einer Bewertungsmatrix zur Beurteilung der strategischen Wettbewerbsstärke zusammengefaßt, in deren Felder jeweils die gegenwärtige Qualität der Unterstützung durch die entsprechenden SIE jedes Wettbewerbers einzutragen ist (vgl. Abbildung 3/7, Heinrich 1992, S.310). Man bewertet mit Hilfe einer Punkteskala von 0 bis 3 Punkten, ob der jeweilige Wettbewerber über eine bessere (3), gleich gute (2), schlechtere (1) oder ob er über gar keine SIE (0) verfügt.

Mitbewerber	Marktanteil (%)	Marketing-IS	Büroautomation	PPS	Rechnungswesen	Logistik-IS
1	15	1	2	3	2	2
2	32	0	1	2	0	3
3	3	3	0	2	1	1
4	21	0	1	2	0	3
5	10	1	3	1	1	2
6	19	2	0	1	1	3
Gewicht:	100	0,72	1,13	1,86	0,62	2,69
relative Wettbewerbsposition der SGE:		0,27	0,42	0,69	0,23	1

Abb. 3/7: Bewertungsmatrix zur Beurteilung der strategischen Wettbewerbsstärke

Eine zweite Matrix gibt die Technologieattraktivität der Informations-Infrastruktur im Ist-Zustand an. Die Spalten repräsentieren wieder die SIE, die Zeilen in diesem Fall die Schlüsselfaktoren und die Felder den Beitrag der SIE zur Beeinflussung des jeweiligen Faktors (vgl. Abbildung 3/8, Heinrich 1992, S.311). Die Bewertung kann

anhand einer Punkteskala von 0 bis 3 Punkten (0 Punkte: 'SIE leistet keinen Beitrag';
3 Punkte: 'SIE leistet einen großen Beitrag') erfolgen.

strategische Informationsinfrastruktureinheit / kritischer Erfolgsfaktor	Gewichtung (%)	Marketing-IS	Büroautomation	PPS	Rechnungswesen	Logistik-IS
Technischer Vorsprung	20	3	2	3	0	3
Sicherheit	5	0	2	3	0	1
Qualität der IS-Leistung	15	0	2	2	2	2
Software-Funktionalität	10	2	1	2	1	1
Nutzen	10	2	3	3	2	2
Personal	5	1	0	1	0	0
Wirtschaftlichkeit	15	0	3	3	1	3
Technisches Know-How	15	2	2	2	0	0
Termineinhaltung	5	1	0	3	1	1
Gesamt	100	1,4	1,95	2,5	0,8	1,75
relatives Gewicht der Schlüsselfaktoren		0,56	0,78	1	0,32	0,7

Abb. 3/8: Bewertungsmatrix zur Beurteilung der Technologieattraktivität

Damit sind die Voraussetzungen zur Erstellung des Ist-Portfolios gegeben. Die
horizontale Achse gibt die 'Strategische Wettbewerbsstärke' an, die vertikale Achse
die 'Technologieattraktivität' der SIE. Für den Kreis des kostenintensivsten SIE legt
man einen beliebigen Durchmesser fest, proportional dazu die Durchmesser der
übrigen SIE. Der vertikale Abstand der Kreise zum Ursprung errechnet sich aus
den gewichteten Punktzahlen der einzelnen SIE aus den Bedeutungsmatrizen, der
horizontale Abstand aus den gewichteten Punktzahlen der Ressourcenmatrizen (vgl.
Abbildung 3/9).

Die alternativen Handlungsempfehlungen, die sich aus dem Ist-Portfolio ergeben,
sehen folgendermaßen aus (vgl. Abbildung 3/10, Hartwig 1987, S.16):

1. Investieren:
   Für SIE mit hoher strategischer Wettbewerbsstärke und hoher relativer Technologieattraktivität im Ist-Portfolio sind eindeutig Investitionsempfehlungen
   angezeigt, da sie eine wesentliche Verbesserung der wettbewerblichen Positionierung erwarten lassen. (In diesem Beispiel gilt das für das PPS-System
   und das Logistik-Informationssystem.)

2. Selektieren:
   SIE in der Diagonalen des Ist-Portfolios deuten auf keine einheitliche Hand-
   lungsempfehlung hin. Hier muß nach detaillierten Analysen im Einzelfall
   über Investition oder Desinvestition entschieden werden.

3. Desinvestitionen:
    Für SIE mit geringer strategischer Wettbewerbsstärke und relativ geringer
    Technologieattraktivität sollten keine weiteren Investitionen erfolgen, da In-
    vestitionen in diesen Bereich keine weitere Verbesserung der wettbewerb-
    lichen Positionierung erwarten lassen.   Bisherige Entwicklungsaktivitäten
    können zugunsten anderer Komponenten abgebaut werden. (In diesem Bei-
    spiel würde eine Desinvestitionsstrategie auf das Informationssystem im
    Rechnungswesen angewandt werden.)

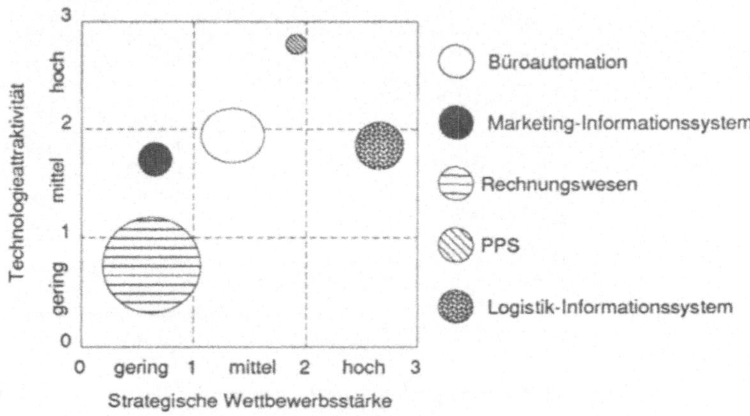

Abb. 3/9: Ist-Portfolio

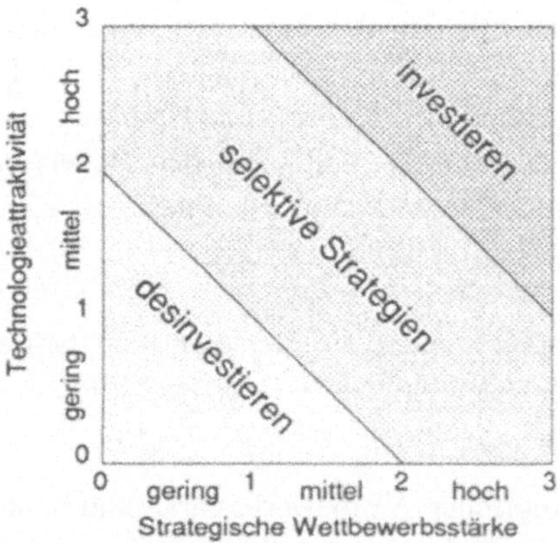

Abb. 3/10: Handlungsempfehlungen des Ist-Portfolios

Ein Problem bei dem soeben geschilderten Verfahren scheint die Bewertung der SIE
hinsichtlich ihrer Schlagkraft bzw. Leistung im Vergleich zu denen der Wettbewerber sowie hinsichtlich ihres Beitrags zur Wettbewerbsposition des Unternehmens zu
sein. Das Ergebnis der Portfolio-Analyse sagt zudem kaum etwas darüber aus, warum
eine bestimmte Ist-Situation besteht und wie sie verändert werden könnte. Dies ist
Aufgabe der Systemanalyse und -planung (Hartwig 1987, S.17). Auch kann die

Portfolio-Analyse natürlich keine rationale Entscheidung herbeiführen, dazu wären Wirtschaftlichkeitsanalysen erforderlich. Die Stärken der Portfolio-Technik liegen im Setzen von Prioritäten bei der technologischen System-, Personal- und Organisationsentwicklung. Ein genereller Vorteil der Portfolio-Technik als Analyse- und Steuerungsinstrument liegt in der einfachen Darstellung und der damit verbundenen leichten Kommunizierbarkeit (Horváth 1991, S.250).

3.3.1.5 Wertkettenanalyse

Das wohl "... *zur Zeit anspruchsvollste Instrument der strategischen Analyse ...*" (Esser 1989, S.192) stellt das von Porter entwickelte Konzept der Wertkette dar (vgl. Abbildung 3/11, Porter 1989, S.62).

Porter geht der Frage nach, wie die Strategie des Unternehmens auszurichten ist, um im Vergleich zu den Konkurrenten spezifische Wettbewerbsvorteile zu erlangen und diese zu behaupten. Dabei geht er auf zwei Möglichkeiten ein, Wettbewerbsvorteile zu erlangen: Kostenführerschaft und Differenzierung (Porter 1989, S.21). Ziel der Kostenführerschaft ist es, durch Rationalisierungsmaßnahmen, Verfahrensinnovationen, Standardisierungen etc. die Stückkosten unter das Niveau der wichtigsten Konkurrenten zu senken, um durch eine Politik relativ niedriger Preise Wettbewerbsvorteile realisieren zu können. Die Differenzierung besteht darin, in einem Marktsegment durch Produkt- und/oder Verfahrensinnovationen sowie durch Standortanpassungen unverwechselbare Anbietereigenschaften zu erlangen und dadurch zum führenden Wettbewerber einer Branche zu werden (Hinterhuber 1992, S.151).

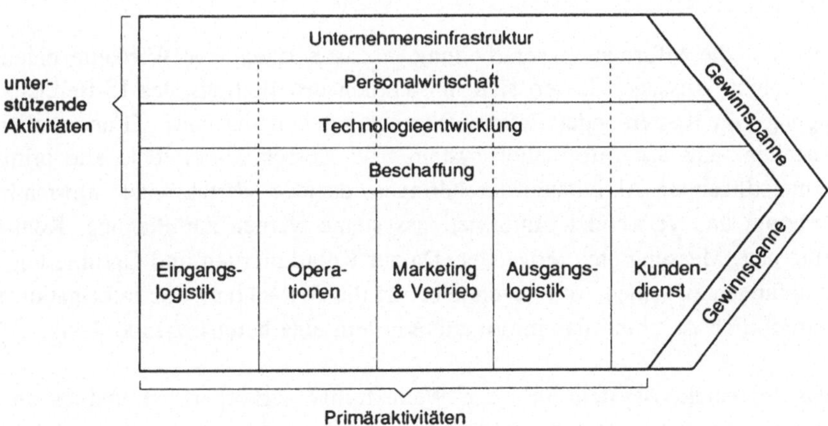

Abb. 3/11: Das Modell einer Wertkette

Die Gesamtheit aller wertschöpfenden Aktivitäten eines Unternehmens läßt sich in einer Wertkette darstellen. Die Wertkette ist ein analytisches Instrument, welches Aktivitäten und Prozesse der unternehmerischen Leistungserstellung in jene strategisch relevanten Tätigkeiten (Wertaktivitäten) gliedert, die Quellen für Kosten- oder Differenzierungsvorteile gegenüber den Wettbewerbern sein können (Esser 1989, S.194).

Fügt man den wertbildenden Aktivitäten die Gewinnspanne hinzu, so ergibt sich der Gesamtwert der betrieblichen Leistungserstellung.

Unterscheiden lassen sich primäre und unterstützende Aktivitäten. Erstere betreffen die physische Herstellung des Produktes, dessen Verkauf und Übermittlung an die Abnehmer sowie den Kundendienst. Unterstützende Aktivitäten befassen sich mit der Versorgung des Unternehmens mit den zur Ausübung der primären Aktivitäten notwendigen Gütern, Technologien und menschlichen Ressourcen, aber auch mit der Ausgestaltung des Führungs- und Informationssystems (hier bezeichnet als Unternehmensinfrastruktur). Die unterstützenden Aktivitäten Personalwirtschaft, Technologieentwicklung und Beschaffung hängen einerseits mit bestimmten primären Aktivitäten zusammen (in Abbildung 3/11 durch die gestrichelten Linien verdeutlicht), und unterstützen andererseits auch die Aktivitäten der gesamten Kette. Die Unternehmensinfrastruktur hingegen bezieht sich auf die gesamte Kette (Porter 1989, S.64f und S.71f).

Die Wertaktivitäten bilden also die einzelnen Bausteine des Wettbewerbsvorteils. Um die Wettbewerbsvorteile einzelner Unternehmen einer Branche zu verstehen, ist es notwendig, sowohl die Wertketten des eigenen Unternehmens als auch die der Wettbewerber zu definieren, zu analysieren und zu vergleichen (Porter 1989, S.65).

Für die beiden Grundstrategien Kostenanalyse und Differenzierung gibt es zwei Vorgehensweisen, auf die hier nicht vertiefend eingegangen werden soll (vgl. hierzu Porter 1989, zur Kostenanalyse S.93ff, insbesondere S.163 und zur Differenzierung S.164ff, insbesondere S.215ff; Esser 1989, S.200ff).

Wie ist nun die Informationsverarbeitung in das Konzept der Wertkette einzuordnen? Welche Aussagen lassen sich hinsichtlich des Beitrags des IS-Bereichs zur Erlangung von Kosten- oder Differenzierungsvorteilen machen? Grundsätzlich ist festzustellen, daß das Informationssystem bzw. dessen Subsysteme alle primären und unterstützenden Aktivitäten durchdringen, da jede Wertaktivität Informationen hervorbringt und verwendet. Informationssysteme werden zur Planung, Kontrolle, Optimierung, Messung etc. verwendet. Da zur Koordinierung und Optimierung von Verknüpfungen zwischen Aktivitäten aller Art die Betrachtung des Informationsflusses erforderlich ist, spielt das Informationssystem eine herausragende Rolle.

Da das Informationssystem in jeder Wertaktivität verkörpert ist und es an den Verknüpfungen von Aktivitäten teilhat, kann es sowohl auf die Kosten als auch auf die Differenzierung einen starken Einfluß ausüben. Ein Unternehmen, das zur Durchführung einer Aufgabe eine bessere Informationstechnik einsetzt als die Wettbewerber, gewinnt damit einen Wettbewerbsvorteil (Porter 1989, S.225f).

Um das Informationssystem zu einer Waffe im Wettbewerb zu machen, ist zur Formulierung einer IS-Strategie eine Reihe von Analyseschritten durchzuführen (Porter 1989, S.260ff):

1. Alle eingesetzten Informationstechnologien in den Wertketten des Unternehmens, der Wettbewerber sowie auch der Lieferanten und Abnehmer sind zu ermitteln.

2. Auch die Informationstechnologien in anderen Branchen sind von Interesse.

3. Weiterhin ist festzustellen, welche Informationstechnologien und welche möglichen Veränderungen derselben für Wettbewerbsvorteile am wichtigsten sind. Entscheidend ist, ob sie dauerhafte Wettbewerbsvorteile verschaffen, Kostenantriebskräfte zugunsten des Unternehmens verschieben oder Vorreiter-Vorteile erbringen.

4. Die relativen Kapazitäten eines Unternehmens bei wichtigen Informationstechnologien müssen abgeschätzt und die Kosten von Verbesserungen veranschlagt werden.

5. Schließlich ist eine Strategie zu wählen, die alle Aspekte der Informationsverarbeitung umfaßt und im Sinne der allgemeinen Wettbewerbsstrategie des Unternehmens wirkt.

Aus der Sicht des IS-Controlling erscheint es bedeutsam, daß die strategischen Potentiale des Informationssystems genau analysiert werden, was konsequenterweise das Aufstellen einer eigenen IS-Strategie zur Folge haben muß.

3.3.2 Methoden des operativen IS-Controlling

Die operativen Controlling-Ansätze haben zum Ziel, bestehende Erfolgsfaktoren periodenorientiert weiterzuentwickeln. Im Vordergrund stehen die Fragen der Entwicklung und des Betriebs von Informationssystemen, womit zugleich die beiden grundlegenden Leistungserstellungsprozesse des IS-Bereichs angesprochen wären, und zwar

- die Entwicklung und Implementierung von Informationssystemen, die in der Regel in Form von zeitlich begrenzten Projekten durchgeführt wird, und

- der laufende Betrieb des Informationssystems, mit den produktiven Teilprozessen Datenerfassung, Verarbeitung und Nachbereitung sowie zugehörigen organisatorischen und administrativen Aufgaben (Horváth 1991, S.667).

Aus der Strategie, die für das Informationssystem entwickelt wurde, müssen konkrete Projekte abgeleitet werden, mit denen die IS-Strategie operationalisiert und umgesetzt werden soll. An der Schnittstelle zwischen dem strategischen und dem operativen Controlling steht also das Projektmanagement (vgl. Abbildung 3/12, in Anlehnung an Krcmar 1992, S.101).

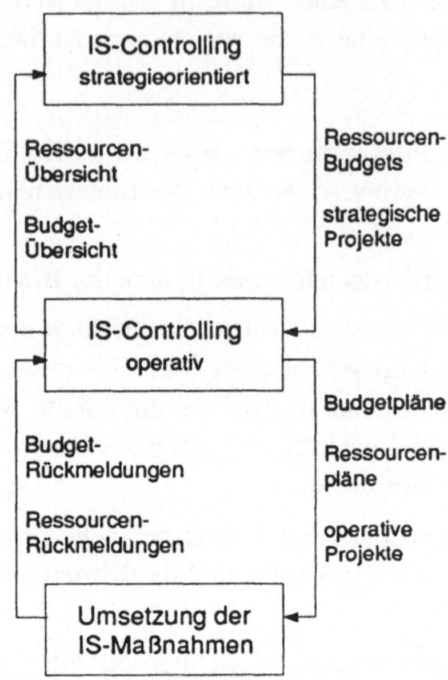

Abb. 3/12: Planungsablauf des IS-Controlling

Da die Problematik des IS-Projektmanagement ein seit einigen Jahren bearbeitetes Gebiet darstellt, wird an dieser Stelle auf die reichlich vorhandene Literatur verwiesen (siehe dazu beispielhaft: Brockhaus 1991 und die dort angegebenen Quellen).

3.3.2.1 Kostenrechnungsverfahren

In produzierenden Unternehmen betragen die Verwaltungskosten, die sich im wesentlichen aus Informationskosten zusammensetzen, teilweise 70% der Gesamtkosten. In öffentlichen Verwaltungen tritt der Stellenwert der Informationen noch deutlicher zutage: Mehr als 90% der gesamten Belegschaft sind hier mit Informationsverarbeitungsaufgaben betraut (Biethahn/Mucksch/Ruf 1992, S.3).

Daraus leitet sich die Forderung ab, daß die IS-Kosten und Leistungen sowohl in der allgemeinen Kosten- und Leistungsrechnung als auch im Planungs- und Budgetierungssystem voll berücksichtigt werden müssen. Das Controlling hat den IS-Bereich in das Gesamtsystem der Kostenrechnung zu integrieren, um die Wirtschaftlichkeit der Informationsverarbeitung sicherzustellen.

Ziele der Kostenrechnung im IS-Bereich

Die Zielsetzung einer IS-Kosten- und Leistungsrechnung sollte grundsätzlich die Erfassung und verursachungsgerechte Zurechnung aller Kosten des IS-Bereichs sein, um die wirksame Planung, Kontrolle und Steuerung des EDV-Einsatzes zu ermöglichen.

Weiterhin sind z.B. die folgenden Zielsetzungen denkbar (Horváth 1991, S.680; Heinrich 1992, S.365):

- Kontrolle der Wirtschaftlichkeit und Steuerung der Kostenentwicklung im IS-Bereich;

- Anteilige und gerechte Belastung der Empfänger von Leistungen des IS-Bereichs mit den Kosten, die sie verursacht haben;

- Unterstützung der Entscheidung über Eigenfertigung oder Fremdbezug von Informationsverarbeitungs-Leistungen durch Kalkulation der entsprechenden Leistungen;

- Beurteilung von Kosten und Nutzen der Vorhaben des IS-Bereichs;

- Gleichmäßige, hohe Auslastung der EDV-Kapazität durch Steuerung der Inanspruchnahme von IS-Leistungen in Abhängigkeit von der Knappheit einzelner Informationsverarbeitungs-Ressourcen, z.B. durch kapazitätsbezogene Verrechnungspreise.

Einsatz traditioneller Kostenrechnungsverfahren für das IS-Controlling

Die vorhandene betriebliche Kostenrechnung ist im allgemeinen nicht in der Lage, alle Anforderungen an eine Kosten- und Leistungsrechnung für den IS-Bereich zu erfüllen. Die Grundvoraussetzung besteht wie bei jedem Kostenrechnungssystem auch hier in der Abgrenzung von speziellen IS-Kostenarten und -stellen. Abbildung 3/13 (Zilahi-Szabó 1988, S.145) zeigt eine Einteilung der möglichen Kosten- und Leistungsrechnungsverfahren unter Berücksichtigung des Umfangs und des zeitlichen Bezugs der Kostenverrechnung.

Im Rahmen eines Controlling der Informationsverarbeitung kommt vor allem der Plankostenrechnung besondere Bedeutung zu. Zum einen ermöglicht die Zukunftsorientierung die Gewinnung von Informationen, die zur Steuerung des Unternehmens dienen. Zum anderen können angefallene Kosten nur durch eine Gegenüberstellung der Plankosten auf ihre Berechtigung hin überprüft werden.

Aufgrund des beträchtlichen Anteils fixer Kosten an den IS-Gesamtkosten – üblich sind Anteile von ca. 90% fixen und ca. 10% variablen Kosten – auf die nur längerfristig Einfluß genommen werden kann, spielen Teilkostenrechnungen im IS-Bereich eine untergeordnete Rolle, da zwar alle Kosten erfaßt, aber nur die variablen Kosten verrechnet werden. Sie können als mehrstufige oder relativierte Rechnungen in bestimmten Fällen zwar eine gewisse Bedeutung erlangen, sollen hier jedoch keiner weiteren Betrachtung unterzogen werden.

Ein Problembereich der Kostenrechnung im Bereich der IV bildet die Kostenstellenrechnung. Der Einrichtung von IS-Kostenstellen ist aufgrund des hohen Gemeinkostenanteils an den IS-Gesamtkosten besonderes Gewicht beizumessen, da deren Gestaltung die Qualität des Abrechnungsverfahrens maßgeblich beeinflußt. Die Gemeinkosten werden nicht von bestimmten Leistungen allein verursacht und lassen

Kostencharakter	Umfang der Kostenrechnung	
	voll	teilweise
	Kostenarten	
	einzel - gemein	variabel - fix
Ist- Kosten	Ist- Kostenrechnung	Deckungsbeitrags- rechnung
Norm-(Normal-) Kosten	Norm- Kostenrechnung	ohne Bedeutung
Plan- Kosten	Plan- Kostenrechnung	Grenzplan- Kostenrechnung

Abb. 3/13: Einteilung der Leistungs- und Kostenrechnungssysteme

sich daher den Kostenträgern nicht direkt, sondern nur indirekt über die Kostenstellen zurechnen.

Von den verschiedenen Kalkulationsverfahren kommt im IS-Bereich für eine möglichst verursachungsgerechte Zurechnung der Kosten nur eine ausreichend differenzierte Bezugsgrößen-Kalkulation in Frage. Als quantitativ erfaßbare Bezugsgrößen eignen sich sowohl die erbrachten Leistungen selbst als auch einzelne Produktionsfaktoren (Materialmengen, Druckzeilen etc.), die zu den verursachten Kosten einer Kostenstelle in proportionaler Abhängigkeit stehen. Je komplexer allerdings ein Produktionsprozeß ist, desto eher wird es notwendig sein, letztere als Bezugsgrößen zu wählen (Bessai 1985, S.64; Schäfer 1979, S.20).

Gebräuchliche Bezugsgrößen im IS-Bereich sind z.B. (Zilahi-Szabó 1988, S.107):

- Maschine (Hardware):

    - User-Identifikationen,
    - CPU-Zeit,
    - Anzahl der Ein- und Ausgabevorgänge,
    - Kanal-Belegungszeiten,
    - belegte Magnetplattenkapazitäten,
    - Anzahl gelesener Datensätze,
    - Anzahl gedruckter Zeilen/Seiten.

- Material:

    - Endlospapier, Listenzahl,
    - Anzahl verbrauchter Formulare,
    - Anzahl der Datenträger.

- Personal:

    - Mitarbeiterstunden/ -tage/ -monate (unterteilt nach Qualifikation).

Voraussetzung für die Anwendung der Bezugsgrößen-Kalkulation ist die detaillierte Protokollierung der Komponentenausnutzung mittels Job-Accounting-Routinen. Unter Job Accounting versteht man "... *die Sammlung und Aufbereitung von Daten, die während der Ausführung eines Programmes auf einer Rechenanlage anfallen und die äußeren Bedingungen der Ausführung beschreiben*" (Hast 1975, S.129). Im Bereich der IS-Kosten- und Leistungsrechnung dienen sie der Aufzeichnung und Zusammenstellung von Leistungsdaten über die zeitliche und quantitative Nutzung einzelner Systemkomponenten der EDV-Anlage (Horváth 1991, S.682).

Die Ermittlung der Kalkulationssätze und die Zurechnung der Kosten vollzieht sich in folgenden Schritten:

1. Abgrenzung von Kostenplätzen und Kostenstellen.

2. Festlegung der Bezugsgrößen, nach denen die relevanten Kosten zu verteilen sind.

3. Ermittlung der platz- bzw. stellenbezogenen relevanten Gesamtkosten.

4. Ermittlung der Kalkulationssätze (Division der Kostenplatz- bzw. Kostenstellenkosten durch die Leistungsmengen).

5. Kostenzurechnung (Kalkulationssätze mal Leistungsempfang).

Für die Bewertung und innerbetriebliche Verrechnung von Leistungen des IS-Bereichs gibt es prinzipiell zwei Möglichkeiten (vgl. Abbildung 3/14, Kanngießer 1980, S.85):

- Verrechnung auf der Basis von Kosten,

- Verrechnung auf der Basis von Preisen.

Im Fall der Verrechnung auf der Basis von Kosten bieten sich grundsätzlich zwei Verfahren an:

- (Voll-) Kostenverrechnung durch Umlage,

- Anteilige (Voll-) Kostenverrechnung.

Die Verrechnung von Kosten des EDV-Bereichs an die Empfänger von EDV-Leistungen durch Umlage ist eine einfache, aber sehr undifferenzierte Methode. Der EDV-Bereich wird unter kostenrechnerischem Aspekt als Hilfskostenstelle interpretiert, deren gesamte in der Abrechnungsperiode angefallene Kosten mit Hilfe eines Verteilungsschlüssels nachträglich im Verhältnis der Leistungsinanspruchnahmen auf die Benutzer verteilt werden. Das Problem liegt im wesentlichen in der Wahl eines geeigneten Verteilungsschlüssels. Als Schlüsselgröße kann z.B. die Belegungszeit der EDV-Anlage durch die einzelnen Programme herangezogen werden (Hartmann-Wendels 1980, S.200).

Den Vorteilen der sehr einfachen und verständlichen Kostenverrechnung durch Umlage steht jedoch eine Reihe von Nachteilen entgegen (Kargl 1975a, S.150f):

- Die Kostenumlagen sind auslastungsunabhängig, da es sich bei den IS-Kosten fast ausschließlich um Fixkosten handelt.

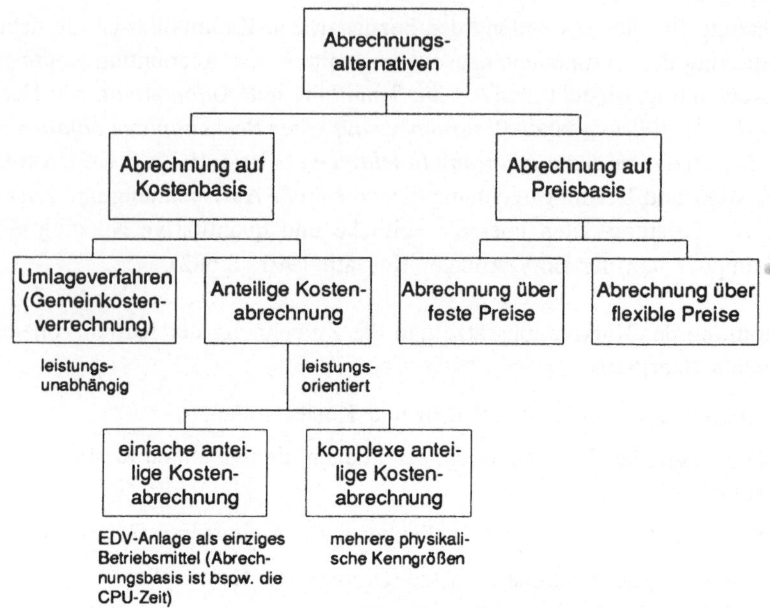

Abb. 3/14: Abrechnungsalternativen der Rechenzentrumsleistung

- Es bestehen keine Einflußmöglichkeiten auf das Benutzerverhalten hinsichtlich der Leistungsinanspruchnahme, weil Gemeinkostenumlagen nicht als restriktiv empfunden werden. Es wird also kein Kostenbewußtsein erzeugt.

- Es wird keine Erfolgskontrolle des IS-Bereichs an sich durchgeführt, da dessen Kosten ohne verbleibenden Rest auf die Leistungsempfänger verteilt werden.

Diese Nachteile werden von Systemen, die Abrechnungen auf Preisbasis einsetzen, ausgeglichen. Auf die Leistungsverrechnung über Verrechnungspreise, die im Controlling eine wichtige Rolle spielt, soll an dieser Stelle jedoch nicht näher eingegangen werden, da sie im Abschnitt 3.3.2.4 gesondert behandelt wird.

Bei der anteiligen, differenzierten bzw. betriebsmittelorientierten Kostenabrechnung werden die Gesamtkosten der EDV-Anlage in die Einzelkosten der verschiedenen Komponenten aufgegliedert. Für die einzelnen Abrechnungskomponenten sind solche Kalkulationssätze zu bilden, die für die Beanspruchung der Komponenten ausschlaggebend sind. Die Kosten für eine Leistungseinheit ergeben sich als Quotient aus den Kosten und der Leistung einer Abrechnungskomponente. Die leistungsorientierte, anteilige Kostenabrechnung gestattet im Gegensatz zur Kostenumlage eine Steuerung des Betriebsablaufs, weil durch die Abrechnung jeder einzelnen Komponte für den Benutzer ein Anreiz zur sparsamen Nutzung der EDV-Anlage geschaffen wird (Hartmann-Wendels 1980, S.200; Kanngießer 1980, S.78).

Einsatz der Prozeßkostenrechnung für das IS-Controlling

Verursacht durch den technischen Wandel ist es in allen indirekten Leistungsbereichen vieler Unternehmen zu einem starken Anstieg der Gemeinkosten gekommen – bezüglich des IS-Bereichs wurde hierauf schon mehrfach hingewiesen. Die in den praktizierten Kostenrechnungsverfahren verwendeten Kalkulations-Bezugsgrößen tragen diesen tatsächlichen Kostenabhängigkeiten kaum noch Rechnung und stellen den Führungsebenen daher die zur Erfüllung ihrer dispositiven Aufgaben erforderlichen Informationen nicht zur Verfügung. Die sich hieraus ergebenden Folgen sind falsche Gemeinkostenumlagen und damit verbundene Verzerrungen der Kostenstruktur. Hinzu kommt die Kritik, daß die klassische Kostenrechnung keine Unterstützung strategischer Entscheidungen erlaubt (Franz 1990, S.111f; Mayer 1990a, S.74).

Diese Defizite der angewandten Kostenrechnungsverfahren wirken sich um so stärker aus, je höher der Anteil an fixen Gemeinkosten ist, wovon der IS-Bereich in ganz besonderer Weise betroffen ist. Die Ansätze traditioneller Kostenrechnungsverfahren "*... beschränken sich im wesentlichen auf die kostenstellenbezogene Erfassung von Rechenzentren und die pauschale Verrechnung von Einzelleistungen (z.B. CPU-Sekunden). Für eine effiziente Steuerung der EDV reicht dies nicht aus*" (Weber 1991c, S.54).

Diese Entwicklung im Bereich der indirekten Kosten führte zu neuen Kostenrechnungsansätzen, von denen das 'Activity-based cost system', im deutschsprachigen Raum meist als Prozeßkostenrechnung bezeichnet, in Theorie und Praxis inzwischen die größte Bedeutung erlangt hat (Franz 1991, S.174; Zilahi-Szabó 1988, S.112). Die Prozeßkostenrechnung stellt kein völlig neues Kostenrechnungssystem dar. Sie bedient sich der traditionellen Kostenarten- und Kostenstellenrechnung und ist ihrem Wesen nach eine Vollkostenrechnung. Der Name leitet sich daraus ab, daß abteilungsübergreifende Leistungsprozesse in indirekten Bereichen analysiert und bewertet werden sollen (Horváth/Mayer 1989, S.216).

Als zentrale Zielsetzung der Prozeßkostenrechnung wird in der Literatur fast durchweg die Verbesserung der Kostentransparenz in den indirekten Bereichen genannt, um dadurch, vor allem auch auf der strategischen Ebene, Fehlentscheidungen zu vermeiden (Franz 1991, S.178; Horváth 1991, S.504). Hieraus leitet sich eine Vielzahl von situationsspezifischen Unterzielen ab, wie z.B. Reduzierung der (Gemein-) Kosten durch Identifizierung und Quantifizierung der 'Cost Driver', Sicherstellung eines effizienten Ressourcenverbrauchs, Aufzeigen der Kapazitätsauslastung, unternehmensinterne Beurteilung von Datenbeständen (Datenbewertung bzw. Datencontrolling) oder Unterstützung des sogenannten Kostenmanagements (beispielsweise der Gemeinkostenwertanalyse) (Witt 1991, S.12f; Mayer 1990b, S.308; Reichling/Körberle 1992, S.23).

Die Funktionsweise der Prozeßkostenrechnung soll an den erforderlichen Schritten des Aufbaus einer Prozeßkostenarten- und stellenrechnung und der darauf aufbauenden Durchführung von Prozeßkostenplanung und -kontrolle sowie Prozeßkostenkalkulation erläutert werden (Horváth/Mayer 1989, S.219; Franz 1991, S.118ff).

1. Definition der Anwendungsbereiche:
   Hierbei handelt es sich um die Abgrenzung derjenigen betrieblichen Bereiche, die Gegenstand der Prozeßkostenrechnung sein sollen, in diesem Fall der den gesamten Betrieb durchdringende IS-Bereich. Hinzu kommt die Festlegung einer Zuständigkeitsordnung und die Bildung eines Projektteams.

2. Durchführung einer Tätigkeitsanalyse zur Ermittlung von Prozessen und Bildung einer Prozeßhierarchie:
   Die Tätigkeiten (auch Teilprozesse oder Aktivitäten) und die sie beeinflussenden Faktoren werden ausfindig gemacht. Für jede Kostenstelle sollten aufgrund der heterogenen Leistungen in den indirekten Bereichen mehrere Teilprozesse ermittelt werden. Um die indirekten Leistungsbereiche planbar zu machen, sind die Teilprozesse in den Kostenstellen zu abteilungsübergreifenden Hauptprozessen zu verdichten. Diese Hauptprozesse bilden gesamtunternehmerische Bestimmungsgrößen, die letztendlich für das Kostenvolumen des indirekten Bereichs verantwortlich sind.
   Beispiel: Im IS-Bereich können für einen Hauptprozeß 'Software entwickeln' z.B. die Teilprozesse 'Durchführbarkeit prüfen', 'Systemanalyse durchführen', 'Codierung durchführen', 'Programm testen' und 'Dokumentation erstellen' identifiziert werden oder für einen Hauptprozeß 'Schulung durchführen' die Teilprozesse 'Anwender ausbilden', 'Anwender fortbilden' und 'laufende Beratung durchführen' (Zilahi-Szabó 1988, S.29).

3. Bestimmung von Bezugsgrößen:
   Nach der Identifizierung aller Teilprozesse sind diese daraufhin zu untersuchen, ob sie sich in bezug auf das Leistungsvolumen der Kostenstelle mengenvariabel verhalten ('leistungsmengeninduzierte' Prozesse) oder davon unabhängig mengenfix sind, also generell anfallen ('leistungsmengenneutrale' Prozesse). Für alle leistungsmengeninduzierten Prozesse sind geeignete operationale Bezugsgrößen zu finden.
   Beispiel: Einen leistungsmengenneutralen Prozeß bildet die Tätigkeit 'EDV-Abteilung leiten'. Leistungsmengeninduzierte Prozesse (mit den entsprechenden Bezugsgrößen) hingegen sind 'Anwender ausbilden' (Anzahl der Unterrichtsstunden) und 'Angebote ausdrucken' (Anzahl der Druckseiten).

4. Festlegung der Planprozeßmengen:
   Für leistungsmengeninduzierte Prozesse ist nun eine Ausprägung der Bezugsgröße festzulegen, die als Grundlage der Kostenplanung dienen soll. Die Festlegung der Planprozeßmengen sollte nicht nach Maximal-, Normal- oder Optimalkapazitäten erfolgen, sondern auf der Grundlage einer Engpaßplanung.

5. Planung der Prozeßkosten:
   Die für alle Prozesse auf der Basis der Planprozeßmengen durchzuführende Prozeßkostenplanung sollte vorzugsweise analytisch erfolgen.

6. Ermittlung der Prozeßkostensätze:
   Prozeßkostensätze geben an, was die einmalige Ausführung bzw. Inanspruchnahme eines Prozesses kostet. Sie werden durch Division der jeweiligen Prozeßkosten durch die zugehörigen Planprozeßmengen ermitttelt. Sollen die Prozeßkosten indirekter Leistungsbereiche intern weiterverrechnet werden oder in Kalkulationen eingehen, bleiben leistungsmengenneutrale Prozesse und deren Kosten unberücksichtigt. Dies kann eine Kostenumlage der leistungsmengenneutralen Kosten erforderlich machen, welche sinnvollerweise proportional zum Verhältnis der Prozeßkosten leistungsmengeninduzierter Prozesse erfolgt. Man erhält schließlich einen Prozeßkostensatz, einen Umlagesatz sowie den Gesamtkostensatz.

7. Gemeinkostenplanung und -kontrolle:
   Die Vorgabe und Kontrolle der Kosten in den indirekten Leistungsbereichen kann auf zwei Arten erfolgen: Einerseits durch kostenstellenbezogene Kontrollen in Form einer Gegenüberstellung der jeweiligen Soll- und Istkosten oder aber durch hauptprozeßbezogene Kontrollen sachlich zusammenhängender Aktivitäten über die Kostenstellengrenzen hinweg. Die Prozeßverantwortung übernimmt im zweiten Fall ein sogenannter 'process owner'. Die einer Kostenveränderung bei rückgängigen Prozeßmengen und hohem Personalkostenanteil häufig entgegenstehenden vertraglichen Bindungen können zu Beschäftigungsabweichungen führen, die den 'Leerkostenanteil' aufzeigen. Diese sind zwar nicht kurzfristig beeinflußbar, bilden aber ein nützliches Indiz für notwendige Kapazitätsanpassungen und Effizienzverbesserungen.

Bezüglich des Transparenzziels kann festgestellt werden, daß die Prozeßkostenrechnung durch den umfassenden Ausweis der relevanten Bestimmungsfaktoren von Gemeinkosten wichtige Basisinformationen zur Erhöhung der Kostentransparenz in den indirekten Leistungsbereichen liefert.

Die Verwendung nicht-volumenorientierter Bezugsgrößen in der Prozeßkostenrechnung stellt eine gänzliche Neuorientierung dar. Leistungen werden nicht mehr nur in produzierten bzw. bearbeiteten Mengen (z.B. 'Anzahl gedruckter Zeilen' oder 'Verbrauchsmaterial pro Druckseite'), sondern auch in erzielten Qualitätsstandards gemessen (entsprechende Indikatoren sind z.B. 'Länge der Antwortzeiten' und 'Anzahl der Wiederholungsläufe'). So sind auch IS-Kosten quantifizierbar, die nicht direkt mit einem bestimmten Leistungsvolumen variieren (Krause/Fröhling 1991, S.273). Einen neuen Aspekt bildet auch die Möglichkeit von Kostenkontrollen über Kostenstellengrenzen hinweg, was durch die kostenstellenübergreifende Konzentrierung sachlich zusammenhängender Prozesse bzw. Aktivitäten zu Hauptprozessen und deren Kosten zu Kostenpools ermöglicht wird (Grzegotowski/Warnick 1991, S.162).

Natürlich kann auch die Prozeßkostenrechnung keine absolut verursachungsgerechte Zuordnung aller IS-Kosten gewährleisten, da die echten Fixkosten weder zu dem Produktionsvolumen noch zu der Anzahl der Aktivitäten in einem festen Verhältnis stehen. Allerdings lassen sich die fixen Gemeinkosten bei Anwendung der prozeßbezogenen Bezugsgrößen weitaus verursachungsgerechter verteilen als durch die sonst in der Vollkostenrechnung übliche Art der Verteilung mit Hilfe von Wertschlüsseln.

Da es auch bei der Prozeßkostenrechnung zu einer Proportionalisierung fixer Kosten kommt, die kurzfristig nicht beeinflußbar sind, stellt sie kein Instrument für kurzfristige Entscheidungen dar. Zur Bewältigung dieser Aufgaben müssen andere Methoden herangezogen werden, so z.B. die Fixkostendeckungsrechnung. Als Teilkostenrechnung hat diese jedoch den Nachteil, daß noch immer ein Großteil der fixen Kosten unberücksichtig bleibt, wodurch sie bei dem hohen Fixkostenanteil an den IS-Gesamtkosten nur sehr eingeschränkt einsetzbar ist. Zudem darf nicht übersehen werden, daß die Prozeßkostenrechnung aus einer eher strategischen Sichtweise von der Prämisse ausgeht, daß langfristig alle Kosten variabel sind.

Die Prozeßkostenrechnung ermöglicht durch eine umfassende Prozeß- und Bezugsgrößenausrichtung, die Kostenstruktur des IS-Bereichs transparenter zu machen, als traditionelle Ansätze es vermögen. Sie stellt kein völlig neues Konzept dar und soll auch kein vorhandenes Kostenrechnungs-System komplett ersetzen, sondern vielmehr dessen Unzulänglichkeiten sinnvoll ergänzen.

3.3.2.2 Budgetierungsverfahren

Bezüglich ihres Verbindlichkeitsgrades können grundsätzlich flexible und starre Budgets unterschieden werden. Im IS-Bereich sind für gewöhnlich starre Budgets vorgegeben. Anwendbar sind flexible Budgets nur für Abteilungen, in denen die Kosten in erheblichem Umfang von der Beschäftigung abhängen, was im IS-Bereich im wesentlichen nur für den Bereich der 'Produktion' zutrifft.

Unter Budgetierung wird hier der gesamte Budgetierungsprozeß verstanden, der sich in die folgenden Phasen unterteilen läßt (Haufs 1989, S.76):

- Budgetplanung:

    - Budgeterstellung,
    - Budgetkonsolidierung und -abstimmung,
    - Budgetautorisierung,

- Budgetrealisierung,

- Budgetkontrolle:

    - Budgetkontrolle i.e.S.,
    - Budgetabweichungsanalyse,
    - Budgetrevision.

In der Erstellungsphase werden realisierbare Kosten- und Leistungsgrößen für den IS-Bereich generiert. Der Controller wirkt hier koordinierend vor allem bei der Abstimmung der Zahlen in den einzelnen Teilbudgets mit.

In der Kontrollphase geht es um die Gestaltung und den laufenden Soll-Ist-Vergleich sowie die Abweichungsanalyse. Bei Jahresbudgets finden solche Soll-Ist-Vergleiche, einschließlich einer Hochrechnung der zu erwartenden Jahreszahlen, in der Regel monatlich statt. Die Budgetkontrolle ermöglicht zum einen – soweit erforderlich – Korrekturmaßnahmen, zum anderen werden hierdurch wertvolle Hinweise für die Budgetplanung der nächsten Periode gewonnen.

Voraussetzung für die Abweichungsanalyse ist eine nach Einzel- und Gemeinkosten getrennte Vorgabe entsprechender Plankosten im Sinne von Normgrößen. Schwierigkeiten bereitet insbesondere die Planung der Gemeinkosten.

In bezug auf die Planung und vor allem Kontrolle in den sogenannten Gemeinkostenbereichen lassen traditionelle Budgets zwei weitere bedeutende Fragen offen:

- Wie wirtschaftlich sind die Aktivitäten des IS-Bereichs, die den Budgetzahlen zugrunde liegen?

- Müssen laufende IS-Aktivitäten reduziert werden, um dadurch Kapazitäten für neue Aktivitäten zu schaffen?

Diese Schwächen in der Aussagekraft der traditionellen Budgetierung bildeten einen Anlaß zur Einführung des Zero-Base Budgeting.

"Zero-Base Budgeting ist eine Planungs- und Analysetechnik mit dem Ziel der Senkung der Gemeinkosten und des wirtschaftlicheren Einsatzes der verfügbaren Ressourcen im Gemeinkostenbereich" (Meyer-Piening 1982, S.424). Im Gegensatz zu traditionellen Budgetierungstechniken, die überwiegend von Vergangenheitswerten ausgehen, erfordert das Zero-Base Budgeting eine vollständige Neubegründung und Rechtfertigung sämtlicher Aktivitäten im Hinblick auf die unternehmerischen Zielsetzungen, ohne daß auf Budgets oder Istkosten der Vergangenheit Bezug genommen werden kann. Bezweckt wird damit neben der Gemeinkostensenkung vor allem eine effiziente Ressourcenallokation, welche gegebenenfalls eine Umverteilung der vorhandenen Mittel auf wichtigere Aufgaben und Aktivitäten beinhaltet.

Abbildung 3/15 (Meyer-Piening 1982, S.424) zeigt die neun Stufen des Verfahrens, welche wiederum in drei Phasen gegliedert sind:

Phase I: Analyse und Grobgliederung (Stufe 1 bis 7)
Phase II: Maßnahmenplanung (Stufe 8)
Phase III: Überwachung (Stufe 9)

Innerhalb der ersten Stufe werden die von der Unternehmensleitung festgelegten Bereiche in Entscheidungseinheiten untergliedert. Sie umfassen jeweils die Summe der Aktivitäten von Mitarbeitern, die gemeinsame Aufgaben wahrnehmen und ein gemeinsames Ziel verfolgen. Die anschließend auf Abteilungsebene zu bestimmenden Leistungsniveaus beschreiben die Menge und Qualität der Arbeitsergebnisse einer Entscheidungseinheit (Meyer-Piening 1982, S.424f; Hitschler 1990, S.290f):

- Leistungsniveau 3 (Verbesserungs- oder Wachstumsstufe) umfaßt wünschenswerte Leistungen im Hinblick auf die kurz-, mittel- und langfristige Zukunftssicherung und beinhaltet höhere Kosten als beim derzeitigen Niveau.

- Leistungsniveau 2 (Normal- oder Bestandsstufe) beschreibt das derzeitige Arbeitsniveau bei unveränderten Kosten.

- Leistungsniveau 1 (Grund- oder Minimalstufe) bildet das Basisniveau zur Erhaltung eines geordneten Arbeitsablaufs, d.h. die Sicherung der Betriebsbereitschaft, bei geringeren Kosten als bisher.

Besonders in bereichsübergreifenden Systemen wie dem IS-Bereich sind die Abhängigkeiten der Einzelleistungen untereinander oftmals so stark, daß bestimmte Leistungen eines Bereichs auch Leistungen eines anderen Bereichs bedingen ('Kuppelprodukction'). Solche Systeme müssen ausgesondert und von Spezialistengruppen gezielt untersucht werden.

Für jedes Leistungsniveau werden in der folgenden Stufe die damit verbundenen Kosten geschätzt und das zugehörige Kosten-Leistungs- bzw. Kosten-Nutzen-Verhältnis ermittelt. Unter Anwendung des Bottom-up-Ansatzes werden die Entscheidungseinheiten dann zunächst auf den untersten Entscheidungsebenen geordnet und an die jeweils nächsthöhere Führungsebene weitergegeben. Die sich daraus ergebende Rangordnung umfaßt schließlich die Entscheidungspakete des gesamten Untersuchungsbereichs. Die Unternehmensleitung legt die endgültige Rangordnung fest und trennt, in Abhängigkeit von den zur Verfügung stehenden Gesamtmitteln oder dem Ausmaß der beabsichtigten Kostensenkung, die zu realisierenden Entscheidungspakete von den weniger wichtigen ('Budgetschnitt'). In Phase II werden dann die konkreten Maßnahmen festgelegt, die zur Realisierung der beschlossenen Maßnahmen führen sollen. Schließlich werden in Phase III die einzelnen Budgets erarbeitet, deren Realisierung vom Controlling zu überwachen ist. Für die Abwicklung der letzten beiden Phasen sind etwa drei bis neun Monate vorzusehen (Hitschler 1990, S.290f; Horváth 1991, S.281ff).

Das Zero-Base Budgeting verläuft ungleich intensiver und kreativer, ist daher auch wesentlich zeit- und kostenaufwendiger als die traditionelle Budgetierung, so daß eine Durchführung eigentlich nur im Mehrjahresrhythmus (etwa alle fünf Jahre) in Frage kommt. Für die dazwischenliegenden Jahre werden 'normale' IS-Budgets erstellt.

Zur Überprüfung der beschlossenen Maßnahmen ist der Aufbau eines umfassenden Gemeinkosten-Controlling erforderlich.

Das Zero-Base Budgeting kann – wie auch die im Anschluß vorzustellende Gemeinkostenwertanalyse – in allen Gemeinkostenbereichen sowohl für repetitive als auch für innovative Aufgaben eingesetzt werden. Die regelmäßige Durchführung des Zero-Base Budgeting hilft Ineffizienzen im IS-Bereich periodisch zu eliminieren und

Abb. 3/15: Die neun Stufen des Zero-Base Budgeting

führt damit auch zu einer sukzessiven Verbesserung der Ergebnisse des traditionellen Budgetierungssytems (Hitschler 1990, S.291f).

3.3.2.3 Gemeinkostenwertanalyse

Das Ziel der Gemeinkostenwertanalyse ist es, die (fixen) Gemeinkosten zu senken. Das geschieht, indem Kosten und Nutzen der Gemeinkostenbereiche gegenübergestellt und beurteilt werden. Der Zeithorizont der Gemeinkostenwertanalyse umfaßt die kurz- und mittelfristige Ergebnisverbesserung. Die Gemeinkostenwertanalyse ist eine Weiterentwicklung der Overhead-Value-Analysis (OVA), die von der Unternehmensberatung McKinsey in den USA entwickelt wurde. Sie umfaßt die Phasen der Vorbereitung, Analyse und Realisierung.

Die Vorbereitungsphase umfaßt die Schaffung eines Projektteams, das Erstellen eines Zeitplans und die Definition von 'Spielregeln'. Für die Motivation des Personals ist zudem eine umfassende Information über Ziele und Vorgehensweisen von entscheidender Bedeutung für den Erfolg der Gemeinkostenwertanalyse.

Die Aufgaben des Controllers liegen bei der Gemeinkostenwertanalyse vor allem in der Koordination und Moderation des Untersuchungsablaufs während der gesamten

Analysephase. Diese vollzieht sich in vier Schritten (Roever 1980, S.688f; Peemöller 1990, S.184ff):

1. Kosten und Leistungen strukturieren:
   Die Leiter der Unternehmenseinheiten stellen alle Leistungen und Arbeitsergebnisse zusammen, die in ihrer Einheit erstellt werden, sowie alle Leistungen, die von anderen Einheiten in Anspruch genommen werden. Unter Anwendung eines speziell entwickelten Schätzverfahrens wird anschließend angegeben, wie sich die größten Kostenblöcke auf diese Leistungen verteilen. Durch diese Untersuchung entsteht ein Katalog, in dem alle Leistungen und Kosten in einem für den bezweckten Kosten-/Nutzenvergleich ausreichenden Genauigkeitsgrad enthalten sind.

2. Ideen für verbesserte Kosten-/Nutzenverhältnisse entwickeln:
   In Zusammenarbeit mit den Leistungsempfängern hat jeder Kostenstellenleiter zu prüfen, welche Dienstleistungen ganz oder teilweise aufgegeben werden können. Ferner werden unter Hinzuziehung von (gegebenenfalls unternehmensexternen) Experten Einsparungsideen für solche Leistungen entwickelt, die rationeller erbracht werden könnten.

3. Ideen bewerten:
   Die vorläufigen Einsparungsideen sind in Verantwortung des Kostenstellenleiters mit den entsprechenden Leistungsempfängern und Experten, auf ihre Durchführbarkeit und die möglichen Konsequenzen zu untersuchen.

4. Aktionsprogramme spezifizieren:
   Im vierten Schritt werden von der obersten Führungsebene Realisierungstermine gesetzt, Verantwortlichkeiten bestimmt und entsprechende Anpassungen ·in den Kostenstellenbudgets veranlaßt. Die Untersuchungsergebnisse liegen nun in Form eines bis ins Detail geregelten Aktionsprogramms vor.

Die ersten beiden Phasen nehmen ca. drei bis fünf Monate in Anspruch, die anschließende Realisierung erstreckt sich im allgemeinen über ein bis drei Jahre (Horváth 1991, S.278).

Für den Einsatz der Gemeinkostenwertanalyse sprechen neben der weiten Verbreitung und Akzeptanz in der Praxis vor allem die nachweislichen Erfolge, die sich in Kosteneinsparungen von durchschnittlich 12% bis 20% äußern. Das Verfahren läßt sich in allen Gemeinkostenbereichen sowohl für innovative als auch für repetitive Aufgaben einsetzen, was es vor allem für den Einsatz im IS-Bereich prädestiniert.

In bezug auf den IS-Bereich muß beachtet werden, daß die auf die Wirtschaftlichkeit ausgerichteten Kosteneinsparungen die Effektivität der Informationsverarbeitung nicht unberücksichtigt lassen dürfen.

3.3.2.4 Verrechnungspreise

Als Verrechnungspreise oder interne Preise bezeichnet man die Ergebnisse der Bewertung von Ressourcen und/oder innerbetrieblichen Leistungen. Dies sind Leistungen, die zwischen solchen organisatorischen Einheiten ausgetauscht werden, für die eine eigene Rechnungslegung erfolgt.

Für die Abrechnung mit Verrechnungspreisen lassen sich zwei Hauptziele formulieren, die aus dem allgemeinen Zielkatalog der Kostenrechnungsverfahren abgeleitet werden können:

- Erfolgsermittlung des IS-Bereichs im Sinne eines ausgeglichenen Budgets bzw. einer Kostendeckung.

- Lenkung des Benutzerverhaltens in Abhängigkeit von der Verfügbarkeit vorhandener Ressourcen.

Unterschiedliche Personengruppen stellen Anforderungen an die Gestaltung eines Verrechnungspreissystems für den IS-Bereich. Die Benutzer sind an einer proportionalen Kostenverrechnung entsprechend der bezogenen Leistungen interessiert. Zudem ist das Verfahren transparent zu gestalten, ohne jedoch unpräzise oder unvollständig zu werden. Außerdem müssen die Kosten reproduzierbar sein, d.h. der selben Leistungsmenge soll bei Wiederholungen der gleiche Wert zugeordnet werden. Seitens des IS-Bereichs sollte das Verfahren möglichst wenig Zusatzaufwand verursachen und die Kosten für alle erbrachten Leistungen verrechnen. Zur Planung der Konfiguration sollte das Mengengerüst auf den Leistungskennzahlen der eingesetzten Betriebsmittel aufbauen, also produktionsorientiert sein. Für das IS-Controlling schließlich ist die Integration des Verrechnungssystems in das Planungs- und Kontroll- bzw. Budgetierungssystem von entscheidender Bedeutung. Weiterhin müssen die Aspekte Wirtschaftlichkeit sowie Genauigkeit, Richtigkeit und Flexibilität berücksichtigt werden.

Verrechnungspreise können summarisch oder differenziert gebildet werden. Bei ersteren findet keine oder eine nur sehr schwache Differenzierung der verschiedenen Leistungsbereiche des IS-Bereichs statt. Man verrechnet nach Personal- oder Maschinenstundensätzen. Dieses Verfahren eignet sich jedoch nicht bei komplexen Anwendungssystemen und heterogenem Nutzungsprofil, was heute die Regel ist und dieses Verfahren als Verrechnungsgrundlage praktisch überflüssig macht (Schäfer 1971, S.20; Heinrich 1992, S.368f).

Bei der differenzierten Bildung der Verrechnungspreise werden in den Bereichen 'Anwendungsentwicklung' und 'Produktion' Teilsysteme und Untersysteme ('Arbeitsplätze') eingerichtet, einzelne Betriebsmittel also in mehrere Arbeitsplätze zerlegt. Systemkomponenten, die sich als Arbeitsplätze anbieten sind z.B.:

- Zentraleinheit (Nutzungseinheit 'CPU-Zeit'),

- Hauptspeicher ('CPU-Zeit mal belegte Speichergröße'),

- Externspeicher ('Belegungszeit mal belegte Speichergröße'),

- Drucker ('Druckzeile'),

- Datenerfassungsgeräte ('Datensatz').

Für die Bewertung und innerbetriebliche Verrechnung von Leistungen des IS-Bereichs bieten sich prinzipiell zwei Möglichkeiten an: Die Verrechnung auf der Basis von Kosten und die Verrechnung auf der Basis von Preisen. Man unterscheidet:

- Marktorientierte Verrechnungspreise:
  Die Allokationsfunktion von Preisen ermöglicht zwar eine Zuteilung der IS-Leistungen, da sich Abrechnungsverfahren auf Preisbasis – egal, ob feste oder flexible Preise zugrunde gelegt werden – jedoch nicht an den durch den Leistungsverzehr bedingten Kosten orientieren, sind sie für eine verursachungsgerechte Kostenabrechnung ungeeignet.

- Nutzenpreise:
  Der Nutzenpreis eines Auftrags ist der Preis, den ein Benutzer zu zahlen bereit ist. Von einer Reihe wartender Aufträge wird derjenige abgearbeitet, der den höchsten Nutzenpreis hat. Nutzenpreise eignen sich hervorragend zur Lenkung des Benutzerverhaltens, sind jedoch ebensowenig wie marktorientierte Verrechnungspreise als Abrechnungsgrundlage geeignet.

- Verrechnungspreise auf Grenzkostenbasis:
  Da die Kosten der Produktion kurzfristig zu fast 100% fix sind, sind die Grenzkosten – als Kosten, welche durch die Veränderung der Beschäftigung um eine Produktionseinheit 'Auftrag' anfallen – pro ausgeführtem Auftrag praktisch mit Null anzusetzen. Verrechnungspreise auf Grenzkostenbasis können somit weder zur Lenkung noch zur Erfolgsermittlung herangezogen werden (Heinrich 1992, S.369).

- Verrechnungspreise auf Vollkostenbasis:
  Die Vollkosten eines Auftrags werden wie folgt ermittelt: Zunächst wird ein (Voll-) Kostensatz je Leistungseinheit eines Betriebsmittels bestimmt, indem man die periodisierten Kosten einer geplanten oder tatsächlichen Beschäftigung gegenüberstellt. Das Produkt aus Kostensatz und in Anspruch genommener Leistungseinheit ergibt die bewertete Teilleistung einer Komponente. Der Verrechnungspreis für die IS-Leistung errechnet sich schließlich aus der Summe aller Teilleistungen einschließlich der umgelegten, weil nicht direkt zurechenbaren Kosten der Produktion.

Vollkosten auf Planbeschäftigungsbasis motivieren die Benutzer jedoch allenfalls zu einer in etwa kostendeckenden Verwendung. Übersteigt die Nachfrage die Kapazität, so liefert dieser Verrechnungspreis keinen Anhaltspunkt dafür, wie die Aufträge verschoben werden können; er übt also keine Lenkungsfunktion aus. Wird hingegen die tatsächliche Beschäftigung zugrunde gelegt, besteht die Gefahr, daß bei geringer Auslastung relativ hohe Preise entstehen, die dazu motivieren, ein wenig genutztes Betriebsmittel noch weniger zu beanspruchen (Schäfer 1979, S.21; Heinrich 1992, S.369).

Dennoch gewährleisten Verrechnungspreise auf Kostenbasis die beste Erfüllung der Ziele und Anforderungen an eine interne Verrechnung von IS-Leistungen. Die Betrachtung von verrechneten und entstandenen Kosten macht eine Beurteilung der Kostenwirtschaftlichkeit möglich, und dem Benutzer stehen zur Entscheidung über Art und Umfang des Leistungsbezugs entsprechende Werte zur Verfügung.

Verrechnungspreise sind zwar kein traditionelles Controllinginstrument, eignen sich jedoch hervorragend zur dezentralen Koordination der horizontalen Beziehung zwischen IS-Bereich und Benutzern. Zudem verbessern sie die Datengrundlage für die operative Planung und Kontrolle auf seiten der Benutzer und im IS-Bereich. Hinterfragt man die Erfüllung der beiden zentralen Zielsetzungen der Verrechnungspreissysteme, so kann festgestellt werden, daß sowohl die Steuerung des Benutzerverhaltens als auch eine Erfolgskontrolle des IS-Bereichs gewährleistet wird.

3.4 Literaturverzeichnis

Becker, J. (1990)
Marketing-Konzeptionen, 3. Aufl., München 1990

Bessai, B. (1985)
Kosten- und Leistungsrechnung für den zentralen Bereich der Datenverarbeitung, in: HMD 124/1985, S.61-82

Biethahn, J.; Mucksch, H.; Ruf, W. (1992)
Ganzheitliches Informationsmanagement, Band 1: Grundlagen, 2. Aufl., München 1992

Brockhaus, R. (1991)
Management von Expertensystemprojekten, in: Biethahn, J.; Hoppe, U. (Hrsg.): Entwicklung von Expertensystemen – Eine Einführung, Wiesbaden 1991, S.251-279

Brockhaus, R. (1992)
Informationsmanagement als ganzheitliche, informationsorientierte Gestaltung von Unternehmen: organisatorische, personelle und technologische Aspekte, Göttingen 1992

Brose, P. (1982)
Planung, Bewertung und Kontrolle technologischer Innovationen, Berlin 1982

Esser, W.-M. (1989)
Die Wertkette als Instrument der strategischen Analyse, in: Spremann, K.; Zur, E. (Hrsg.): Informationstechnologie und strategische Führung, Perspektiven und Anwendungen, Wiesbaden 1989, S.191-211

Franz, K. P. (1990)
Die Prozeßkostenrechnung. Darstellung und Vergleich mit der Plankosten- und Deckungsbeitragsrechnung, in: Ahlert, D.; Franz, K. P.; Göppel, H. (Hrsg.): Finanz- und Rechnungswesen als Führungsinstrument, Wiesbaden 1990, S.109-136

Franz, K. P. (1991)
Prozeßkostenrechnung – Ein neuer Ansatz für Produktkalkulation und Wirtschaft-
lichkeitskontrolle, in: Scheer, A.-W. (Hrsg.): Rechnungswesen und EDV, 12.
Saarbrücker Arbeitstagung 1991, Heidelberg 1991, S.173-189

Geschka, H.; Reibnitz, U. von (1986)
Die Szenario-Technik. Ein Instrument der Zukunftsanalyse und der strategischen
Planung, in: Töpfer, A.; Afheldt, H. (Hrsg.): Praxis der strategischen Unterneh-
mensplanung, Frankfurt a.M. 1986, 2. Aufl., S.125-170

Grzegotowski, T.; Warnick, B. (1991)
Prozeßkostenrechnung – Innovativer Ansatz oder Rückschritt?, in: krp 3/1991,
S.162-163

Hansen, H. R.; Riedl, R. (1990)
Strategische langfristige Informationssystemplanung (SISP), in: Kurbel, K.; Strunz,
H. (Hrsg.): Handbuch Wirtschaftsinformatik, Stuttgart 1990, S.659-682

Hartmann-Wendels, T. (1980)
Verfahren zur Leistungsabrechnung von Rechenzentrums-Dienstleistungen, in: Das
Rechenzentrum 4/1980, S.197-203

Hartwig, T. (1987)
Portfolio-Analyse für das strategische Informationsmanagement, in: IM 3/1987,
S.12-17

Hast, C. (1975)
Job Accounting: Notwendige Funktion eines Betriebsystems oder aufwendiger Lu-
xus, in: Online 13/1975, S.129-132

Haufs, P. (1989)
DV-Controlling, Konzeption eines operativen Instrumentariums aus Budgets – Verrechnungspreisen – Kennzahlen, Heidelberg 1989

Heinrich, L. J. (1976)
Systemplanung, Band 1: Analyse und Grobprojektierung von Informationssystemen,
Berlin 1976

Heinrich, L. J. (1992)
Informationsmanagement. Planung, Überwachung und Steuerung der Informations-
Infrastruktur, 4. Aufl., München/Wien 1992

Hinterhuber, H. H. (1992)
Strategische Unternehmensführung, Band 1: Strategisches Denken, 5. Aufl., Berlin
u.a. 1992

Hitschler, W. (1990)
Verwaltungsgemeinkostenplanung mit Zero-Base Budgeting (ZBB), in: krp 5/1990,
S.287-293

Horváth, P. (1985)
Controlling der Informationsverarbeitung. Ziel, Aufgaben, Organisation und Instrumente, in: HMD 124/1985, S.3-18

Horváth, P. (1991)
Controlling, 4. Aufl., München 1991

Horváth, P.; Mayer, R. (1989)
Prozeßkostenrechnung. Der neue Weg zu mehr Kostentransparenz und wirkungsvolleren Unternehmensstrategien, in: Controlling 4/1989, S.214-219

Huch, B.; Behme, W.; Ohlendorf, Th. (1992)
Rechnungswesen-orientiertes Controlling, Heidelberg 1992

Kanngießer, J. (1980)
Die Abrechnung von ADV-Systemleistungen. Vergleichende Analyse von Abrechnungsverfahren und Verrechnungssätzen, Braunschweig/Wiesbaden 1980

Kargl, H. (1975a)
Kosten- und Leistungsrechnung, in: Horváth, P.; Kargl, H.; Müller-Merbach, H. (Hrsg.): Controlling und automatisierte Datenverarbeitung, Wiesbaden 1975, S.145-154

Kargl, H. (1975b)
Planung von ADV-Projekten, in: Horváth, P.; Kargl, H.; Müller-Merbach, H. (Hrsg.): Controlling und automatisierte Datenverarbeitung, Wiesbaden 1975, S.97-117

Krause, O. C.; Fröhling, O. (1991)
DV-Controlling für Rechenzentren. Die COMPASS-Analyse für ein integriertes Prozeß- und Profil-Management, in: Controlling 5/1991, S.270-277

Krcmar, H. (1991)
Kosten senken und Nutzen erhöhen durch Informationsverarbeitungs-Controlling, in: CW-IDG-CSE (Hrsg.): Informationsverarbeitungs-Controlling, München 1991, S.5-33

Krcmar, H. (1992)
Informationsverarbeitungs-Controlling in der Praxis, in: IM 2/1992, S.6-18

Kreilkamp, E. (1987)
Strategisches Management und Marketing. Markt- und Wettbewerbsanalyse, strategische Frühaufklärung, Portfolio-Management, Berlin u.a. 1987

Küpper, H. U. (1991)
Übersicht und Entwicklungstendenzen im Controlling, in: Scheer, A.-W. (Hrsg.): Rechnungswesen und EDV, 12. Saarbrücker Arbeitstagung 1991, Heidelberg 1991, S.243-270

Küpper, H. U.; Weber, J.; Zünd, A. (1990)
Zum Verständnis und Selbstverständnis des Controlling. Thesen zur Konsensbildung, in: ZfB 3/1990, S.281-293

Liessmann, K. (1987)
Strategisches Controlling, in: Mayer, E. (Hrsg.): Controlling-Konzepte. Perspektiven für die 90er Jahre, 2. Aufl., Wiesbaden 1987, S.85-149

Mayer, R. (1990a)
Prozeßkostenrechnung, in: krp 1/1990, S.74-75

Mayer, R. (1990b)
Prozeßkostenrechnung, in: krp 5/1990, S.307-312

Mertin, K. (1982)
(Self-) Controlling, in: Zeitschrift für das gesamte Kreditwesen 24/1982, S.1118-1121

Meyer-Piening, A. (1982)
Zero-Base-Budgeting. Gemeinkosten-Planung und Controlling, in: FB/IE 6/1982, S.424-427

Michel, K. (1987)
Technologie im strategisches Management – Ein Portfolio-Ansatz zur integrierten Technologie und Marktplanung, Berlin 1987

Peemöller, V. H. (1990)
Controlling. Grundlagen und Einsatzgebiete, Berlin 1990

Pfeiffer, W.; Metze, G.; Schneider, W. et al. (1982)
Technologie-Portfolio zum Management strategischer Zukunftsgeschäftsfelder, Göttingen 1982

Porter, M. E. (1989)
Wettbewerbsvorteile (Competitive Advantage). Spitzenleistungen erreichen und behaupten, Sonderausgabe, Frankfurt a.M. 1989

Reibnitz, U. von (1991)
Szenario-Technik: Instrumente für die unternehmerische Erfolgsplanung, Wiesbaden 1991

Reichling, P.; Körberle, G. (1992)
Zwischen Markt und Hierarchie: Prozeßkostenrechnung, in: CM 1/1992, S.22-26

Riebel, P. (1990)
Einzelkosten und Deckungsbeitragsrechnung, 6. Aufl., Wiesbaden 1990

Roever, M. (1980)
Gemeinkosten-Wertanalyse – Erfolgreiche Antwort auf die Gemeinkosten-Problematik, in: ZfB 6/1980, S.686-690

Schäfer, H.-T. (1979)
EDV-Controlling. EDV-gestütztes Controlling und die Controlling-Aufgaben im EDV-Bereich, in: Haberland, H. R.; Preißler, P. R.; Meyer, C. W. (Hrsg.): Handbuch Revision, Controlling, Consulting, 1. Nachl., München 1979, S.1-26

Schildbach, T. (1989)
Begriff und Grundprobleme des Controlling aus betriebswirtschaftlicher Sicht, in: Spremann, K.; Zur, E. (Hrsg.): Controlling, Grundlagen – Informationssysteme – Anwendungen, Wiesbaden 1989, S.21-36

Seibt, D. (1984)
DV-Controlling, Grundlagen – Ziele – Methoden – Verfahren – Systeme, in: HMD 119/1984, S.101-117

Serfling, K. (1983)
Controlling, Stuttgart u.a. 1983

Sokolovsky, Z. (1992)
Controlling des Informationsmanagements – Gegenwart und Zukunftsperspektiven, in: IM 2/1992, S.24-35

Steiner, M. (1975)
Was erwartet das Management von einem Planungssystem, in: IO 4/1975, S.161-165

Teichmann, U. (1990)
Szenariotechnik, in: Controlling 1/1990, S.43

Weber, J. (1991a)
Einführung in das Controlling, Teil 1: Konzeptionelle Grundlagen, 3. Aufl., Stuttgart 1991

Weber, J. (1991b)
Einführung in das Controlling, Teil 2: Instrumente, 3. Aufl., Stuttgart 1991

Weber, J. (1991c)
Rechnungswesenwahl im Prozeßmanagement, in: Witt, F. J. (Hrsg.): Aktivitätscontrolling und Prozeßkostenmanagement, Stuttgart 1991, S.39-70

Weber, J. (1992)
Die Koordinationssicht des Controlling, in: Spremann, K.; Zur, E. (Hrsg.): Controlling, Grundlagen – Informationssysteme – Anwendungen, Wiesbaden 1992, S.169-183

Witt, F. J. (1991)
Das Konzept des Prozeßkostenmanagement, in: Witt, F. J. (Hrsg.): Aktivitätscontrolling und Prozeßkostenmanagement, Stuttgart 1991, S.3-37

Zilahi-Szabó, M. G. (1988)
Leistungs- und Kostenrechnung für Rechenzentren, Wiesbaden 1988

4 Datenbanksysteme, -modelle und Entwurfsmethoden als Grundlage von Controlling-Informationssystemen

von Wolfgang Behme und Thomas Ohlendorf

Elementare Aufgabe eines Controlling-Informationssystems ist die Sammlung, Verarbeitung und Weitergabe von Informationen, die in diesem Zusammenhang als 'Schmiermittel' der Unternehmensprozesse verstanden werden können. Die Computerisierung macht es notwendig, Daten als Repräsentationsform von Informationen zu verwenden, um diese der Rechnerwelt zugänglich zu machen. Daten werden dabei als symbolische Repräsentation aufgefaßt, denen eine allgemeine, unternehmensweit einheitliche Bedeutung unterstellt wird. Erst in einer spezifischen Situation werden Daten zu Informationen, dann nämlich, wenn sie dort durch ihre Bedeutung zur zielgerichteten Problemlösung beitragen. Der Computer selbst kann nur die Repräsentationsform (Bitmuster) speichern und verarbeiten.

Das Hauptproblem ist also darin zu sehen, daß das Ziel in der Informationsverarbeitung liegt, mit den heute zur Verfügung stehenden Mitteln aber lediglich Datenverarbeitung betrieben werden kann.

Voraussetzung für die Computerisierung betrieblicher Prozesse – insbesondere innerhalb des Controlling – sind Informationssysteme, die alle für ein Unternehmen wichtigen Informationen in geeigneter Weise verwalten. Für die technische Realisierung werden dazu in den Unternehmen in zunehmendem Maße Datenbanksysteme eingesetzt. Konzeptionelles Kernstück ist dabei ein Informationsmodell, das die betrieblichen Rahmenbedingungen für die elektronische Informationsverarbeitung beschreibt.

Informationsmodelle beschreiben grundlegende betriebswirtschaftliche Abläufe in strukturierter und komprimierter Form. Zur Generierung solcher Modelle sind geeignete Entwurfsmethoden einzusetzen. Hierfür werden in jüngster Zeit besonders objektorientierte Methoden propagiert. Diese umfassen sowohl die Schritte der Analyse und des Design
als auch die Umsetzung in ein konkretes Datenbanksystem.

Um eine zielgerichtete Modellierung von Controlling-Informationssystemen zu gewährleisten, muß zu Beginn des Entwurfsprozesses zunächst eine ausführliche Informationsbedarfsanalyse durchgeführt werden. Dabei wird festgestellt, welche Sachverhalte der Realwelt überhaupt dargestellt werden sollen (vgl. Abbildung 4/1). Anschließend müssen die in verbaler Form vorliegenden Beschreibungen formalisiert werden, um Inkonsistenzen und Unvollständigkeiten zu vermeiden. Benötigt wird

dafür ein Beschreibungsmittel, mit dem die Ergebnisse formal, jedoch unabhängig
von einem speziellen Datenbanksystem, dargestellt werden können. Diese werden in Form von sogenannten semantischen Datenmodellen zur Verfügung gestellt;
das Ergebnis ist ein konzeptionelles Modell. In Abschnitt 4.1 wird daher als be-
kanntester Vertreter der semantischen Datenmodelle das Entity-Relationship-Modell
(ER-Modell) sowie dessen Erweiterungen vorgestellt.

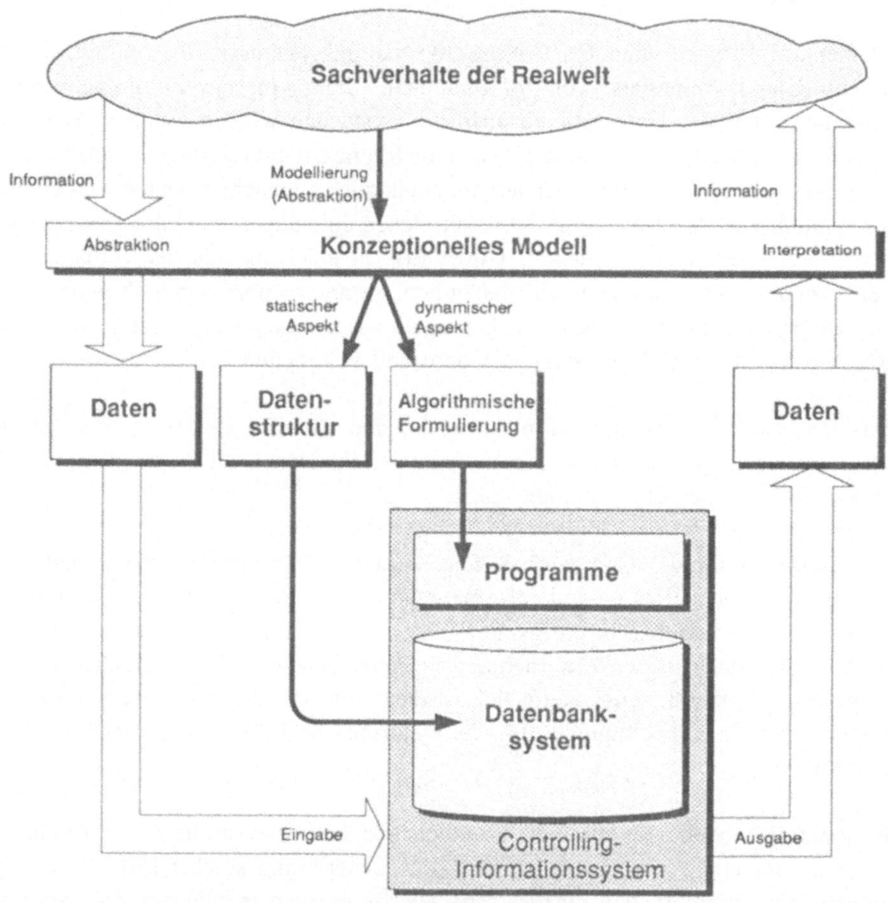

Abb. 4/1: Modellierung eines Controlling-Informationssystems

Nach Auswahl eines konkreten Datenbanksystems (z.B. ONTOS, DB2, Oracle)
müssen die formalen Informationsbeschreibungen des konzeptionellen Modells in
die konkrete Systemstruktur überführt werden. Jedes Datenbanksystem bietet dazu
ein spezielles logisches Datenmodell (hierarchisch, netzwerkorientiert, relational oder
objektorientiert) an, repräsentiert durch die zur Datendefinition und -manipulation
zur Verfügung stehenden Konstrukte. Die logischen Datenmodelle, die an der
Schnittstelle existierender Datenbanksysteme realisiert sind, stehen im Mittelpunkt
von Abschnitt 4.2.

Das Datenbanksystem, bestehend aus dem Datenbankmanagementsystem (DBMS) und einer oder mehrerer Datenbanken, in denen die einzelnen Daten physikalisch gespeichert werden, stellt den verschiedenen Benutzern des Controlling-Informationssystems die von ihnen benötigen Daten zur Verfügung (vgl. Abbildung 4/1). Um diese Fülle von Daten auch effizient verwalten zu können, kommen sogenannte Meta-Systeme (Data Dictionaries und Repositories) zum Einsatz, die in Abschnitt 4.3.4 näher beschrieben werden. Mit ihrer Hilfe ist es möglich, z.B. Format und Inhalt der Daten zu beschreiben, um eine konsistente Datenhaltung zu ermöglichen.

Controlling-Informationssysteme stellen komplexe Anwendungssysteme dar, so daß sich die Frage nach einer umfassenden und durchgängigen Entwurfsmethodik stellt. Ein besonders geeigneter Ansatz hierfür ist das objektorientierte Paradigma. Die hierauf basierenden objektorientierten Analyse- sowie Designmethoden werden in Abschnitt 4.4 am Beispiel des 'Object Oriented Design' von (Booch 1991) vorgestellt.

4.1 Semantische Datenmodelle

Eine direkte Umsetzung der im Rahmen der Anforderungsanalyse gegebenen Miniwelt in logische Datenmodelle, die nur über sehr einfache Modellierungskonstrukte verfügen, erweist sich jedoch als nahezu unmöglich, da der zu überwindende 'semantische Abstand' zu groß ist. Abhilfe schaffen hier die sogenannten semantischen oder konzeptionellen Datenmodelle. Sie stellen eine ausdrucksstarke 'Begriffswelt' zur Verfügung, die es erlauben soll, die als relevant empfundenen Erkenntnisse möglichst ohne Informationsverlust von der informellen Darstellung während der Anforderungsanalyse in die formale Welt der semantischen Datenmodelle zu übertragen.

Nun gibt es eine ganze Reihe unterschiedlicher semantischer Datenmodelle, insbesondere, was die Mächtigkeit betrifft. Somit stellt sich dem Anwender die Frage nach der Wahl des für seine Zwecke am besten geeignetsten Modells. Eine allgemeingültige Antwort dafür gibt es nicht, da sich die Miniwelten in ihrer Komplexität und Zielsetzung zu stark unterscheiden. Die Entscheidung für ein bestimmtes Modell hängt also im wesentlichen davon ab, wie die bereits zitierte 'semantische Kluft' im Einzelfall am besten überwunden werden kann (Lockemann/Radermacher 1990, S.4).

Die Grundkonzepte der verbreitetsten Ansätze sind sich ohnehin sehr ähnlich, da sie den Systembegriff der allgemeinen Systemtheorie zugrunde legen, bei dem jede Welt aus einer Menge von wohlunterscheidbaren Gegenständen und den sie verbindenden Beziehungen besteht. Der dominierende Vertreter dieser Gruppe ist sicherlich das sogenannte Entity-Relationship-Modell, das in seiner Grundkonzeption jedoch vergleichsweise arm ausgestattet ist. Daher soll im folgenden neben dem 'klassischen' ER-Modell auch das erweiterte strukturierte ER-Modell vorgestellt werden.

4.1.1 Entity-Relationship-Modell

Viele Forschungsgruppen haben zur Entwicklung des ER-Modells beigetragen. Bekannt geworden ist aber vor allem Chen mit seinem Aufsatz 'The Entity-Relationship-Model – Towards a Unified View of Data' (Chen 1976), in dem er versucht hat, die verschiedenen Konzepte zusammenzufassen und eine graphische Repräsentation vorzustellen. Aufgrund seiner klaren Definition und der graphischen Darstellungsformen (ER-Diagramme) gilt das Entity-Relationship-Modell als besonders benutzerfreundlich und wird daher als das gegenwärtig am weitesten verbreitetste Beschreibungsverfahren im Bereich betrieblicher Informationssysteme angesehen.

Das ER-Modell besteht aus vier Abstraktionsebenen von Datensichten:

1. Informationen über Entitäten und Beziehungen,

2. Informationsstruktur, in der die Entitäten und Beziehungen durch Daten repräsentiert werden,

3. zugriffspfadunabhängige Datenstruktur,

4. zugriffspfadabhängige Datenstruktur.

Im Zusammenhang mit der Datenmodellierung sind lediglich die ersten beiden Ebenen entscheidend. Auf diesen ist es sinnvoll, zunächst eine Begriffswelt zu schaffen, um die Sachverhalte der Miniwelt darstellen zu können. Dazu vier Definitionen:

- Eine Entität ('Seiendes') dient der Bezeichnung von Objekten unserer Anschauung und unseres Denkens. Dabei kann es sich um reale sowie um abstrakte Dinge handeln (z.B. Kunde, Artikel, Auftrag). In natürlichsprachlichen Sätzen treten Entitäten meist als Subjekte oder Objekte von Aussagesätzen auf. Durch Abstraktion werden sogenannte Entitäts-Typen modelliert. Die Menge der Instanzen/Entitäten, die einem Entitäts-Typ genügt, bilden die zugehörige Entitätsklasse.

- Zusammenhänge zwischen ein oder mehreren Entitäten werden durch sogenannte Beziehungen zum Ausdruck gebracht. Auf der abstrakten Ebene wird von Beziehungs-Typen gesprochen. Während Entitäten für sich alleine existieren können, sind Beziehungen stets auf vorhandene Entitäten angewiesen. Sie treten in natürlichsprachlichen Sätzen meist als Prädikate auf. (z.B. 'wohnt in', 'ist Oberteil von').

- Sowohl Entitäten als auch Beziehungen können Eigenschaften (Attribute) besitzen. Entitäten werden häufig durch ihre Eigenschaften eindeutig identifiziert (z.B. 'Name', 'Geburtsort', 'Geburtsdatum').

- Die Rolle einer Entität in einer Beziehung ist die Funktion, die sie in dieser Beziehung ausdrückt. Damit kann insbesondere das mehrfache Auftreten einer Entität in einer oder mehreren Beziehungen inhaltlich voneinander getrennt werden (z.B. 'Ehemann' und 'Ehefrau' sind Rollen von 'Personen' in einer Ehe).

Wie diese Konstrukte graphisch dargestellt werden, zeigt Abbildung 4/2:

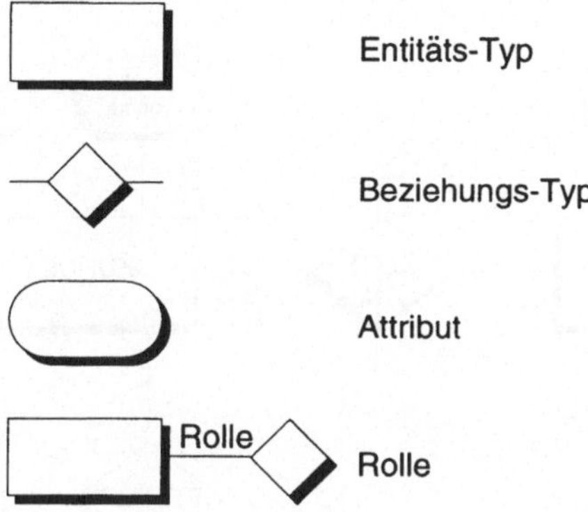

Abb. 4/2: Graphische Darstellung der elementaren Konstrukte

Es ist zu beachten, daß es in der Verantwortung des Modellierers liegt, was er als Entität oder Beziehung auffaßt. Ebenso liegt die Entscheidung, was Entität und was Attribut ist, wiederum in der Hand des Modellierers. Demzufolge wird die gleiche Miniwelt von verschiedenen Personen durchaus unterschiedlich modelliert, je nach dem, welche Semantik der Umwelterscheinung zuerkannt wird.

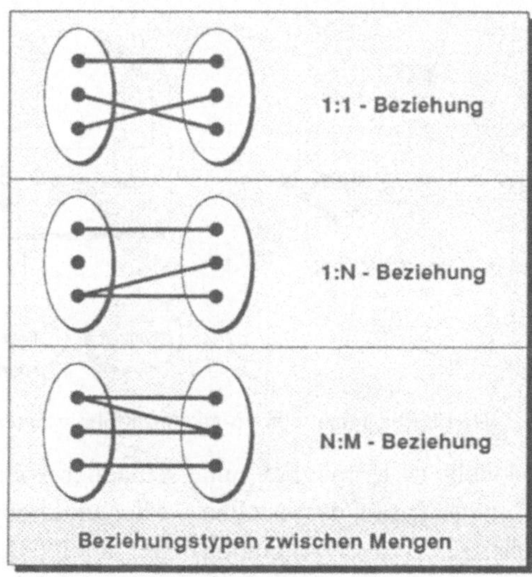

Abb. 4/3: Beziehungstypen zwischen Mengen

Die oben vorgestellte Notation soll durch ein Beispiel illustriert werden, das einen
Ausschnitt aus einer Marketing-Erfolgsrechnung darstellt (vgl. Abbildung 4/4).

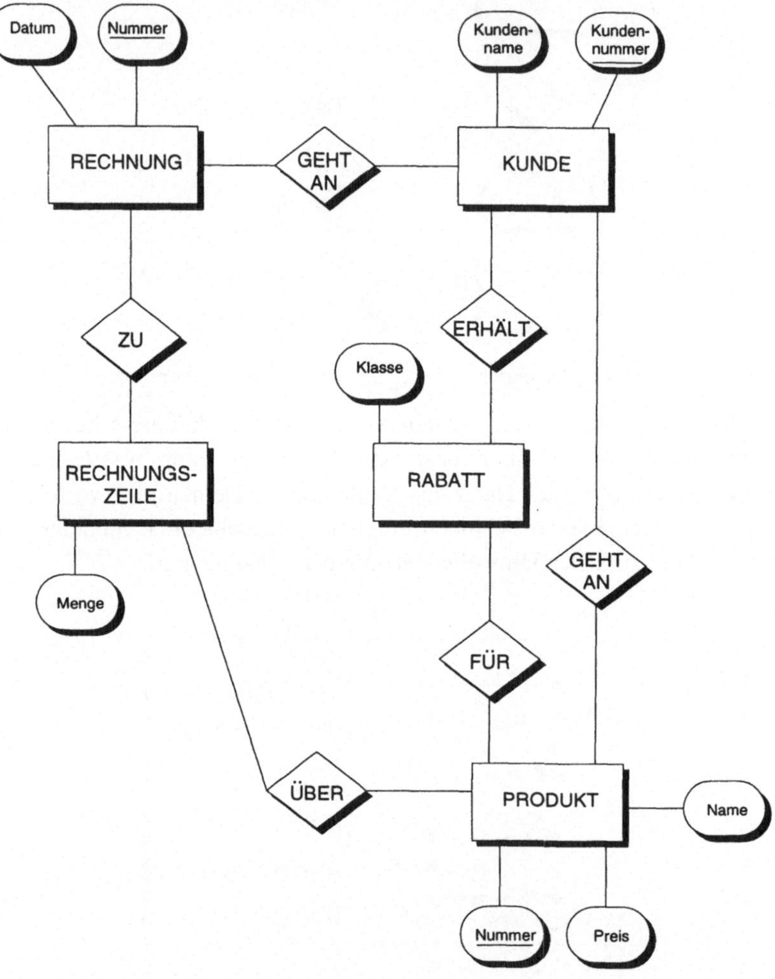

Abb. 4/4: ER-Diagramm einer Marketingerfolgsrechnung

Im Rahmen des ER-Modells ist es möglich, unterschiedlich komplexe Beziehungen
zwischen einzelnen Entitäts-Typen darzustellen. Man unterscheidet die 1:1, 1:N,
N:1 sowie N:M-Beziehungen ((1,M,N)-Notation). Bei der 1:1-Beziehung wird jeder
Instanz eines Entitäts-Typs genau eine Instanz eines anderen Entitäts-Typs zugeordnet
und umgekehrt. Bei einer 1:N-Beziehung werden jeder Entität der ersten Klasse
N Entitäten der zweiten Klasse zugeordnet, umgekehrt jedoch jeder Entität der
zweiten Klasse genau eine Entität der ersten. Die N:1-Beziehung drückt den gleichen
Sachverhalt in umgekehrter Richtung aus. Bei der N:M-Beziehung werden einer
Entität der ersten Klasse mehrere Entitäten der zweiten Klasse zugeordnet und
umgekehrt. Welche Komplexität jeweils vorliegt, wird an die Kanten des ER-
Diagramms eingetragen (vgl. Abbildung 4/3).

4.1.2 Erweiterungen des Entity-Relationship-Modells

Das ursprünglich von Chen vorgestellte Grundmodell wurde später von ihm selbst sowie von einer Reihe anderer Wissenschaftler um einige Begriffe und Ansätze erweitert, die die semantische Mächtigkeit des Modells erhöhen. Ohne einen Anspruch auf Vollständigkeit zu erheben, sollen einige davon im folgenden vorgestellt werden:

- Generalisierung (Abstraktion von Entitäten) und Aggregation (Abstraktion von Beziehungen),

- Existenzbedingungen zwischen Beziehungen und Entitäten,

- Präzisierung der Beziehungskomplexität,

- Überlagerung von Beziehungen durch Entitäten,

- Stelligkeit von Beziehungen und Zuordnung von Attributen,

- Erweiterung mit quasi-hierarchischen Graphen (SERM).

Zu den wichtigsten Abstraktionsoperatoren gehören die Generalisierung und die Aggregation. Nach (Smith/Smith 1977, S.107ff) ist die Generalisierung eine Abstraktion, die es erlaubt, gleichartige Objekte zu einem neuen Objekt höherer Ordnung (Oberklasse) zusammenzufassen (z.B. 'Mensch' als Verallgemeinerung von 'Mann' bzw. 'Frau'). Dabei können spezifische Details einer oder mehrerer Klassen einer Oberklasse zugeordnet werden. Die gemeinsamen Strukturen werden also aus den Klassen herausfaktorisiert und in der Oberklasse zentral beschrieben. Dabei können zwei Formen unterschieden werden. Die Subtypenhierarchie erlaubt sich überlappende Unterklassen, die Generalisierungshierarchie erlaubt hingegen nur disjunkte Unterklassen, die zusätzlich in ihrer Gesamtmenge die Oberklasse vollständig erfassen. In Abbildung 4/5 werden die beiden Generalisierungsformen dargestellt. Die Spezialisierung ist die Umkehrung der Generalisierung und stellt somit nur eine andere Sichtweise dar.

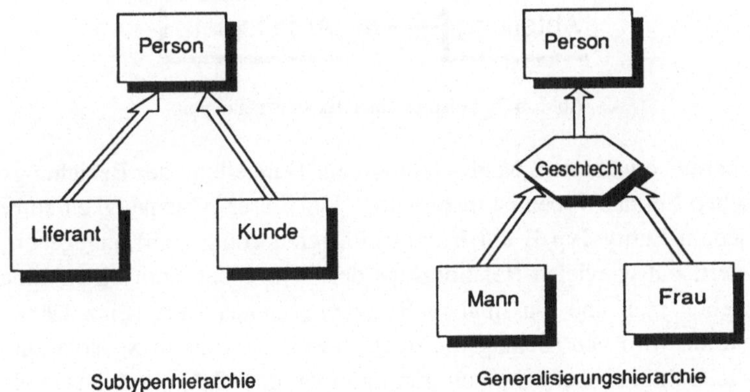

Abb. 4/5: Beispiele einer Generalisation

Ein weiterer Abstraktionsoperator ist die Aggregation (Smith/Smith 1977, S.112ff), sie wird durch die Möglichkeit, Beziehungstypen zu bilden, schon im Grundmodell unterstützt. Hierbei werden unterschiedliche Objekte (Entitäten, Beziehungen) zu einem neuen Objekt zusammengefaßt. Beziehungen zwischen Objekten werden zu Objekten höherer Ordnung, z.B. wird aus den Objekten 'Kunde', 'Artikel' und 'Zeit' das Objekt 'Kundenauftrag' konstruiert (vgl. Abbildung 4/6). Die einfachste Form der Aggregation – die Zusammenfassung von Attributen – wird bereits im ER-Modell nach Chen unterstützt.

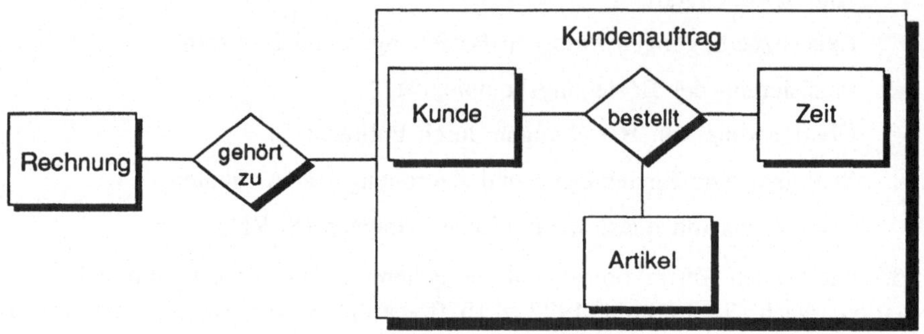

Abb. 4/6: Beispiel einer Aggregation

Zusätzliche Erweiterungen beziehen sich auf Existenzbedingungen zwischen Entitäten und Beziehungen. Ist die Existenz einer Entität an das Vorhandensein einer anderen Entität gebunden, spricht man von Existenzbedingungen oder echten hierarchischen Beziehungen. So kann man beispielsweise die Beziehung zwischen einer Abteilung und dem Arbeitsplatz so auffassen, daß der Arbeitsplatz nur dann existiert, wenn die Abteilung vorhanden ist. Dieses bedeutet aber auch, daß mit dem Entfernen der Abteilung alle Arbeitsplätze gelöscht werden müssen. Graphisch wird dieser Zusammenhang durch einen Pfeil dargestellt (vgl. Abbildung 4/7).

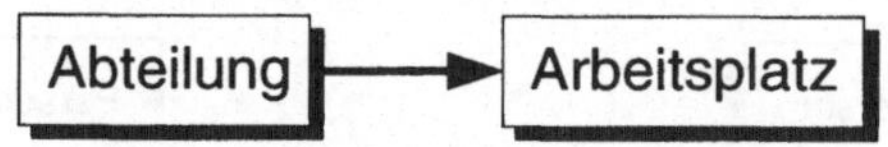

Abb. 4/7: Beispiel einer Existenzbedingung

Die oben bereits erwähnte (1,M,N)-Notation zur Darstellung der Beziehungskomplexität zwischen Entitäts-Typen ist mehrdeutig. Um dieser Ungenauigkeit zu begegnen, kann zu jedem Entity-Typ E ein Komplexitätsgrad comp (E,b) angegeben werden, der präzisiert, mit wievielen Relationships des Typs b das Entity E minimal in Beziehung stehen muß und maximal in Beziehung stehen kann (Sinz 1990, S.152f). Diese Notation wird von (Schlageter/Stucky 1983) als (min,max)-Notation bezeichnet. Für die Gültigkeitsbereiche von min und max gilt: $0 \leq min \leq 1 \leq max \leq *$ (* = Synonym für 'beliebiger Wert'). Hieraus werden die vier Grundtypen ((0,1), (0,*), (1,1) und (1,*)) abgeleitet.

Eine Beziehung 'b(A,B)' zwischen zwei Entitäten 'A' und 'B' läßt sich mit dieser Notation durch die zwei Komplexitätsgrade comp (A,b) und comp (B,b) ausdrücken (vgl. Abbildung 4/8). Mit Hilfe der (min,max)-Notation kann somit eine referentielle Integritätsbedingung dargestellt werden (Sinz 1990, S.152).

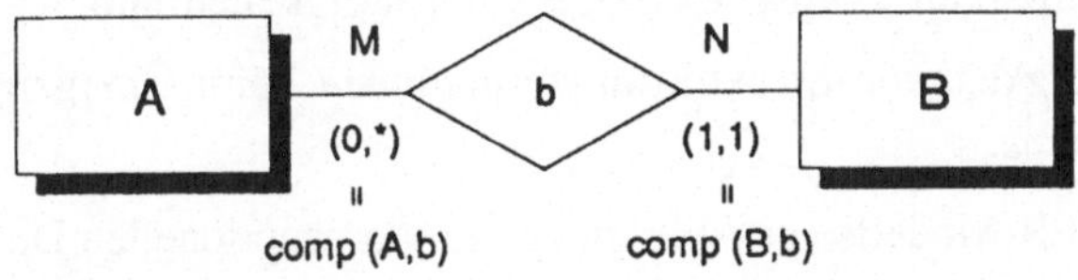

Abb. 4/8: (min,max)-Notation zur Darstellung der Beziehungskomplexität von b(A,B)

Die folgende Tabelle stellt die (1,M,N)-Notation der (min,max)-Notation gegenüber.

b(A,B)	comp (A,b)	comp (B,b)
1 : 1	(0,1) oder (1,1)	(0,1) oder (1,1)
1 : N	(0,*) oder (1,*)	(0,1) oder (1,1)
N : 1	(0,1) oder (1,1)	(0,*) oder (1,*)
M : N	(0,*) oder (1,*)	(0,*) oder (1,*)

Während der Modellierungsphase kann es nötig sein, daß ein als Beziehungsklasse angesehener Sachverhalt Ausgangspunkt weiterer Konstruktionsüberlegungen wird. Im erweiterten ER-Diagramm wird dieser Tatbestand dadurch gekennzeichnet, daß die Raute, die zunächst die Beziehung ausgedrückt hat, durch ein Rechteck überlagert wird. Das folgende Beispiel in Abbildung 4/9 macht dies deutlich.

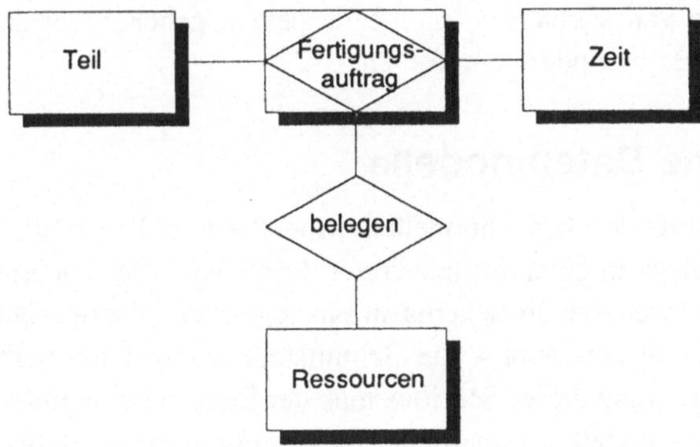

Abb. 4/9: Beispiel einer Beziehungs- /Entitäts-Typüberlagerung

Als Motivation für die Entwicklung des Strukturierten Entity-Relationship-Modells (SERM) sind die Schwachstellen des bereits vorgestellten Entity-Relationship zu nennen (Sinz 1988, S.193):

- Darstellung der Beziehungskomplexität,

- Zwitterrolle von Entity- und Relationship-Typen,

- Visualisierung von Existenzabhängigkeiten,

- Modellierbarkeit zyklischer Existenzabhängigkeiten und

- Notwendigkeit von Strukturtransformationen beim Übergang in ein Datenbankschema.

Der Einsatz des ER-Modells zur Abbildung eines konzeptionellen Datenmodells kann bei praxisorientierten Anwendungen leicht zu Schemata mit mehreren hundert Knoten (Entitäts- und Beziehungs-Typen) führen. Die Interpretation und Umsetzung dieses semantischen in ein logisches Datenmodell (Datenbankschema) ist dann nur schwer durchführbar.

Hier setzt das Strukturierte Entity-Relationship-Modell an. Grundgedanke *"ist es, das Konzept des ERM mit dem Konzept quasi-hierarchischer Graphen zu verbinden"* (Sinz 1988, S.196). Auf der Grundlage von Existenzabhängigkeiten zwischen Objekttypen ist es möglich, ursprüngliche und abhängige Objekttypen zu unterscheiden. SER-Diagramme besitzen eine Baumstruktur, bei der ein Objekttyp die Knoten darstellt und die Beziehungen durch die Kanten ausgedrückt werden. Wird dieses Vorgehen zu einem mehrstufigen Konzept ausgebaut, so entsteht ein quasi-hierachischer Graph (gerichtet und azyklisch). Die semantische Bedeutung dieser Strukturen liegt in der Visualisierung der Existenzabhängigkeiten mit Hilfe einer speziellen Notation (Sinz 1990, S.152ff). Aufgrund der guten Strukturierung erleichtert diese Vorgehensweise die Umsetzung des semantischen Datenmodells in das Relationen- oder Netzwerkmodell insbesondere bei umfangreichen Schemata.

Für weitere Entwicklungen, zu denen neben rechnergestützten Werkzeugen vor allem die Modellierung von Verhaltens- und Zeitaspekten gehören, sei dem interessierten Leser (Chen 1983) besonders empfohlen.

4.2 Logische Datenmodelle

Mit dem Abschluß der konzeptionellen Modellierung liegen die Ergebnisse der Anforderungsanalyse in einer formalisierten Form vor. Der nächste Schritt besteht nun darin, das konzeptionelle Schema in ein logisches umzuwandeln. Dieses stellt – wie bereits eingangs erwähnt – die Schnittstelle zu real existierenden Systemen dar, d.h. vor Ausführung dieses Schrittes muß der Benutzer eine Entscheidung treffen, welches konkrete Modell er verwenden will. Für diese Entscheidung sind nach (Mayr/Dittrich/Lockemann 1987, S.516) folgende Faktoren maßgeblich:

- Eignung der Strukturkonzepte des jeweiligen logischen Datenmodells für die gegebene, im konzeptionellen Schema dokumentierte Anwendung,

- Leistungsprofil des jeweiligen Soft-/Hardwaresystems vs. Leistungsanforderungen der Anwendung.

In der Praxis kann die Entscheidung aber oftmals nicht aufgrund objektiver Einflußgrößen erfolgen, da auf vorhandene Soft-/Hardwarestrukturen zurückgegriffen werden muß. Damit ist die Auswahl eines geeigneten Datenmodells meistens sehr eingeschränkt. Es lassen sich vier Klassen von Modellen unterscheiden:

- hierarchische Modelle,

- netzwerkorientierte Modelle,

- relationale Modelle,

- postrelationale bzw. objektorientierte Modelle.

Da die Bedeutung der hierarchischen und netzwerkorientierten Modelle abnimmt, wird der Schwerpunkt auf der Darstellung des relationalen sowie des objektorientierten Modells liegen. Letzteres stellt einen in der Informatikforschung noch aktiven Zweig dar, so daß hierzu lediglich Tendenzen und Trends aufgezeigt werden können.

4.2.1 Hierarchisches Datenmodell

Datenbanksysteme, die nur hierarchische Strukturen verarbeiten, sind auch heute noch weit verbreitet. Entstanden sind sie aus dem Mangel der Dateiorganisation, hierarchische Abhängigkeiten zwischen den Datenelementen eines Datensatzes darzustellen, beispielsweise bei der Kontenführung eines Kunden. Zu jedem Kunden können mehrere Konten vorhanden sein, jedes Konto umfaßt mehrere Buchungen.

Die Daten über einen Kunden werden in einem Datensatz beschrieben, der einem Satztyp zugeordnet wird. Jeder Satztyp ist in der Datenbank eindeutig, dieser kann aus beliebig vielen Sätzen bestehen, die den gleichen Aufbau, jedoch einen unterschiedlichen Inhalt haben (vgl. Abbildung 4/10).

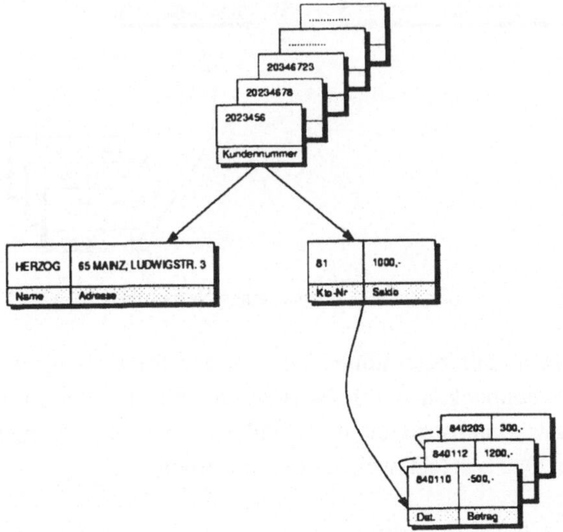

Abb. 4/10: Aufbau eines Satztyps

Der auf oberster Hierarchiestufe beschriebene Satztyp wird als Wurzel oder Einstieg bezeichnet, er besitzt keinen Vorgänger. Die anderen Satztypen haben jeweils genau einen Satztyp als Vorgänger. Die Verbindung zwischen zwei Typen wird als 'Set' bezeichnet. Die Beschreibung und Festlegung von Begriffen im Bereich der hierarchischen Datenbanken wurde von der CODASYL – Data Base Task Group (DBTG) zu normieren versucht. Das bekannteste kommerzielle Datenbanksystem, das auf dem hierarchischen Modell aufbaut, ist IMS (Information Management System) von IBM.

4.2.2 Netzwerkmodell

Netzwerkartige Datenbankmodelle stellen die Weiterentwicklung der rein hierarchischen Strukturen dar, die aufgrund neuer Benutzeranforderungen nötig wurden. Die Strukturen selbst bestehen – wie im Vorgängermodell – aus Knoten und Kanten. Die Netzstruktur wird dadurch erreicht, daß bis auf die Wurzel jeder Satztyp mehrere Vorgänger besitzen darf. Zur Unterscheidung der Verknüpfungen werden die Kanten gerichtet und benannt. Damit sind beispielsweise gemäß Abbildung 4/11 folgende Strukturen zugelassen.

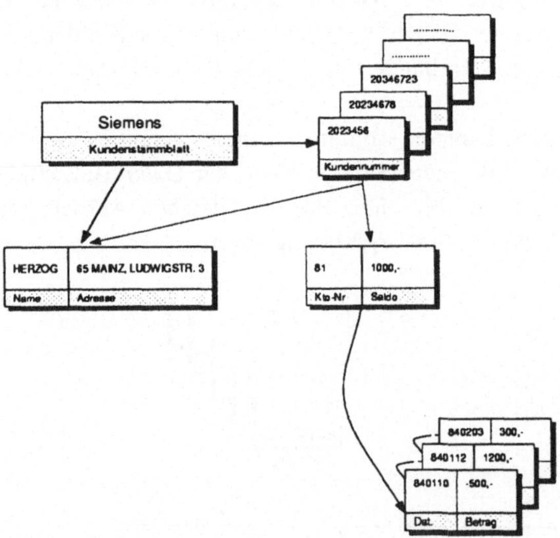

Abb. 4/11: Aufbau einer Netzstruktur

Der Datenbankzugriff auf bestimmte Datensätze erfolgt im hierarchischen und im netzwerkartigen Datenbanken durch Navigation, d.h. der Benutzer nimmt die vorhandene Netz- bzw. Baumstruktur als Grundlage, sich über Knoten und Kanten zu dem gewünschten Satztyp (satzweise) 'durchzuarbeiten'.

Das Netzwerkmodell liegt u.a. dem existierenden Datenbanksystemen DMS (Data Management System) von Sperry, IDS (Integrated Data Base System) von Bull und UDS (Universales Datenbanksystem) von Siemens zugrunde.

4.2.3 Relationales Datenmodell

Das relationale Modell, das Anfang der 70er Jahre von (Codd 1970, S.377ff) entwickelt wurde, verwendet eine mengenorientierte oder tabellarische Darstellungsform, mit deren Hilfe es möglich ist, Datenstrukturen auf einer implementierungsunabhängigen Ebene einfach zu beschreiben (Ullman 1989; Vossen 1987). Es verzichtet im Gegensatz zu den bisher behandelten Modellen auf eine graphische Darstellung.

Grundbaustein ist die Relation, die mathematisch betrachtet eine Teilmenge des kartesischen Produkts zweier Mengen ist. Dargestellt wird eine Relation als zweidimensionale Tabelle mit einer festen Anzahl von Spalten und einer beliebigen Anzahl von Zeilen. Die Spalten bezeichnet man als Attribute und die Zeilen als Tupel. Abbildung 4/12 zeigt eine Relation, die den Buchbestand einer Bücherei beschreibt.

R_BUCH

INV_NR	...	AUTOR	TITEL	AUFLAGE	E-JAHR
4711		Hansen	Einf_WI	4	1989
4712		Maier	DB_Theorie	1	1986
4713		Huch	Einf_KoRe	8	1989
4714		Date	Intro_DBS	1	1984
4715		Heuer	OODB	1	1992

Abb. 4/12: Beispiel einer Relation mit Instanz

Eine Relation wird mit einem Namen versehen (im vorliegenden Beispiel: R_BUCH), unter dem sie später angesprochen werden kann. Wichtig ist die Unterscheidung zwischen dem Relationenschema und der Instanz einer Relation. Während das Schema eine zeitinvariante Eigenschaft ist, das die Attribute mit ihren Domänen einerseits und sogenannte Integritätsbedingungen andererseits enthält, beschreibt die Instanz den Zustand (die aktuellen Tupel) der Relation zu einem bestimmten Zeitpunkt. Die Abbildung 4/12 mit fünf Tupeln entspricht so einer Instanz.

Relationen zeichnen sich im wesentlichen durch die folgenden sechs Eigenschaften aus:

1. Die Einträge in Spalten sind atomar. Diese Eigenschaft besagt, daß als Spaltenwerte keine Wiederholungsgruppen zugelassen sind. Tabellen mit dieser Eigenschaft werden auch als normalisiert (in 1.NF) bezeichnet.

2. Die Einträge in einer Spalte entstammen demselben Wertebereich. Im Zusammenhang mit der ersten Eigenschaft gibt sie der Tabelle eine relativ einfache Struktur. Dieses erleichtert die Formulierung von Anfragen.

3. Jedes Tupel kommt genau einmal in der Relation vor. Dadurch ist es möglich, daß ein bzw. eine Menge von Attributen das Tupel eindeutig identifiziert.

4. Die Reihenfolge der Spalten ist beliebig. Diese Eigenschaft stellt sicher, daß in der Anordnung der einzelnen Attribute keine versteckte Information enthalten ist.

5. Die Reihenfolge der Tupel in einer Relation ist beliebig. Analog zur letzten Eigenschaft wird auch hier sichergestellt, daß in der Anordnung keine Information steckt.

6. Jeder Spaltenname ist eindeutig. Da die Reihenfolge der Attribute nicht signifikant ist, d.h. es nicht möglich ist, sie über die Position anzusprechen, müssen die Namen zur Identifizierung der Spalten eindeutig sein.

Integritätsbedingungen legen die Teilmengen des kartesischen Produkts fest, die als 'gültige Relationen' anzusehen sind, d.h. sie schränken 'mögliche Relationen' auf 'gültige' ein. Für das Beispiel kann eine solche Bedingung z.B. festlegen, daß die Inventarnummer eindeutig ist und zwischen 50 und 4.000 liegen muß. Weitere Integritätsbedingungen liegen in Form von funktionalen Abhängigkeiten vor. Eine funktionale Abhängigkeit (FD) drückt eine Beziehung zwischen zwei Attributmengen aus. Eine Instanz einer Relation r erfüllt die FD $X \rightarrow Y$ (X,Y sind Attributmengen), falls je zwei Tupel aus r, die auf X übereinstimmen, auch auf Y übereinstimmen. Für das Beispiel aus Abbildung 4/13 wäre folgende funktionale Abhängigkeit denkbar:

$$\{AUTOR, \ TITEL, \ AUFLAGE\} \rightarrow \{E\_JAHR\}$$

Eine zentrale Bedeutung innerhalb des relationalen Modells besitzt der Begriff 'Schlüssel'. Unter einem Schlüssel versteht man eine identifizierende, minimale Attributkombination. Identifizierend besagt, daß die Attributkombination ein Tupel einer Relation eindeutig bestimmt. Durch die Minimaleigenschaft wird sichergestellt, daß bei Wegnahme eines Attributes aus dem Schlüssel die Schlüsseleigenschaft verlorengeht. Für die Relation BUCH ist INV_NR ein Schlüssel, denn die Inventarnummer muß ein Buch eindeutig identifizieren. Die Attribute eines Schlüssels heißen Schlüsselattribute, die sonstigen Nichtschlüsselattribute. Eine Relation kann mehrere Schlüssel besitzen, daher kann es notwendig werden, einen davon als Primärschlüssel auszuzeichnen. Auf die Relationen sind eine gewisse Anzahl Operationen anwendbar, die von der Datenmanipulationssprache zur Verfügung gestellt werden. Die grundlegenden Operationen werden im folgenden kurz vorgestellt:

*   Selektion:
    Dieser Operator bewirkt eine 'vertikale Verkürzung' der Relation in dem Sinne, daß eine Teilmenge aller vorhandenen Tupel selektiert bzw. ausgewählt wird. Nur die Tupel, die die in der Selektion spezifizierte Bedingung erfüllen, werden berücksichtigt. Die Formulierung der Bedingung erfolgt duch die boolsche Verknüpfung (AND, OR, NOT) von Vergleichsoperatoren ($<$, $>$, $=$, $\geq$, $\leq$).

- Projektion:
  Die 'horizontale Verkürzung' einer Relation nennt man Projektion. Durch sie können bei einer Anfrage nicht gewünschte Spalten ausgeblendet und die Reihenfolge bei der Ausgabe festgelegt werden.

- Produkt:
  Die Ergebnisse der Projektion und Selektion liefern naturgemäß jeweils Teilmengen einer einzigen Relation. Der Produktoperator (kartesisches Produkt) arbeitet auf zwei Relationen, d.h. er verbindet jedes Tupel der ersten Relation mit jedem Tupel der zweiten.

- Verbund:
  Der Verbundoperator ist eine Kombination der Operatoren Produkt und Selektion. Er verbindet horizontal die Tupel zweier Relationen (vgl. Produkt), jedoch nur wenn die sogenannten Verbundattribute gewisse Bedingungen erfüllen. Je nach Art der Bedingungen unterscheidet man drei verschiedene Typen von Verbundoperationen:

  'Equi-Join': Die Werte der Attribute, über die der Verbund stattfindet, müssen gleich sein.

  'Natural-Join': Eigenschaften wie der Equi-Join, jedoch werden hier wertgleiche Ergebnistupel automatisch eliminiert.

  'Theta-Join': Hier werden die Verbindungsoperatoren auf andere Vergleichsoperatoren ($<$, $>$, $\geq$, $\leq$) verallgemeinert.

4.2.4 Objektorientiertes Modell

In der Literatur gibt es noch keine festen Definitionen für objektorientierte Datenbanksysteme, da es sich um ein aktives Feld der Informatikforschung handelt. Zur Zeit haben sich zwei 'Denkschulen' herauskristallisiert (Behme 1993, S.177). Die eine besteht aus namhaften Datenbankexperten (Atkinson, Bancilhon, DeWitt, Dittrich, Maier und Zdonik), die ihre Ansichten in einem Manifest formuliert haben (Atkinson et al. 1989). Diese Gruppe fordert ein eigenständiges objektorientiertes Datenmodell. Die weiter unten beschriebenen Merkmale objektorientierter Datenbankmodelle beziehen sich im wesentlichen auf diese Denkschule.

Die andere Gruppe um Stonebraker sieht in der nächsten Datenbankgeneration eine Erweiterung des relationalen Datenmodells (postrelational). Diese Ansicht vertritt sie in einer Art Gegenmanifest (Stonebraker 1990).

Während das relationale Datenmodell für die meisten klassischen Anwendungen (z.B. Grundrechnung) hinreichend ist, genügen sie jedoch nicht komplexen (Software-) Anforderungen. Einen Ansatz, wie auch klassische betriebswirtschaftliche Anwendungen (z.B. Produktions-, Planungs- und Steuerungssysteme) objektorientiert modelliert werden können, geben (Behme/Eckert 1992, S.122ff). Die Schwachstellen der relationalen Datenbankmodelle lassen sich wie folgt zusammenfassen (Behme 1993, S.190):

- die Möglichkeiten, strukturierte Objekte zu modellieren, sind sehr eingeschränkt,

- applikationsorientiertes Verhalten von Objekten kann nicht modelliert werden,

- 'Impedance Mismatch' zwischen Datenbanken und Programmiersprachen,

- Zweiteilung der Daten in Kurzzeit- und persistente Daten,

- fehlende Versionsverwaltung,

- mangelnde Orthogonalität bzw. Sprachvollständigkeit der Datenbank-Abfragesprache.

Die wesentlichen Merkmale eines objektorientierten Datenbankmodells sind (Atkinson et al. 1989):

- Zusammengesetzte Objekte und Benutzer-definierte Typen:
  Ziel ist es, die relevanten Objekte der Realwelt in einer Datenbank als (DB-) Objekte abzubilden. Diese setzen sich aus dem Tripel <Objektidentifikation, Wert, {Operationen}> zusammen. In einem objektorientierten Datenbankmodell ist es erlaubt, beliebig komplex strukturierte Objekte über Tupel- bzw. Mengenbildung als Basiskonstruktoren zu modellieren, d.h. es können Objekte wiederum aus Objekten zusammengesetzt werden (Dittrich/Kotz 1989, S.94ff). Um diese Benutzer-definierten Typen zu ermöglichen, sind mindestens die Typkonstruktionen TUPLE OF, SET OF, LIST OF notwendig, die orthogonal einsetzbar sein müssen (Heuer 1992, S.286). Somit wird der Datenbankentwickler in die Lage versetzt, komplexe Strukturen zu konstruieren. Objekte sind, im Gegensatz zu passiven Daten in konventionellen Datenmodellen, aktive Einheiten, die aus Daten und Methoden bestehen.

- Objektidentität:
  Im Relationenmodell können Datenbankobjekte (d.h. Tupel) nur durch die Belegung der (Schlüssel-) Attribute identifiziert werden. Hingegen besitzt ein Objekt im objektorientierten Datenmodell eine eigene Identität, die unabhängig von aktuellen Werten ist. Dafür sorgt ein vom System vergebener Identifikator (Surrogat). Dieser kann nicht interpretiert werden, d.h. er hat keine eigene Semantik. Der Identifikator wird gleichzeitig mit dem Objekt generiert und bleibt über die gesamte Lebensdauer des Objekts unverändert. Somit wird es ermöglicht, zwischen Identität und Gleichheit zu unterscheiden (verbal: 'dasselbe' und 'das Gleiche'). Die Identität ist gegeben, wenn die Surrogate gleich sind. Gleichheit ist gegeben, wenn die Attributwerte von (DB-) Objekten übereinstimmen.[2] Durch das Prinzip der Objektiden-

---

[2] Man bedenke, daß dieses Problem erst durch die Abstraktion der Modellierung auftritt. In der realen Welt reichen die Merkmale eines realen Objekts immer für eine eindeutige Identifizierung aus.

tität brauchen gemeinsame Unterobjekte nur einmal zu existieren. Surrogate müssen folgenden Anforderungen genügen (Heuer 1992, S.297):

- Surrogate sind global eindeutig.
- Surrogatwerte sind persistent.
- Surrogatwerte können nicht verändert werden und dürfen im Idealfall nach einer Löschung des zugehörigen Objekts nicht wiederverwendet werden.

- Geheimhaltungsprinzip:
  Dieses Prinzip ist bereits aus dem Software Engineering bekannt. Dazu muß eine strikte Trennung zwischen der Spezifikation eines Moduls sowie der Implementation und Datenstruktur eingehalten werden. Die Implementierung der Operationen kann somit geändert werden, ohne daß dieses Einfluß auf die Anwendungsprogramme hat. Die hierfür notwendige Datenkapselung hängt stark mit dem Konzept des abstrakten Datentyps zusammen. Nur über definierte Schnittstellen können Objekte miteinander kommunizieren, d.h. Botschaften austauschen. In einer Schnittstelle (Signatur) sind alle Operationen beschrieben, die auf ein Objekt angewandt werden können.

- Typen/Klassen:
  Ein Typ bzw. eine Klasse kann als 'Objektfabrik' verstanden werden, zu der Objekte mit gleichen Datenstrukturen (Attribute) und Operationen (Methoden) gehören (Heuer 1992, S.301). Ein Typ ist die Beschreibung von gleichartigen Objekten unabhängig von einer konkreten Datenbank. Eine Klasse ist hingegen die Menge aller Instanzen, die einem bestimmten Typ zugeordnet und tatsächlich in einem Datenbanksystem vorhanden sind. Dieses entspricht dem 'kleinsten gemeinsamen Nenner', den alle Objekte aufweisen, die von dieser Klasse sind. Nach Dittrich müssen Klassen mindestens folgendes enthalten (Dittrich 1990, S.161ff):

  - die Spezifikation einer Menge von Objekten mit gleichen Eigenschaften,
  - einen Mechanismus zur Erzeugung von Instanzen von Objekten einer Klasse,
  - einen Mechanismus zur Bearbeitung existierender Instanzen einer Klasse.

  Neue Instanzen eines bestimmten Typs können mit Hilfe der Kommandos CREATE oder NEW erzeugt werden (mit eigenen Surrogaten und Werten). Das Löschen von Objekten einer Klasse muß ebenfalls möglich sein (DELETE).

  Werden Klassen selbst wieder als Objekte aufgefaßt, so spricht man von Meta-Klassen (Heuer 1992, S.373ff). In einigen Anwendungen benötigt man nicht nur Informationen über einzelne Objekte, sondern auch über die 'Objektfabriken' selbst.

- Vererbung:
  Durch das Konzept der Vererbung werden Klassen in einer Strukturhierar-

chie in Ober- und Unterklassen angeordnet. Dieses entspricht den Abstraktionsprinzipien der Generalisierung und Spezialisierung. Der Aufbau einer Strukturhierarchie durch das Konstrukt der Vererbung darf nicht mit dem Instrument der Objektzusammenstellung – wie bereits oben beschrieben – verwechselt werden. Je nach Art der Vererbungsbeziehungen lassen sich einfache, multiple und selektive Vererbung unterscheiden.

Das Konstrukt der Vererbung eignet sich besonders gut, um Hierarchien der realen Welt auf ein Datenmodell 1:1 zu übertragen. Weitere Vorteile sind die leichteren Anpassungen bestehender Datenmodelle an neue Anforderungen (z.B. Aufhängung neuer Klassen an eine bestehende Oberklasse) und die Mehrfachnutzung bzw. Wiederverwendbarkeit von Daten und Operationen (z.B. einmalige Implementierung für die Oberklasse).

Es sei angemerkt, daß eine Unterklasse, die von einer Oberklasse eine Methode erbt, diese überschreiben, also redefinieren kann. Dieses Konzept wird Overriding genannt (Heuer 1992, S.207f).

- Polymorphismus und Überladung:
Polymorphismus bedeutet die Möglichkeit, Konstrukten keine konkreten Datentypen in der Deklarationsphase zuordnen zu müssen. Erst mit der aktuellen Belegung der formalen Parameter wird der Datentyp dynamisch ermittelt. Dieses Konzept wird durch das dynamische Binden umgesetzt.

Von Überladung spricht man, wenn zu jedem Datentyp, der für eine (überladene) Operation zugelassen ist, auch eine compilierte Code-Sequenz existiert. Die Anzahl der Prozeduren stimmt in diesem Fall mit der Anzahl der entsprechenden Datentypen überein. Im objektorientierten Sinne bedeutet dieses, daß die gleichen Nachrichten (Botschaften) bei unterschiedlichen Objekten unterschiedliche Operationen auslösen können.

4.3 Aufbau von Datenbanksystemen

Galten Datenbanksysteme noch vor knapp zwei Jahrzehnten als Exoten, so sind sie heutzutage ein anerkanntes, rechnergestütztes Hilfsmittel, um Daten für ein komplexes Anwendungssystem (z.B. ein Controlling-Informationssystem) aufzubewahren, fortzuschreiben und damit den verschiedenen Anwendern zugänglich zu machen. Aufgrund der Heterogenität der konkreten Ausprägungen von Informationssystemen wäre es nicht sinnvoll, für jeden Anwendungsfall ein eigenes, maßgeschneidertes Datenbanksystem zu entwickeln.

Daher müssen universelle Datenbanksysteme für Informationen beliebiger Art und Struktur geeignet sein. Man erreicht dieses durch eine Art 'Parametrisierbarkeit' nicht nur der Operatoren, sondern auch bzgl. des Aufbaus und der Struktur der aufzunehmenden Daten (Mayr/Dittrich/Lockemann 1987, S.483).

4.3.1 Datenbanksysteme vs. Dateisysteme

In einem Dateisystem sind die für ein spezielles Anwendungsprogramm benötigten Daten immer mit dem Programm selbst abgespeichert. Dieses hat zur Folge, daß für verschiedene Anwendungen, die auf ähnliche Datenbestände zugreifen, jeweils eigene Dateien angelegt werden müssen. Ein Grund für diese Mehrfachspeicherung von Daten ist in der Tatsache zu sehen, daß die Semantik der Daten jeweils in dem Programm und nicht in der Datei abgelegt ist. Damit sind die Daten für die anderen Programme nicht interpretierbar (vgl. Abbildung 4/13). Das Ziel von Datenbanksystemen besteht somit darin, möglichst viel Semantik aus dem Anwendungsprogramm in die Datenbank zu verlagern.

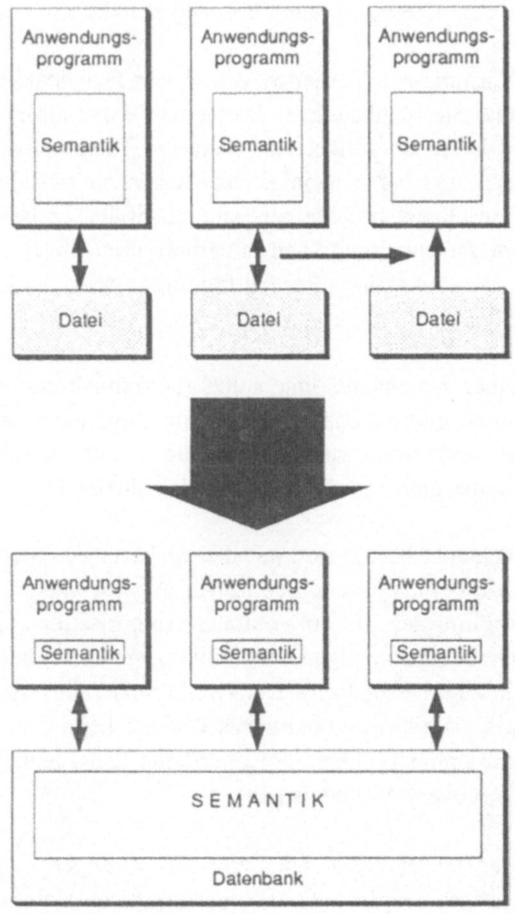

Abb. 4/13: Verlagerung der Semantik vom Anwendungsprogramm in die Datenbank

Die Programmgebundenheit der Daten führt zu einer hohen Redundanz und einer Verschwendung von Speicherplatz. In diesem Zusammenhang ist zu beachten, daß in einem DB-System nicht notwendigerweise jegliche Redundanz vermieden werden muß. Manchmal gibt es Gründe, einen gewissen Grad an Redundanz zuzulassen, um Zugriffszeiten zu verbessern oder Adressierungsmethoden zu vereinfachen. Der entscheidende Vorzug gegenüber Dateisystemen ist darin zu sehen, daß es sich hier um kontrollierte Redundanz handelt, d.h., das zentrale DB-System ist sich der Redundanz 'bewußt'.

Das Vorhandensein einer zentralen Kontrollinstanz verhindert das Auftreten von Inkonsistenzen. Wird ein Objekt aus der realen Welt durch mehrere Einträge in der Datenbank (bzw. dem Dateisystem) repräsentiert und ist diese Mehrfachspeicherung der Kontrollinstanz nicht bekannt (d.h. die Redundanz nicht kontrolliert), kann dieses zu inkonsistenten Datenbeständen führen. Bei kontrollierter Redundanz ist hingegen sichergestellt, daß das Updaten eines Eintrages die gleiche Veränderung bei weiteren Einträgen zur Folge hat. Diesen Vorgang bezeichnet man als 'propagated update'.

Ein weiterer, in der Literatur oft zitierter Vorteil von Datenbanken, liegt in der Erhaltung der Integrität. Sie beinhaltet die Problematik, daß die Daten ein mögliches Abbild der Realität darstellen sollen, z.B. wäre die Tatsache, daß ein Arbeiter 30 Stunden pro Tag gearbeitet hat, unsinnig. Inkonsistenzen zwischen zwei Einträgen, die in der Realität ein Objekt beschreiben, sind ebenfalls ein Beispiel fehlender Integrität. Zentralisierte Datenhaltung kann Integritätsverletzungen eher verhindern, da einheitliche Validierungsprozeduren zur Verfügung gestellt werden können, die bei jedem Update 'greifen'.

Die Verwendung einer Datenbank unterstützt die Einhaltung von Standards (innerbetrieblich, national, international). Werden im Zuge eines unternehmensweiten Informationssystems Teilsysteme zusammengefaßt, so läßt sich der Anpassungsaufwand durch Teilsysteme gleichen Standards stark reduzieren.

Ein weiterer Gesichtspunkt befaßt sich mit den Sicherungsaspekten der Daten. Der erste Sicherungsaspekt beinhaltet den Schutz vor unberechtigtem Zugriff durch eine übergeordnete Kontrollinstanz, da ein zentraler Authorisations-Check durchgeführt werden kann. Gerade bei der heutigen Sensibilität gegenüber Datenschutzproblemen ist dieser Punkt nicht zu unterschätzen. Der zweite Sicherungsaspekt betrifft das Anlegen von Back-Up's. Wird ein einheitliches Datensicherungsverfahren verwendet, ist es nach Systemzusammenbrüchen einfacher, eine konsistente Version der Daten zu rekonstruieren (Recovery-Mechanismen).

Nicht zuletzt muß an dieser Stelle auf den sehr wichtigen Aspekt der Datenunabhängigkeit eingegangen werden. Die Datenbank eines Unternehmens stellt kein statisches Gebilde dar, da sich im Laufe der Zeit die Anforderungen verändern. Die Wirklichkeit zeigt jedoch, daß diesem Aspekt in den Unternehmen bisher nicht genügend Bedeutung beigemessen wird. Viele der heute eingesetzten Anwendungen sind datenabhängig; dieses bedeutet, daß die Art wie die Daten im Sekundärspeicher organisiert sind und die Art, wie auf sie zugegriffen wird, von der Anwendung diktiert wird, d.h., die Datenorganisation und die Zugriffstechnik ist in die Anwendungslogik integriert. Es ist beispielsweise unmöglich, eine Index-orientierte Speicherstruktur in eine hash-adressierte Struktur zu ändern, ohne dabei gleichzeitig die Anwendung umzuschreiben. Der Begriff Datenunabhängigkeit bedeutet also die Immunität der Anwendungen gegenüber Änderungen von Speicher- oder Zugriffstechniken.

Als Fazit dieses Abschnitts kann festgestellt werden, daß der Einsatz eines Datenbanksystems durch die zentrale Kontrolle eine wesentlich bessere Möglichkeit für eine konsistente und auch für spätere Erweiterungen flexiblere Lösung anbietet. Der Programmieraufwand für Änderungen kann minimiert werden, indem übergeordnete Validierungs- und Kontrollroutinen nur einmal implementiert werden. Die somit freigesetzten Kapazitäten können für neue Anwendungen ertragreicher eingesetzt werden.

Fairerweise sei erwähnt, daß die beschriebenen Ziele und Vorzüge Idealvorstellungen darstellen, die nicht in allen Fällen von real existierenden Systemen unterstützt werden (z.B. kontrollierte Redundanz).

4.3.2 3-Schichten-Architektur

Bereits im letzten Abschnitt wurde der Begriff der Datenunabhängigkeit eingeführt. Dieser Aspekt hat genau zwei Seiten, auf die im folgenden genauer eingegangen wird. Zur physischen Datenunabhängigkeit darf nicht auf die konkrete Datenstruktur oder die daraus resultierenden Zugriffspfade Rücksicht genommen werden.

Die logische Datenunabhängigkeit betrifft die Schnittstelle zwischen den Sichten der verschiedenen Anwender und der Gesamtstruktur der Datenbank. Jeder Benutzer einer Datenbank kennt nur den Ausschnitt aus der globalen Struktur, der für ihn relevant ist. Die logische Datenunabhängigkeit erlaubt es, das Gesamtschema in zweierlei Hinsicht zu verändern, ohne daß die lokalen Sichten der bestehenden Anwendungen davon berührt werden:

- das Einfügen neuer Entitäten in das Gesamtschema,

- das Erweitern bestehender Entitäten um neue Attribute.

Diese einführende Beschreibung läßt es sinnvoll erscheinen, die Daten unter drei Betrachtungsebenen zu sehen:

- die Sichten der einzelnen Benutzer,

- die logische Gesamtstruktur,

- die physischen Datenstrukturen.

Die daraus resultierende 3-Schichten-Architektur eines Datenbanksystems zeigt Abbildung 4/14. Diese Teilung basiert auf den Vorschlägen der ANSI/SPARC Study Group on Database Management.

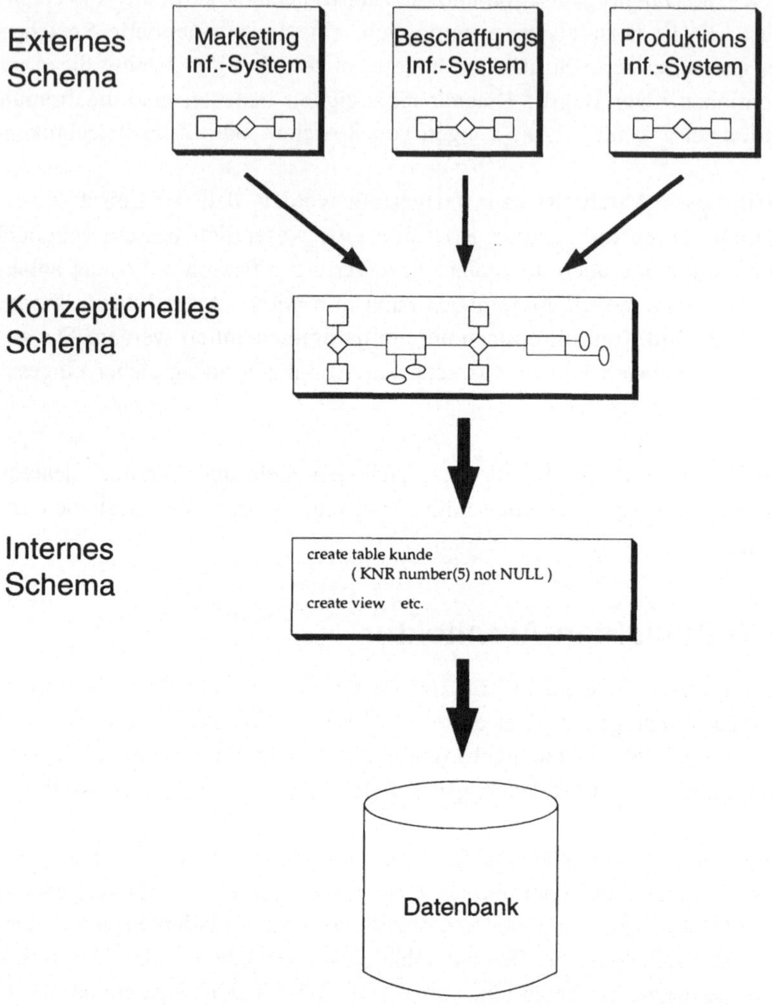

Abb. 4/14: 3-Schichten-Architektur

Das interne Schema beschreibt die Art, wie die Daten im physikalischen Speicher strukturiert bzw. organisiert sind. Sie unterscheidet sich von diesem dadurch, daß die Daten nicht als Pages, Blöcke oder Sektoren gesehen werden, sondern als 'interne Records' (Vossen 1987, S.20). Gemäß dem Nutzungsprofil der verschiedenen Anwendungen muß der Zugriff auf einzelne Records beispielsweise durch Indexstrukturen oder Hashtabellen unterstützt werden. Diese Speichertechniken können sich im Laufe der Zeit durch veränderte Nutzungsprofile oder Neuentwicklungen ändern. Es können demzufolge zu einem konzeptionellen Schema mehrere interne Schemata existieren; zu jedem Zeitpunkt existiert in einem Datenbanksystem jedoch nur ein internes Schema.

Die semantischen Bedingungen, die bei der Erstellung des konzeptionellen Schemas eine wesentliche Rolle spielen, sind auf der internen Ebene nicht mehr sichtbar. Daher ist sorgfältig darauf zu achten, daß die Wirkung der konzeptionellen Operatoren korrekt realisiert sind.

Das konzeptionelle Schema beschreibt die Gesamtstruktur aller in der Datenbank vorhandenen Daten. Durch die Integration der verschiedenen Anwendersichten wird es synthetisch gewonnen. Diese als Zwischenschicht konzipierte Ebene trägt dafür Sorge, daß die logische und physische Datenunabhängigkeit gewährleistet ist. In ihr werden alle Gegenstände, Beziehungen und Merkmale des abzubildenden Realitätsausschnittes konzeptionell mit Hilfe einer formalen Beschreibungssprache dargestellt. Man geht davon aus, daß sich die Struktur der Realität nicht oder nur sehr selten ändert, so daß das konzeptionelle Schema als stabiler Bezugspunkt zum internen sowie zum externen Schema angesehen werden kann.

Jeder Benutzer benötigt für seine Anwendung nur einen Ausschnitt aus dem Gesamtstrukturmodell. Welcher Ausschnitt jeweils zugänglich sein soll, muß der Datenbankadministrator in Zusammenarbeit mit den Fachabteilungen festlegen. Die eingeschränkte Sicht wird in Form eines externen Schemas zur Verfügung gestellt. Nur über dieses hat der Benutzer Zugang zu der Datenbank. Der kontrollierte Zugang beinhaltet auch die Möglichkeit, aus Gründen des Datenschutzes einigen Benutzern den Zugang zu sensitiven Teilen der Datenbank zu verwehren. Falls mehrere Anwendungsprogramme bzw. Benutzer denselben Realitätsausschnitt als Datenbasis benötigen, reicht die Erstellung eines externen Schemas für alle Anwendungen.

Die Beschreibung der externen Ebene wird mit den gleichen Methoden erfolgen, wie sie schon für die konzeptionelle Ebene Verwendung fanden.

Der Vollständigkeit halber sei erwähnt, daß in Spezialfällen die externe Sicht identisch mit der konzeptionellen Sicht sein kann. Dieser Fall tritt ein, wenn in einem System nicht zwischen der Benutzersicht und der Gesamtsicht unterschieden wird (Vossen 1987, S.20).

4.3.3 Datenbank-Management-Systeme

Unter einem Datenbanksystem wird stets die Kombination aus einem Datenbankmanagementsystem (DBMS) und einer oder mehreren Datenbanken verstanden. Im folgenden sollen die einzelnen Komponenten und Eigenschaften eines Datenbankmanagementsystems kurz skizziert werden. Dabei werden Aufgaben angesprochen, die ein Benutzer eines DBMS heute voraussetzen kann. Teilweise sind die Aufgaben für die Benutzer zugänglich (z.B. das Data Dictionary), andere dagegen sind für sie unsichtbar und nahe am Systemkern anzusiedeln (z.B. der Transaktionsmanager).

Grundvoraussetzung für ein DBMS ist die Persistenz der Daten. Darunter versteht man die Eigenschaft, daß auf die Daten auch nach Beendigung des Programms (Prozesses), das die Daten erzeugte, zugegriffen werden kann. Im allgemeinen arbeitet ein Benutzer nicht exklusiv mit seinen Daten, sondern diese stehen mehreren gleichzeitig zur Verfügung. Die einzelnen Anfragen werden in eine Folge von Lese- und Schreiboperationen übersetzt, die man als Transaktionen bezeichnet. Jeder Benutzer hat den Eindruck, die Datenbank allein zu benutzen. Da tatsächlich aber mehrere Transaktionen gleichzeitig zur Abarbeitung anstehen, ist es Aufgabe des Transaktionsmanagers, die Ausführung zu überwachen.

Greifen zwei Transaktionen auf disjunkte Teile der Datenbank zu, so können sie parallel abgearbeitet werden. Dieses ist möglich, indem man Teile der Datenbank für andere Transaktionen sperrt. Die Größe der gesperrten Einheiten hängt von der Anfrage und dem DBMS ab. Sie reichen von einzelnen Tupeln einer Relation bis hin zur kompletten Datenbank. Erfolgt der Zugriff jedoch auf gemeinsame Datenbestände ist eine Serialisierung der betroffenen Transaktionen unumgänglich. Spezielle Algorithmen, die die bei der Verzahnung auftretenden Probleme vermeiden, finden sich u.a. in (Ullman 1989).

Die Abarbeitung einer Transaktion erfolgt nach dem Alles-oder-Nichts-Prinzip, d.h. eine Transaktion wird entweder vollständig oder gar nicht ausgeführt. Bei Fehlern tritt eine weitere wesentliche Komponente eines DBMS in Funktion: der Recovery-Manager.

Nach Hard- oder Softwarefehlern des Systems muß das DBMS in der Lage sein, den alten konsistenten Datenbestand wieder herzustellen. Dieses ist die Aufgabe des bereits erwähnten Recovery-Managers. Die angesprochenen Fehler können vielfältige Ursachen haben:

- Bei einem Zugriff auf die Magnetplatte können Hardware-Fehler in Form eines Headcrash auftreten.

- Die Transaktionen können nicht regulär beendet werden, weil Inkonsistenzen auftreten.

- Die Transaktion bricht auf Grund eines Betriebssystemfehlers ab.

In regelmäßigen Zeitabständen ist eine Kopie der gesamten Datenbank auf einen Sekundärspeicher (z.B. Magnetband) anzufertigen. Dieser gesicherte Zustand dient dem Recovery-Manager als Bezugspunkt. Alle nach dem Bezugspunkt ausgeführten Transaktionen werden in einem Log-Buch festgehalten. Beim Auftreten eines Fehlers werden alle nach dem Bezugspunkt durchgeführten Transaktionen zurückgesetzt, um einen konsistenten Datenbank-Zustand zu erreichen. Nährere Einzelheiten zu diesem Thema werden u.a. bei (Schlageter/Stucky 1983) behandelt.

Ebenfalls zu einem DBMS gehören die Bestandteile Datenmodell und Sprache. Jedes DBMS beruht auf einem Datenmodell, das eine Gruppierung und Strukturierung der Daten erlaubt (vgl. Abschnitt 4.2). Diese Forderung schließt Systeme aus, die lediglich uninterpretierte Byte-Ketten als Daten unterstützen.

Entsprechend dem gewählten Datenmodell gibt es eine Datenmanipulations- und -beschreibungssprache (DML, DDL). Die DML ist die sprachliche Schnittstelle zur Manipulation der Daten. Sie beinhaltet Einfüge-, Änderungs- und Löschoperationen sowie Operationen zur Wiedergewinnung und Verdichtung von Daten. Die DDL umfaßt Kommandos zur genauen Beschreibung der logischen Datensätze.

4.3.4 Meta-Systeme

Mit der Entwicklung und Einführung von Datenbanken zur Beschreibung, Speicherung und Wiedergewinnung von umfangreichen Datenmengen, die die Grundlage vieler Anwendungsprogramme bilden, wurden auch sogenannte Data Dictionaries und Repositories entwickelt. Diese Systeme werden als Meta[3]-Systeme bezeichnet, bei denen die philosophische Wesensunterscheidung zwischen 'intentio recta' und 'intentio obliqua' hineinspielt (Behme 1993, S.4). Das erste ist die Sicht auf die konkreten Dinge, die Daten oder Informationen; das zweite ist die Sicht auf die Art und Weise – wo, wie, was – die Daten oder Informationen dargestellt sind. Mit eben dieser Sichtweise befassen sich die Meta-Systeme.

4.3.4.1 Data Dictionary

Die Bezeichnung Data Dictionary (DD) ist aus dem Englischen entnommen und heißt wörtlich übersetzt Datenwörterbuch. In der Literatur werden auch die Synonyme Datenlexikon und Datenkatalogsystem verwendet (Heinrich/Roithmayr 1989, S.132). Data Dictionaries entstanden schon Anfang der 70er Jahre aus der betrieblichen Notwendigkeit heraus (Stülpnagel 1991, S.11),

- die mit der Datenbanktechnik mögliche technische Integration von Daten auch begrifflich zu vollziehen;

- die damit verbundene, immer komplexer werdende Verwendung der Daten transparenter zu machen.

In größeren Unternehmen gibt es eine Vielzahl von Dateien und Programmen, die im Bereich der Datenverarbeitung eingesetzt werden. Hieraus ergibt sich die Notwendigkeit, ein hinreichend genaues Wissen über Format, Inhalt, Verwendung und Speicherungsform der Daten zu besitzen, um eine weitestgehend redundanzfreie und konsistente Datenhaltung zu gewährleisten. Das Data Dictionary ist somit eine Sammlung von Beschreibungen, mit deren Hilfe die Daten logisch zentralisiert beschrieben werden (Biethahn/Mucksch/Ruf 1991, S.209f). Der Bereich, den die logische Zentralisierung abdeckt, legt somit auch den Gültigkeitsbereich des Data Dictionaries fest.

---

[3]   griechisch: meta = über, hinter

Ein Data Dictionary enthält ferner die benötigten Informationen, um ein identisches Verständnis der Daten in den einzelnen Abteilungen zu erreichen. Hierdurch können bestehende Kommunikationsschwierigkeiten verringert werden (Biethahn/Mucksch/Ruf 1991, S.209f).

Abb. 4/15: Anforderungen an ein Data Dictionary System aus der Sicht verschiedener Anwender

Die Anforderungen an ein Data Dictionary System aus der Sicht unterschiedlicher Anwendergruppen sind in Abbildung 4/15 dargestellt (Scheiter 1991, S.133). Dabei handelt es sich um Maximalanforderungen, die in dieser Qualität und Quantität bisher noch nicht realisiert sind. Würde ein reales System allen Anforderungen genügen, so sollte man eher von einem Repository als von einem Data Dictionary sprechen. Die Aufgaben eines Data Dictionaries können je nach seinem Einsatzbereich sehr unterschiedlich sein. Im wesentlichen sind dieses (Thome 1990, S.D 4.5:1; Sokolovsky 1981, S.122f):

- die Verwaltung aller Datenbanken:

    - Abgleich von Synonymen und Homonymen und Bildung einheitlicher Bezeichnungen,
    - Konsistenz-, Integritäts- und Redundanzkontrolle,
    - Auskünfte allgemeiner Art zur Erhöhung der Transparenz,
    - Hilfsinstrument zur Standardisierung,

- die Organisation der Benutzerberechtigung:

    - Verwendung der Objekte der EDV-Miniwelt (passive, aktive Zugriffe),
    - Benutzer der Objekte (inklusive Datensicherheit, Datenschutz und entsprechender Statistiken),

- die Protokollaufgabe, d.h. Verknüpfungen zwischen Datenfeldern und Programmen zu dokumentieren:

  - Angaben über Programme, welche die Daten verwenden,
  - weitgehende Unterstützung bei Berichtsdefinitionen und -erstellung.

Um diesen Aufgaben gerecht zu werden, sind folgende Daten im Sinne von Meta-Daten im System zu hinterlegen (Biethahn/Mucksch/Ruf 1991, S.210f):

- Dateien des Informationssystems,

- Struktur der vorhandenen Datenarten, Datengruppen und Datenfelder,

- vorhandene Definitionen,

- Quellen der Daten,

- Datenhaltung,

- Verwendung der Daten,

- Änderung der Daten.

Die Informationsstruktur eines Unternehmens sollte in einem unternehmensweiten Datenmodell beschrieben sein. Dieses geschieht häufig unter Verwendung eines Entity-Relationship-Modells (vgl. Abschnitt 4.1.1). Aufbauend auf dieser Darstellungsweise werden Informationen über die einzelnen Entitäten dieses Datenmodells als Meta-Informationen mit Hilfe von Data Dictionaries verwaltet. Ein Entitäts-Typ setzt sich aus einem Namen (Identifikator), ein oder mehreren Attributen (Beschreibung) und der Struktur (Beziehungen) zusammen. Über den Namen läßt sich eine eindeutige Identifikation des Entitäts-Typs im Data Dictionary vornehmen. Die Attribute repräsentieren die spezifischen Merkmale der Entitäts-Typen. Die folgende Aufzählung enthält die wichtigsten Klassen von Attributen (Leong-Hong/Plagman 1982, S.66ff; Sokolovsky 1981, S.123f):

- Identifikationsattribute,

- Repräsentationsattribute,

- Relationsattribute,

- statistische Attribute,

- Kontrollattribute,

- physische Attribute.

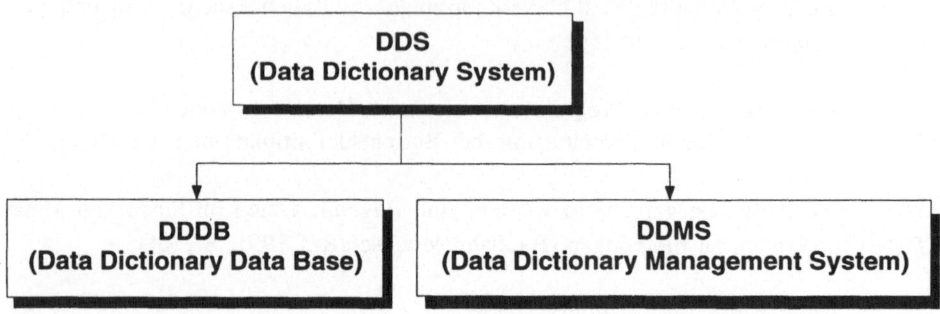

Abb. 4/16: Bestandteile eines Data Dictionary Systems

Einige Autoren erweitern den Begriff des Data Dictionaries zum Data Dictionary System (DDS), welches ein Softwaresystem zum Speichern, Verwalten und Wiederauffinden der Informationen beinhaltet (Schneider 1986, S.131; Biethahn/Mucksch/Ruf 1991, S.209ff). Das Data Dictionary System setzt sich gemäß Abbildung 4/16 aus den Komponenten Data Dictionary Data Base (DDDB) und Data Dictionary Management System (DDMS) zusammen. Im DDDB werden die eigentlichen Daten und Funktionen – wie sie bereits oben beschrieben wurden – abgelegt. Eine DDDB ist also die Datenbank. Es ist Aufgabe des DDMS, dafür zu sorgen, daß die Daten eines Data Dictionaries widerspruchs-, redundanz- und fehlerfrei definiert werden und daß die Integrität der Datenbestände sichergestellt ist (Biethahn/Rohrig 1990, S.748).

Abschließend ist in Abbildung 4/17 das Konzept eines globalen Data Dictionaries mit Aufbau, Umgebung und Benutzerklassen dargestellt. Während die Benutzerklassen sowie die Grobeinteilung des DDS in DDMS und DDDB bereits beschrieben wurden, soll im folgenden der innere Aufbau und die Umgebung erläutert werden.

Zu den wichtigsten Umgebungstools, die eine Verbindung zu einem Data Dictionary System besitzen können, gehören (Biethahn/Mucksch/Ruf 1991, S.232f):

- Datenbank Management System (DBMS),

- Compiler,

- TP-Monitore,

- Report-Writer,

- Query Language Prozessor (QLP).

Während die Verbindung von Compiler und TP-Monitoren zu Data Dictionary Systemen zur Generierung von Daten- und Maskendefinitionen genutzt wird, läßt sich das DDS durch Report-Writer und Query Language Prozessoren als Auskunftssystem nutzen.

Der innere Aufbau, welcher der DDDB zuzuordnen ist, besteht aus (Biethahn/Mucksch/Ruf 1991, S.220ff)

- der Meta-Datenbank,
- der Programm- und Methodenbank und
- dem Data Directory.

Der Aufbau eines Data Dictionary Systems läßt sich gemäß Abbildung 4/17 (Behme 1993, S.105) darstellen.

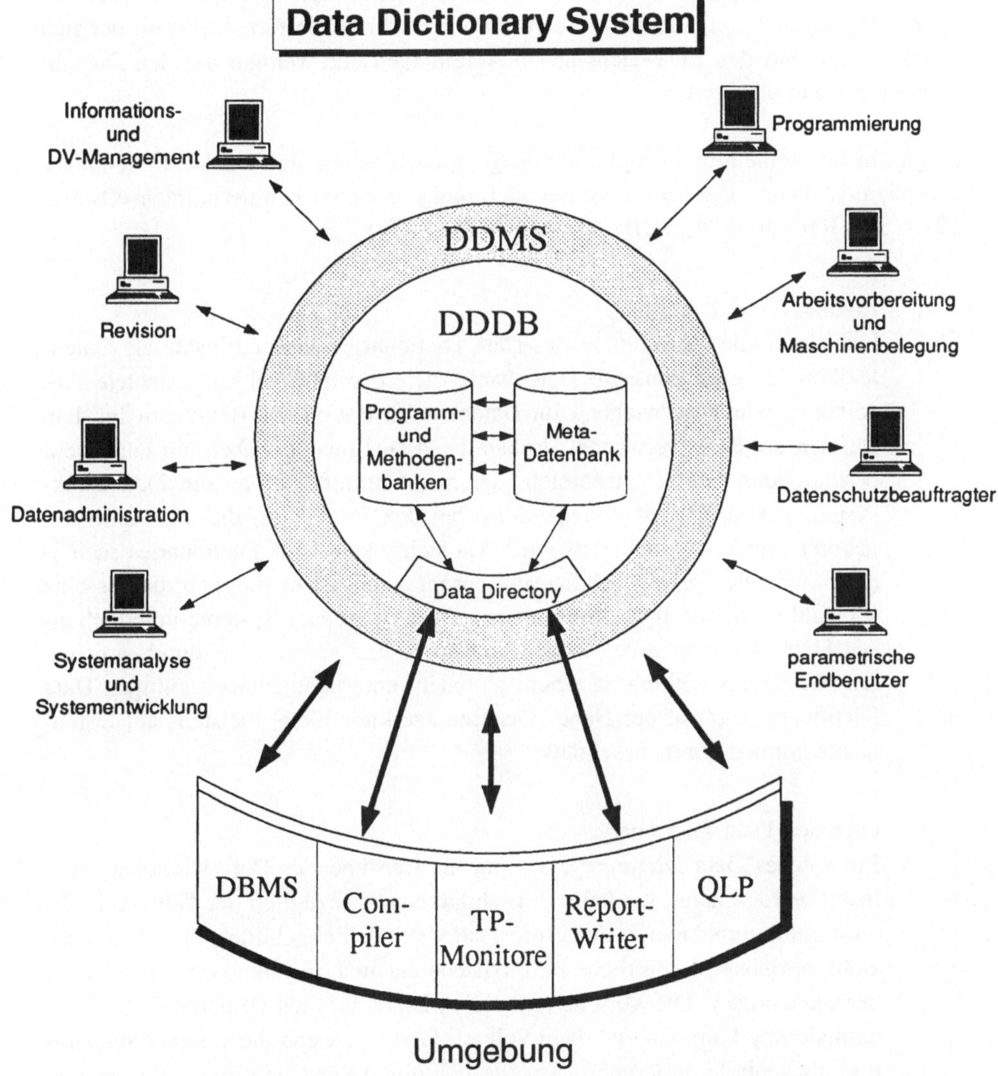

Abb. 4/17: Konzept eines global gültigen Data Dictionary Systems

In der Meta-Datenbank werden die Meta-Daten (Entitäten) – wie oben bereits beschrieben – abgelegt. Die Programm- und Methoden-Bank verwaltet die Zugriffspfade und Verarbeitungsregeln der im Unternehmen beschriebenen Anwendungsprogramme. Das Data Directory soll für eine effiziente Verbindung zu den Umgebungstools des Data Dictionary Systems sorgen, um somit eine aktive Nutzung des DDS zu ermöglichen. Hierzu gehören insbesondere Daten über die physikalische Lage sowie mögliche Zugriffsformen der gespeicherten Dateien.

Entgegen den oben aufgeführten Data Dictionary Systemen, die zum Teil ein recht umfassendes Einsatzgebiet mit den unterschiedlichsten Benutzergruppen versprechen, haben diese Systeme in der Praxis einen sehr eingeschränkten Benutzerkreis, der sich in erster Linie aus den EDV-technischen Abteilungen und weniger aus den Fachabteilungen zusammensetzt.

Es gibt bisher keine allgemeingültigen Regeln, nach denen man ein Data Dictionary klassifizieren kann. Dennoch scheinen sich einige Klassen herauszubilden (Dsouza 1990, S.8; Reusch 1984, S.7ff; Narayan 1988, S.49f):

- Lokales Data Dictionary:
  Die klassische Anwendung des Data Dictionaries ist der Einsatz als Datenlexikon für eine konkrete Datenbank. Diese sehr lokal ausgerichtete Anwendung wurde vorwiegend zur Datenadministration von Benutzern aus dem Bereich der EDV verwendet. Lokale Data Dictionaries haben nur einen sehr beschränkten Gültigkeitsbereich, der meist unmittelbar an ein Datenbanksystem gekoppelt und üblicherweise bei den Produkten, die am Markt angeboten werden, mitgeliefert wird. Da sich lokale Data Dictionaries sachlogisch auf eine konkrete Datenbank beschränken, ist es möglich, daß es eine Vielzahl einzelner, nicht koordinierter Data Dictionary Systeme innerhalb eines Unternehmens geben kann. Standards sind somit nicht durchzusetzen. Die Weiterentwicklung zu einem globalen, unternehmensweit gültigen Data Dictionary liegt auf der Hand. Der Benutzerkreis bleibt meistens auf Datenbankadministratoren beschränkt.

- Globales Data Dictionary:
  Ein solches Data Dictionary, das nur als freistehendes Data Dictionary realisiert werden kann, hat keine Einschränkungen bezüglich der Gültigkeit. Es wird ein unternehmensweites Informationsmodell abgebildet. Dabei sind sowohl betriebswirtschaftliche und logische als auch physikalische Aspekte zu berücksichtigen. Die Vorteile eines Data Dictionary als Hilfsmittel zur Standardisierung kommen erst dann voll zur Geltung, wenn die Datenadministration als zentrale, unternehmensweite Institution verstanden wird (Stülpnagel 1991, S.11). Der Übergang vom globalen Data Dictionary zum Repository ist fließend.

- Aktives Data Dictionary:
  Das aktive Data Dictionary steht mit anderen Systemen, z.B einem Datenbank Management System (DBMS), direkt in Verbindung. So können mit Hilfe einer Datendefinitionssprache neue (Meta-) Daten definiert werden (Datendefinition). Ebenso kann zur Ausführungszeit die Steuerung und Kontrolle der Adressierung, Zugriffspfade und die Überprüfung der Autorisation beim Zugriff auf die Daten mit Hilfe einer Datenmanipulationssprache unmittelbar über das Data Dictionary erfolgen. Die (automatische) Spezifikation von Konsistenzbedingungen, Dateien, Programmen und Anwendungen zur Laufzeit gehört ebenfalls zu den Eigenschaften eines aktiven Data Dictionary (Reusch 1984, S.7ff).

  Da der Funktionsumfang dieser aktiven Systeme wesentlich weiter gefaßt ist als bei den passiven, haben sie große Performance-Probleme. Viele Kontroll- und Zugriffsmechanismen müssen koordiniert werden, woraus eine gewisse Starrheit der Systeme in bezug auf Implementierung und Organisation resultiert (Narayan 1988, S.49f).

- Passives Data Dictionary:
  Das passive Data Dictionary System stellt lediglich ein Nachdokumentationssystem dar, das einen zentralen Datenstruktur- und Datenverwendungsnachweis führt.

- Integriertes (abhängiges) Data Dictionary:
  Hierbei handelt es sich um ein Data Dictionary, das in ein Datenbank Management System eingebunden ist. Dieses Data Dictionary kann nur lokale Gültigkeit besitzen, da auch der Datenbankmanager auf ein Datenbanksystem beschränkt ist. Ein weiteres Klassifikationsmerkmal ist die Verbindungsart zwischen Data Dictionary Systemen und Datenbanksystemen, die sich in abhängige und unabhängige Systeme aufspalten läßt. Abhängige Systeme zeichnen sich dadurch aus, daß sowohl Anwendungsdatenbanken als auch Meta-Datenbanken von einem Datenbanksystem geführt werden. Diese Tatsache ist häufig mit dem Einsatz von aktiven Data Dictionary Systemen gekoppelt. Demgegenüber haben unabhängige Data Dictionary Systeme ihre Meta-Datenbank auf einem separaten datenbankähnlichen System.

- Freistehendes (unabhängiges) Data Dictionary:
  Diese Klasse der Data Dictionaries ist unabhängig von einem konkreten Datenbank Management System (stand-alone Data Dictionary) und bildet das Gegenstück zu den integrierten Systemen. Dadurch wird die strenge Lokalität aufgehoben und Verbindungen zu mehreren Datenbank Management Systemen sind möglich. Die Implementation eines freistehenden Data Dictionary Systems ist wegen des geringen Integrationsgrades erheblich leichter.

Es ist zu bemerken, daß es sich bei diesen Systemen eher um passive Dokumentationssysteme handelt, bei denen Änderungen nicht automatisch an die Anwendungssysteme weitergegeben werden.

- Nicht zu umgehendes (non-bypassable) Data Dictionary:
  Der Zugang zu Datenbank Management Systemen, Tools oder Anwendungssystemen erfolgt in diesem Fall nur über das Data Dictionary, d.h., daß das Arbeiten mit den Systemen nicht ohne die Benutzung des Data Dictionaries möglich ist. Es ist nicht in die Systeme integriert, muß aber mit ihnen synchronisiert sein.

- Organisationsformen von Data Dictionaries:
  Hinsichtlich der Organisation von Data Dictionary Systemen lassen sich Systeme mit zentralen und dezentralen Spezifikationsdaten unterscheiden (Reusch 1984, S.8ff). Bei der Zentralisierung sind die Spezifikationsdaten nur einmal im System vorhanden. Dezentrale Haltung bedeutet hingegen, daß mehrere Ausprägungen der Spezifikationsdaten vorliegen.

4.3.4.2 Repository

Das Data Dictionary und das Repository sind – wie eineiige Zwillinge – nur schwer voneinander zu unterscheiden. Jedoch ist das Repository umfangreicher als ein Data Dictionary. Es ergänzt das Data Dictionary um Informationen, Dienste und Tools für die Software-Entwicklung (CASE) sowie eine speziell dafür entwickelte Dokumentationskomponente (Meder 1992, S.24).

Der Begriff Repository hat in der Literatur noch keine feste, einheitliche Definition. Der Duden (Duden Oxford 1990, S.602) übersetzt Repository mit Behälter, Lager, Fundgrube oder Quelle. Durch die Einführung des Produkts 'Repository Manager/MVS' von der Firma IBM wurde der Begriff als eine organisierte, geteilte Sammlung von Informationen über Elemente und Aktivitäten eines Unternehmens etabliert, die Vorgänge im Zusammenhang mit Daten unterstützt (Dsouza 1990, S.20ff).

Da es noch keine festgeschriebenen Mindestanforderungen an Repository Systeme gibt, handelt es sich um einen sehr dehnbaren Begriff. Einige Autoren sprechen noch von Data Dictionaries, aber die von ihnen beschriebenen Anforderungen an die Systeme genügen bereits den Anforderungen, die andere Autoren an ein Repository stellen. Deshalb ist es nicht möglich, klar umrissene Inhalte, Bestandteile und Klassen von Repository Systemen zu beschreiben. Aus diesem Grund stellen die folgenden Ausführungen nur eine mögliche Begriffsbeschreibung dar.

Das Repository ist eine Weiterentwicklung des globalen Data Dictionaries. Während letzteres hauptsächlich von Datenbankadministratoren eingesetzt wird, handelt es sich bei dem Repository um ein Werkzeug für den gesamten Bereich der Anwendungsentwicklung (Dsouza 1990, S.20f). Nur über das Data Dictionary hinausgehende Erweiterungen sollen im folgenden beschrieben werden. Wesentliche Inhalte von Repositories sind:

- CASE-Unterstützung:
  Der Ansatz von Data Dictionaries zur Unterstützung des Software Engineering reicht für die neuen Anforderungen eines modernen computergestützten Software Engineering (CASE) nicht mehr aus. Diese Ansicht wird von Dsouza prägnant zum Ausdruck gebracht, wenn er schreibt (Dsouza 1990, S.20):

  "For a shop that is out of control, CASE only assists in getting out of control faster. A repository is one way of harnessing CASE productivity to provide organized, controlled growth."

  Die Vorteile sind kürzere Entwicklungszeiten und eine verbesserte Möglichkeit zur Dezentralisierung. Damit sind Repositories besonders zur Unterstützung größerer Projekte der Anwendungsentwicklung geeignet. Das Ziel ist es, einen gesunden Kompromiß zwischen dem 'laissez-faire'-Prinzip (d.h. unkontrollierter CASE-Umgebung auf der Basis von Arbeitsplatzrechnern) und einer zentral kontrollierten Repository-Umgebung (Host-gestützt) zu finden. Die hohe Produktivität von Arbeitsplatzrechnern soll mit Hilfe eines zentralen Repository-Systems koordiniert werden (Dsouza 1990, S.22).

  Zur CASE-Unterstützung muß ein Überblick über die Software-Anwendungen, *"wie (und warum!) sie entstanden sind"* und *"wie sie sich mit der Zeit verändert haben (und das ist meist noch wichtiger)"* gegeben werden (Stülpnagel 1991, S.13). Dieser Aufgabe des Repositories wird durch die Integration von Projektdaten, Bibliotheksfunktionen und Dokumentationswerkzeugen entsprochen.

  Der Einsatz eines Repositories als Systementwicklungswerkzeug kann entsprechend Abbildung 4/18 dargestellt werden. Mit Hilfe des Repositories wird ein gerichteter Informationsfluß generiert. In jeder Phase des System-Lebenszyklus', wie er in der Horizontalen dargestellt ist, gibt es die Möglichkeit (oder die Pflicht), die Ergebnisse dieser Aktivitäten zur Dokumentation und Koordinierung in das Repository abzulegen. Entscheidend dabei ist die Tatsache, daß das Repository durchgängig für alle Phasen nutzbar ist. Aus diesen so gewonnenen (Meta-) Daten können für den Anwender hilfreiche Auswertungen generiert werden. Hierzu gehören Zwischenergebnisse (z.B. Normalisierung von Datensichten), Endergebnisse (z.B. Datenbankdefinitionen) und Dokumente (z.B. Anwenderhandbücher, Help-Systeme).

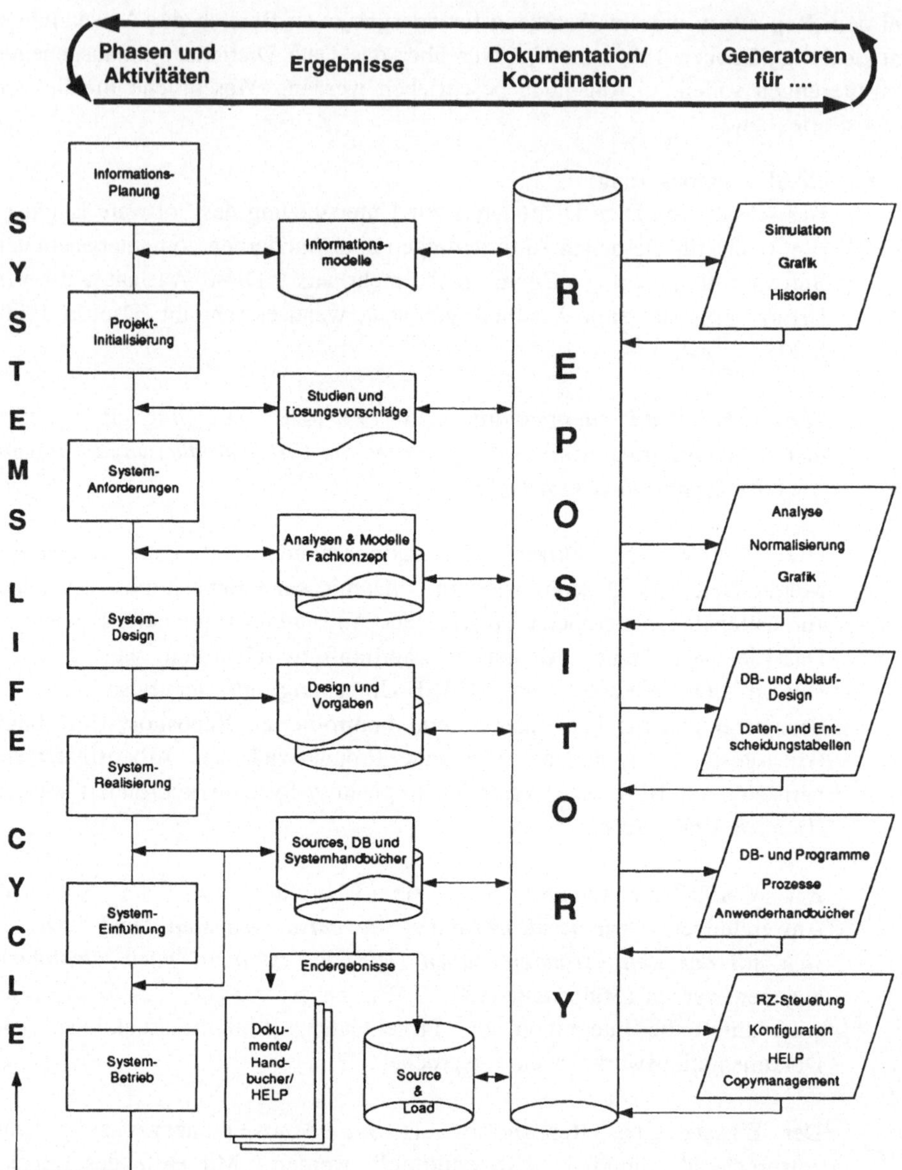

Abb. 4/18: Repository als Systementwicklungs- und Systembetriebs-DB

- Repository-Informationsmodell:
  Dieses Modell beinhaltet nicht nur Daten bestehender IV-Systeme mit den entsprechenden Datenbeschreibungen, sondern zusätzlich auch Modelle der realen Welt. Die dafür notwendigen Generierungs- oder Analysefunktionen sind ein wesentlicher Bestandteil des Repository (Stülpnagel 1991, S.12). Ein Repository enthält also ein (Meta-) Informationsmodell, das von Anwendungsentwicklern und Programmierern gleichermaßen als Grundlage genutzt wird. Es ist daher mit einem nicht zu umgehenden, unternehmensweiten Data Dictionary System zu vergleichen

Das Repository-Informationsmodell soll von Anwendungsanalytikern und Programmierern gleichermaßen genutzt werden. Die CASE-Unterstützung wird erst durch die Existenz eines Repository-Informationsmodells sichergestellt. Hierdurch soll es ermöglicht werden, unternehmensindividuelle Standards einzuführen, die der Integration von Software-Tools (Insellösungen) dienen.

Die Entwicklung eines individuellen, unternehmenspezifischen Repository-Informationsmodells ist ein sehr komplexer und zeitraubender Vorgang. Daher bietet es sich aus pragmatischen Gründen oftmals an, ein vordefiniertes Repository-Informationsmodell zu benutzen, das bei vielen kommerziellen Produkten, die am Markt angeboten werden, mitgeliefert wird. Standardisierte Repository-Informationsmodelle gibt es derzeit noch nicht.

Die architektonischen Bestandteile eines Repositories lassen sich wie folgt beschreiben (Stülpnagel 1991, S.13ff):

- Objekte eines Repositories:
  Dabei handelt es sich um den Inhalt eines Repositories, welcher durch eine Datenbeschreibungssprache definiert wird. Hierbei gilt es die Objekte mittels eines geeigneten Informationsmodells zu beschreiben. Bei der physikalischen Datenhaltung dieser Objekte ist zu beachten, daß eine Vielzahl feinstrukturierter Daten online einer großen Menge von Anwendern zur Verfügung gestellt werden muß – und dieses mit entsprechender Performance.

- Funktionen eines Repositories:
  Dieses sind jene Komponenten, die notwendig sind, um die geforderten Operationen mit den oben genannten Objekten durchführen zu können. Diese lassen sich in zwei Klassen gliedern (Stülpnagel 1991, S.17ff):
    - Datenbank-Service, das sind alle Funktionen, die aus einem Repository System auch ein Datenbank Management System machen;
    - Repository Service, das sind alle Funktionen, die gerade ein Datenbank Management System von einem Repository System unterscheiden (Modellierungsfunktionen, Konfigurationsverwaltung).

- Repository-Front-End:
  Hierzu gehören alle Benutzerschnittstellen eines Repositories, über die sowohl Benutzer als auch Programme auf das System zugreifen können.

Da die Entwicklung von Repositories noch recht jung ist, sind noch keine festen Klassifikationsmöglichkeiten vorhanden. Ähnlich wie bei den Data Dictionaries können auch Repositories in aktive und passive Systeme unterteilt werden. Lokale Repositories wären ein Widerspruch in sich, da Repositories dem Wesen nach ein nicht zu umgehendes unternehmensweites System garantieren sollen.

Erste Versuche, allgemeine Richtlinien in Form von Standards für ein Repository zu etablieren, sind sowohl von ANSI (American National Standard Institute) als auch ISO (International Organisation for Standardization) unternommen worden. Das Ergebnis ist das IRDS (Information Resource Dictionary System). Gemeinsam ist beiden Standards jedoch die Aufteilung der Daten in Schichten, die sich nur hinsichtlich ihrer Bestandteile unterscheiden.

Der von ANSI verabschiedete Standard X3.138 1988, der mit einem Aufwand von 100 Entwicklungsjahren erstellt wurde (ANSI 1988), weist vier Abstraktionsebenen aus. Im Mittelpunkt des Schichten-Prinzips steht das Konzept des Intension/Extension-Paares (Goldfine 1985, S.115ff). Die intensionale Sichtweise bezieht sich auf den Meta-Charakter der Daten, d.h. auf den beschreibenden Aspekt, die extensionale Sichtweise bezieht sich dagegen auf die inhaltlichen Aspekte. Eine Schicht S beschreibt also eine Intension einer Schicht S', die als Extension der übergeordneten Schicht S angesehen werden kann.

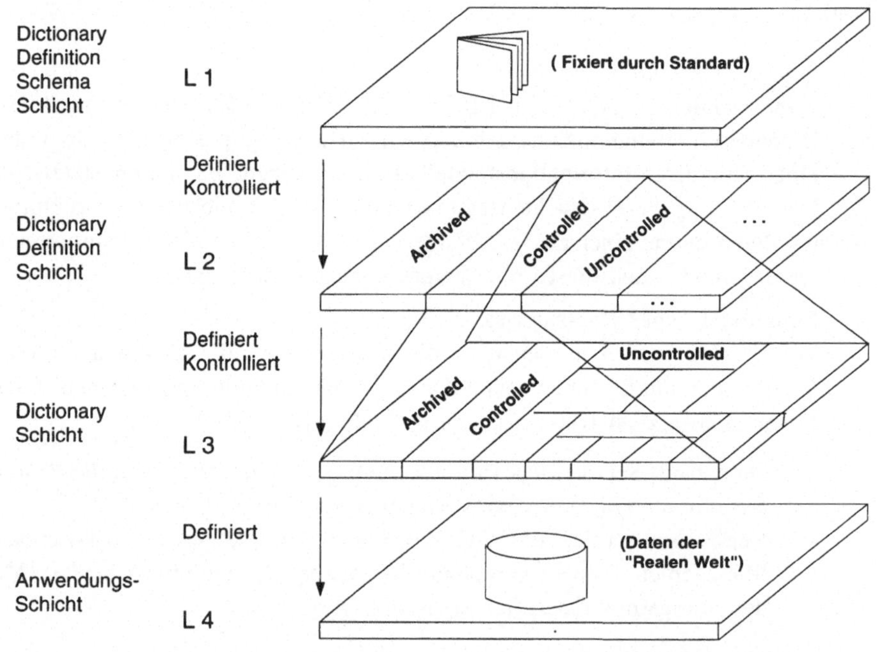

Abb. 4/19: 4-Schichten-Architektur nach ANSI

Der ANSI-Standard kennt drei Extension/Intension-Paare, so daß daraus eine 4-Schichten-Architektur gemäß Abbildung 4/19 (Habermann/Leymann 1993, S.80) entsteht. Schicht 4 enthält die Anwenderdaten. Da diese Schicht keine intensionalen Aspekte beinhaltet, können die Anwenderdaten nicht weiter instanziiert werden. Schicht 3 enthält die Schemainformationen für die konkreten Anwender-Modelle und beinhaltet somit das, was klassischerweise als Dictionary bezeichnet wird. In Schicht 2 werden Informationen darüber abgelegt, zu welchen Typen die Instanzen der 3. Schicht gehören können. Man kann die 2. Schicht praktisch als das konzeptionelle Schema der Dictionary-Schicht bezeichnen. Welche Art der Beschreibung man für die übergeordnete 2. Schicht zur Verfügung hat, um das konzeptionelle Schema zu entwickeln, wird mit der 1. Schicht zur Verfügung gestellt. Während sich der ANSI-Standard auf der 1. Schicht einem modifizierten Entity-Relationship-Modell anlehnt, sieht der ISO-Standard hier ein objektorientiertes Modell vor.

Welcher Standard sich am Markt letztendlich behaupten wird ist noch nicht entschieden. Da es aber unwahrscheinlich ist, daß es in naher Zukunft ein vollständiges Informationsmodell geben wird, ist ein Quasistandard denkbar, der durch eine marktbeherrschende Position durchgedrückt wird (Stülpnagel 1991, S.23).

4.4 Objektorientierter Entwurf von Informationssystemen

Das einem Controlling-Informationssystem zugrundeliegende Informationsmodell weist eine hohe Komplexität und Dynamik auf. Daher ist dem Entwurf eines solchen umfangreichen Systems grundsätzlich die Frage nach einer geeigneten Entwurfsmethode voranzustellen.

Allen Entwurfsmethoden ist gemein, daß der erste Schritt darauf ausgerichtet ist, die Vielfalt (Varietät) der zu verwaltenden (Informations-) Objekte und deren Abhängigkeiten (Konnektivität) problemimmanent zu berücksichtigen. Die wenig strukturierte verbale Beschreibung wird im wesentlichen von Mitarbeitern der Fachabteilung durchgeführt. Erst im zweiten Schritt wird im Rahmen des konzeptionellen Entwurfs mit Hilfe eines Entwicklungswerkzeugs die verbale Beschreibung in eine formal-strukturierte Form überführt, für die in erster Linie die DV-Abteilung zuständig ist.

Bei der klassischen Vorgehensweise wird hierfür ein semantisches Datenmodell verwendet. Dabei werden die Objekte in Funktionen und Daten (dynamische und statische Aspekte) zerlegt. Im dritten Schritt (logischer Entwurf) werden lediglich die statischen Aspekte in das Relationenmodell abgebildet. Bei der dabei häufig angewandten Normalisierung muß der Nachteil in Kauf genommen werden, daß die einzelnen Bestandteile des Objekts über mehrere Relationen 'verstreut' werden und damit das Objekt als Einheit verloren geht. Die dynamischen Aspekte werden erst im Rahmen der Anwendungsprogrammierung berücksichtigt. Außerdem verursachen die klassischen Entwurfstechniken einen methodischen Bruch zwischen Analyse, Design und Implementierung (Denert 1992, S.50f; Schäfer 1993, S.48).

Im Gegensatz dazu erfolgt bei einer objektorientierten Entwurfsmethode weder eine Trennung von statischen und dynamischen Aspekten noch eine Zerlegung der Objekte in einzelne Bestandteile. Wie in Abbildung 4/20 (Behme 1993, S.230) durch die Verzahnung der Einzelschritte angedeutet ist, zeichnet sich der objektorientierte Ansatz durch eine stringente Vorgehensweise von der Informationsbedarfsanalyse bis hin zum logischen Entwurf aus. Elementares Merkmal ist dabei die 1:1 Abbildung der 'Miniwelt' in das objektorientierte Datenmodell.

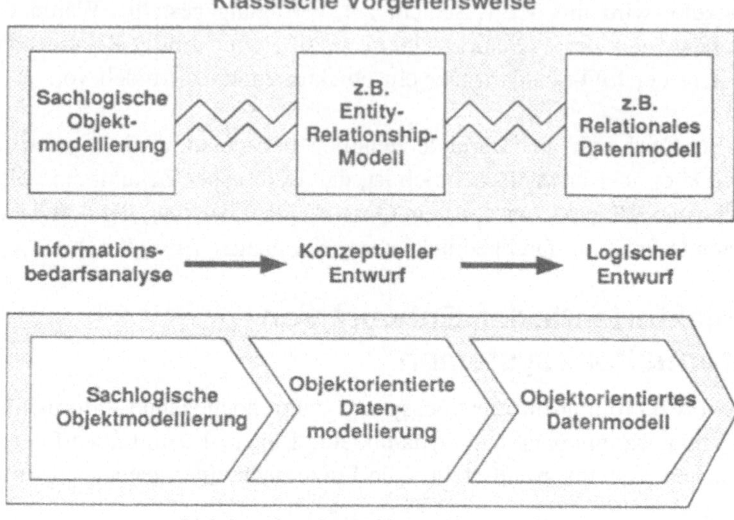

Abb. 4/20: Klassische und objektorientierte Vorgehensweise beim Datenbankentwurf

Grundidee der objektorientierten Betrachtungsweise ist es, reale Sachverhalte und Vorgänge abzubilden, ohne deren Beschreibungselemente aus dem Zusammenhang zu reißen, d.h., sie nicht als Menge von Einzelelementen, sondern als Einheit von Merkmalen und Verhalten zu betrachten (Rother 1990, S.17). Diesem Ansatz liegen die in Abschnitt 4.2.4 beschriebenen Konzepte Objektidentität, Datenkapselung, Klassenbildung und -hierarchie, Vererbung und Polymorphismus zugrunde.

Mit der Verbreitung objektorientierter Systeme wuchs der Bedarf nach einer Entwicklungsmethode, die objektorientierte Konzepte bereits in den Entwurf von Softwaresystemen einführt. Ergebnis dieser Bestrebungen waren Ende der 80er Jahre erste Verfahren der objektorientierten Analyse und des objektorientierten Designs.

4.4.1 Begriff und Entwicklung des objektorientierten Softwareentwurfs

Erstellung von Software kann als Prozeß verstanden werden, der eine Folge von Modellen des realen Abbildungsgegenstands auf verschiedenen Abstraktionsebenen entstehen läßt (Brown 1991, S.27). Von der Anforderungsanalyse über den Systementwurf bis hin zur Implementierung wird jeweils ein Modell der Anwendung entworfen und in einer geeigneten Sprache oder Notation formuliert.

Ein Softwaresystem als Resultat dieses Prozesses besteht aus einer Menge von Mechanismen zur Ausführung bestimmter Aktionen auf bestimmten Daten (Meyer 1990, S.44). Beim Entwurf eines solchen Systems kann daher von den Daten oder von den Aktionen ausgegangen werden.

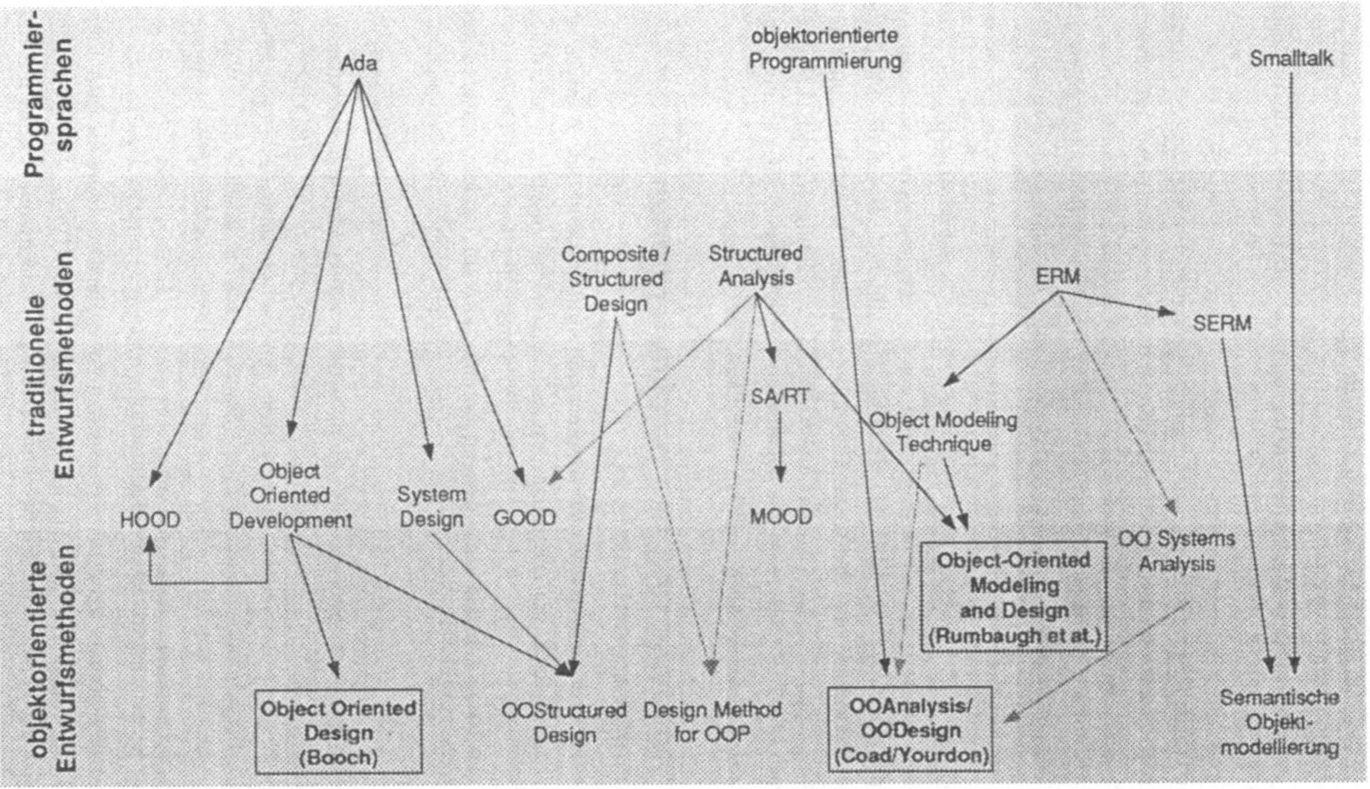

Abb. 4/21: Evolution objektorientierter Entwurfssmethoden

Ausgehend vom Einsatz objektorientierter Programmiersprachen in der Implementierungsphase sind objektorientierte Konzepte auf den Analyse- und Designprozeß übertragen und die Begriffe 'objektorientierte Analyse' und 'objektorientiertes Design' geprägt worden. Angestrebt wird mit den neuen Ansätzen besser strukturierte, leichter erweiter- und wiederverwendbare Software (Schaschinger/Sikora/Bäuchler 1991, S.32).

Eine objektorientierte Sichtweise während des gesamten Entwicklungsprozesses verbindet datenorientierte und funktionale Aspekte der Anwendung. Im Mittelpunkt der Softwareentwicklung stehen die Datenstrukturen und das externe Verhalten der Objekte (Heilmann/Gebauer/Simon 1993, S.16). Ein objektorientierter Entwurf führt statt zur algorithmischen zu einer objektorientierten Zerlegung des Problembereichs (Booch 1991, S.22).

Entsprechend ihrer Abstammung liegen die Schwerpunkte verschiedener objektorientierter Verfahren bei der Modellierung von Objektmerkmalen und -beziehungen, wenn eine datenorientierte Methode als Grundlage diente, oder bei der Modellierung des Objektverhaltens und der Kommunikation zwischen Objekten, wenn von funktional orientierten Verfahren ausgegangen wurde. Abbildung 4/21 (in Anlehnung an Heß/Scheer 1992, S.122) zeigt die Ursprünge verschiedener objektorientierter Methoden und ihre gegenseitigen Beeinflussungen auf.

4.4.2 Strukturierung des objektorientierten Softwareentwurfs

Auch das objektorientierte Software Engineering umfaßt die Phasen Analyse, Design und Implementierung, die Übergänge zwischen den Phasen werden allerdings verwischt (Heß/Scheer 1992, S.117). Einige Entwurfsmethoden (z.B. Object Oriented Design von Booch) heben die Grenzen bereits ganz auf, andere Autoren verwenden die Begriffe Analyse und Design synonym (Schaschinger/Sikora/Bäuchler 1991, S.32f).

Die objektorientierte Analyse soll dem Softwareentwickler das Verständnis für das Fachgebiet liefern. Im Vordergund steht nicht die technische Umsetzung in ein Softwaresystem, sondern das Erkennen der Sachverhalte des Problembereichs und deren Beziehungen untereinander (Schaschinger/Sikora/Bäuchler 1991, S.33; Coad/Yourdon 1990, S.9ff). Durch Abstraktion bezüglich statischer Aspekte (Daten) oder dynamischer Aspekte (Verhalten) werden Klassen von Objekten gewonnen. Die Beschreibung durch Objektklassen wird anschließend verfeinert, indem Merkmale der Objekte als Attribute ergänzt, Integritätsbedingungen formuliert und Methoden spezifiziert werden (Heilmann/Gebauer/Simon 1993, S.16f). Ergebnis der Analyse ist ein konzeptionelles Modell des Anwendungsbereichs, das die Begriffe des Fachgebiets verwendet.

In der Design-Phase wird die DV-technische Umsetzung des konzeptionellen Modells vorbereitet (Heilmann/Gebauer/Simon 1993, S.17). Dabei wird beschrieben, wie die Elemente des Analyseergebnisses in einem Softwaresystem realisiert werden können (Schaschinger/Sikora/Bäuchler 1991, S.33). Das objektorientierte Design nutzt dazu insbesondere das Prinzip der Vererbung von Merkmalen, Beziehungen und Aktivitäten der Objekte. Den Sachverhalten des realen Anwendungsbereichs sind entsprechende Konstrukte des Entwurfsprinzips gegenüberzustellen. Im Fall des objektorientierten Ansatzes können beispielsweise Ereignisse, die Aktivitäten auslösen, durch Nachrichten repräsentiert werden, die das Ausführen von Funktionen beim empfangenden Objekt bewirken. Dieses Beispiel zeigt bereits die Nähe zwischen objektorientierter Analyse und objektorientiertem Design.

Mit der Implementierung wird das Resultat des Entwurfs in einer bestimmten Softwareumgebung realisiert. Aufgabe ist die Umsetzung der Elemente des entwickelten Modells in Konstrukte der Implementierungssprache. Bedingt durch die hohe Komplexität des im Analyse- und Designprozeß gewonnenen Modells erscheint der Einsatz eines computergestützten Werkzeugs (CASE-Tool) sinnvoll..

4.4.3 Anforderungen an objektorientierte Entwurfsmethoden

Von einer Methode zur Softwareentwicklung wird

- eine allgemeine Beschreibung des Entwurfsprozesses als Richtlinie für die systematische Entwicklung eines Softwaresystems und

- eine Notation zur Dokumentation der Entwurfsergebnisse

erwartet (Heß/Scheer 1992, S.120; Booch 1991, S.21). Entwurfsprozeß- und -notation sollen auf den grundlegenden Software Engineering-Prinzipien Generalisierung/Spezialisierung, Aggregation und Klassifikation (Heilmann/Gebauer/Simon 1993, S.15) beruhen.

Eine Notation muß auch komplizierte Strukturen übersichtlich dokumentieren. Daraus resultieren zwei konträre Forderungen: Einerseits soll die Notation alle relevanten Informationen abbilden können, andererseits muß die Darstellung übersichtlich und leicht erlernbar bleiben (Heß/Scheer 1992, S.124).

Aus der ersten Zielsetzung lassen sich für die Darstellungsmöglichkeiten einer objektorientierten Entwicklungsmethode folgende Anforderungen ableiten (Heß/Scheer 1992, S.125f):

- Wiedergabe von Objektklassen als Basis des objektorientierten Konzepts,

- Unterscheidung verschiedener Arten von Objekt- oder Klassenbeziehungen (Spezialisierung, Aggregation), ggf. mit Kardinalitäten,

- Auflistung der Attribute einer Objektklasse mit evtl. notwendigen Initialisierungen oder Nebenbedingungen,

- Auflistung der Methoden einer Objektklasse mit ihren Argumenten, ihrer Sichtbarkeit für andere Objekte, ggf. die vor bzw. nach Auslösen einer Methode zu erfüllenden Bedingungen,

- Visualisierung der Zustände, die ein Objekt von Erzeugung bis Löschung einnehmen kann,

- Auflistung der Nachrichten, die ein Objekt senden und empfangen kann, wobei jeweils die gegenseitigen Sichtbarkeiten von Sender und Empfänger zu berücksichtigen sind,

- Modularisierung des Gesamtsystems.

Die Übersichtlichkeit einer Notation hängt wesentlich von der Zerlegbarkeit der Darstellung ab. Die Möglichkeit zur Beschränkung des Gesamtmodells auf die in einem Entwicklungsstadium relevanten Sachverhalte erleichtert die Anwendung einer Methode. Liefert dagegen nur das vollständige Diagramm eine korrekte und verständliche Darstellung, wird die Handhabbarkeit des Entwurfsergebnisses deutlich eingeschränkt. Nicht zuletzt soll mit der Notation eine Darstellung entstehen, die den Anwendungsbereich unabhängig von einem Implementierungswerkzeug beschreibt (Booch 1991, S.156).

Mit der Definition des objektorientierten Entwurfsprozesses soll dem Softwareentwickler eine Vorgehensweise an die Hand gegeben werden (Heß/Scheer 1992, S.133), mit der er schrittweise und systematisch Sachverhalte des Anwendungsbereichs in ein objektorientiertes Modell umsetzen kann.

4.4.4 Entwurfsprozeß

Der objektorientierte Entwurfsprozeß läßt sich nicht eindeutig als top-down oder bottom-up klassifizieren, sondern beim Entwurf wird wiederholt zwischen diesen Betrachtungsweisen gewechselt. Dadurch ergibt sich die objektorientierte Entwicklung von Software als iterativer Prozeß (Booch 1991, S.195; Heß/Scheer 1992, S.133).

Booch geht beim Object Oriented Design nach dem Schema

1. Identifizieren von Objekten und Klassen,

2. Identifizieren der Semantik der Objekte und Klassen,

3. Identifizieren von Beziehungen zwischen Objekten und

4. Implementierung von Klassen

vor (Booch 1991, S.190).

Der Entwurfsprozeß der Object Modeling Technique (OMT) von Rumbaugh orientiert sich an der Dreiteilung in Objekt-, Dynamik- und Funktionsmodell (Rumbaugh et al. 1991, S.148ff):

1. Entwurf des Objektmodells
   (Objektklassen, Beziehungen, Attribute und Module identifizieren),

2. Entwurf des Dynamikmodells
   (Ereignisse und Zustände identifizieren),

3. Entwurf des Funktionsmodells
   (Funktionen mit ihrem Ein- und Ausgaben identifizieren),

4. Ableiten der Methoden der Objekte aus Dynamik- und Funktionsmodell.

Coad und Yourdon strukturieren den Entwurfsprozeß in die fünf Phasen (Coad/Yourdon 1990, S.34):

1. Objekte identifizieren,

2. Strukturen indentifizieren,

3. Subjekte definieren,

4. Attribute der Objekte definieren,

5. Methoden der Objekte definieren.

Von einigen – zum Teil notationsspezifischen Abweichungen – zwischen den Phasen der Entwurfstechniken abgesehen, zeigen objektorientierte Entwurfsmethoden insgesamt eine weitgehende Übereinstimmung in der Vorgehensweise. Abbildung 4/22 (Schaschinger/Sikora/Bäuchler 1991, S.35) verdeutlicht noch einmal die iterative Vorgehensweise bei der Anwendung dieser Phasengliederung für den objektorientierten Softwareentwurf.

Die Entwurfsphasen lassen sich daher gemeinsam in folgendem Schema beschreiben (Heß/Scheer 1992, S.134ff):

1. Identifizierung von Objekten und Klassen:
   Ein wesentliches Element des Entwurfsprozesses ist das Kennenlernen des Problembereichs, um daraus die für die Anwendung relevanten Objekte zu abstrahieren und deren Rollen und Aktivitäten zu erfassen. Objektorientierte Entwurfstechniken basieren entweder auf herkömmlichen Analyseverfahren oder verweisen wie Booch (Booch 1991, S.191) unmittelbar auf objektorientierte Analysemethoden.

   Die objektorientierte Analyse definiert ein Objekt als Kapselung von Attributen und Methoden. Eine Objektklasse repräsentiert unterschiedliche Ausprägungen gleichartiger Sachverhalte im realen Anwendungsbereich (Coad/Yourdon 1990, S.57). Objekte können aus der Beobachtung des realen Problembereichs durch textuelle sowie graphische Analysemethoden gewonnen werden (Coad/Yourdon 1990, S.60ff).

   Diese Identifikation von potentiellen Objekten kann sich im Beobachtungsbereich an existierenden Strukturen zwischen Sachverhalten, an vorhandenen technischen Systemen, an eingesetzten Ressourcen, an auftretenden Ereig-

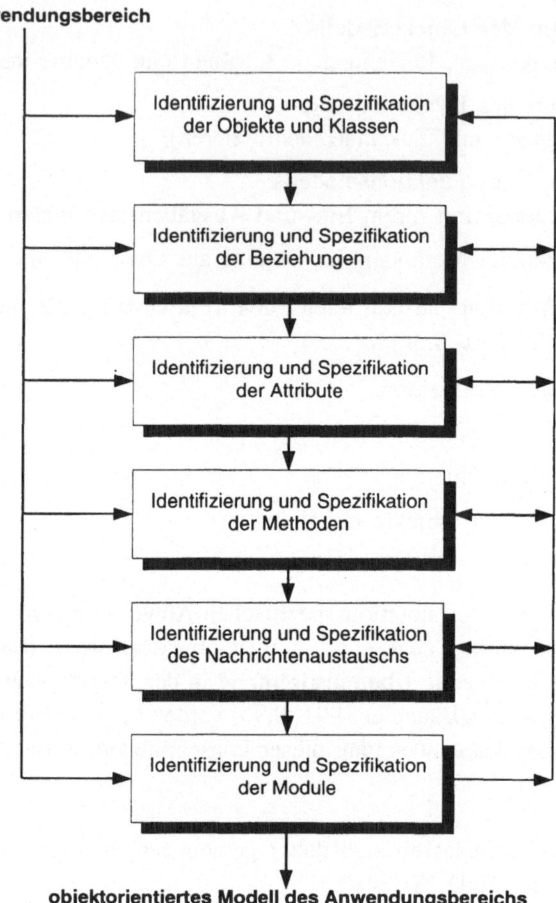

Abb. 4/22: Phasen des objektorientierten Entwurfs

nissen, an den Rollen, die Personen in diesem Zusammenhang einnehmen, an räumlichen (ggf. geographischen) Strukturen sowie an organisatorischen Einheiten orientieren (Coad/Yourdon 1990, S.62ff). Für jeden so erkannten Objekt-Kandidaten ist zu entscheiden, ob

- das System Daten über diesen Kandidaten sammeln und speichern muß,

- Handlungen bezüglich des Kandidaten zu modellieren sind,

- der Kandidat durch mehr als ein Merkmal zu beschreiben ist (andernfalls kann das Objekt bereits durch dieses eine Attribut repräsentiert werden),

- der Kandidat zusammen mit weiteren Kandidaten gemeinsame Merkmale besitzt oder gleichartige Funktionen erfordert, durch die sich die Bildung einer Objektklasse oder die Spezialisierung einer Objektklasse andeutet, und

- ein Kandidat nicht schon durch Beziehungen zwischen anderen Objekten im System abgebildet ist, bevor er in das Modell aufgenommen wird. Ergebnisse dieser Phase sind erste Entwürfe des Gesamt- bzw. des Klassen- oder Objektmodells (je nach Notation). Die nachfolgenden Entwurfsphasen führen zu Verfeinerungen und Ergänzungen dieser Darstellung(en).

2. Identifizierung der Beziehungen zwischen Objekten und Klassen:
    Im zweiten Entwurfsschritt entstehen Beziehungen zwischen Klassen und Objekten in Form von Generalisierungen bzw. Spezialisierungen (je nach Ableitungsrichtung), Aggregationen und Objektverweisen, woraus Objekt- und Klassentopologien resultieren (Booch 1991, S.194).

Generalisierungs- bzw. Spezialierungsbeziehungen beruhen auf den Mechanismen der Vererbung, d.h. die Objekte einer untergeordneten Klasse besitzen alle Eigenschaften (Attribute, Funktionen und Objektverweise) der vererbenden Klasse, zusätzlich aber weitere Eigenschaften, die sie als Spezialfall von Instanzen der übergeordneten Klasse auszeichnen. Ausgangspunkt für das Erkennen von Generalisierungsbeziehungen sind Gemeinsamkeiten der im ersten Schritt erfaßten Objekte (Coad/Yourdon 1990, S.83f). Andererseits können ausgehend von vorhandenen Objekten weitere Spezialisierungen erwogen werden. In beiden Fällen ist zu beachten, daß die Objekte der so abgeleiteten Klassen Sachverhalte der Realität sinnvoll darstellen.

Durch das Konstrukt der Aggregationen (Teil-von-Beziehungen) ist es innerhalb des Modells möglich, Objekte aus mehreren Komponenten zusammenzusetzen. Diese können mit Hilfe von Attributen und/oder Funktionen beschrieben werden (Coad/Yourdon 1990, S.86f). Auch hier kann die Vorgehensweise durch die Umkehrung der Betrachtungsweise ergänzt werden, indem ein Objekt potentiell als Teil einer größeren Einheit angesehen wird. Die oben genannten Forderungen sind auch an die dabei übergeordneten, identifizierten Objekte zu stellen.

Beziehungen zwischen Objekten werden als Objektverweise in das Modell eingefügt. Diese bilden alle relevanten Beziehungen zwischen Objekten des Problembereichs ab, die sich nicht als Aggregation abbilden lassen. Kann eine solche Beziehung zwischen zwei Objekten bereits mittelbar aus vorhandenen Verweisen transitiv abgeleitet werden, sollte von einem zusätzlichen, direkten Verweis zwischen diesen beiden Objekten abgesehen werden, wenn dieser keine weitere inhaltliche Bedeutung für das Modell liefert (Coad/Yourdon 1990, S. 106f). Objektverweise formulieren außerdem Integritätsbedingungen, die die minimale und maximale Anzahl von beteiligten Objekten an einer Beziehung beschreiben. Allgemein sollten höchstens binäre Beziehungen definiert und höherwertige vermieden werden (Rumbaugh et al. 1991, S.28).

Für die Entscheidung, ob eine Beziehung zwischen Objekten als Aggregation oder allgemeiner als Objektverweis zu modellieren ist, können folgende Fragen (Rumbaugh et al. 1991, S.58) Hinweise liefern:

- Können die beteiligten Objekte unabhängig voneinander existieren?
- Ergibt das Fragment 'ist Teil von' in einer der Beziehungsrichtungen zu einem Satz ergänzt inhaltlich einen Sinn?

3. Identifizierung und Spezifikation der Attribute:
   In der dritten Entwurfsphase erhalten Objekte bzw. Klassen ihre innere Struktur. Attribute beschreiben diejenigen Informationen über Objekte, die für den Anwendungsbereich – und damit im Modell – von Bedeutung sind.

Da selbständige Komponenten eines Objekts je nach Detaillierungsebene auch als Merkmale des Objekts aufgefaßt werden können, wird die Entscheidung, ein Merkmal als Attribut oder als Teil einer Aggregationsbeziehung abzubilden, von dessen innerer Struktur abhängig gemacht (Coad/Yourdon 1990, S.103f; Rumbaugh et al. 1991, S.168):

- atomare Merkmale (z.B. Personalnummer) bilden Attribute;
- Merkmale, die selbst durch mehrere Attribute beschrieben sind, werden durch eigene Objekte dargestellt.

Nachdem die zu berücksichtigenden Merkmale identifiziert wurden, sind die Attribute in die Klassenhierarchie des Modells entsprechend der Zugehörigkeiten zu realen Sachverhalten und unter Berücksichtigung von Vererbungen einzuordnen.

4. Identifizierung und Spezifikation der Methoden:
   Im nächsten Schritt werden die Objekte mit Aktionen versehen. Die Aktivitäten können durch folgendes Vorgehen in das Modell eingefügt werden:

   a. Zuerst werden die Funktionen erfaßt, die

      - die Existenz der Objekte betreffen (Erzeugen, Ändern, Löschen),
      - Berechnungen aller Art durchführen oder
      - Vorgänge des Anwendungsbereichs beobachten (Coad/Yourdon 1990, S.129ff).

   b. Durch Betrachtung der zeitlichen Entwicklung eines Objekts im Laufe einer Anwendung und der eintretenden Ereignisse mit den vorhergehenden und den daraus resultierenden Systemzuständen werden weitere Aktivitäten aufgedeckt und ggf. als Methoden der Objekte in das Modell aufgenommen (Coad/Yourdon 1990, S.132ff; Booch 1991, S.192).

Rumbaugh leitet die Methoden aus den Ereignissen und Datenflüssen ab (Rumbaugh et al. 1991, S.184). Ereignisse repräsentieren im Modell Signale, Eingaben, Entscheidungen oder Zustandsänderungen des Anwendungsbereichs. Datenflüsse sind das Resultat von Input-Output-Beziehungen zwischen Objekten oder zwischen System und Außenwelt, die wiederum als Methoden abgebildet werden können.

5. Identifizierung und Spezifikation des Nachrichtenaustauschs:
Aktivitäten eines Objekts werden durch empfangene Nachrichten angestoßen, d.h. neben den Aktivitäten selbst sind auch die auslösenden Nachrichten zu beschreiben. Aus den auszuführenden Aktivitäten und daraus abzuleitende Zusammenarbeit zwischen Objekten lassen sich die Nachrichtenbeziehungen für die entsprechenden Diagramme gewinnen (Booch 1991, S.194). Die Dynamik eines Modells wird durch Zustands- oder Datenflußdiagramme explizit beschrieben.

6. Identifikation der Module:
Der letzte Schritt des Entwurfs spezifiziert die internen Realisierungen der Klassen und Methoden und legt deren physische Verteilung auf einzelne Module des Softwaresystems fest (Booch 1991, S.194f).

Die Bildung von Modulen basiert im allgemeinen auf den folgenden vier Grundsätzen (Blaschek et al. 1986, S.51f):

- Einfachheit:
Jedes Modul bildet eine überschaubare, verständliche Einheit.

- Unabhängigkeit:
Änderungen des inneren Aufbaus eines Modul beeinflussen keine anderen Module.

- Abgeschlossenheit:
Zwischen den Komponenten (Objekte und Methoden) eines Moduls besteht ein logischer Zusammenhang.

- Testbarkeit:
Module können unabhängig voneinander implementiert und auf Korrektheit, Vollständigkeit und Effizienz überprüft werden.

4.4.5 Object Oriented Design nach Booch

Objektorientierte Entwurfsmethoden sind als Abstraktion von Konstrukten objektorientierter Programmiersprachen (insbesondere Smalltalk und Ada) und/oder durch Erweiterung traditioneller Entwurfstechniken entstanden (vgl. Abbildung 4/21).

Die bisher entwickelten objektorientierten Entwurfsmethoden lassen sich deshalb in drei Kategorien unterteilen (Heilmann/Gebauer/Simon 1993, S.16):

- die revolutionären Methoden basieren auf grundsätzlich neuen Entwurfstechniken,

- die traditionellen Ansätze modifizieren bewährte Entwurfsmethoden in Richtung Objektorientierung, und

- die evolutionären Methoden verbinden Merkmale sowohl revolutionärer als auch traditioneller Ansätze.

Anstatt die Notation des Object Oriented Design nach Booch (Booch 1991) vollständig wiederzugeben, werden die wichtigsten Elemente anhand eines Beispiels vorgestellt. Dazu wird ein stark vereinfachtes Modell eines EDV-gestützten Organisationsinformationssystems (Behme/Ohlendorf 1993, S.315ff) verwendet, das die Mitarbeiter eines Unternehmens, deren Zuordnung zu einzelnen Abteilungen und ihre Aufgaben beschreibt. Ein Unternehmen besteht in diesem Modell aus mehreren Abteilungen, die wiederum genau von einem Mitarbeiter geleitet werden und der weitere Mitarbeiter angehören können.

Objektorientierter Entwurf nach Booch basiert gemäß Abbildung 4/23 (Booch 1991, S.155) auf sechs Teilmodellen, die den Anwendungsbereich bzw. das zu implementierende System aus verschiedenen Perspektiven betrachten (Booch 1991, S.23).

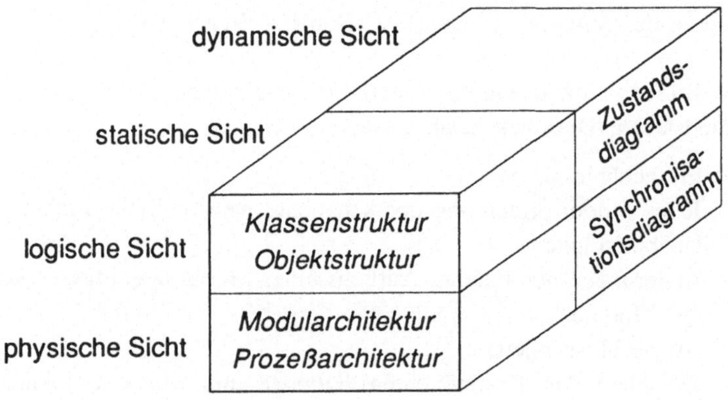

Abb. 4/23: Modelle des objektorientierten Entwurfs

Die erste Perspektive unterscheidet zwischen einer logischen und physischen Sichtweise, woraus sich die vier folgenden Diagramme ableiten lassen (Booch 1991, S.156f):

- Klassen und deren Beziehungen untereinander als Klassendiagramme,

- Objekte und Objektbeziehungen als Objektdiagramme,

- Zuordnungen von Klassendefinitionen zu Programmodulen als Moduldiagramme und

- Zuordnungen von Prozessen zu Prozessoren/Rechnern als Prozeßdiagramme.

Eine zweite Perspektive unterscheidet in statische und dynamische Aspekte. Während sich die oben genannten Diagramme auf die Darstellung statischer Merkmale des Anwendungsbereichs konzentrieren, zeigen

- Zustandsdiagramme die Entwicklung der Objekte als Reaktion auf eintretende Ereignisse,

- Synchronisationsdiagramme die zeitliche Reihenfolge des Nachrichtenaustauschs bzw. die Ausführung von Operationen der Objekte.

4.4.5.1 Klassendiagramme

Im Klassendiagramm wird die Klassenstruktur eines Modells, d.h. die Klassentypen selbst und die verschiedenen Formen von Beziehungen zwischen den Klassen dargestellt. Dabei werden

- Verwendungsbeziehungen für Verweise auf Objekte anderer Klassen,

- Instantiierungsbeziehungen für die Ableitung einer konkreten Klasse (Instanz) aus einer Klassenschablone (Objekttyp),

- Vererbungsbeziehungen für Klassenhierarchien und

- Metaklassenbeziehungen, die eine Klasse selbst als Instanz einer (Meta-) Klasse kennzeichnen,

unterschieden (Booch 1991, S.158ff). Jede Beziehung kann mit einem charakterisierenden Bezeichner, die Verwendungsbeziehungen auch mit Kardinalitäten, versehen werden. Als weiteres Element des Teilmodells können Funktionen in die Darstellung aufgenommen werden, die nicht Bestandteil einer Klasse sind, von Objekten bestimmter Klassen aber benutzt werden.

Abbildung 4/24 enthält links oben das Klassendiagramm der Beispielanwendung. Generalisierungsbeziehungen sind als Pfeile, Verwendungsbeziehungen als Doppellinien dargestellt. Bei den Verwendungsbeziehungen kennzeichnet ein Kreis die verweisende Klasse, wobei die Kardinalitäten in entsprechender Richtung zu lesen sind (+ bedeutet mindestens ein, 1 bedeutet genau ein, * bedeutet kein oder beliebig viele).

Zur Reduktion der Komplexität im Klassendiagramm können Gruppen von Klassen schrittweise zu Kategorien vereinigt werden (Abbildung 4/24 rechts, Booch 1991, S.162). Der Aufbau einer Klasse mit Daten und Operationen und die Operationen selbst sind getrennt von der graphischen Darstellung, detaillierter zu spezifizieren. Booch bietet dafür Schablonen an, die deren wichtigste Merkmale beinhalten (Abbildung 4/24 unten, Booch 1991, S.163ff).

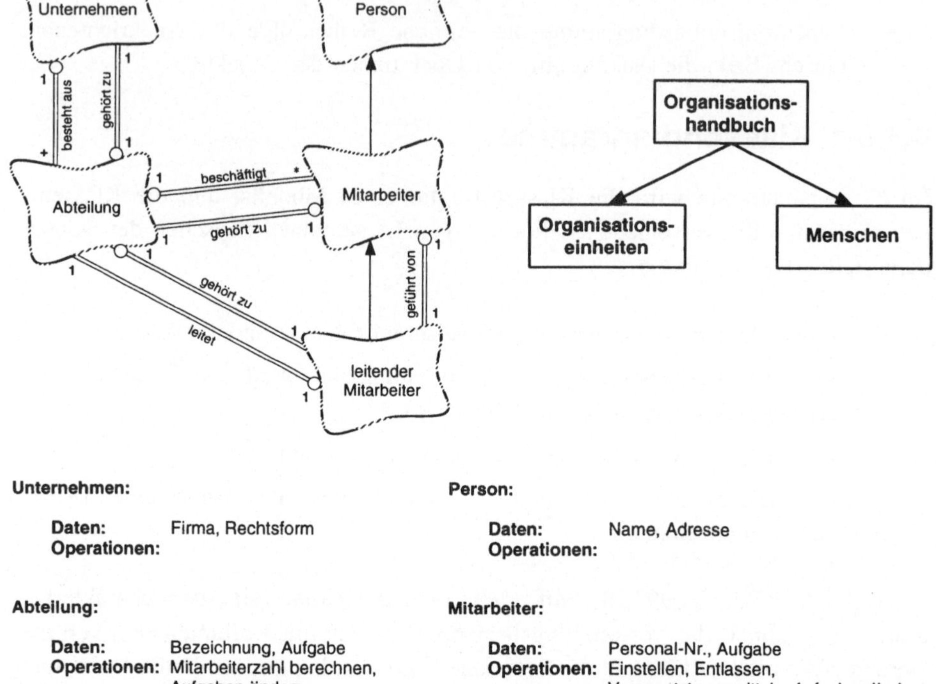

Unternehmen:

    Daten: Firma, Rechtsform
    Operationen:

Abteilung:

    Daten: Bezeichnung, Aufgabe
    Operationen: Mitarbeiterzahl berechnen,
                   Aufgaben ändern

Person:

    Daten: Name, Adresse
    Operationen:

Mitarbeiter:

    Daten: Personal-Nr., Aufgabe
    Operationen: Einstellen, Entlassen,
                   Vorgesetzten ermitteln, Aufgaben ändern

leitender Mitarbeiter:

    Daten:
    Operationen: Urlaubsplanung

Abb. 4/24: Beispiel eines Klassendiagramms

4.4.5.2 Objektdiagramme

Die Klassenstruktur bleibt im Laufe einer Anwendung i.d.R. unverändert. Dagegen entwickelt sich die Objektstruktur dynamisch, indem Objekte erzeugt und gelöscht oder Objektbeziehungen geändert werden (Booch 1991, S.169).

Um dem gerecht zu werden, ist für Objektbeziehungen eine eigene Darstellung – das Objektdiagramm – vorgesehen (vgl. Abbildung 4/25). Aggregationsbeziehungen werden durch Verschachtelung der Objektsymbole visualisiert. Verbindungen im Diagramm repräsentieren den Nachrichtenaustausch zwischen Objekten. Die Nachrichten sind den entsprechenden Operationen aus dem Klassendiagramm zugeordnet (Booch 1991, S.170ff).

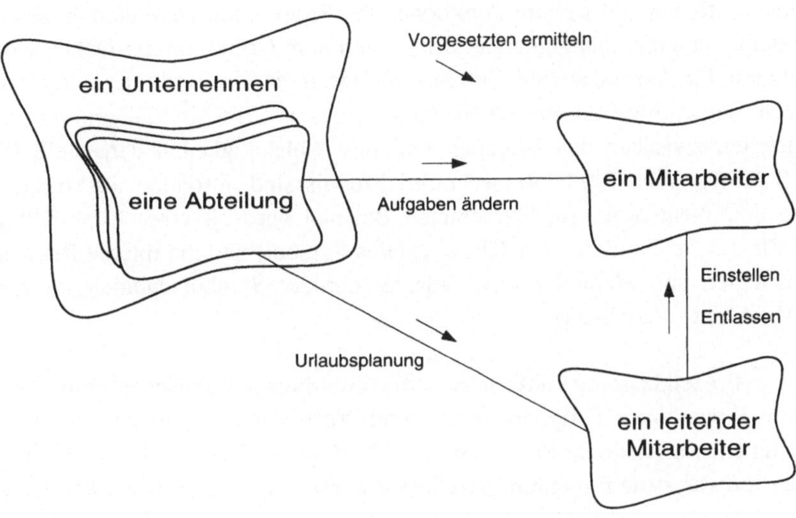

Abb. 4/25: Beispiel eines Objektdiagramms

4.4.5.3 Modul- und Prozeßdiagramme

Modul- und Prozeßdiagramme veranschaulichen die physische Sichtweise als Grundlage der Implementierung, denn erst der physische Entwurf beinhaltet die Verteilung der Klassen und Objekte auf die Hard- und Softwarekomponenten des Systems.

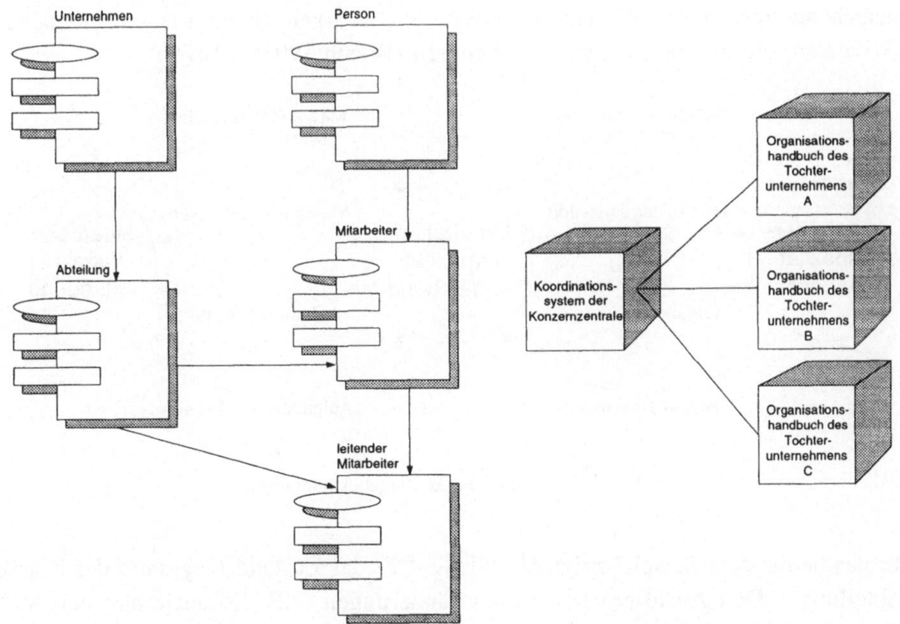

Abb. 4/26: Beispiel eines Modul- und Prozeßdiagramms

Klassendefinitionen und weitere Funktionen der Programmlogik bilden einzelne Programmodule, deren Abhängigkeiten sich – nach dem Grundsatz der Deklaration von Bezeichnern für Variablen und Funktionen vor ihrer Verwendung – aus der notwendigen Reihenfolge für die Übersetzung ergeben. Im Moduldiagramm werden Schnittstellen zwischen den Modulen und ihre Abhängigkeiten dargestellt (Booch 1991, S.175ff). Alle Deklarationen eines Moduls sind gesondert als strukturierter Text zu dokumentieren. Im betrachteten Beispiel wird als einfachster Fall je ein Modul für die Deklaration einer Klasse (helles Symbol) und die interne Realisierung von Attributen und Methoden einer Klasse (dunkles Symbol dahinter) vorgesehen (vgl. Abbildung 4/26 links).

Durch ein Prozeßdiagramm lassen sich die Zuordnungen zwischen Hardwarekomponenten (Prozessoren, Peripheriegeräte) und Prozessen verdeutlichen, sofern dieses notwendig ist, weil mehrere Prozessoren zur Verfügung stehen und das zu implementierende Softwaresystem mehrere parallele Prozesse umfaßt (Booch 1991, S.180).

Für das EDV-gestützte Organisationshandbuch eines Konzerns kann beispielsweise ein zentrales System zur Koordination dezentraler, weitgehend autonomer Organisationssysteme der Konzernunternehmen sinnvoll sein (vgl. Abbildung 4/26).

4.4.5.4 Zustandsdiagramme

Zustandsdiagramme sollen das dynamische Verhalten der Klassen dokumentieren. Ausgehend von einem Zustand des Systems bewirken Ereignisse entsprechende Aktivitäten, die in einen Folgezustand führen (Booch 1991, S.167ff).

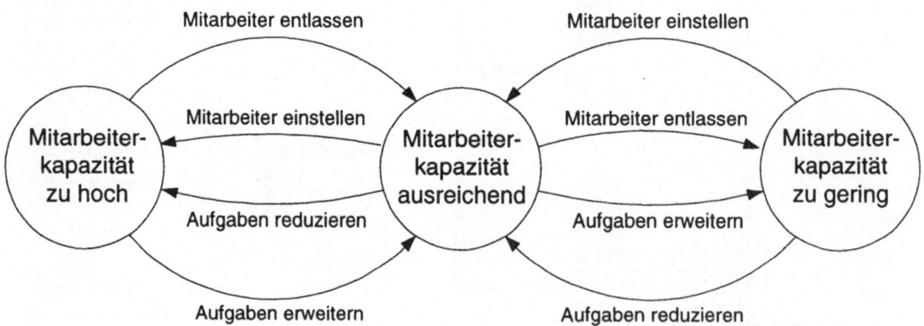

Abb. 4/27: Beispiel eines Zustandsdiagramms

Für das betrachtete Beispiel zeigt Abbildung 4/27 das Zustandsdiagramm der Klasse 'Abteilung'. Den Auslösern für Zustandsänderungen (z.B. 'Reduzierung der Aufgaben einer Abteilung') sind als Aktivitäten jeweils entsprechende Operationen der Klassen zuzuordnen.

4.4.5.5 Synchronisationsdiagramme

Als Ergänzung zum Objektdiagramm zeigt das Synchronisationsdiagramm die Reihenfolge von Ereignissen, Objekterzeugung und -löschung sowie den Kontrollfluß zwischen den Operationen der Objekte. Angelehnt an die Timing-Diagramme innerhalb der Elektronik wird in der Horizontalen der Zeitablauf und in der Vertikalen die Schachtelung der Operationen dargestellt (Booch 1991, S.173f).

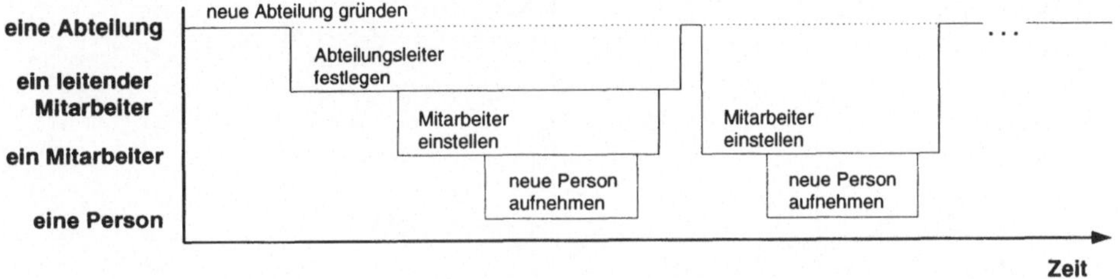

Abb. 4/28: Beispiel eines Synchronisationsdiagramms

Für das Beispiel eines Organisationsmodells ist in Abbildung 4/28 das Synchronisationsdiagramm für die Gründung einer neuen Abteilung angegeben.

4.4.5.6 Übersicht ausgewählter objektorientierter Analyse- und Design-Methoden

Da es in diesem Rahmen nicht sinnvoll erscheint, die Vielzahl der vorhandenen Analyse- und Design-Methoden gegenüberzustellen, beschränkt sich diese Übersicht auf die heute gängigen Ansätze:

- Object-Oriented Design nach Booch,

- Object-Oriented Modeling and Design nach Rumbaugh et al.

- und Object-Oriented Analysis/Object-Oriented Design nach Coad/Yourdon.

Unterschiede ergeben sich hinsichtlich der Notation/Darstellungsform und der Betonung einzelner objektorientierter Aspekte. Die Abbildung 4/29 faßt die Ausdrucksmöglichkeiten der betrachteten Notationen zusammen (Heß/Scheer 1992, S.125).

Alle drei Notationen sind unabhängig von einer kontreten objektorientierten Programmier- bzw. Datenbanksprache und erfüllen damit eine der wesentlichen Anforderungen an eine Entwurfsmethode.

Das Verfahren nach Booch zeichnet sich dadurch aus, daß es als einzige der drei betrachteten Methoden alle an die Notation gestellten Anforderungen aus Abschnitt 4.4.3 erfüllt. Das Gesamtmodell kann allerdings nur in sechs verschiedenen Diagrammen vollständig beschrieben werden, wobei einige relevante Elemente (z.B.

Darstellungselemente	Object-Oriented Design (Booch)	Object-Oriented Modeling and Design (Rumbaugh et al.)	Object-Oriented Analysis / Object-Oriented Design (Coad/Yourdon)
Klassen	✓	✓	✓
Klassenbeziehungen			
Vererbung	✓	✓	✓
Aggregation	✓	✓	✓
Verwendung	✓	✓	✓
Metaklassenbeziehung	✓		
Instantiierung	✓	✓	
Kardinalitäten	✓	✓	✓
Attribute			
Auflistung	(✓)	✓	✓
Instanzenverweis	✓	✓	✓
Nebenbedingung	(✓)	(✓)	(✓)
Methoden			
Auflistung	(✓)	✓	✓
Sichtbarkeit	(✓)		
Parameter	(✓)	✓	(✓)
Vor-/Nachbedingung	(✓)	✓	(✓)
Zustandsübergänge der Objekte	✓	✓	(✓)
Nachrichten			
Auflistung	✓	✓	✓
Zeitliche Abfolge	✓	✓	
Modularisierung	✓	✓	✓

| ✓ : direkt unterstützt |
| (✓) : nicht in graphische Darstellung integriert |

Abb. 4/29: Darstellungsmöglichkeiten der betrachteten Entwurfsmethoden

Attribute der Klassen) in keiner dieser graphischen Beschreibungen enthalten sind, sondern nur separat in Textschablonen dokumentiert werden können. Jedoch sind die Beziehungen zwischen den einzelnen Sichten eines Modells nicht unmittelbar nachvollziehbar.

Die konsistente Erstellung der seche Teilmodelle sowie die vergleichsweise aufwendige Symbolik bei Booch erfordern eher eine Werkzeugunterstützung als die Notationen von Rumbaugh et al. und Coad/Yourdon.

Rumbaugh et al. beschränken ein objektorientiertes Modell auf drei verschiedene Darstellungen. Aber gerade die Kriterien zur Unterscheidung in Objekt-, Dynamik- und Funktionsmodell widersprechen dem objektorientierten Konzept, Funktionen und Daten in Objekten zu vereinen. Durch die weitgehende Beibehaltung konventioneller Notationen und Vorgehensweisen wird der Umstieg auf den objektorientierten Entwurf zwar einerseits erleichtert, andererseits besteht jedoch die Gefahr, in die traditionelle, funktionsorientierte Softwareentwicklung zurückzufallen (Schäfer 1993, S.50).

Die Objekt- und Klassenstruktur eines Modells gibt das Objektdiagramm von Rumbaugh et al. detailliert und dennoch übersichtlich und kompakt wieder. Das Konzept des Nachrichtenaustauschs wird dagegen nur indirekt über Zustands- und Datenflußdiagramme modelliert.

Die graphische Darstellung von Coad/Yourdon ähnelt dem Objektdiagramm von Rumbaugh et al., es fehlt lediglich die nähere Spezifikation der Attribute und Operationen. Auch dynamische Sachverhalte kommen hier zu kurz (Heß/Scheer 1992, S.126), da der zeitliche Aspekt der Kommunikation zwischen Objekten nicht wiedergegeben wird. Eine Bezeichnung der Objekt- und Nachrichtenbeziehungen würde die Orientierung erleichtern. Ungewöhnlich ist die Umgehung der Mehrfachvererbung in der Darstellung.

Die Notationen von Coad/Yourdon und Darstellungsform des Objektmodells von Rumbaugh et al. sind auch ohne unmittelbare Softwareunterstützung durch CASE-Tools anwendbar. Auch der Umstieg von einer herkömmlichen auf eine dieser Methoden ist unproblematischer als beim Object-Oriented Design von Booch.

4.5 Literaturverzeichnis

ANSI (1988)
American National Standard X3.138-1988: Information Resource Dictionary System (IRDS), American National Standard Institute, New York 1988

Atkinson, M. B., Bancilhon, F.; DeWitt, D.; et al. (1989)
The Object-Oriented Database System Manifesto, in: Proc. of the First International Conference on Deductive and Object-Orientet Database Systems, Kyoto 1989, S.223-240

Behme, W. (1993)
Entwurf eines objektorientierten Meta-Informationssystems zur Unterstützung der Informationslogistik, Dissertation, Universität Hildesheim 1993

Behme, W.; Eckert, Ch. (1992)
Ansätze zur objektorientierten Modellierung eines PPS-Systems, in: HMD 168/1992, S.122-133

Behme, W.; Ohlendorf, Th. (1993)
Gestaltung und Modellierung eines Organisationsinformationssystems, in: ZP 4/1993, S.315-323

Biethahn, J; Mucksch, H.; Ruf, W. (1991)
Ganzheitliches Informationsmanagement, Band 2: Daten- und Entwicklungsmanagement, München 1991

Biethahn, J.; Rohrig, N. (1990)
Datenmanagement, in: Kurbel, K.; Strunz, H. (Hrsg.): Handbuch Wirtschaftsinformatik, Stuttgart 1990, S.737-755

Blaschek, G.; Pomberger, G.; Ritzinger, F. (1986)
Einführung in die Programmierung mit Modula-2, Berlin u.a. 1986

Booch, G. (1991)
Object Oriented Design with Applications, Redwood City, CA 1991

Brown, A.W. (1991)
Object-Oriented Database Systems: Applications in Software Engineering, London 1991

Chen, P. (1976)
The Entity-Relationship-Model – Towards a Unified View of Data, in: ACM Transactions on Database Systems, Band 1, 1/1976, S.9-36

Chen, P. (1983)
Entity-Relationship Approach to Information Modelling and Analysis, Proc. 2. Int. Conference on Entity-Relationship Approach, Amsterdam 1983

Coad, P., Yourdon, E. (1990)
Object-Oriented Analysis, Englewood Cliffs, NJ 1990

Coad, P., Yourdon, E. (1991)
Object-Oriented Design, Englewood Cliffs, NJ 1991

Codd, E. F. (1970)
A Relational Model of Data for Large Scaled Data Bases, in: Communications of the ACM, Baltimore Md., S.377-387

Cox, B. J. (1986)
Object-Oriented Programming, Reading, MA 1986

DeMarco, T. (1979)
Structured Analysis and Systems Specification, Englewood Cliffs, NJ 1979

Denert, E. (1992)
Objektorientierung – Weg aus der Softwarekrise?, in: Online 10/1992, S.50-52

Dittrich, K. R. (1990)
Object-Oriented Database Systems: The Next Miles of the Marathon, in: Information Systems 15/1990, S.161-167

Dittrich, K. R.; Kotz, A. (1989)
Objektorientierte Datenbanksysteme, in: HMD 145/1989, S.94-105

Dsouza, L. L. (1990)
Dictionaries, Repositories, and All That Jazz, IBM Enterprise Systems Support, Dallas 1990

Duden/Oxford (1990)
Großwörterbuch Englisch: englisch – deutsch, deutsch – englisch, Mannheim u.a. 1990

Goldfine, A. (1985)
The information resource dictionary system, in: Proceedings of the 4th International Entity-Relationship-Conference 1985, S.114-122

Habermann, H.-J.; Leymann, F. (1993)
Repository, München u.a. 1993

Heilmann, H., Gebauer, A., Simon, M. (1993)
Objektorientiertes Software Engineering, in: HMD 170/1993, S.11-23

Heinrich, L. J.; Roithmayr, F. (1989)
Wirtschaftsinformatik-Lexikon, 3. Aufl., München 1989

Heß, H., Scheer, A.-W. (1992)
Methodenvergleich zum objektorientierten Design von Softwaresystemen, in: HMD 165/1992, S.117-137

Heuer, A. (1992)
Objektorientierte Datenbanken, Bonn u.a. 1992

Leong-Hong, B.; Plagman, B. K. (1982)
Data Dictionary/Directory Systems, Administration, Implemantation and Usage, New York 1982

Lockemann, P. C.; Radermacher, K. (1990)
Konzepte, Methoden und Modelle zur Datenmodellierung, in: HMD 152/1990, S.3-16

Mayr, H. C.; Dittrich, K. R.; Lockemann, P. C. (1987)
Datenbankentwurf, in: Lockemann, P. C.; Schmidt, J. W. (Hrsg.): Datenbankhandbuch, Berlin u.a. 1987, S.486-557

Meder, N. (1992)
Siamesische Zwillinge: Das Data Dictionary und das Repository, in: DATENBANK-FOKUS 9/10 1992, S.24-29

Meyer, B. (1990)
Objektorientierter Softwareentwurf, München u.a. 1990

Narayan, R. (1988)
Data Dictionary – Implementation, Use and Maintence, Englewood Cliffs 1988

Reusch, P. J. A. (1984)
Aufbau und Einsatz betrieblicher Informationssysteme, Mannheim u.a. 1984, S.3-7

Rother, G. (1990)
Hohe Schule der Logik, in: Diebold Management Report 8/9 1990, S.17-19

Rumbaugh, J.; Blaha, M.; Premeriani, W.; Eddy, F.; Lorensen, W. (1991)
Object-Oriented Modeling and Design, Englewood Cliffs, NJ 1991

Schäfer (1993)
Klassische Entwurfstechniken für die objektorientierte Softwareentwicklung, in: HMD 170/1993, S.47-54

Schaschinger, H., Sikora, H., Bäuchler, I. (1991)
Objektorientierte Analyse- und Designmethoden – Überblick und kritische Betrachtung, in: Softwaretechnik-Trends 4/1991, S.32-43

Scheiter, W. (1991)
Anwendungsspektrum und Nutzen von Data-Dictionary-Systemen in der Praxis, in: HMD 161/1991, S.132-143

Schlageter, G.; Stucky, W. (1983)
Datenbanksysteme: Konzepte und Modelle, 2. Aufl., Stuttgart 1983

Schneider, H. J. (Hrsg.) (1986)
Lexikon der Informatik und Datenverarbeitung, 2. Aufl., München u.a. 1986

Sinz, E. J. (1988)
Das Strukturierte Entity-Relationship-Modell (SER-Modell), in: Angewandte Informatik 5/1988, S.191-202

Sinz, E. J. (1990)
Das Entity-Relationship-Modell (ERM) und seine Erweiterungen, in: HMD 152/1990, S.17-29

Stonebraker, M. (1990)
Committee for Advanced DBMS Function: Third-Generation Data Base Systems, Memorandum No. UCB/ERL, M90/28, 1990

Smith, J. M.; Smith, D. C. P. (1977)
Database Abstractions: Aggregation and Generalization, in: ACM Transactions on Database Systems, Band 2, 2/1977, S.105-133

Sokolovsky, Z. (1981)
Bemerkungen zu Data-Dictionary-Systemen, in: Angewandte Informatik 7/1981, S.12-130

Stülpnagel, A. von (1991)
Repositories – Konzepte, Architekturen, Standards, in: HMD 161/1991, S.10-25

Thome, R. (1990)
Wirtschaftliche Informationsverarbeitung, München 1990

Ullman, J. (1989)
Principles of database and knowledge base systems, New York, NY 1989

Vossen, G. (1987)
Datenmodelle, Datenbanksprachen und Datenbank-Management-Systeme, Bonn u.a. 1987

5 Werkzeuge für die Gestaltung von Controlling-Informationssystemen

von Wolfgang Behme und Walter Dölle

Seit dem Übergang von der maschinen- hin zur problemorientierten Programmentwicklung bleibt es nicht mehr nur DV-Fachleuten überlassen, Anwendungsentwicklung zu betreiben; vielmehr sind es heute oftmals auch die Mitarbeiter der Fachabteilungen, die mit Hilfe von Software-Werkzeugen komplexe Anwendungssysteme wie
z.B. Controlling-Informationssysteme erstellen. Unter Software-Werkzeugen sind
computergestützte Hilfsmittel zu verstehen, die es ermöglichen, den Rechner zur
Rationalisierung der Software-Erstellung zu verwenden.

Fortschritte bei der Entwicklung und Gestaltung von Software verbessern diese Werk-
zeugpalette kontinuierlich. Attraktive Bedienungsoberflächen sowie unterschiedliche
methodische Ansätze erschweren dem Praktiker die notwendige Beurteilung und
Einordnung der Werkzeuge. Der folgende Beitrag gibt daher eine komprimierte
Beschreibung einzelner Werkzeuge, um damit dem Leser eine Orientierungs- und
Entscheidungshilfe an die Hand zu geben.

Dabei werden Leistungsmerkmale einiger am Markt etablierter Programmier-
und Planungssprachen, Tabellenkalkulationssystemen, Expertensystemshells sowie
die in jüngster Zeit speziell für Managementaufgaben konzipierten Führungsinformationssystem-Generatoren angesprochen.

5.1 Programmiersprachen

Die Programmiersprachen als 'Verständigungsmedium' des Programmierers mit der
Maschine gehören noch immer zu den wichtigsten Hilfsmitteln zur Realisierung von
Anwendungssystemen. Mit einer Programmiersprache wird die Problemlösung als
Algorithmus in eine computerverständliche Form gebracht. Die Art der Kommunikation mit dem Rechner hat sich jedoch stark verändert, so daß heute oftmals nicht
mehr von Programmiersprachen, sondern von Softwaretools oder -umgebungen gesprochen wird. Gerade in den letzten Jahrzehnten hat es viele Versuche gegeben,
diese Werkzeuge zu verbessern, indem neue Entwurfs- und Programmiermethodiken
integriert wurden. So sind bis heute eine Vielzahl von grundlegenden Konzepten
und deren Ausprägungen entstanden.

5.1.1 Klassifikationsmöglichkeiten

Werden die Programmiersprachen nach ihren Denkschemata (Paradigmen) unterschieden, so ergibt sich folgende Einteilung (Engesser 1992, S.460ff):

- imperative,

- funktionale bzw. applikative,

- prädikative bzw. logische und

- objektorientierte Programmiersprachen.

In imperativen[4] Programmiersprachen besteht ein Programm aus einer Folge von Befehlen bzw. Anweisungen wie z.B.: 'Schreibe den Wert der Variablen b in den der Variablen a'. Notwendig für das imperative Paradigma ist das sogenannte Variablen-Konzept, d.h. in Variablen (Speicherplätzen) können Werte gespeichert und weiterverarbeitet werden. Beispiele für imperative Programmiersprachen in alphabetischer Reihenfolge sind: Ada, Algol, Basic, C, Cobol, Fortran, Modula-2, Oberon, Pascal, PL/I, Simula.

In funktionalen bzw. applikativen Programmiersprachen betrachtet man Programme allgemein als Funktionen, die Eingabe- in Ausgabedaten überführen. Die Berechnungen erfolgen durch das Ineinanderschachteln von Funktionsaufrufen. Es wird dabei davon ausgegangen, daß mit den drei Basisfunktionen (Sequenz, Iteration und Rekursion) sämtliche theoretisch möglichen Funktionen zusammengestellt werden können. Die Anwendung einer Funktion auf einen Ausdruck nennt man Applikation[5], weshalb sie auch applikative Programmiersprachen genannt werden. Weitere Kennzeichen der funktionalen Programmierung sind u.a. das Fehlen von Wiederholungsanweisungen sowie die untergeordnete Rolle von Variablenzuweisungen. Typische Vertreter dieser Klasse sind Lisp und APL.

Prädikative bzw. logische Programmiersprachen bestehen aus einer Faktenmenge und einer Menge von Regeln, aus denen neue Fakten abgeleitet werden. Diese Ableitung geschieht entweder zielgerichtet (rückwärtsverkettend) oder datengetrieben (vorwärtsverkettend). Abbildung 5/1 zeigt beispielhaft die Definition der Potenz mit vorgegebener Addition und Multiplikation. Die Berechnung von '3 hoch 2' ist gleichbedeutend mit der Frage, welche Zahl Z das Prädikat Pot(3,2,Z) erfüllt. Die zur Zeit bekannteste prädikative Programmiersprache ist Prolog.

In objektorientierten Programmiersprachen wird die Trennung zwischen Daten und den darauf operierenden Funktionen weitgehend aufgehoben. Ein Objekt der Realität wird auf ein Objekt im Programm abgebildet. Dabei wird jedes Objekt durch seine Identität, sein Verhalten und seinen Zustand beschrieben. Ein weiteres Kennzeichen objektorientierter Programmierung ist die Klassenbildung. Eine Klasse ist eine Art Schablone, mit deren Hilfe neue Objekte erzeugt werden können. Werden

---

4   Lat. imperare: befehlen
5   Lat. applicare: anwenden

diese Klassen in einer Hierarchie von Ober- und Unterklassen angeordnet, so kommt einer der entscheidenden Vorteile zum Tragen, die Vererbung. Objekte untereinander kommunizieren durch Senden von Nachrichten. Betrachtet man beispielsweise die natürlichen Zahlen als vordefinierte Objekte und empfängt das Objekt 3 die Nachrichten 'Pot' und '2', so sendet das Objekt 3 genau das Ergebnis von '3 hoch 2', also 9, zurück. Smalltalk und C++ sind objektorientierte Programmiersprachen.

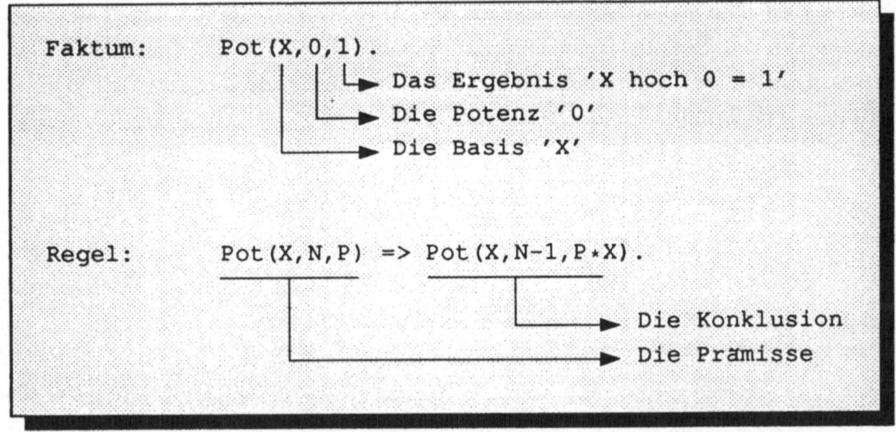

Abb. 5/1: Definition der Potenz in prädikativen Programmiersprachen

In den 60er Jahren war es üblich, die Programmiersprachen – analog zu der Einteilung der Rechnerhardware – in Generationen einzuteilen. Diesem Gedanken liegt die Idee zugrunde, die zunehmende Entfernung zur computerinternen Darstellung als Klassifikationskriterium zu verwenden. Während die Zuordnung von Programmiersprachen gemäß Abbildung 5/2 (in Anlehnung an Zilahi-Szabó 1988, S.333) für die ersten drei Generationen eindeutig durchführbar ist, verschwimmen die Grenzen jenseits der dritten Generation. Die Einstufung der Produkte in die vierte und fünfte Generation ist daher mit Vorbehalt zu betrachten.

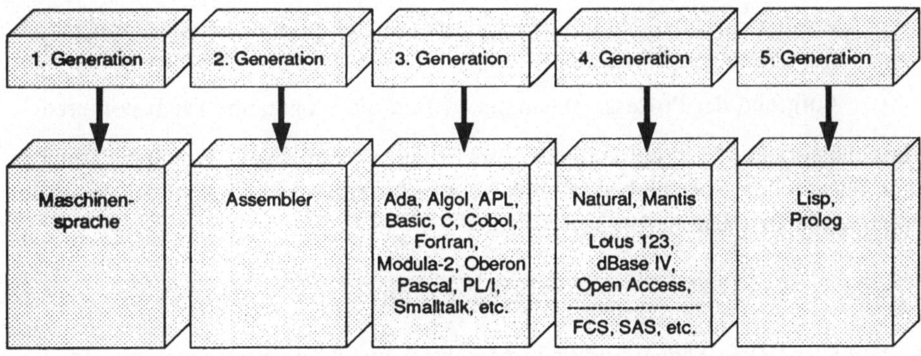

Abb. 5/2: Einteilung der Programmiersprachen in Generationen

1. Generation

Programmiersprachen der 1. Generation sind die Maschinensprachen, deren Anweisungen der Prozessor eines Rechners direkt interpretieren kann. Aus den unterschiedlichen Prozessorarchitekturen folgt, daß Maschinenspracheprogramme nur auf Rechnern mit gleicher Prozessorarchitektur ausgeführt werden können und somit kaum portabel sind. Ein Maschinenspracheprogramm ist nichts anderes als eine Folge von binären Zahlen, so daß Befehle und Operanden auf den ersten Blick nicht zu unterscheiden sind. Die ersten Zahlen werden vom Prozessor als Befehl interpretiert und aus dem Typ des Befehls ergibt sich die Anzahl und Länge der Operanden sowie die Anfangsstelle des nächsten Befehls. Abbildung 5/3 ist ein Beispiel für die binäre Kodierung von Befehlen und Operanden.

```
Maschinencode:      50 A1 14 01 05 03 02 E9 45 02

Dekodierung:


        50      - Sichere Register AX auf Stack
        A1      - Übertrage 16 Bit von der nachfolgend mit 16 Bits
                  angegebenen Adresse in das Register AX
        14 01   - Wert an Adresse 0114 enthalt zu übertragenden Wert
        05      - Addiere nachfolgende 16 Bits zu Register AX
        03 02   - Der Wert 0302 wird dazu addiert
        E9      - Sprungbefehl, nachfolgende 16 Bits geben die Adresse
                  an
        45 02   - Sprungadresse ist 02 45
```

Abb. 5/3: Maschinenbefehle auf einem INTEL 8086 Prozessor

Folgende elementare Nachteile sind mit Maschinensprachen verbunden (Zilahi-Szabó 1988, S.334; Hansen 1992, S.356), wobei Aspekte des Software Engineering ganz außer acht bleiben:

- Die Befehle bestehen ausschließlich aus Zahlen und sind daher nur schwer zu merken.

- Große Programme werden sehr schnell unübersichtlich.

- Werden neue Befehle in das Programm eingefügt, müssen alle Sprungadressen neu angepaßt werden.

- Aufgrund der Prozessorabhängigkeit sind die Programme kaum portierbar.

Maschinenorientierte Programmiersprachen bieten zwar wenig Komfort, erlauben aber hinsichtlich Speicherbedarf und Verarbeitungsgeschwindigkeit ein optimales Programmieren (Hansen 1992, S.357).

2. Generation

Assemblersprachen können direkt in Maschinensprache übersetzt werden. Im Unterschied zu diesen werden die Befehle nicht binär kodiert, sondern durch leichter zu merkende alphanumerische Symbole, sogenannte Mnemonics, ersetzt (vgl. Abbildung 5/4).

```
Assemblercode:     PUSH    AX
                   MOVE    AX,Variable
                   ADD     AX,203
                   JMP     Marke


'Marke' und 'Variable' sind Konstanten bzw. Variablen
```

Abb. 5/4: Assemblerbefehl

Durch symbolische Adressierung, d.h. bei der Verwendung von alphanumerischen Symbolen als Adreßteil eines Befehls, müssen bei Einfügungen nicht mehr die gesamten Adressen im Programm angepaßt werden. Ein Übersetzer, der Assembler[6], ersetzt die symbolischen Adressen durch relative Programmadressen. Erweiterte Assembler, sogenannte Makroassembler, erlauben es, oft benötigte Programmteile bzw. Funktionen als Makros in Bibliotheken abzuspeichern. Im Assemblerprogramm wird nur der Makroname eingetragen, und der Assembler ersetzt bei der Übersetzung in Maschinensprache den Makronamen durch den Quelltext des Makros. Trotz allem bleiben Assemblersprachen unkomfortabel. Durch die starke Anlehnung an den Prozessor sind Assemblerprogramme ebenfalls optimal bzgl. Speicherplatz und Verarbeitungsgeschwindigkeit programmierbar.

3. Generation

Die Sprachen der 3. Generation werden als höhere Programmiersprachen bezeichnet. Sie lassen sich durch eine weitgehende Maschinenunabhängigkeit und Verfügbarkeit mächtiger Sprachelemente charakterisieren. Durch Konstrukte zum prozeduralen und strukturierten Programmieren wie z.B. DO-Schleifen, CASE-Anweisungen und Funktionen lassen sich Anforderungen wie Zuverlässigkeit, Fehlerfreiheit, Robustheit, Wartbarkeit, Änderbarkeit etc. geeignet realisieren. Es gibt eine Vielzahl von problemorientierten Programmiersprachen speziell für den kommerziellen sowie technisch-wissenschaftlichen Bereich; nur wenige haben sich durchgesetzt und sind allgemein akzeptiert. Technisch-wissenschaftliche Programmiersprachen besitzen einen Schwerpunkt im effizienten Programmieren von komplexen mathematischen Algorithmen, während im Bereich Wirtschaft und Verwaltung Hilfen und Unterstützung zur Verarbeitung umfangreicher Datenbestände gefordert sind (Hansen 1992, S.358).

Mit den Sprachen der 3. Generation ist verstärkt der Wunsch oder die Notwendigkeit einer Programmierumgebung aufgekommen. Eine solche Umgebung ist

---

[6]   Der Begriff Assembler wird synonym für die Programmiersprache und den Übersetzer verwendet.

eine Sammlung von Werkzeugen, die die Programmierung unterstützen. Typische Programmierumgebungen enthalten Hilfen für den Entwurf, das Editieren/Compilieren/Laden/Testen, die Konfigurationsverwaltung und das Projektmanagement (Österle 1990, S.350f). Für die Sprachen der 3. Generation lassen sich drei Umgebungen klassifizieren:

- sprachzentrierte,

- strukturorientierte und

- betriebssystemzentrierte Programmierumgebungen.

Die sprachzentrierten Umgebungen sind auf die jeweilige Programmiersprache abgestimmt. Sie bieten z.B. fensterorientiert einen komfortablen Editor für die Quellcodeerstellung, einen Debugger für die Beobachtung und Steuerung der Ausführung sowie der Verifizierung des Programms, kontextsensitive Hilfetexte, die ein ständiges Blättern im Handbuch vermeiden sollen sowie ein Fenster für die Ein- und Ausgabe des auszuführenden Programms. Diese Werkzeuge sind genau auf die jeweilige Programmiersprache abgestimmt. Als Beispiel sind zu nennen: Turbo Pascal, Interlisp sowie das Ada Programming Support Environment (APSE) (Österle 1990, S.351).

Strukturorientierte Umgebungen stellen eine Verallgemeinerung der sprachzentrierten Umgebungen dar. Sie beschränken sich nicht genau auf eine Programmiersprache und nicht auf die textuelle Form der Sprache. Beispielsweise erlaubt das System 'Garden Environment' sowohl textuelle als auch graphische Sprachen. Solche Umgebungen sind aber noch nicht in fortschrittlicher Form ausgereift. Es zeigt eher eine Entwicklungsrichtung zur Sprachunabhängigkeit, zum graphischen Sprachentwurf und zur semantischen Entwicklungsunterstützung an (Österle 1990, S.351).

Betriebssystemzentrierte Programmierumgebungen sind einfache Erweiterungen von Betriebssystemen. Die Werkzeuge Editor, Compiler, Linker, Debugger, Data Dictionary, Hilfen für Sourcecode- und Konfigurationsverwaltung, Performance- und Testabdeckungsanalysen, Maskengeneratoren etc. werden mit dem Betriebssystem mitgeliefert (Österle 1990, S.351f). Beispiele hierfür sind IBM's OPPS für MVS und VM/SP, DEC's Vaxset für VMS, Apollo's DSEE. Die Bedienung dieser Programmierumgebungen ist meist unkomfortabel und das semantische Niveau der Kommunikation zwischen Entwickler und System ist sehr niedrig (Österle 1990, S.351f). Eine Ursache dafür ist, daß diese Programmierumgebungen, die als Erweiterungen der Betriebssysteme ausgeliefert werden, meistens unkomfortabel sind.

4. Generation

Die Sprachen der 4. Generation sind nicht eindeutig eingrenzbar. Sie sind entweder eine Weiterentwicklung der Sprachen der 3. Generation in Richtung Anwenderprogrammierung oder Datenbankabfragesprachen (Zilahi-Szabó 1988, S.345ff). Eine wichtige Eigenschaft ist die Nichtprozeduralität. Während in einer prozeduralen Sprache das 'Wie' in Form einer Befehlsfolge beschrieben wird, steht in einer nichtprozeduralen Sprache das 'Was' im Mittelpunkt. Mit dem nichtprozeduralen Konzept wird der Entwickler von zeitaufwendigen Programmflußproblemen befreit und kann sich auf die Lösung des eigentlichen Problems konzentrieren. Die Transformation von dem 'Was' auf das 'Wie' wird der Software überlassen. Ein Nachteil dieses Vorgehens ist, daß dabei bzgl. Ausführungszeit und Hauptspeicherbedarf keine effizienten Programme erstellt werden können. Hansen spricht pauschal von einer 50 bis 150 prozentigen Verschlechterung (Hansen 1992, S.363). Demgegenüber soll sich die Produktivität der Programmerstellung im Mittel um das 5 bis 300-fache verbessern. Eine weitere Eigenschaft ist die integrierte und interaktive, d.h. menügesteuerte Programmumgebung, deren Komponenten bereits weiter oben beschrieben sind.

Bei Sprachen der 4. Generation handelt es sich nicht um Programmiersprachen im üblichen Sinn, sondern vielmehr um Notationen, mit denen der Programmierer spezielle Funktionen aus Bibliotheken wählen und parametrisieren kann. Im Mittelpunkt steht also das Werkzeug und nicht die Sprache (Ludewig 1993, S.292).

5. Generation

Die Sprachen der 5. Generation sind nicht eindeutig abgegrenzt. Als gemeinsames Merkmal hat sich mittlerweile jedoch der Anwendungsbereich der 'Künstlichen Intelligenz (KI)' herausgebildet. Unter dem Begriff 'KI' versteht man den Versuch, die menschliche Denkweise auf Rechnern nachzubilden. Obwohl die Mächtigkeit der Sprachelemente sehr hoch ist, sind die Sprachen der 5. Generation nur für ganz spezielle Problembereiche sinnvoll einsetzbar (Kurbel 1991, S.19).

Es gibt weitere Sprachentwicklungen, die noch nicht in das Generationenschema eingeordnet werden können. Eine wichtige Klasse ist die der objektorientierten Sprachen. Als erste derartige Sprache i.e.S. gilt heutzutage SIMULA, gedacht vor allen Dingen für die Modellierung und Simulation realer Systeme. Nach der Einführung von SIMULA konzentrierten sich die Forscher auf zwei unterschiedliche Ansätze zur Entwicklung weiterer objektorientierter Sprachen. Zum einen wurden vollständig neue Sprachen wie z.B. Smalltalk-80 entwickelt. Andererseits versuchte man, den bereits vorhandenen Sprachen durch geeignete Erweiterungen objektorientierte Eigenschaften zu verleihen. Als typische Vertreter dieser als Hybridsprachen bezeichneten Klasse ist C++ als Erweiterung von C anzusehen. Zu den Pascal-basierten Sprachen gehören u.a. Object Pascal und Turbo-Pascal.

Eine weitere Sprachklasse ist die der verteilten und parallelen Programmiersprachen. Sie berücksichtigen auftretende Probleme auf verteilten Rechnern und Mehrprozessorsystemen wie z.B. Kommunikations- und Koordinationsprobleme. Einerseits wurden auch hier vollständig neue Sprachen, z.B. OCCAM, entwickelt, andererseits wurden konventionelle Programmiersprachen um entsprechende Konstrukte erweitert, wie z.B. Concurrent C und Concurrent LISP (Hansen 1992, S.368f).

5.1.2 Ausgewählte Sprachen

Die Zahl der Programmiersprachen ist so beträchtlich[7], daß bereits von der babylonischen Programmiersprachenverwirrung geredet wird. Viele Sprachen werden allerdings nur entwickelt, um Spezialprobleme besonders effizient oder elegant lösen zu können. Nur sehr wenige davon haben sich im breiten Stil in der Praxis etabliert. Einen Stammbaum der wichtigsten Programmiersprachen zeigt Abbildung 5/5 (Engesser 1992, S.548).

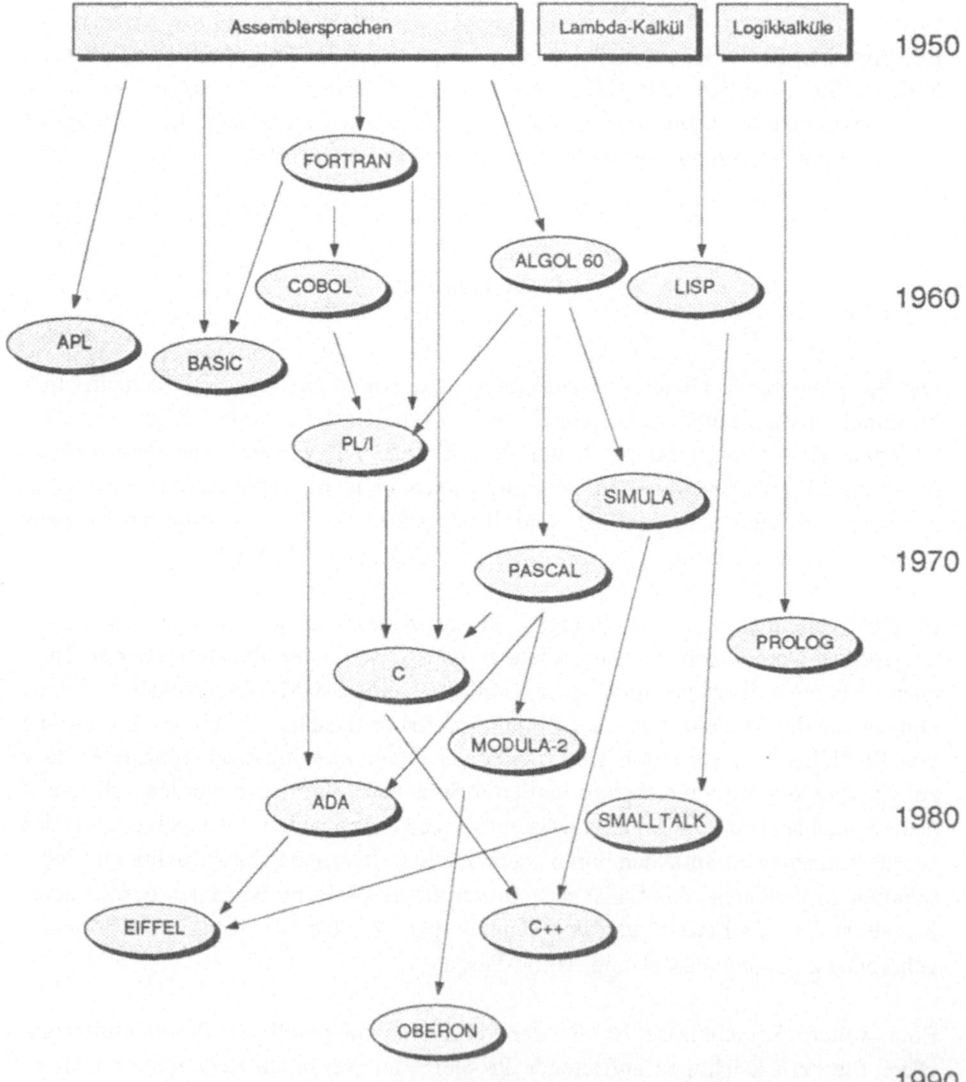

Abb. 5/5: Entwicklung der Programmiersprachen im Überblick

---

[7]   Es gibt schätzungsweise weit über 1000 verschiedene Programmiersprachen (Engesser 1992, S.549).

ADA (nach Augusta Ada Byron)

Die Entwicklung der Programmiersprache Ada (Booch 1987) wurde vom amerikanischen Verteidigungsministerium mit dem Ziel gefördert, die im militärischen Bereich verwendeten Programmiersprachen durch eine einzige abzulösen. Der Versuch, alternativ eine bereits bestehende Programmiersprache zu wählen, scheiterte, da keine Sprache die gestellten Anforderungen erfüllte. Algol 68, Pascal und PL/I kamen den gestellten Anforderungen am nächsten und bilden somit die Basissprachen für die Entwicklung von Ada. Globale Anforderungen an Ada sind u.a.:

- Erstellung effizienter Programme,

- Hardwareunabhängigkeit,

- leichte und zuverlässige Handhabung,

- Minimierung des Aufwandes bei der späteren Programmwartung,

- integrierte leistungsfähige Methoden und Werkzeuge.

Ada besitzt, ähnlich Pascal, ein strenges Typ-Konzept, welches von vornherein fehlerhafte Konstrukte zurückweist. Zur besseren Strukturierung und für die Programmierung im Großen gibt es ein Modulkonzept, ähnlich Modula-2. Diese Module können getrennt übersetzt und nach dem black-box-Prinzip als privat deklariert werden. Mit letzterem wird die interne Struktur nach außen völlig abgeschirmt. Mit dem Task-Konzept können Module parallel ausgeführt werden, womit Multitasking-Anwendungen direkt in Ada programmiert werden können. Funktionen können in Ada beliebig überladen werden, z.B. kann die Funktion '+' Zahlen, Zeichenketten, Mengen etc. addieren. Der Vorteil ist die einfache Handhabung; der Nachteil ist, daß der Ada-Übersetzer eine Funktion wählen kann, die vom Programmierer nicht beabsichtigt worden ist. Bereits in anderen Programmiersprachen geschriebene Software läßt sich als Modul einbinden. Diese Vielzahl an verschiedenen Konzepten machen die Programmiersprache Ada zu einem äußerst mächtigen Werkzeug. Allerdings ist die Entwicklung von Übersetzern, vor allem wegen des großen Umfangs und der damit verbundenen Komplexität der Sprache, sehr aufwendig und langwierig.

APL (A Programming Language)

APL (Iverson 1962) ist eine Anfang der 60er Jahre entwickelte Programmiersprache, die sich durch eine mathematisch orientierte, sehr knappe Schreibweise und durch eine interaktive Programmierumgebung auszeichnet. APL dient vor allem zur Formulierung von Algorithmen der Vektor- und Matrizenrechnung. Sie eignet sich nicht für die Programmierung im Großen, da die Programme, bedingt durch die knappe Schreibweise, leicht unübersichtlich werden.

ASSEMBLER

Auf Assembler wurde bereits eingegangen. Assembler-Programme sind auf die jeweilige Hardware zugeschnitten und kaum portierbar. Der Vorteil dieser Sprache ist die geringe Ausführungszeit und der geringe Hauptspeicherbedarf. Typische Anwendungen sind die hardwareabhängigen Teile des Betriebssystems sowie Real-Zeit-Systeme, in denen der Zeitfaktor die wichtigste Komponente ist.

BASIC (Beginner All purpose Symbolic Instruction Code)

Basic (Weber/Türschmann 1981) wurde 1963/64 in den USA für die Ausbildung von Programmieranfängern entwickelt und ist als einfache Sprache konzipiert worden, denn die erste Version umfaßte nur 14 Anweisungen. Im Laufe der Zeit entwickelten zahllose Gerätehersteller eigene Dialekte, die Folge war ein Wildwuchs zahlreicher verschiedener Dialekte, wobei sich jedoch keiner durchsetzen konnte. Basic ist auf Mikrorechnern die verbreitetste Programmiersprache. Die meisten Basic-Versionen werden mit Interpretern geliefert, wodurch schnell ablauffähige Programme entstehen. Das ursprüngliche Basic unterstützt keine strukturierte Programmierung, so gibt es beispielsweise keine Prozeduren bzw. Funktionen mit Parameterübergabe oder rekursive Funktionsaufrufe; als Datenstrukturen gibt es nur Felder. Trotz vieler Verbesserungen, die im Laufe der Zeit entstanden sind, ist die Sprache in ihren Grundstrukturen für ein strukturiertes Programmieren ungeeignet. Basic eignet sich schon wegen der fehlenden lokalen Datenbereiche und der übermäßig verwendeten unbedingten Sprungbefehle (GOTO) nicht für größere Programmentwicklungen. Letztere verursachen den sogenannten 'Spaghetticode', der sehr schwer nachvollziehbar ist.

C (Nach A und B folgt C)

C (Kernighan/Ritchie 1988) wurde Anfang der 70er Jahre von Dennis Ritchie in den USA entwickelt. Das Ziel war es, eine Programmiersprache zu schaffen, die die Effizienz von Assemblersprachen und die Konzepte aus höheren Sprachen in sich vereint. C zeichnet sich durch einen sehr kleinen Sprachkern aus, der mit Standardprozeduren aus Bibliotheken erweitert wird. Erwähnenswert sind die vielfältigen Operationen zur Bitmanipulation, wie sie sonst nur in maschinenorientierten Sprachen vorhanden sind. Die Verbreitung von C ist eng mit der Verbreitung von Unix verbunden, da Unix – bis auf einige hardwareabhängige Assembler-Routinen – weitgehend in C geschrieben ist. Die gute Portabilität von C ist ein weiterer Grund für die wachsende Verbreitung.

C ist eine Pascal-ähnliche Sprache, jedoch mit weniger Datenstrukturen. Aus diesem Grund können C-Compiler sehr effiziente Programme übersetzen. Anders als andere höhere Programmiersprachen legt C dem Programmierer nur wenig Restriktionen auf, so daß ein hohes Maß an Disziplin verlangt wird, damit sehr kurze, jedoch undurchsichtige, Anweisungen vermieden werden. Gerade erfahrene C-Programmierer bevorzugen jedoch diese kürzere Schreibweise. Ein echter Nachteil von C ist, daß viele Fehler vom Compiler nicht erkannt und somit vor allem unerfahrene Programmierer vor große Probleme gestellt werden.

COBOL (COmmon Business Oriented Language)

Cobol wurde um 1960 speziell für den kaufmännischen Bereich entwickelt. Deshalb sind die Komponenten Dezimalarithmetik, Ein- und Ausgabe, Handhabung großer Datenmengen stark ausgeprägt. Die erstmalige frühe Normierung (1960) sowie eine ständige Anpassung an die fortschreitende technologische Entwicklung wirkten stark hemmend auf die Entstehung von Dialekten. Dieses und die Maschinenunabhängigkeit sind Gründe für die gute Portierbarkeit der Cobol-Compiler verschiedener Hersteller und Rechnergrößen. Die Syntax der Cobol-Programme ist der englischen Sprache weitmöglichst angepaßt, so daß Programme sich wie Klartext lesen. Die strenge Strukturierung sowie die ausgeprägte Möglichkeit zur Programmdokumentation sind für den relativ hohen Schreibaufwand bei der Programmerstellung verantwortlich. Dieser vorerst nachteilige Aspekt wirkt sich jedoch sehr positiv aus: Cobol-Programme sind sehr gut lesbar und damit wartbar. Die starke Unterstützung der kaufmännischen Anforderungen sorgen bei diesem großen und wichtigen Markt für den Erfolg der Sprache, weshalb die Mehrzahl der kaufmännischen Anwendungen in Cobol geschrieben sind. Obwohl es leistungsfähigere und mächtigere Programmiersprachen gibt, sorgen die bereits vorhandenen Systeme für die Weiterverwendung von Cobol. Die hohen Kosten einer Portierung in eine leistungsfähigere Programmiersprache sowie die psychologische Sperre des Menschen, etwas Bewährtes verändern zu wollen, sind weitere Gründe für die Weiterverwendung von Cobol als Programmiersprache.

C++ (Das Inkrement von C)

C++ (Stroustrup 1986) ist eine objektorientierte Weiterentwicklung der Programmiersprache C, die auf das Jahr 1983 zurückgeht. Die Sprachdefinition von C++ ist, bis auf sehr kleine Veränderungen, eine Teilmenge von C. C++ enthält viele Konzepte aus der ersten objektorientierten Programmiersprache SIMULA67 und gehört zur Klasse der Hybridsprachen, die die Möglichkeiten und die Funktionalitäten einer objektorientierten Programmiersprache mit den Eigenschaften einer effizienten, blockstrukturierten Sprache verbindet (Kempel/Pfander 1990, S.24). Die erwähnenswerten Erweiterungen zu der Programmiersprache C sind:

- Typbindung,
- Datenabstraktion,
- Operatoren Überladen,
- Unterstützung der objektorientierten Prinzipien (Klassen mit Vererbung, Objekte mit dynamischer Bindung).

FORTRAN (FORmula TRANslator)

Die Sprache Fortran entstand in der Mitte der 50er Jahre. Ihr Hauptanliegen war es, die umständliche und fehleranfällige Programmierung in Assembler zu vereinfachen. Da Computer in der damaligen Zeit vorwiegend zur Unterstützung mathematischer Berechnungen herangezogen wurden, sind die Sprachelemente stark an die mathematische Formelschreibweise angelehnt, was auch im Namen der Sprache zum Ausdruck kommt. Die einfache und maschinennahe Struktur ermöglicht es dem Compiler, effiziente Programme zu erstellen, so daß Fortran vorzugsweise für die Verarbeitung großer numerischer Datenmengen eingesetzt wird. Wichtige Anforderungen höherer Programmiersprachen sind nicht erfüllt: so gibt es z.B. nicht die Datenstruktur Record.

LISP (LISt Processing language)

Lisp (Winston/Horn 1989), um 1960 von McCarthy definiert, ist eine applikative Programmiersprache und im Bereich 'Künstliche Intelligenz' und hier insbesondere bei der Symbolverarbeitung stark verbreitet. Die grundlegende Datenstruktur ist die lineare Liste. Die in Lisp-Programmen notwendigen zahlreichen Klammern tragen zur schlecht leserlichen und benutzerunfreundlichen Darstellung bei. Die dominierende interpretative Verarbeitung von Lisp-Programmen verursacht eine hohe Rechen- bzw. Ausführungszeit. Erst mit der Herstellung spezieller Lisp-Maschinen und der dadurch minimierten Ausführungszeit wurde die Sprache zunehmend interessanter. Die Stärken von Lisp liegen im Umgang und der Verarbeitung von Strukturen, besonders bei der Verarbeitung von Zeichenketten und Formeln (automatisches Beweisen).

Modula-2

Modula-2 (Wirth 1988) ist eine Erweiterung der Programmiersprache Pascal, entwickelt von Niklaus Wirth. Die wichtigste Erweiterung ist das Modulkonzept, das es erlaubt, Module getrennt zu implementieren und zu übersetzen. Mit Ausnahme der externen Schnittstelle bleibt der gesamte Rumpf eines Moduls verborgen. Die übersichtliche Strukturierung und die Flexibilität sind Vorteile des Modulkonzepts. Modula-2 ist besonders geeignet, die Prinzipien des Software Engineering zu verwirklichen. Die Vernachlässigung der Ein- und Ausgabe und der Dateiorganisation blieben allerdings wie bei der Sprache Pascal bestehen.

OBERON

Die Konzipierung von Oberon beruht ebenfalls auf Niklaus Wirth, dem konzeptionellen Vater von Pascal und Modula-2. Der Ansatz von Oberon geht über eine Programmiersprache hinaus. So bildet die Hardware, das Betriebssystem samt Hochsprache und Benutzeroberfläche ein integriertes Programmiersystem: das Oberon-System. Es unterstützt weder das Multiuser- noch das Multitasking-Konzept und ist als Betriebssystem für eine Einplatzworkstation gedacht. Das Prädikat 'nicht multitaskingfähig' ist allerdings irreführend, da ein Oberon-System gar keine Tasks[8] benötigt. Es bildet eine Einheit, d.h. es gibt keine eigenständige getrennte in sich abgeschlossene Applikationen, sondern alle Applikationen sind integriert. Eine Taskorganisation ist daher überflüssig. Die Programmiersprache Oberon ist eine Weiterentwicklung

---

[8]   Ein Prozeß (engl.: Task) ist eine endliche sequentielle Verarbeitung von Rechenvorschriften unter Kontrolle des Betriebssystems.

von Modula-2. Es wurde jedoch auf einige überflüssige Konstrukte verzichtet, deren Elimination zur Verringerung der Komplexität der Sprache und des Compilers beitragen und somit die gesamte Sprache übersichtlicher und handhabbarer machen. Eine wichtige Erweiterung von Oberon ist die Möglichkeit der Typerweiterung, bei der neue Datentypen auf der Basis von bereits definierten Datentypen konstruiert werden können; ein Beispiel zeigt Abbildung 5/6.

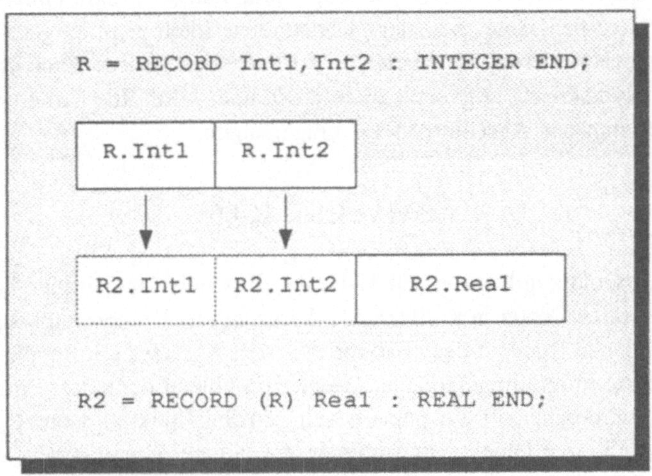

Abb. 5/6: Beispiel für die Typerweiterung in Oberon

Pascal (nach Blaise Pascal)

Die Programmiersprache Pascal, benannt nach dem französischen Mathematiker Blaise Pascal, wurde um 1970 von Niklaus Wirth an der ETH Zürich entwickelt. In Pascal wurden erstmalig grundlegende Konzepte verwirklicht, auf denen neuere Sprachen aufbauen. Erwähnenswert ist vor allem das Typkonzept, das sowohl einfache als auch strukturierte Datenstrukturen zuläßt. Gravierender Mangel ist die fehlende Unterstützung bei der Entwicklung großer Programme z.B. durch das Fehlen eines Modulkonzepts. Außerdem sind die Hilfsmittel für die Ein- und Ausgabe und die Dateiverarbeitung in dem Standard-Sprachumfang unzureichend. Dieses ist auch einer der wesentlichen Gründe, weshalb Pascal in der betrieblichen Praxis nicht verbreitet ist (Kurbel 1990, S.177).

PL/I (Programming Language ONE)

Mit PL/I wurde der Anspruch verfolgt, eine universell anwendbare Sprache, die sowohl den naturwissenschaftlich-technischen als auch den kommerziellen Bereich abdeckt, zu entwickeln. Die bis dahin übliche Trennung dieser beiden Bereiche sollte aufgehoben werden. Die in PL/1 verwendeten Konzepte stammen daher aus den Basissprachen Fortran, Cobol und Algol. Die Datentypen und die Dateiverwaltung wurden von Cobol übernommen. Die vielfältigen Möglichkeiten der Formatierung der

Daten stammen von Fortran. Aus Algol wurde die Programmstruktur übernommen. Obwohl der Sprache eine weite Verbreitung prognostiziert wurde, blieb ihr Einsatzgebiet primär auf die IBM-Welt beschränkt.

PROLOG (PROgramming in LOGic)

Prolog (Clocksin/Mellish 1984) ist eine prädikative Programmiersprache, die hauptsächlich in den Bereichen der 'Künstlichen Intelligenz eingesetzt wird. Es existiert keine Normierung der Sprache, so daß verschiedene Dialekte die Fakten und Regeln syntaktisch unterschiedlich darstellen. Auf die Arbeitsweise wurde bereits zu Beginn des Abschnitts 5.1.1 eingegangen.

SMALLTALK-80

Smalltalk-80 (Goldberg/Robson 1983) ist das Ergebnis langjähriger Forschung am Palo Alto Research Center in Kalifornien. Aufgrund der Kompromißlosigkeit und der damit verbundenen Reinheit des objektorientierten Ansatzes gilt Smalltalk-80 als die objektorientierte Programmiersprache. Wenn von objektorientierter Programmierung die Rede ist, wird daher oft die Begriffswelt von Smalltalk-80 benutzt. Es setzt sich aus Klassen und ihren Objekten zusammen, die in einer Unterklassen – Oberklassen – Hierarchie geordnet sind. Das System besteht für den Benutzer aus einer Menge von Objekten, wie z.B. Zahlen, Texte, Editoren, Übersetzer, die im System beliebig erweiter- oder austauschabar sind (z.B. den Editor). Smalltalk-80 stellt nicht nur eine objektorientierte Programmiersprache, sondern eine vollständige Entwicklungs- und Laufzeitumgebung mit graphischer Oberfläche dar.

5.2 Planungssprachen

Unter dem Einfluß der Erfahrungen mit dem Entwurf und der Implementierung entscheidungsunterstützender Systeme entstand Ende der 60er Jahre mit den sogenannten Planungssprachen eine Klasse spezieller, höherer Programmiersprachen mit dem Ziel, den aktuellen Bedarf an computergestützten Methoden und Modellen zur Bearbeitung von Planungs- und Entscheidungsproblemen zu decken. In der angelsächsischen Literatur werden Produkte dieser Klasse auch als Financial Planning Languages oder Financial Modelling Packages bezeichnet (Heckerman 1982, S.22). Dabei ist zu beachten, daß der Ausdruck 'Financial Planning' weiter gefaßt ist als seine deutsche Übersetzung und die Bezeichnung 'Package' auf den Werkzeugcharakter der Planungssprachen hinweist. Insgesamt sollen mit dieser Klasse von Programmiersprachen die Mitarbeiter der Fachabteilungen in die Lage versetzt werden, kleinere Modelle selbst zu entwickeln, ohne dabei die zentrale DV-Abteilung in Anspruch zu nehmen. Im Interesse einer einfachen und schnellen Entwicklung geschieht die Programmierung größtenteils unter Vernachlässigung von Laufzeit und Speicherbedarf der Programme (Zeuch/Haun 1986, S.1).

5.2.1 Leistungsmerkmale

Die Planungssprachen unterscheiden sich von Programmiersprachen sowohl in den Schwerpunkten ihrer Leistungsprofile als auch in der Weite ihrer Leistungsspektren. Bezüglich der Leistungsprofile lassen sich drei Klassen unterscheiden (Tilemann 1979, S.168; Tilemann 1990, S.331):

1. Tabellenorientierte Systeme sind aus einer Kombination von Reportgeneratoren und planungsorientierten Matrixarithmetiken entstanden. Sie weisen daher an Matrizen angelehnte Datenstrukturen mit den zugehörigen Operationen auf. Im einfachsten Fall sind dieses Tabellenkalkulationssysteme mit dem Schwerpunkt in der Kosten- und Budget- sowie Ergebnis-, Finanz- und Investitionsplanung.

2. Modellgenerierungssysteme, die unter Nutzung vorhandener Funktionen vielseitige und doch einfache Möglichkeiten der Modellgenerierung und Datenverwaltung entstehen lassen.

3. Analysesysteme bieten neben planungsorientierten Möglichkeiten zur Modellgenerierung insbesondere Analyse- und Prognosefunktionen mit zeitreihenorientierten Datenstrukturen an.

Bei einem Vergleich der drei Klassen fällt auf, daß gemäß Abbildung 5/7 (Tilemann 1977, S.376) die Fähigkeiten tabellenorientierter Sprachen von den Sprachen mit flexibler Modellstruktur eingeschlossen werden und diese wiederum von den Analysesystemen.

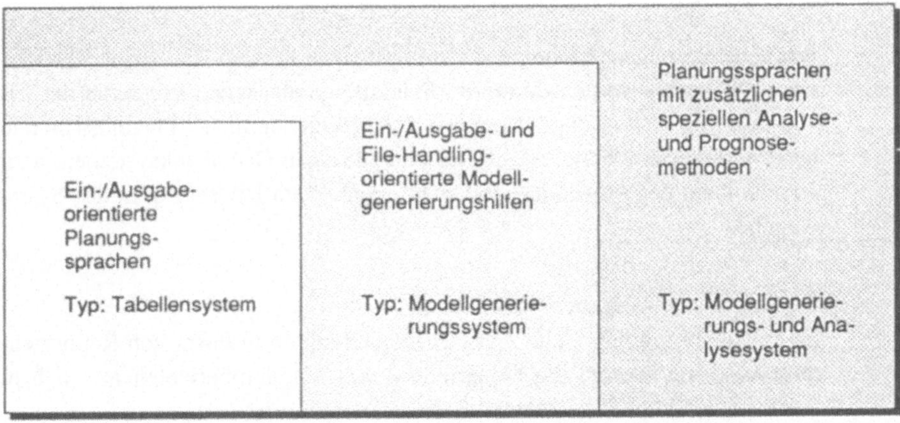

Abb. 5/7: Planungssprachen mit unterschiedlichem Leistungsumfang

In der Fachliteratur existiert keine einheitliche Definition des Begriffes 'Planungssprache'. Es gibt daher unterschiedliche Meinungen bzgl. der Merkmale, die eine Planungssprache besitzen sollte. So kommt es vor, daß einerseits bei der Definition ein stärkeres Gewicht auf den ersten Teil des Wortes gelegt wird und somit

unter Planungssprachen alle Planungsinstrumente zusammengefaßt werden; andererseits ist zu beobachten, daß das Wort Sprache eine stärkere Gewichtung erhält und
eine Planungssprache als eine allgemeine anwenderorientierte Programmiersprache
angesehen wird.

Im folgenden sind daher statt einer Definition die wesentlichen Merkmale zusammengestellt, die erfüllt sein müssen, um ein Programmiersystem als Planungssprache zu
bezeichnen (Schneider/Schwab/Renninger 1983, S.3ff; Mertens/Griese 1988, S.59f;
Sebert/Chamoni/Wartmann 1985, S.9f):

- Flexible Modellerstellung:
  Den Mitarbeitern der Planungsabteilung – meist ohne spezielle DV-
  Kenntnisse – wird eine einfache und flexible Modellerstellung unter Zu-
  hilfenahme einer nichtprozeduralen Formulierungstechnik ermöglicht. Die
  in dieser Sprache verwendeten Befehle und Schlüsselwörter sind der Pla-
  nungsterminologie bzw. einer natürlichen Sprache angeglichen und bieten
  Prozeduren für die Formulierung, Änderung und Ablaufsteuerung von Modellen.

- Eingebauter Funktionsvorrat:
  Planungssprachen enthalten einen eingebauten Funktionsvorrat, der eine
  schnelle und flexible Lösung oft wiederkehrender Teilprobleme unterstützt.
  Dazu zählen insbesondere mathematische und finanzmathematische Operationen, die den Anwender in die Lage versetzen, die Ergebnisse seiner Pla-
  nungsrechnungen ohne großen Programmieraufwand mit unterschiedlichen
  Methoden zu analysieren.

- Einfache Datenhandhabung:
  Dem Anwender werden durch die Planungssprache viele Probleme der Ein-
  und Ausgabe sowie der Datenverwaltung abgenommen. Planungssprachen
  besitzen einerseits Schnittstellen zu den gängigen Datenbanksystemen, andererseits kann der Anwender die Daten manuell am Bildschirm in das System
  eingeben.

- Umfangreiche Ausgabemöglichkeiten:
  Es existieren umfangreiche Ausgabemöglichkeiten in Form von Reportgene-
  ratoren, damit sowohl die Generierung von Standardberichten als auch die
  Ausgabe individuell gestalteter Berichte möglich ist.

- Benutzerfreundlichkeit:
  Eine Planungssprache muß sowohl leicht zu erlernen als auch leicht zu
  handhaben sein. Da beide Anforderungen miteinander konkurrieren, kommt
  es zu einem Konflikt bei konkreten Systemen. Dieser wird besonders bei ausschließlich menügesteuerten Systemen deutlich. Für den geübten Anwender

ist es eine Behinderung in tiefen Menühierarchien nach Befehlen zu suchen, die er bereits beherrscht.

Der Vorrat an vordefinierten Funktionen und Methoden läßt sich in folgende Kategorien einteilen (Mertens/Griese 1988, S.59; Siegmann 1985, S.7):

Kosten- und Budgetplanung
- Grundrechenarten
- Kumulierung
- Rundung
- Zeilen- und Spaltenverknüpfung

Absatz- und Marketingplanung
- arithmetisches Mittel
- Varianz
- Regression
- Gleitende Durchschnitte
- Exponentielle Glättung
- Trendextrapolation
- Logarithmusfunktionen

Finanz- und Investitionsplanung
- Barwert
- Kapitalwert
- Zinseszins, interner Zinsfuß
- Amortisation
- Abschreibungsmethoden
- Tilgung

Unternehmensgesamtplanung
- Sensitivitätsanalysen
- Hierarchische Konsolidierung

5.2.2 Ausgewählte Planungssprachen

Ebenso wie die EDV sind Planungssprachen einem ständigen Wandel unterworfen. Eine Beschreibung ausgewählter Planungssprachen kann daher nur eine Momentaufnahme sein. Insofern sind die im folgenden vorgestellten Sprachen lediglich als Anhaltspunkt für eine Auswahl gedacht (Zeuch/Haun 1986, S.8ff; Schneider/Schwab/Renninger 1983, S.27ff; Seibert/Chamoni/Wartmann 1985, S.17; Hummeltenberg 1990, S.100f):

INFPLAN

Das System INFPLAN, eine Entwicklung der SIEMENS AG, wird als Benutzersprache für Planungs- und Kontrollaufgaben bezeichnet. Die Daten werden im System dreidimensional in Form von Zeilen, Spalten und Blättern abgelegt. Eine ausgeprägte Schnittstelle zu verschiedenen Datenbanksystemen, wie z.B. die relationalen bzw. hierarchischen Siemens-Datenbanksysteme SESAM und UDS sowie weiteren Schnittstellen zum Datenverwaltungssystem des Betriebssystems und zu Dateisystemen fremder Hersteller (z.B. ADABAS), erleichtern den Datenaustausch. Zu den Haupteinsatzgebieten von INFPLAN gehören alle Planungsbereiche inklusive der Unternehmensgesamtplanung.

IFPS/Plus

Das Programmsystem IFPS/Plus, dem Nachfolger der Planungssprache IFPS (Interactive Financial Planning System) ist eine Entwicklung der EXECUCOM Systems Corporation und wird in Deutschland von Comshare vertrieben. Auch IFPS kann aufgrund der vordefinierten Funktionen und Methoden zur Unternehmensgesamtplanung eingesetzt werden. IFPS besitzt eine eigene relational orientierte Datenbank. Weiterhin zeichnet es sich durch eine starke Integration mit dem FIS-Generator Executive Edge aus, weshalb die Fähigkeit zur Erstellung von Graphiken, Tabellen und Texten in IFPS/Plus sehr eingeschränkt wurde. IFPS/Personal ist die PC-Version des Programmsystems.

System W

System W, angeboten von Comshare, ist eine Weiterentwicklung der Anfang der 70er Jahre entwickelten Planungssprache Wizard zur mehrdimensionalen Modellierung und Konsolidierung auf dem Großrechner. Es verfügt heute neben dem Analyse- und Modellbildungsteil über eine eigene relationale Datenbank sowie Kopplungsmodule für den Zugriff auf andere Datenbanken (z.B. Oracle, Ingres, Focus). Ein Vorteil dieses Systems liegt in der Anbindung an den von Comshare entwickelten FIS-Generator Commander EIS (vgl. Abschnitt 5.4.2).

FCS

Das dialogorientierte Programmsystem FCS (Financial and Corporate Planning System) ist die Planungssprache von Pilot Executive Software. FCS ist für Großrechner (FCS-EPS) und Mikrorechner (Micro-FCS) verfügbar, wobei Micro-FCS nur eine funktionale Untermenge von FCS-EPS darstellt. Auf dem Mikrorechner erstellte Modelle sind kompatibel zu der Großrechnerversion und können somit auf diese portiert werden. Der konzeptionelle Aufbau von FCS unterstützt die Trennung von Modellen, Daten, Berichten und Graphiken. Ein Datenaustausch mit den FIS-Generatoren des Herstellers (z.B. Lightship) ist ebenfalls möglich.

An einem einfachen Beispiel soll im folgenden die Vorgehensweise bei der Modellerstellung, Berechnung und Ausgabe der Ergebnisse erläutert werden. Im Beispiel werden die Umsatz-, Kosten- und Gewinnprognosen eines Produktes für vier zukünftige Monate bestimmt.

Abbildung 5/8 zeigt den Aufbau des Modells, in dem jede Zeile mit einer wählbaren Zeilennummer versehen (z.B. 16) ist, gefolgt von einem Zeilennamen (z.B. 'Umsatz') sowie einer optionalen Berechnungsformel (z.B. 'Absatz'*'Preis/Maschine' AT (100.-

'Skonti')), die durch ein Gleichheitszeichen getrennt wird. AT ist das Schlüsselwort
für eine Prozentangabe.

```
10  'ABSATZ'
12  'PREIS/MASCHINE'
14  'SKONTI'
16  'UMSATZ'='ABSATZ'*'PREIS/MASCHINE' AT (100.-'SKONTI')
18  'STÜCKKOSTEN MATERIAL'
20  'STÜCKKOSTEN PERSONAL'
22  'ANDERE STÜCKKOSTEN'
24  'VAR.KOSTEN'=('STÜCKKOSTEN MATERIAL'SUM'ANDERE
    STÜCKKOSTEN')*'ABSATZ'
26  'FIXE KOSTEN'
28  'BRUTTOERGEBNIS'='UMSATZ'-'VAR.KOSTEN'-'FIXE'
30  'UMSATZRENDITE'='BRUTTOERGEBNIS'%'UMSATZ'
32  'KUMULIERTER UMSATZ'='UMSATZ'THRU 5.
34  'GEWINNZUWACHS'='BRUTTOERGEBNIS'DIFF 5.
36  'STEUERRATE'
38  'STEUERN'='BRUTTOERGEBNIS'DIFF 5.
40  'NETTOERGEBNIS'='BRUTTOERGEBNIS'-'STEUERN'
42  'INVESTITION'
44  'CASH FLOW'='NETTOERGEBNIS'-'INVESTITION'
```

Abb. 5/8: Modellbeispiel für FCS

Abbildung 5/9 zeigt den Aufbau des Datenbereiches. Die Nummer am Anfang jeder
Zeile stellt die Verbindung zum Modell her. Als zweites wird das Datenformat ange-
geben, wobei U Einheiten, K Tausende, I den konstanten Zuwachs, G geometrisches
Wachstum und A arithmetisches Mittel bedeuten; dahinter stehen die eigentlichen
Daten.

```
10,G,1400,9
12,U,2X1.4,2X1.6
14,U,X3
18,A,.34,8
20,G,.25,5.7
22,G,.35,10
26,I,20,25
36,U,X56
42,K,8,3X0.
```

Abb. 5/9: Datenbeispiel für FCS

Die Modellerstellung ist hiermit beendet. Im Dialog wird das System veranlaßt, aus den Regeln der Modellogik und den Daten das Modell durchzurechnen.
Nach Eingabe von allgemeinen Berichtsparametern (z.B. Titel des Berichtes, Spaltenüberschriften, zu betrachtende Perioden), kann ein Standardbericht ausgegeben

werden. Abbildung 5/10 zeigt einen solchen Bericht mit der Titelzeile 'Investitionsrechnung' und den Spaltenüberschriften 'Jan' bis 'Apr' zu dem gegebenen Beispiel.

	INVESTITIONSRECHNUNG			
	JAN	FEB	MAR	APR
10 ABSATZ	1400.00	1526.00	1663.34	1813.04
12 PREIS/MASCHINE	1.40	1.40	1.60	1.60
14 SKONTI	3.00	3.00	3.00	3.00
16 UMSATZ	1901.20	2072.31	2581.50	2813.84
18 STÜCKKOSTEN MATE	.34	.37	.39	.42
20 STÜCKKOSTEN PERS	.25	.26	.28	.30
22 ANDERE STÜCKKOST	.35	.38	.42	.47
24 VAR.KOSTEN	1316.00	1551.10	1825.04	2144.25
26 FIXE KOSTEN	20.00	45.00	70.00	95.00
28 BRUTTOERGEBNIS	565.20	476.20	686.47	574.59
30 UMSATZRENDITE	29.73	22.98	26.59	20.42
32 KUMULIERTER UMSA	1.90	3.97	6.56	9.37
34 GEWINNZUWACHS	316.51	266.67	384.42	321.77
36 STEUERRATE	56.00	56.00	56.00	56.00
38 STEUERN	316.51	266.67	384.42	321.77
40 NETTOERGEBNIS	248.69	209.53	302.05	252.82
42 INVESTITION	8000.00	.00	.00	.00
44 CASH FLOW	-7751.31	209.53	302.05	252.82

Abb. 5/10: Standardberichtsbeispiel für FCS

In einer anschließenden Sensitivitätsanalyse läßt sich beobachten, wie sich z.B. die
Absatz- und Preisänderungen auf das Ergebnis auswirken können. In FCS müssen
dazu nur die Zeilennummer und die prozentuale Veränderung von Absatz und Preis
eingegeben werden. Als Ausgabe erfolgt dann standardmäßig ein Bericht gemäß
Abbildung 5/10 mit angepaßten Ergebnissen.

Größere Softwarehersteller bieten sowohl Planungssprachen für Mainframes, als auch
für PC's an. Abbildung 5/11 gibt einen Überblick der gängigen Planungssprachen.

Die Ausführungen haben deutlich gemacht, daß die meisten am Markt befindlichen
Planungssprachen in ein umfassendes Softwarekonzept des Herstellers/Anbieters eingebettet sind. Die Planungssprache selbst stellt lediglich das Basismodul dar, das
nach den Erfordernissen des jeweiligen Unternehmens durch zusätzliche Module zu
erweitern ist (Moormann 1989, S.64).

Mainframe-Produkte	PC-Produkte	Hersteller/Anbieter
Empire		Applied Data Research
	Encore	Ferox Micro Systems
Express		Management Decision Systems, Inc.
FCS-EPS	Micro FCS	Pilot Exec. Software
IFPS/Plus	IFPS/Personal	Comshare, Inc.
Infplan		Siemens AG
Mercur	Mercur	Mercur
Matplan	Matplan	Gesellschaft für Mathematik und Informatik mbH
Simplan	MicroSIM	SIMPLAN Systems, Inc.
System W	One-Up	Comshare, Inc.

Abb. 5/11: Übersicht Planungssprachen

5.3 Tabellenkalkulationssysteme

Die seit Ende der 70er Jahre verfügbaren Tabellenkalkulationssysteme haben sich insbesondere für betriebswirtschaftliche Anwendungen im operativen sowie dispositiven Bereich in den Fachabteilungen durchgesetzt. Sie stellen Umgebungen für die betriebswirtschaftliche Entscheidungsunterstützung dar und bieten Instrumente für eine flexible Analyse und Manipulation von in Tabellen angeordneten Zahlenbeständen an. Der große Erfolg dieser Systeme basiert vor allem auf der einfachen, intuitiven Modellierungs- und Bedienungslogik, der effizienten Implementierung auf PC-Mikrocomputern sowie der im Gegensatz zu verwandten Systemen günstige Preis.

5.3.1 Leistungsmerkmale

Eine Tabellenkalkulation läßt sich als großes Arbeitsblatt, das durch ein Koordinatensystem in Zeilen und Spalten unterteilt wird, vorstellen. Diese Sichtweise ahmt eine Tabelle auf einem Blatt Papier nach, so daß ungeübte Benutzer die Logik des Systems schnell erfassen können. Die Zeilen eines Arbeitsblattes werden mit arabischen Zahlen und die Spalten mit Buchstaben versehen (vgl. Abbildung 5/12). In manchen Tabellenkalkulationssystemen lassen sich bis zu 256 Arbeitsblätter zu einer dreidimensionalen Struktur, den sogenannten Arbeitsblattdateien, zusammenfassen. Diese können wiederum in einem Arbeitsbereich (Workspace) zusammengeführt werden. Insofern bieten Tabellenkalkulationssysteme dem Benutzer eine vierdimensionale Struktur als Analyseplattform (Nastansky 1990, S.419).

	A	B	C	D
1	CARAVINI AG			
2				
3				
4		1991	1990	
5				
6	Materialkosten I	11,50	11,50	0%
7	Materialkosten II	5,60	5,60	0%
8	Personalkosten	20,10	20,10	0%
9	Energiekosten	0,98	1,12	+14%
10	Werkzeugkosten	0,87	0,88	+ 1%
11	Sonst. Kostenstellenkosten	2,43	2,37	− 2%
12	Sondereinzelkosten der Fertigung	2,03	2,00	− 1%
13	Verpackungsmaterialkosten	1,21	1,21	0%
14	Provisionen	1,93	1,93	0%
15				
16	Proportionale Selbstkosten	46,65	46,71	0%
17				

Abb. 5/12: Screendump LOTUS 123

Die Schnittpunkte von Zeilen und Spalten auf einem Arbeitsblatt nennt man Zellen. Sie enthalten Konstanten (Zeichenketten, Zahlen) oder Formeln (Verknüpfungsausdrücke). Letztere bestehen aus arithmetischen oder logischen Ausdrücken, die Verweise auf andere Zellen enthalten können. Die Formelverknüpfungstechnik greift dabei mit Hilfe verschiedener Adressierungstechniken auf andere Zellen, Arbeitsblattdateien und Arbeitsbereiche zu. Auf diese Weise lassen sich Planungsmodelle sukzessiv auf dem Arbeitsblatt aufbauen. Eine Änderung der Eingangsdaten bewirkt automatisch eine neue Durchrechnung des gesamten Arbeitsblattes. Abbildung 5/13 zeigt beispielhaft einige anwenderorientierte Funktionen, die in Formeln enthalten sein können.

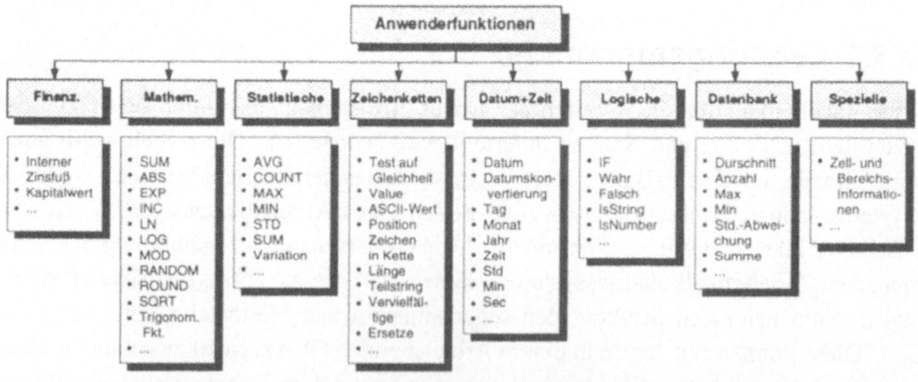

Abb. 5/13: Beispiele für Tabellenkalkulationsfunktionen

1979 erschien mit Visicalc das erste Tabellenkalkulationsprogramm auf dem Markt. Es wurde unter der Gattung 'visueller Taschenrechner', woraus sich der Name Visi-Calc ableitet, vorgestellt. Tabellenkalkulation bzw. Spreadsheet war nur ein interner Begriff der Erfinder Bob Frankston und Dan Bricklin (Tai 1991a, S.14). Parallel dazu wurde für Mainframes eine multiuser- und multitaskingfähige Tabellenkalkulation entwickelt und 1980 unter dem Namen Supercomp vorgestellt. Etwa 1985 wurde das Programm in C umgeschrieben (mit neuem Namen 20/20) und war somit für verschiedene Rechner und Betriebssysteme verfügbar: DEC's VMS, MS-DOS sowie UNIX (Tai 1991a, S.14f). Große Verbreitung fand die Tabellenkalkulation jedoch erst durch VisiCalc, da es als erste Tabellenkalkulation auf Mikrocomputer (Apple II, Z80) zur Verfügung stand und für viele Anwender preislich erschwinglich wurde.

Aber erst durch die von Mitch Karpor gegründete Firma Lotus begann mit Lotus 123 der Siegeszug der Tabellenkalkulationen auf dem MS-DOS-Rechnermarkt. Lotus 123 übernahm die wesentlichen Elemente von VisiCalc und erweiterte sie (z.B. durch integrierte Graphikfunktionen, Makrosprache). Das so entstandene System war erheblich schneller und benutzte eine zu VisiCalc ähnliche, jedoch bessere Benutzeroberfläche. Dadurch avancierte Lotus 123 sofort zum Standard und ist heute für die gängigen Betriebssysteme MS-DOS, Windows, OS/2 sowie Versionen für die Benutzeroberflächen Sunview, Nextstep und Motif unter Unix erhältlich. Den Macintosh-Markt sicherte sich Microsoft mit Excel durch folgende Erweiterungen: Fenstertechnik, ein Präsentationsmodul, Datenbank-Funktionen, eine leistungsfähige Makrosprache und leichtere Erlernbarkeit. Auch unter der Benutzeroberfläche Windows auf IBM-kompatiblen Rechnern ist Microsoft mit Excel Marktführer.

	MSDOS	Windows	UNIX	Mac	OS/2
Excel		X		X	X
Improv		X			
Lotus 123	X	X	X		X
Quattro Pro	X	X			
Wingz		X	X	X	X

Abb. 5/14: Übersicht wichtiger Tabellenkalkulationsprogramme

Moderne Tabellenkalkulationsprogramme lassen sich gemäß Abbildung 5/15 funktional in drei Komponenten aufteilen, wobei Dateimanagement, Druck- oder ähnliche

Funktionen sowie alle möglichen Add-Ins[9] ausgeklammert sind:

- Kalkulation,
- Datenbank,
- Präsentation.

Zur Kalkulationskomponente gehören sowohl die bereits vordefinierten Funktionen als auch selbst definierte, die aus vorhandenen Funktionen in Form von Formeln zusammengefaßt und mit einem Funktionsnamen versehen werden. Die Mächtigkeit der Funktionen wird zwar mit selbstdefinierten Funktionen nicht erweitert, jedoch führt deren Benutzung zu einer übersichtlicheren Strukturierung.

Die heutigen Datenbankkomponenten enthalten neben Funktionen zur Verwaltung eigener Datenbanken auch die Möglichkeit für den Import aus externen Datenbanken. Dabei können Daten in Tabellenform eingelesen, sortiert, gefiltert etc. werden. Eleganter läßt sich der Datenzugriff mit Hilfe von standardisierten Datenbankschnittstellen lösen, bei denen direkt auf ein im Unternehmen vorhandenes Datenbanksystem (z.B. Oracle, Ingres, IMS) aufgesetzt wird.

Die Präsentationskomponente, auch 'Spreadsheet Publishing' genannt, ist heutzutage die wichtigste Komponente. Hiermit wird die Visualisierung der Information übernommen. Für präsentationsreife Tabellen sind mindestens folgende Optionen notwendig: die Entfernung von Spalten- und Zeilenköpfen, um sich von einfachen Tabellenkalkulationen abzuheben; Linien- bzw. Rahmen- und Schattierungsoptionen, um Einheiten für das Auge zu bilden; verschiedene Schriftarten; Kennzeichnung mit Pfeilen und Kreisen der hervorzuhebenden Zahlen durch ein integriertes Zeichenprogramm; Einbindung von Graphiken z.B. für das Firmenlogo (Tai 1991b, S.6).

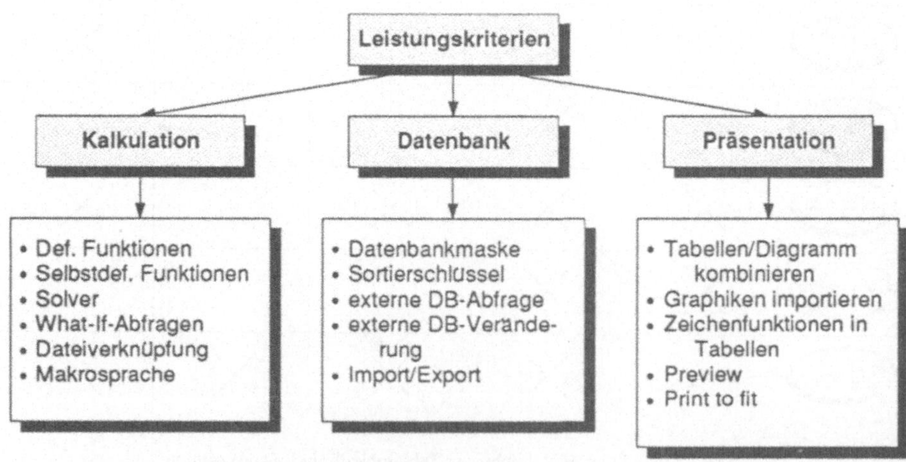

Abb. 5/15: Leistungskriterien

---

[9]   Zusatzprogramme, die in eine Tabellenkalkulation eingebunden werden.

Die hier beschriebenen Funktionen stehen dem Benutzer in einer interaktiven Umgebung bereit. Als Bedienungskonzepte stehen ihm dazu u.a. Menüs, Icons und Buttons bei graphikorientierten Systemen oder Cut&Paste-Mechanismen zur Verfügung.

5.3.2 Ausgewählte Tabellenkalkulationssysteme

Tabellenkalkulationen unterliegen heutzutage ebenso wie die anderen Werkzeuge einem ständigen Wandel. Die nachfolgende Beschreibung ausgewählter Produkte kann somit nur eine Momentaufnahme darstellen. Positiv sind die weitestgehend einheitlich und leicht bedienbaren Benutzeroberflächen zu erwähnen. Die Funktionalität aller Produkte ist überwiegend ähnlich; Unterschiede sind nur in Einzelmerkmalen feststellbar.

Excel (MS-Windows)

Microsoft Excel ist unter der MS-Windows-Plattform die meistverkaufte und führende Tabellenkalkulation. Im Bereich der Kalkulation bietet Excel u.a. selbstdefinierbare Funktionen, Zielwertsuche, einen Solver, What-if-Tabellen mit x Variablen, intelligente Konsolidierung, 3-D-Bezüge und einen Szenariomanager an. Der Leistungsumfang im Bereich Datenbanken umfaßt u.a. die Möglichkeit, externe Datenbanken abzufragen und zu verändern, Datenbankmasken und zahlreiche Import- und Export-Formate. Im Bereich Publishing stellt Excel ebenfalls alle gängigen Leistungskriterien zur Verfügung. Herauszuheben sind die sehr leistungsfähigen Funktionen zur Erstellung von Geschäftsgraphiken sowie die trotz der hohen Leistungsfähigkeit gute Benutzerführung. Negativ anzumerken ist lediglich die zu starke Beanspruchung der Systemressourcen.

Improv (MS-Windows)

Mit Lotus Improv stehen dem Anwender von Tabellenkalkulationen erstmals völlig neue und leistungsstarke Möglichkeiten zur Verfügung, Modelle aufzubauen und zu strukturieren. Das traditionelle Prinzip von statischen Zeilen und Spalten ist durch ein mehrdimensionales und dynamisches Prinzip mit Kategorien und Gruppen von Daten ersetzt worden und weicht damit von den herkömmlichen Tabellenkalkulationen ab. Formeln werden nicht mehr in Zellen, sondern in separaten Bereichen im Arbeitsblatt abgelegt, und ihre Variablen werden durch ihren alphanumerischen Namen, z.B. Umsatz, und nicht durch das zugeordnete Zellenkürzel, z.B. DG43, angesprochen.

Eine weitere Stärke der vom Next-Computer portierten Version ist die sehr gute Bedienerführung durch Smart-Icons, Kurzwahl-Menüs und Mausbedienung. Negativ ist das Fehlen von Tools zur Durchführung von Optimierungen und What-if-Berechnungen sowie einer Datenbankfunktion anzumerken (Cals 1993, S.104; Esser 1993, S.46ff).

Lotus 123 (MS-DOS)

Lotus bietet für MS-DOS mittlerweile drei verschiedene und getrennt weiterentwickelte Versionen gleichzeitig an. Damit versucht Lotus ihre Anwender zu klassifizieren, um entsprechend besser auf ihre Bedürfnisse eingehen zu können. Die Version 2.X unterstützt weiterhin die veralteten XT-Computer, die Version 3.X ist nur auf AT-Computern und höher nutzbar und die Version 123 Standard ist speziell für Einsteiger entwickelt worden. Die unverträglichen Anforderungen einer hohen Funktionsvielfalt und einfachen bzw. übersichtlichen Bedienung müssen damit nicht mehr mit vielen Kompromissen in einer einzigen Version erfüllt werden (Tai 92, S.16).

Die vom Funktionsumfang am weitesten entwickelte Lotus 123 Version ist 3.X. Sie ist eine professionelle Tabellenkalkulation, deren Stärken die Dreidimensionalität der Tabellen, die Einbindung externer Datenbanken sowie eine Makrosprache, einen Auditor zur Tabellenanalyse, eine Zielwertsuche und eine Optimierungsfunktion umfassen. Das 3-D-Konzept der Tabellen ermöglicht die Aufstellung sehr komplexer Kalkulationsmodelle, z.B. für What-if-Analysen, die aus beliebig vielen Variablen und Formeln bestehen können. Herkömmliche Tabellenkalkulationen sind hierbei einer Beschränkung von zwei Variablen unterworfen. Ein sehr großer Nachteil von 123 sind die stark eingeschränkten Präsentationsmöglichkeiten.

Quattro Pro (MS-DOS)

Die Entwickler von Borland haben es verstanden, das Konzept von Lotus 123 erfolgreich weiterzuentwickeln und gehört damit zu den stärksten Konkurrenten von Lotus im MS-DOS-Bereich. Vor allem die mit Maus bedienbare benutzerfreundliche Oberfläche, deren Pull-Down-Menüs vom Benutzer leicht an seine Bedürfnisse angepaßt werden können, kommt sowohl dem Einsteiger als auch dem Profi entgegen. Eine weitere Stärke von Quattro Pro, der umfangreichsten Tabellenkalkulation unter MS-DOS, liegt im Gestalten und Präsentieren. Der günstige Preis rundet das sehr gute Bild von Quattro Pro positiv ab.

Wingz (MS-Windows)

Wingz bietet leistungsfähige Funktionen zum Anfertigen von Präsentationen, Berichten, Diagrammen und Illustrationen an. Eine weitere Stärke ist die ereignisgesteuerte Makrosprache, die in den konkurrierenden Tabellenkalkulationen ihres gleichen sucht. Eine interne Datenbank und ein Tool für Zugriffe auf externe SQL-Datenbanksysteme gehören ebenfalls zur Ausstattung. Eine in der Literatur immer wieder genannte Schwäche ist die starke Systemressourcen-Beanspruchung, die sich vor allem in der Geschwindigkeit bemerkbar macht (Storm 1992, S.156; Cals 1993, S.108).

5.4 Führungsinformationssystem-Generatoren

Seit Mitte der 80er Jahre wird von verschiedenen Herstellern unter der Bezeichnung Führungsinformationssystem-Generator (FIS-Generator) oder einfach Führungsinformationssystem[10] eine Software-Kategorie angeboten, die sich zur Erstellung von speziellen Informationssystemen vor allem an die Zielgruppe Controlling richtet. Diese Systeme beinhalten dabei zum Teil standardisierte, zum Teil benutzerindividuell manipulierbare Methoden, die eine detaillierte Aufbereitung und Analyse von aggregierten und nichtaggregierten Grunddaten, die aus vorgelagerten Administrations- und Dispositionssystemen übernommen werden, ermöglichen. Die Bezeichnung Genarator betont den Charakter eines Entwicklungswerkzeuges zur Erstellung eines individuellen Informationssystems.

5.4.1 Leistungsmerkmale

Die unter dem Namen FIS-Software angebotenen Entwicklungsumgebungen sind sehr vielfältig. Konzeptionell lassen sie sich vier Klassen zuordnen (Bullinger/Koll 1992, S.68):

- Vorstrukturierte FIS
  Bei dieser Klasse handelt es sich um schlüsselfertige Standardlösungen, bei denen lediglich in sehr eingeschränktem Maße Anpassungen möglich sind. Es sind Branchen-Musterlösungen, die von einer Vielzahl von Unternehmen benutzt werden können.

- Vorstrukturierte FIS auf der Basis von Standardtools
  Hierbei handelt es sich um Softwarepakete, mit deren Hilfe ohne großen Programmieraufwand für eine breite Klasse von ähnlichen Problemstellungen Anwendungssysteme erstellt werden können. Es wird dabei auf vordefinierte Modelle zurückgegriffen, die durch Parametrisierung den individuellen Anforderungen angepaßt werden.

- Standardtools und Oberflächengeneratoren
  Dieser Klasse werden die 'integrierten Softwarepakete' zugeordnet. In Form von Eigenentwicklungen können in einer anwenderfreundlichen Umgebung individuelle FIS entwickelt werden. Es kann weder auf vordefinierte Unternehmensmodelle noch auf existierende Berichts- oder Analysekomponenten zurückgegriffen werden.

- Spezielle Planungssprachen
  Bei den Planungssprachen handelt es sich um prozedural orientierte Programmiersprachen, wie sie bereits in Abschnitt 5.2 vorgestellt wurden.

---

[10] Die Bezeichnung Führungsinformationssystem ist jedoch irreführend, weil damit sowohl die unternehmensindividuelle Anwendung als auch die Entwicklungsumgebung gemeint sein kann. Im folgenden wird deshalb das Werkzeug mit FIS-Generator oder FIS-Software bezeichnet.

Die Leistungsmerkmale, die an solche Entwicklungsumgebungen gestellt werden, wurden von der Fraunhofer-Gesellschaft in einer zweijährigen Studie untersucht. Das Ergebnis sind fünf Charakteristika (Bullinger/Koll/Niemeier 1993, S.111ff):

- Präsentationskomponente,

- Kommunikationskomponente,

- Benutzeroberfläche,

- Datenhaltungskomponente,

- Methoden- und Modellbank.

Die Präsentationskomponente einer Entwicklungsumgebung bietet eine Vielzahl von Visualisierungsmöglichkeiten an, die neben den Standardtypen wie z.B. Balken-, Säulen- und Kreisdiagrammen auch die aus Praktikersicht oftmals geforderten Portfolio- und Szenariodarstellungen beinhalten müssen. Um mit diesen Graphiken effizient arbeiten zu können, muß die Integration folgender Operatoren möglich sein (Hichert/Moritz 1992, S.255):

- Normierung: prozentuales Aufteilen aufeinander addierter Werte, z.B. im Rahmen einer geschichteten Säulengraphik.

- Indizierung: Darstellung der zeitlichen Entwicklung von Zahlenwerten in Prozent bezogen auf eine beliebige Bezugsperiode.

- Kumulation: Addition der Werte mehrerer nacheinander folgender Perioden (Periodenkumulation) oder Addition mehrerer Werte einer Periode (Balkenkumulation); auch die Kombination beider Kumulationsarten muß möglich sein.

- Sortierung: aufsteigende, absteigende und flexible Reihenfolge innerhalb einzelner Graphiken.

- Hochrechnung: sofort graphisch präsentierte Trendextrapolation unter Berücksichtigung des Saisoneinflusses.

Dabei dürfen die Graphiken nicht als 'Dekoration' angesehen werden, sondern sollen vielmehr dazu dienen, bestimmte visuell gestaltete Bildschirminhalte schnell zu erfassen, ohne dabei Details lesen zu müssen.

Aufgrund einer immer stärkeren Auslagerung der Daten auf geographisch verteilte, lokale Systeme ergibt sich zunehmend die Notwendigkeit, auf Datenhaltungskomponten anderer Rechner zuzugreifen. Der Datenzugriff und die Integration der verschiedenen Rechnerwelten zum Transfer dezentraler Daten ist die Hauptaufgabe der Kommunikationskomponente. Das Ausmaß und die Gestalt der technischen Kommunikation muß jeweils individuell aus den betrieblichen Anforderungen abgeleitet werden. In Abhängigkeit der Aktualität der Daten kann der Transfer über Datenträger wie z.B. Magnetplatten oder über automatisierte Schnittstellen wie z.B. X.25 erfolgen. Die Kommunikationskomponente muß sowohl Schnittstellen zu internen Datenquellen wie z.B. IMS, Oracle oder Ingres bereitstellen als auch die Möglichkeit bieten, auf externe Daten zuzugreifen. Zum einen kann es sich hierbei um Paneldaten, wie sie z.B. von der Gesellschaft für Konsumforschung (GfK) angeboten werden, handeln, zum anderen auch um Daten von Wirtschafts- oder Nachrichtendiensten.

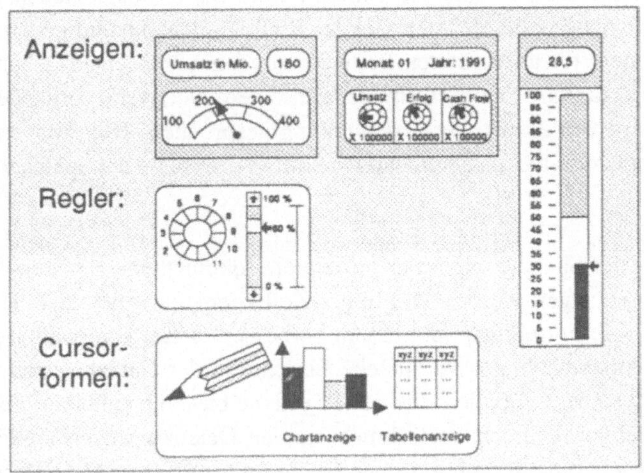

Abb. 5/16: Ausgewählte Standard-Oberflächenelemente

Die meisten FIS-Anwender verfügen nur über wenig DV-Erfahrung. Dieser Umstand macht die einfache, intuitive Bedienbarkeit und damit die Gestaltung einer graphischen Benutzeroberfläche zu einem wesentlichen Bestandteil eines FIS. Die Entwicklungsumgebungen müssen daher die verschiedenen, zum Teil schon de-facto-Standards der graphischen Oberflächen wie Windows oder Presentation Manager beinhalten. Dazu gehören sowohl Oberflächenelemente wie Buttons (Schalter) und Menüs (Scrolling, Pull-down, Pop-up) als auch sogenannte 'Regler', 'Cursorformen' und 'Analog-Anzeigen' (vgl. Abbildung 5/16 (Back-Hock 1993, S.263)). Letztere können beispielsweise für folgende Aktivitäten im Controlling eingesetzt werden (Back-Hock 1993, S.263):

- Regler zur Einflußgrößenvariation bei der What-if-Analyse: Einstellungen des Zinssatzes bei finanzmathematischen Methoden.

- Analog-Anzeigen für Kenngrößen und abhängige Parameter in Planungsmodellen: Darstellung von Barwert/Endwert.

- Spezielle Cursorformen zum Befehlsaufruf: Chart- bzw. Tabellencursor in der Kreisfläche einer Portfoliodarstellung.

Diese Anforderungen wurden in den verfügbaren FIS-Produkten unterschiedlich realisiert. Zum einen wurden eigene Komponenten zur Oberflächengestaltung entwickelt, die jedoch den Nachteil haben, daß sie oftmals nicht vollständig kompatibel mit den Industriestandards sind; zum anderen setzen die Entwicklungsumgebungen auf bestehende Fensteroberflächen wie MS-Windows auf, so daß eigene Komponenten zur Gestaltung einer Benutzeroberfläche überflüssig werden.

Mit Hilfe der Datenhaltungskomponente wird die adäquate Versorgung des FIS mit Informationen sichergestellt. Die Art der Datenhaltung kann dabei nach unterschiedlichen Merkmalen organisiert sein. Beim Verteilungsgrad der Datenbasis kann zwischen einer zentralen und einer dezentralen Datenbasis unterschieden werden (Bullinger/Koll/Niemeier 1993, S.112). Bei der zentralen Datenhaltung werden die Daten zentral auf einem für alle späteren Benutzer zugängigen Rechner gehalten. Sind die Daten dagegen räumlich auf verschiedene in einem Netzwerk vorhandenen Rechner verteilt, so wird von dezentraler Datenhaltung gesprochen. Hier können sowohl verteilte Datenbanksysteme als auch Dateiverwaltungssysteme als Speicher zum Einsatz kommen.

Nach der Art der Speicherung kann prinzipiell dokumenten-, tabellen- oder modellorientiert vorgegangen werden (Bullinger/Koll/Niemeier 1993, S.115). Die dokumentenorientierte Form entspricht einem verbesserten Karteiverwaltungssystem, bei dem bereits vorformatierte, tabellarische Berichte in der Datenbasis zur Bearbeitung zur Verfügung stehen. Tabellenorientierte Systeme basieren auf einer relationalen Datenbank, die einen flexiblen, mehrdimensionalen Datenzugriff ermöglichen. Erfolgt neben der Speicherung der numerischen Daten im Sinne einer Modellbank zusätzlich die Speicherung der Definitions- und Verhaltensgleichungen der unterschiedlichen Modelle, so wird von modellorientierten Systemen gesprochen.

Schließlich kann bei einem FIS-Werkzeug nach eigener und fremder Datenhaltung unterschieden werden. Im ersten Fall greift die Datenhaltungskomponente auf verschiedene Datenquellen innerhalb und außerhalb des Unternehmens zu und speichert die Daten redundant in der eigenen Datenbasis. Im zweiten Fall werden bereits vorhandene Fremddatenbanken wie z.B. Oracle oder dBase genutzt.

Ausgangspunkt für die Entwicklung eines FIS ist die Fähigkeit des Werkzeugs zur Entwicklung individueller Unternehmensmodelle. Folgende Dimensionen sollten dabei unterstützt werden (Behme/Schimmelpfeng 1993, S.7):

- Unternehmensstruktur (z.B. Geschäftsbereiche, Organisationsstruktur und rechtliche Einheiten),

- Produktstruktur (z.B. Produktfamilie, Produktgruppe, Artikel),

- Kundenstruktur (z.B. Kundengruppen),

- Regionalstruktur (z.B. Land, Gebiet, Bezirk, Kunde),

- Zeitstruktur (z.B. Quartal, Jahr, Geschäftsjahr),

- Betriebswirtschaftliche Kenngrößen (z.B. Umsatz, Deckungsbeiträge, Gewinn),

- Ausprägung (z.B. Plan, Soll, Ist, Abweichungen),

- Kontenrahmen (z.B. Finanzbuchhaltung, Betriebsabrechnung).

Die auf diesem Unternehmensmodell aufsetzende Methoden- und Modellbank sollte Funktionen zur Simulation als ein bedeutendes Instrument zur Analyse beinhalten. Darüber hinaus müssen Analysefunktionen vorhanden sein, die die Daten dahingehend verarbeiten, daß sie als Basis für Beurteilungen und Bewertungen von Handlungsaltenativen dienen können.

5.4.2 Ausgewählte Generatoren

Die im folgenden vorgestellte FIS-Software, die auf dem bundesdeutschen Markt angeboten wird, stellt lediglich eine Auswahl geeigneter Produkte dar. Dieses läßt sich mit den ständig neuen Anforderungen begründen, die an FIS-Entwicklungsumgebungen gestellt werden.

Lightship

Bei Lightship handelt es sich primär um ein Werkzeug zur Gestaltung einer PC-Oberfläche, das auf MS-Windows aufsetzt und Daten aus verschiedenen Fremdprodukten integriert. Die Pflege dieser Daten und vor allem der Strukturen erfolgt außerhalb von Lightship, d.h. es verfügt über keine eigene Datenhaltungskomponente. Die Oberfläche von Lightship unter MS-Windows ist äußerst flexibel und erlaubt eine Benutzer-gerechte Gestaltung. Dazu gehören u.a. frei plazierbare Hotspots, datengetriebene Graphiken oder ein farblich gestaltetes Exception Reporting (Rieger 1990, S.517).

Die bereits angesprochenen Datenquellen können sowohl statische Berichte im Sinne von Briefing Books als auch Datenbasen beliebiger Applikationsprogramme sein. Aufgrund der Einbindung in MS-Windows läßt sich über den DDE-Standard (Dynamic Data Exchange) der Zugriff realisieren. Zusätzlich können externe Tools eingebunden werden, so daß der Zugriff auf nahezu jede beliebige Datenbasis (z.B. PC-Datenbanken, SQL-Schnittstellen) möglich wird.

Die Benutzung einer Methoden- und Modellbank ist bei Lightship nur indirekt durch Nutzung einer Begriffsdatenbank möglich. Diese bietet die Möglichkeit der Verknüpfung mit einer Methodenbank, indem ein Berechnungsalgorithmus einem bestimmten Begriff zugeordnet wird, der dann über das Menü dem Benutzer zur Verfügung steht (Bullinger/Koll/Niemeier 1993, S.154). Die in Lightship vorhandenen Analyse-, Prognose- oder Simulationsmethoden beschränken sich auf die Abweichungsanalyse (Exception Reporting).

Commander EIS

Bei dem Commander EIS der Firma Comshare handelt es sich um ein Werkzeug zur Erstellung von FIS mit graphischer Oberfläche. Im wesentlichen sind dafür vier Module vorhanden:

- Das Standard-Berichtswesen (Briefing Book) zur Anzeige der globalen Informationen. Das Briefing Book ist eine Bibliothek von Berichten, Graphiken, Dokumenten und Menüs.

- Execu-View ist die Schnittstelle zu den auf den PC oder Mainframe vorhandenen Modellen. Sie erlaubt eine interaktive Erstellung von Standard- und Individualauswertungen. Die Umsetzung einzelner Daten in Geschäftsgraphiken ist auf einfache Art und Weise möglich.

- Redi-Mail ist ein elektronischer Postdienst, mit dem der Anwender Zugang zum Mail-System des Unternehmens erhält.

- Newswire erlaubt den Online-Zugriff auf den Dow-Jones-Service für Nachrichten, Aktienkurse und Unternehmensinformationen. Darüber hinaus bestehen Schnittstellen zu den gängigen Wirtschafts- und Pressediensten.

Commander EIS dient dabei als PC-Applikation im Sinne eines Front-Ends mit einer eigenen graphischen Oberfläche, die unter MS-DOS lauffähig ist. Diese graphische Oberfläche ist datengetrieben ('data driven') und wird durch Execu-View menüorientiert unterstützt. Die betriebswirtschaftlichen Modelle mit Regelwerk und Datenhaltung werden in den beiden Komponenten ONE-UP (PC) bzw. System W (Mainframe) entwickelt und gespeichert. Hinter System W verbirgt sich neben dem Modellbildungs- und Analysesystem eine relationale Datenbank mit eigenem Dateimanager, gekoppelt mit Modulen für den Direktzugriff auf vorgelagerte Informationssysteme. Insgesamt sind alle Komponenten als ein integriertes Paket zu verstehen.

Compete

Compete ist ein multidimensionales Spreadsheet-orientiertes Programm, das speziell auf betriebswirtschaftliche Aufgabenstellungen zugeschnitten ist. Die Oberfläche ist, bedingt durch die enge Kooperation mit Microsoft, sehr stark an Excel (vgl. Abschnitt 5.3.2) angelehnt. Trotz der flexiblen menüorientierten Befehlsoberfläche handelt es sich bei Compete nicht um ein allgemeines FIS-Werkzeug, sondern vielmehr um eine auf Controllerbelange zugeschnittene Entwicklungsumgebung.

Der Vorteil von Compete im Vergleich zu normalen Tabellenkalkulationsprogrammen ist die Möglichkeit, komplexe Formeln in objektorientierten Begriffen aufzubauen, d.h. der Anwender kann in seinen bekannten Begriffen weiterdenken und muß sich nicht der Begriffswelt des Systems anpassen. In herkömmlichen Tabellenkalkulationsprogrammen muß der Anwender dagegen im allgemeinen in Adressen, Zellen und Bereichen denken und ist nicht in der Lage, daraus Begriffe und Zusammenhänge verbal abzuleiten.

Compete stellt dem Anwender eine Reihe von Funktionen zur Verfügung, so lassen sich beispielsweise mit dem sogenannten Forecast Tool Vorhersagen auf der Basis von Vergangenheitswerten mit Hilfe der Interpolation, der Regression oder einer konstanten Wachstumsrate errechnen.

Insgesamt läßt sich feststellen, daß der Markt für Werkzeuge zur Erstellung von Führungsinformationssystemen sehr heterogen ist. Die Grenzen zwischen Planungssprachen, Tabellenkalkulationssystemen und eigens für die FIS-Entwicklung vorhandenen Generatoren sind fließend, wobei sich die Systeme bzgl. der angebotenen Funktionalitäten erheblich unterscheiden. So ist die Entscheidung für oder gegen ein Werkzeug jeweils kontextabhängig durchzuführen und durch einen besonderen Auswahlprozeß zu unterstützen (Kemper/Ballensiefen 1993, S.17ff).

5.5 KI-Werkzeuge

Der Einsatz von Expertensystemen im Controlling bietet sich in erster Linie zur Auswertung des vielfältigen Datenmaterials an, das die konventionellen Anwendungssysteme liefern. Charakteristisch für einen Controller sind Tätigkeiten, bei denen aus verschiedenen Quellen bestimmte Informationen herausgefiltert und bearbeitet werden, um daraus neue Datenkonstellationen und Auswertungen abzuleiten. Bei diesen Tätigkeiten werden Elemente aus Diagnosen, Begutachtungen und Textverarbeitung gemischt (Mertens/Borkowski/Geist 1990, S.189). Während die Textverarbeitung durch konventionelle Software erledigt wird, haben sich Expertensysteme für Diagnose- und Begutachtungsaufgaben bereits bewährt, so daß man zu einer Art 'wissensbasiertem Controlling-Arbeitsplatz' gelangen könnte. Typische Beispiele hierfür sind BETREX[11], ein System zur Auswertung von Betriebsergebnisdaten, sowie GUVEX, ein Analysesystem für die GuV-Rechnung. Die Entwicklung derartiger Systeme erfolgt mit Hilfe von Software-Werkzeugen, die speziell auf KI-Anwendungen zugeschnitten sind.

5.5.1 Leistungsmerkmale

Grundsätzlich gibt es zwei Kategorien von KI-Werkzeugen: Entwicklungsumgebungen und Shells. Beide Kategorien unterscheiden sich hinsichtlich der Flexibilität, der Effizienz und dem Funktionsumfang.

Moderne KI-Entwicklungsumgebungen zeichnen sich durch objektorientierte Wissensrepräsentationsformen, eine offene Inferenzmaschine sowie einer graphischen Benutzeroberfläche mit komfortablen Entwicklungswerkzeugen aus. Diese umfassen – ähnlich wie die traditionellen Entwicklungsumgebungen – z.B. einen Editor, einen Debugger oder einen Compiler. Die KI-Umgebungen selbst sind meistens in einer KI-Sprache implementiert, so daß eine relativ einfache Erweiterbarkeit gegeben ist (Felgentreu/Mankel/Schnoer 1989, S.47). Beispielsweise können eigene Wissensrepräsentationsformen oder neue Inferenzmaschinen entworfen werden, ohne auf die einzelnen Komponenten der Entwicklungsumgebung verzichten zu müssen. Beispiele hierfür sind KEE und BABYLON, die in Lisp implementiert sind, sowie TWAICE, eine in Prolog realisierte Umgebung.

---

[11]   Die Expertensysteme BETREX und GUVEX sind Prototypen, die an der Universität Nürnberg-Erlangen entwickelt werden.

Die zweite Kategorie von KI-Werkzeugen sind die sogenannten Expertensystem-Shells (Hüllen). Sie besitzen fest eingebaute Repräsentationsmechanismen sowie nicht erweiterbare Inferenzmaschinen, die jeweils für spezielle Anwendungsgebiete entworfen wurden (Felgentreu/Mankel/Schnoer 1989, S.48). Shells sind überwiegend in konventionellen Programmiersprachen implementiert, so daß eine offene Schnittstelle zu KI-Sprachen fehlt. Der Vorteil von Shells im Vergleich zu den Entwicklungsumgebungen ist ihre Verfügbarkeit auf einer Vielzahl von unterschiedlichen Rechnertypen.

Die fest vorgebene Struktur bei vielen Shells ist damit zu erklären, daß sie aus konkreten Expertensystementwicklungen hervorgegangen sind (Kurbel 1992, S.126). Aus den Expertensystemen wurde einfach das fachspezifische Wissen herausgenommen und man erhielt eine Shell. Möglich ist dieses, weil die Grundstruktur eines Systems nicht an eine Problemstellung gebunden ist, sie funktioniert vielmehr bei allen ähnlichen Problemkategorien ebenfalls. Das bekannteste Beispiel hierfür ist EMYCIN.

Bei der Auswahl einer Shell bzw. einer KI-Entwicklungsumgebung sind u.a. folgende Kriterien zu berücksichtigen (Mucksch/Fenske/Kurz 1990, S.98ff):

- Wissensbasis: Die Art der Wissensrepräsentation entscheidet über die Problemstellungen, für die das Expertensystem später verwendet wird. Während regelbasierte Systeme leichter nachvollziehbar sind, eignen sich objektorientierte Systeme besser für komplexere Anwendungen. Wichtig ist weiterhin die Kenntnis über die Kapazität der Wissensbasis, um beurteilen zu können, wieviel Wissen von dem späteren System aufgenommen werden kann.

- Inferenzkomponente: Die im System vorgegebene Ablaufsteuerung gibt Auskunft über die Schnelligkeit und die Strukturiertheit des Findens von Problemlösungen. Rückwärtsverkettung (Backward-Chaining) bedeutet, daß das System von einem Ziel aus zurückgeht und ermittelt, ob deren Eintrittsvoraussetzungen erfüllt sind. Die Vorgehensweise bei der Vorwärtsverkettung (Forward-Chaining) ist dadurch gekennzeichnet, daß von gegebenen Fakten ausgehend Konklusionen abgeleitet werden. Bei den Suchstrategien wird zwischen der Tiefen- und Breitensuche (Depth-first-search, Breadth-first-search) unterschieden. Die Tiefensuche ermöglicht das schnelle Auffinden von Lösungen, die Breitensuche findet bei mehreren vorhandenen Lösungen die optimale, ist jedoch langsamer.

- Integrationsfähigkeit: Um später Insellösungen zu vermeiden, ist die Integrationsfähigkeit besonders wichtig. Es sollten sowohl Schnittstellen zu den gängigen Datenbanken als auch zu Anwendungen, die in konventionellen Programmiersprachen geschrieben sind, existieren.

- Erklärungskomponente: Das Vorhandensein einer Erklärungskomponente ist besonders wichtig für die Akzeptanz des Expertensystems. Manche Systeme erlauben es dem Knowledge-Engineer, Erklärungstexte selbst einzugeben. Weiterhin ist die Frage zu klären, inwieweit gestaffelte Erklärungstexte, d.h. je nach Wunsch des Benutzers mehr oder weniger detaillierte Erklärungen, vom System unterstützt werden.

- Benutzer- und Entwicklungsoberfläche: Hierbei gelten die allgemeinen Anforderungen an Oberflächen, die prinzipiell für alle modernen Softwareerstellungswerkzeuge gefordert werden.

5.5.2 Ausgewählte Tools

Im folgenden werden exemplarisch einige Shells sowie KI-Entwicklungsumgebungen vorgestellt (Pinegger/Dornhoff 1990, S.513ff; Manche/Rausch/Simon 1990; Bechtolsheim/Schweichhart/Winand 1991):

Emycin

Emycin, eine der ersten Expertensystemshells überhaupt, ist Anfang der 70er Jahre an der Universität Stanford in Lisp auf DEC-Rechnern entstanden. Nach der Entwicklung von Mycin wurde die Wissensbasis herausgenommen und die verbleibende Hülle überarbeitet. Das Ergebnis war Emycin ('Empty oder Essential Mycin'). Es eignet sich für Diagnose- und Klassifikationsprobleme, da die Wissensrepräsentation regelbasiert ist und Hypothesen rückwärtsverkettet mit Tiefensuche evaluiert werden. Gegenüber Mycin sind Verbesserungen für die Wissensakquisition vorgenommen worden. Zusätzlich wurde die Erklärungskomponente ausgebaut und erlaubt so das Nachvollziehen des Lösungsweges. Aus Emycin sind eine Vielzahl weiterer Systeme entwickelt worden.

KBMS

KBMS (Knowledge Base Management System) ist für die Betriebssysteme MVS, VM, VMS, OS/2, UNIX, MS-DOS und Windows verfügbar. Graphische Applikationen werden nur bei Vorhandensein einer graphischen Benutzeroberfläche unterstützt. Die Applikationen sind unter den genannten Betriebssystemen vollständig portabel.

- Wissensbasis: Das Basiswissen wird in KBMS mit Objekt-Attribut-Wert-Tripeln, mit IF-THEN-Bedingungen als Regeln und mit zu einer Gruppe zusammengefaßten Regeln als Prozeduren (Paketen) eingegeben. Der objektorientierte Ansatz des C++ Modells wird nachgebildet und unterstützt.

- Inferenzkomponente: Die Problemlösungskomponente erlaubt Vor- und Rückwärtsverkettung sowie hypothetisches Schließen, d.h. der Suchbaum wird nach der Methode der Breitensuche durchlaufen.

- Integrationsfähigkeit: Die Nutzung betrieblicher Datenbestände durch die Integration von Datenbanken ist bei KBMS sehr ausgeprägt; es werden u.a. ADABAS, DB2, IDMS, IMS/DB, OS/2 Data Manager, ORACLE, RDB, RMS, sequentielle Dateien, SQL/DS, Teradata und VSAM unterstützt.

- Erklärungskomponente: KBMS legt dem Benutzer den Schlußfolgerungsprozeß der Inferenzmaschine (How-Erklärungen) und den Grund bzw. Zweck von Nachfragen (Why-Erklärung) offen, wobei die Erklärungstiefe vom Benutzer beeinflußbar ist. Schwierigere Sachverhalte können vom Systementwickler durch eigene Erklärungen in der Erklärungskomponente ergänzt werden.

- Benutzer- und Entwicklungsoberfläche: Zur Objektmanipulation und -eingabe gibt es einen graphischen Editor. Weiterhin stellt KBMS zwei Anfragesprachen zur Verfügung: eine leicht erlernbare, interaktive und eine an SQL angelehnte nicht-interaktive Anfragesprache. Auf den textbasierten Oberflächen werden viele Komponenten auf Textbasis emuliert, währenddessen echte graphische Komponenten, z.B. der Objektbrowser, aufgrund der Systembeschränkungen dann nicht gewählt werden können.

KBMS ist ein anspruchsvolles Entwicklungswerkzeug. Die problemlose Portierbarkeit, die Schnittstellen zu Datenbanken, der flexible graphische Editor und diverse Debug-Tools sind Merkmale dieser Entwicklungsumgebung.

KEE

KEE (Knowledge Engineering Environment) ist für die Betriebssysteme MS-Windows, X/Windows auf SUN-Workstations und MVS auf Mainframes verfügbar.

- Wissensbasis: Das Basiswissen kann in KEE sowohl mit Objekt-Attribut-Wert-Tripeln als auch mit IF-THEN-Regeln eingegeben werden. Mehrere einzelne Regeln können zu Regelpaketen zusammengefaßt werden. Weitere Strukturierungsmöglichkeiten werden mit Metaregeln und Dämonregeln angeboten. Mechanismen zur Darstellung von 'vagem Wissen' stehen ebenfalls zur Verfügung. Durch Vergabe von Prioritäten können trotz unvollständiger Information (unvollständiges Wissen) Schlußfolgerungen gezogen werden.

- Inferenzkomponente: Vorwärtsverkettung, Rückwärtsverkettung und kombinierte Methoden existieren für die Regelausführung in der Inferenzmaschine.

- Integrationsfähigkeit: Relationale Datenbanksysteme werden integriert.

- Erklärungskomponente: Im Unterschied zu KBMS sind keine 'How-' und 'Why'-Erklärungen möglich.

- Benutzer- und Entwicklungsoberfläche: KEE verfügt über eine komfortable graphische Oberfläche mit Fenstertechnik und Mausunterstützung.

Nexpert Object

Nexpert Object ist für verschiedene Rechnerplattformen verfügbar, z.B. für das Betriebssystem MS-WINDOWS, für den APPLE MACINTOSH, für DEC's VAX, für MVS und für die SUN-Rechner unter X/WINDOWS.

- Wissensbasis: Das Basiswissen kann in Nexpert Object sowohl mit Objekt-Attribut-Wert-Tripeln als auch mit IF-THEN-Bedingungen als Regeln einge-

geben werden. Der objektorientierte Ansatz mit Klassenbildung und Vererbung wird unterstützt. Zur Objektmanipulation und -eingabe steht ein graphischer Editor zur Verfügung. Mit den Regeln kann nicht nur das Basiswissen
erweitert werden, sondern auch Prozeduren aufgerufen und Datenbankzu-
griffe über SQL ausgelöst werden. Unsichere Informationen können als 'va-
ges Wissen' behandelt werden, so daß mit Hilfe einer dreiwertigen Logik
Schlußfolgerungen gezogen werden können.

- Inferenzkomponente: Die flexible Problemlösungskomponente (Inferenzkomponente) erlaubt Vor- und Rückwärtsverkettung mit benutzerdefinierbaren
  Varianten.

- Integrationsfähigkeit: Die Datenbanksysteme DB2, dBase, INGRES,
  INFORMIX, ORACLE, RDB und SYBASE werden integriert. Neben diesen
  Datenbankschnittstellen werden weitere zu Graphikpaketen und allgemei-
  nen Programmiersprachen angeboten. Außerdem können unter Einsatz von
  Runtime-Libraries Stand-Alone-Applikationen erstellt werden.

- Erklärungskomponente: Die Erklärungskomponente erlaubt die Darstellung
  des Basiswissens und des aktuellen Zustandes der Regelabarbeitung als Netzwerk. Nützliche Informationen wie z.B. bekannte und unbekannte Fakten
  werden besonders graphisch hervorgehoben. Es wird zwar die Möglichkeit
  von 'How-' und 'Why-Erklärungen' angeboten, jedoch ist die Erklärungstiefe
  nicht frei wählbar.

- Benutzer- und Entwicklungsoberfläche: Nexpert Object verfügt über
  eine komfortable graphische Oberfläche mit Fenstertechnik und Mausunterstützung.

Xi Plus

Xi Plus ist eine im PC-Bereich weit verbreitete Shell für Expertensysteme, die in der
Programmiersprache C, vorher Prolog, implementiert ist. Sie ist unter den Betriebssystemen MS-DOS, MS-WINDOWS und OS/2 sowie in der DEC/VAX-Welt unter
VMS verfügbar. Die Anwendungsgebiete sind allgemein die Diagnose, die Konfiguration von stark beratungsbedürftigen Produkten und die Entscheidungsunterstützung.

- Wissensbasis: Xi Plus stellt ebenfalls das Basiswissen regelbasiert mit IF-
  THEN Regeln dar. Die Eingabe der Aussagen erfolgt als Objekt-Attribut-
  Wert-Tripel.

- Inferenzkomponente: Die Regelauswertung kann vorwärtsverkettet,
  rückwärtsverkettet sowie kombiniert erfolgen. Eine Behandlung und
  Darstellung von 'vagem Wissen' wird nicht unterstützt.

- Integrationsfähigkeit: Xi Plus unterstützt verschiedene Schnittstellen zu Programmiersprachen, Betriebssystemen, Tabellenkalkulationen, Textverarbei-
  tungen, Graphikprogrammen und Formaten für den Datenaustausch. Insbesondere können ASCII und dBase/Clipper-Dateien gezielt manipuliert wer-

den. Die passive Integration, d.h. der Aufruf von Xi Plus aus anderen Systemen, ist ebenfalls möglich.

- Erklärungskomponente: Die Problemlösung kann wie bei KBMS mit 'Why-' und 'How'-Erklärungen nachvollzogen werden. Ebenfalls sind optional die Erklärungstiefe wählbar und das Hinzufügen eigener Erklärungen möglich.

- Benutzer- und Entwicklungsoberfläche: Die Oberfläche von Xi Plus ist fensterorientiert, so daß die Eingabe über Menüs und Masken erfolgen kann. Für die Eingabe und Veränderung von Basiswissen steht ein Editor zur Verfügung.

5.6 Literaturverzeichnis

Back-Hock, A. (1993)
Visualisierung in Controlling-Anwendungsprogrammen, in: krp 4/1993, S.262-267

Bechtolsheim, von M.; Schweichhart, K.; Winand, U. (1991)
Expertensystemwerkzeuge: Produkte, Aufbau, Auswahl, Braunschweig 1991

Behme, W.; Schimmelpfeng, K. (1993)
Führungsinformationssysteme: Geschichtliche Entwicklung, Aufgaben und Leistungsmerkmale, in: Behme, W.; Schimmelpfeng, K. (Hrsg.): Führungs-informationssysteme, Wiesbaden 1993, S.3-16

Booch, G. (1987)
Software Engineering with Ada, 2nd Edition, Reading, MA 1987

Bullinger, H. J.; Koll, P. (1992)
Chefinformationssysteme, in: Krallmann, H.; Rieger, B.; Papke, J. (Hrsg.): Rechner-gestützte Werkzeuge für das Management, Berlin 1992, S.49-72

Bullinger, H. J.; Koll, P.; Niemeier, J. (1993)
Führungsinformationssysteme (FIS) – Ergebnisse einer Anwender- und Markt-studie –, Baden-Baden 1993

Cals, Heiner (1993)
Tabellenkalkulationen, CP 10/1993, S.99-108

Clocksin, W. F.; Mellish, C. S. (1984)
Programming in Prolog, Berlin u.a. 1984

Goldberg, A.; Robson, D. (1983)
Smalltalk-80: The Language and its Implementation, Reading, MA 1983

Esser, Werner (1993)
Kalkulieren & Präsentieren – Vergleich: Tabellenkalkulationen, DOS International 6/1993, S.46-60

Engesser, H. (Hrsg.) (1992)
Duden Informatik, 2. Aufl., Mannheim u.a. 1992

Felgentreu, K. U.; Mankel, M.; Schnoer, A. (1989)
Entwicklungsumgebungen, in: HMD 147/1989, S.44-53

Hansen, H. R. (1992)
Wirtschaftsinformatik I, Stuttgart 1992

Heckerman, D. A. (1982)
Financial Modeling: A Powerful Tool for Planning and Decision Support, in: Managerial Planning 30, Nr. 5 1982, S.21-25

Hichert, R.; Moritz, M. (1992)
Betriebswirtschaftliche Konzeption und softwaretechnische Realisierung eines Management-Informationssystems, in: Hichert, R.; Moritz, M. (Hrsg.): Management-Informationssysteme, Berlin 1992, S.235-272

Hummeltenberg, W. (1992)
Planungssprachen zur Entwicklung von Management-Support-Systemen, in: Krallmann, H.; Papke, J.; Rieger, B. (Hrsg.): Rechnergestützte Werzeuge für das Management, Berlin 1992, S.73-107

Iverson, K. E. (1962)
A Programming Language, New York 1962

Kempel, H. J.; Pfander, G. (1990)
Praxis der objektorientierten Programmierung, München/Wien 1990

Kemper, H.-G.; Ballensiefen, K. (1993)
Der Auswahlprozeß von Werkzeugen zum Aufbau von Führungsinformationssystemen, in: Behme, W.; Schimmelpfeng, K. (Hrsg.): Führungsinformationssysteme, Wiesbaden 1993, S.17-28

Kernighan, B.; Ritchie, D. (1988)
The C Programming Language, Englewood Cliffs, NJ 1988

Kurbel, K. (1990)
Programmentwicklung, 5. Aufl., Wiesbaden 1990

Kurbel, K. (1991)
Das technologische Umfeld der Informationsverarbeitung, Arbeitsbericht des Instituts für Wirtschaftsinformatik der Universität Münster 2/1991

Kurbel, K. (1992)
Entwicklung und Einsatz von Expertensystemen, 2. Aufl., Berlin 1992

Ludewig, J. (1993)
Sprachen für das Software-Engineering, in: Informatik Spektrum 5/1993, S.286-294

Manche, A.; Rausch, L.; Simon, K.-H. (1990)
Perlen in der Muschel – Expertensystem-Shells auf dem PC, in: c't 6/1990 (Teil 1), S.52-59; 7/1990 (Teil 2), S.50-55; 8/1990 (Teil 3), S.46-52

Mertens, P.; Griese, J. (1988)
Industrielle Datenverarbeitung 2, 5. Aufl., Wiesbaden 1988

Mertens, P.; Borkowski, V.; Geis, W. (1990)
Betriebliche Expertensystem-Anwendungen, Berlin u.a. 1990

Moormann, J. (1989)
Strategische Planung mit DSS-Generatoren, München 1989

Mucksch, H.; Fenske, W.; Kurz, M. (1990)
Einführung in die Künstliche Intelligenz, Arbeitsbericht der Wirtschaftsinformatik, Biethahn, J. (Hrsg.), Universität Göttingen 1990

Nastansky, L. (1990)
Tabellenkalkulationssysteme, in: Mertens, P. (Hrsg.): Lexikon der Wirtschaftsinformatik, 2. Aufl., Berlin u.a. 1990, S.419-422

Österle, H. (1990)
Computer Aided Software Engineering - Von Programmiersprachen zu Softwareentwicklungsumgebungen, in: Kurbel, K.; Strunz, H. (Hrsg.): Handbuch Wirtschaftsinformatik, Stuttgart 1990

Pinegger, Th.; Dornhoff, P. (1990)
Sprachen und Werkzeuge für wissensbasierte Systeme, in: Kurbel, K.; Strunz, H. (Hrsg.): Handbuch Wirtschafsinformatik, Stuttgart 1990

Rieger, B. (1990)
Vergleich ausgewählter EIS-Generatoren, in: WI 6/1990, S.503-518

Schneider, St.; Schwab, P.; Renninger, W. (1983)
Wesen, Vergleich und Stand von Software zur Produktion von Systemen der computergestützten Unternehmensplanung, Arbeitsberichte des Instituts für mathematische Maschinen- und Datenverarbeitung, Universität Nürnberg-Erlangen 5/1983

Seibert, H.-P.; Chamoni, P.; Wartmann, R. (1985)
Vorstellung und gegenüberstellender Vergleich von sieben ausgewählten Planungssprachen, Arbeitsberichte des Instituts für Unternehmensführung und Unternehmensforschung, Universität Bochum 36/1985

Siegmann, H. (1985)
Wesen, Vergleich und Stand von zehn ausgewählten kleinrechnerorientierten Planungssprachen, Arbeitsberichte des Instituts für mathematische Maschinen- und Datenverarbeitung, Universität Nürnberg-Erlangen 18/1985

Storm, I. (1992)
Analytische Geometrie: Fünf Tabellenkalkulationen unter Windows, in: c't 12/1992, S.150-158

Stroustrup, B. (1986)
The C++ Programming Language, Reading, MA 1986

Tai, Th. (1991a)
Nicht von gestern: Geschichte und Zukunft des Tabellenkalkulations-Marktes, in: iX 2/1991, S.14-16

Tai, Th. (1991b)
Tabellenkalkulation: Farben, Grafik und mehr, in: CP 9/1991, S.6-7

Tai, Th. (1992)
DOS-Tabellenkalkulationen im Vergleich: Die fünf Veteranen, in: CP 18/1992, S.16-25

Tilemann, Th. (1977)
Zum Entwicklungsstand von Programmiersprachen für betriebswirtschaftliche Planungsaufgaben, in: Angewandte Informatik 9/1977, S.375-379

Tilemann, Th. (1979)
Planungssprachen, in: Informatik-Spektrum 2/1979, S.168

Tilemann, Th. (1990)
Planungssprachen, in: Mertens, P. (Hrsg.): Lexikon der Wirtschaftsinformatik, 2. Aufl., Berlin u.a. 1990, S.330-332

Weber, K.; Türschmann, C. W. (1981)
BASIC 1, 2. Aufl., Stuttgart 1981

Weber, K.; Türschmann, C. W. (1982)
BASIC 2, 2. Aufl., Stuttgart 1982

Weber, K.; Türschmann, C. W. (1983)
BASIC 3, 2. Aufl., Stuttgart 1983

Winston, P. H.; Horn, B. K. (1989)
Lisp, Reading, MA 1989

Wirth, N. (1988)
Programming in Modula-2, Berlin u.a. 1988

Zeuch, K.; Haun, P. (1986)
Alternativrechnungen in Planungssprachen, Arbeitspapiere der Informatik-Forschungsgruppe VIII der Friederich-Alexander-Universität Erlangen Nürnberg 1986

Zilahi-Szabó, M. G. (1988)
Informatik: Anwendungsorientierte Einführung in die Wirtschaftsinformatik, München 1988

6 Anwenderberichte

6.1 Einführung

von Jochen Kuhl

Nachdem im ersten Teil konzeptionelle Ansätze zum Entwickeln von Informationssystemen für Controlling-Aufgaben gezeigt wurden, werden in diesem Kapitel die Erfahrungen von Anwendern beim Einsatz derartiger Informationssysteme beschrieben.

Ziel dieser Darstellung ist es nicht, einen Überblick über die allgemeine Marktlage von Controlling-Informationssystemen zu geben. Vielmehr sollte erreicht werden, daß der theoretische Teil über Controlling-Informationssysteme mit Anwendererfahrungen abgerundet wird. Es werden ausgewählte Problemlösungen vorgestellt, die den Einsatz und die Probleme mit dem Einsatz solcher Informationssysteme aufzeigen. Als etwas problematisch in der Initialphase der Erhebung erwies sich die Tatsache, daß gerade zu dieser Zeit die Controlling-Abteilungen, die also i.d.R. die Verantwortung für den Einsatz von Controlling-Informationssystemen haben, häufig ins Rampenlicht der Kritik gehoben wurden. So ist es leicht zu erklären, daß diese Abteilungen Veröffentlichungen eher vorsichtig gegenüber stehen. Um ein einigermaßen homogenes Bild über die unterschiedlichen Realisierungsbeispiele geben zu können, wurde ein Fragenkatalog entwickelt, der folgende wesentliche Themenbereiche abdeckt:

1. Was wird in dem Unternehmen unter Controlling verstanden, wie wird die Controlling-Funktion durchgesetzt?

   Zuerst wurde versucht, den Begriff 'Controlling' seitens der Praktiker definieren zu lassen. Durch das unterschiedliche Verständnis dieses Begriffes, der auch in der Literatur nicht einheitlich definiert wird, kam es zu der Problematik, daß in den Unternehmen unterschiedliche Bereiche eine Controlling-Funktion erfüllen. So gab es Antworten wie 'Wir haben keine Controlling-Abteilung' bis hin zu 'Bei uns umfaßt Controlling die gesamte Firma, Sie finden die Controlling-Funktion in jeder Abteilung erfüllt'.

   Außerdem sollte dargestellt werden, wie und wie intensiv die Controlling-Abteilungen, bzw. die Abteilungen, die mit Controlling-Aufgaben beauftragt sind, mit der Führungsspitze zusammenarbeiten, bzw. welche Bedeutung sie in dem Unternehmen haben.

2. Wie wird die Controlling-Funktion durch Informationssysteme unterstützt?

   Ein weiterer Themenschwerpunkt sind die Informationssysteme im Bereich des Controlling. Konkrete Anwendungsbeispiele sollen zeigen, welche Informationssysteme und wie diese in den einzelnen Unternehmen eingesetzt werden. Entsprechend ihren individuell verschiedenen Möglichkeiten sind die Autoren auf unterschiedliche Bereiche des Controlling eingegangen. Desweiteren wird dargestellt, welchen Aufbau die Informationssysteme besitzen, die dabei zum Einsatz kommen, bzw. welche Hard- und Software zur Durchführung der Controlling-Aufgaben verwendet werden. Dabei wird unterschieden, ob es sich um in Eigenarbeit entwickelte Lösungen oder um Standardsoftware handelt.

3.   Wie wird der Einsatz der Informationssysteme geplant?

Die Planung, Durchführung und Kontrolle von Investitionen der verwendeten Informationssysteme war Schwerpunkt des dritten Themenbereichs. Es wurde versucht zu erheben, ob es hierzu schon Ansätze im Sinne eines 'Controlling von Informationssystemen' gibt. Hier stellten sich Fragen wie 'Wie wird die Wirtschaftlichkeit der Systeme gemessen?', 'Werden die Informationssysteme auch wirtschaftlich vertretbar eingesetzt?'. Die Berichte der Anwender über die verwendeten Controlling-Informationssysteme sind beispielhaft für mögliche Realisierungen zu verstehen und werden im folgenden kurz vorgestellt.

'Informationssysteme im Konzern-Controlling bei der BERTELSMANN AG'

Entsprechend der Profit-Center Philosophie, bei dem die Verantwortung für eine Produktlinie von einem Geschäftsführer getragen wird, überläßt die Konzern- und Bereichsebene einen relativ freien Planungsspielraum auch hinsichtlich der verwendeten Informationssysteme. Diese Informationssysteme werden auf Bereichs-, bzw. Konzernebene noch um weitere Systeme ergänzt. Von Herrn Dr. Liedl und Herrn Dr. Dycke wird beispielsweise die Eigenentwicklung BICOS, ein Controlling-Informationssystem, welches bei der Erstellung von Konzernberichten hilft, vorgestellt. Es ermöglicht die Auswertung des Buchhaltungsstoffes und läßt Eingriffe, die kalkulatorischen Zwecken dienen, zu. Als weitere Eigenentwicklung wird das System IPAC erläutert, welches unterschiedlichen Anwendern verschiedener Standorte die Möglichkeit gibt, auf einen Datenbestand mit integrierten Kalkulationsfunktionen zuzugreifen. Weitere Beispiele des Investitions-Controlling und des strategischen Controlling folgen. Eine Umsetzung des Controlling von Informationssystemen rundet die Darstellung der Informationssysteme bei der Bertelsmann AG ab.

'Produktions-Controlling bei der Krupp Hoesch Stahl AG Dortmund durch ein Informationssystem der Logistik'

Aus dem Bereich des Produktions-Controlling wird von Herrn Sander das Logistik-Informations-System LOGIS der Krupp Hoesch Stahl AG vorgestellt. Es handelt sich um ein eigens hierfür entwickeltes Informationssystem, da durch die unternehmensbedingten Voraussetzungen keine Standardlösung anwendbar war. Desweiteren war der Automatisierungsgrad bereits vor der Einführung von LOGIS sehr hoch, so daß auch Integrationsprobleme zu berücksichtigen waren. Infolge eines strategischen 'Umdenkens' wurden neue Zielgrößen entwickelt, welche vom bisher vorherrschenden quantitativen 'Tonnagedenken' weg hin zu qualitativen Zielsetzungen wie die der Erhöhung der Kundenzufriedenheit führten. Hierzu wurden qualitative Kennzahlen entwickelt, wie z.B. die Ermittlung der Pünktlichkeit der Lieferungen, welche für derartige unternehmstrategischen Entscheidungen bedeutsamer sind als die quantitativen Standardkennzahlen, da sie eine Beurteilung der Unternehmenssituation in Bezug auf die Kundenzufriedenheit ermöglichen.

'Controlling-Informationssysteme bei der VARTA Batterie AG'

Die Controlling-Informationssysteme der Varta Batterie AG lassen sich entsprechend der Unternehmensstruktur in drei wesentliche Gebiete aufteilen. So stellt Herr Dürkop die Einteilung in das Vorstands-Informationssystem, das Sparten-Informationssystem und Gesellschafts-Informationssystem vor. Dabei entspricht der hierarchische Aufbau der Informationssysteme dem Aufbau des Unternehmens. Die Daten werden zu höheren Hierarchiestufen hin verdichtet, wobei auf der obersten Hierarchiestufe drei wesentliche Kennzahlen (Gesamtkapitalrendite, Umsatzrendite und Kapitalumschlag) verwendet werden. Aufgrund der Umstrukturierung des innerbetrieblichen Rechnungswesens werden neue Anforderungen an die Informationssysteme gestellt, die in laufenden und kommenden Projekten erfüllt werden sollen.

Zusammenfassend ist zu bemerken, daß bei den Unternehmen zum Teil eine erstaunliche Bereitschaft vorliegt, auch neuere Automatisierungstechniken im Bereich des Controlling einzusetzen. Der Anteil an individuell erstellten Lösungen ist sehr groß, was zum Teil an den firmeneigenen Strukturen der Informationsverarbeitung liegt, da diese bestehende Informationssysteme integrieren müssen und daher selten komplette Neulösungen realisieren können. Natürlich werden viele Controlling-Aufgaben mit Hilfe von Informationssystemen unterstützt, deren besondere Erwähnung in diesem Zusammenhang nicht notwendig ist, da sie selbstverständlich sind (so wäre im engeren Sinne die Verwendung eines Textverarbeitungssystems zur Aufbereitung von manuell gelieferten Daten eines Soll/Ist-Vergleichs auch schon eine Unterstützung von Controlling-Aufgaben). Im Bereich des 'Controlling von Informationssystemen' existiert dagegen sowohl in der Praxis als auch in der Theorie noch ein Entwicklungsbedarf. Dies liegt sicherlich auch an dem Problem der Nutzenbewertung von Informationen, bzw. Informationsdienstleistungen, so daß hier Nutzen/Kosten-Vergleiche häufig fehlschlagen. Doch scheinen sich die Entscheidungsträger der Unternehmen durchaus der Bedeutung dieses wichtigen Punktes bewußt zu sein. Durch den konjunkturbedingten Kostendruck wird hier verstärkt gearbeitet, um die Wirtschaftlichkeit von Informationssystemen zu gewährleisten. Der Einsatz von Informationssystemen könnte Basis einer Effizienzsteigerung eines Unternehmens und somit Wettbewerbsvorteile erbringen. Da auch seitens der Theorie kaum Musterlösungen vorgegeben werden, ist hier ein weites Forschungsareal für gemeinsame Aktivitäten von Theoretikern und Praktikern zu sehen.

6.2 Informationssysteme im Konzern-Controlling bei der BERTELSMANN AG

von Reinhard Liedl und Axel Dycke

6.2.1 Controlling bei BERTELSMANN

Controlling ist eine Dienstleistung zur Unterstützung der Unternehmensführung. Dementsprechend orientieren sich das Controlling und die zugehörigen Systeme an der Führungsorganisation und der Führungsphilosophie eines Unternehmens. Bei BERTELSMANN sind diese Rahmenbedingungen durch Dezentralisation und Delegation geprägt.

Im Mittelpunkt steht der Profit-Center-Gedanke. Im Profit-Center trifft der Geschäftsführer die operativen Entscheidungen, das heißt: er übernimmt die Verantwortung für seine Produkte bzw. sein Programm, er hat den Kundenkontakt und bearbeitet selbständig seine Märkte, er hat volle Personalverantwortung und hat die Möglichkeit und Pflicht, für die Effizienz seines Unternehmens zu sorgen und die eingesetzten Systeme zu bestimmen. Auf diese Weise werden rund 150 Profit-Center in 40 Ländern geführt.

Als Gegengewicht zu diesem Prinzip der marktorientierten Dezentralisation hat der Geschäftsführer die Verpflichtung zur vollständigen Information, zur Kooperation und unterliegt der Koordination des Unternehmensbereiches und des Konzerns.

Auf der Ebene des Unternehmensbereiches werden außerdem den Profit-Centern Unterstützung und Know-how-Transfer angeboten. Es erfolgt ebenfalls eine auf den Unternehmensbereich bezogene Strategieentwicklung und -verfolgung.

Der Koordinationsaspekt steht ebenfalls im Vordergrund der Entscheidung des Vorstandes, ab dem Geschäftsjahr 1993/94 eine Produktlinienstruktur einzuführen. Dies bedeutet eine weitere Zusammenfassung von Unternehmensbereichen unter dem Gesichtspunkt gleichartiger Geschäfte. So bilden die bisherigen Unternehmensbereiche Internationale Buch- und Schallplattengemeinschaften, Buch Deutschland/Österreich/Schweiz und Internationale Verlage zusammen die Produktlinie Buch. Der Bereich BERTELSMANN Music Group und der Bereich Elektronische Medien finden sich in der Produktlinie Entertainment zusammen. Die Bereiche Druck- und Industriebetriebe sowie Gruner + Jahr werden zugleich als eigenständige Produktlinien geführt. Abbildung 6/1 zeigt die dadurch entstandene Konzernstruktur mit den wichtigsten Eckdaten der Unternehmensbereiche.

Die BERTELSMANN AG als Management-Holding der Gruppe erfüllt ihrerseits weitere übergreifende Aufgaben. Der Gesamtvorstand entwickelt und gestaltet die Strategie der Gruppe. Er bestimmt dabei die Leitlinien der Unternehmenspolitik und legt den Einsatz finanzieller Mittel in den unterschiedlichen Geschäftsfeldern fest, nimmt also die Rolle des Investors wahr. Dazu gehört auch die controllingmäßige Begleitung der operativen Geschäfte im Sinne eines Schwerpunktcontrolling. Ebenfalls auf Konzernebene ist die Finanzierungsfunktion angesiedelt, so daß die Ausstattung der einzelnen Tochterunternehmen mit Eigen- und Fremdkapital sowie die Gesamt-Finanzierungspolitik des Konzerns Aufgabe der Zentrale ist. Als weitere übergreifende Aufgaben sind die Steuerpolitik, Bilanzierung und die rechtliche Gestaltung definiert.

Dazu kommen als Zentralfunktionen eine Zentrale Öffentlichkeitsarbeit und die Zentrale Informationsverarbeitung, wo neben Dienstleistungsaufgaben die Entwicklung und Beobachtung der Konzerninformationsstrategie und deren Umsetzung sowie Koordinationsaufgaben angesiedelt sind.

Die Organisation des Controlling bei BERTELSMANN ist parallel zur oben dargestellten Führungsorganisation angelegt. Aus den unterschiedlichen Aufgabenschwerpunkten auf jeder Ebene ergibt sich auch eine Aufgabenteilung im Controlling. Dies wird durch die Controlling-Pyramide in Abbildung 6/2 deutlich.

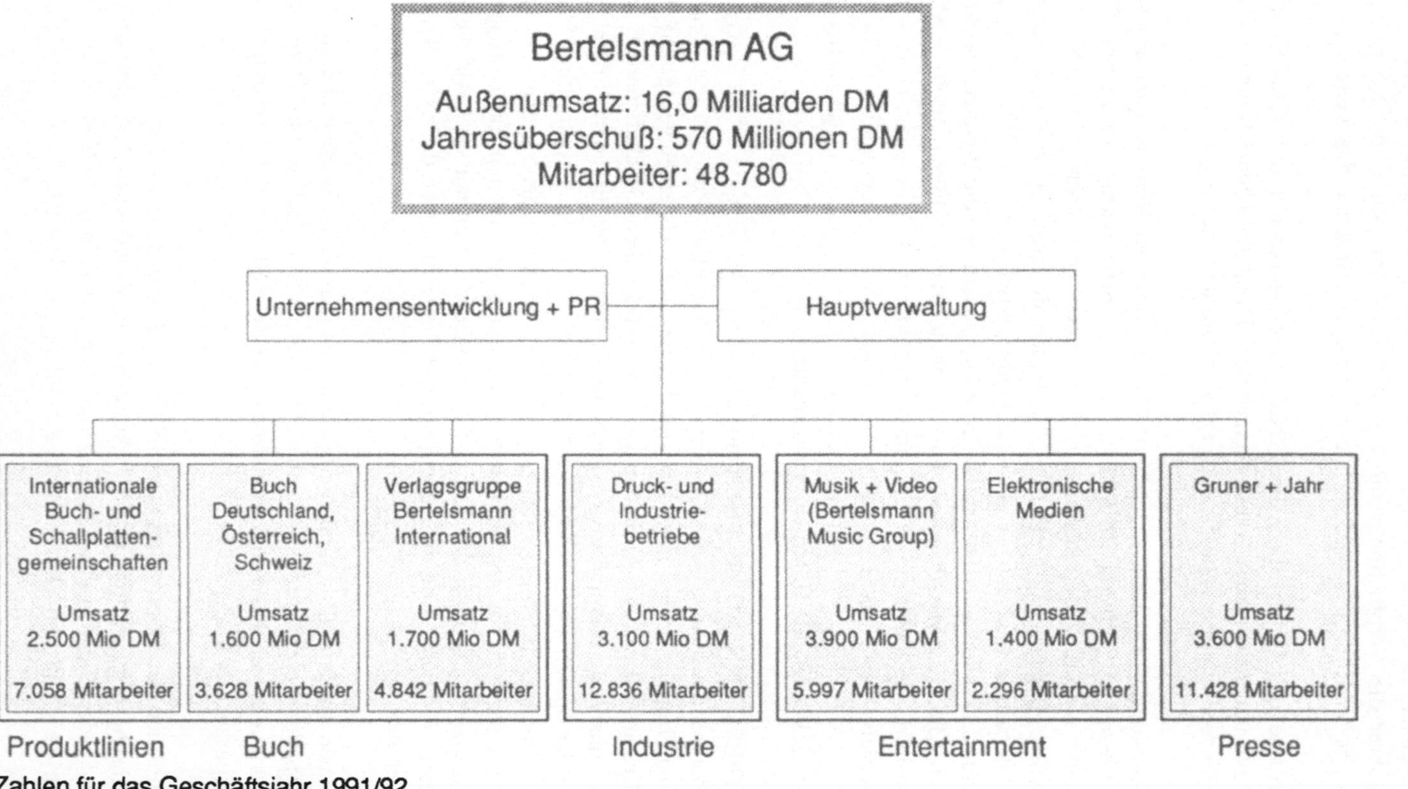

Abb. 6/1: Konzernstruktur BERTELSMANN

Auf Profit-Center-Ebene orientiert sich das Controlling an operativen Aufgabenstellungen und Entscheidungen. Im Mittelpunkt des Interesses stehen Kostenrechnungssysteme und das Controlling von funktionalen Teilbereichen des Profit-Centers.

Das Controlling-Instrumentarium der Bereiche zielt im wesentlichen auf Betriebsvergleiche und auf Verfolgung der Geschäftsentwicklung in einzelnen Geschäftssegmenten ab.

Konzern-Controlling ist dagegen primär das Controlling des Investors: hier interessieren Informationen, die mit Mittelverwendung und Mittelherkunft und der Entwicklung der Ertragspotentiale im Geschäftsportfolio des Konzerns im Zusammenhang stehen. Konzern-Controlling ist also vor allem Ergebnis- und Finanz-Controlling.

Dabei beschränkt sich das Vorstandsreporting nicht auf die Betrachtung der Entwicklung der einzelnen Unternehmensbereiche, sondern hat die Entwicklung aller Geschäfte im Focus. Das bedeutet gleichzeitig Konzentration auf nur wenige Kennzahlen je Profit-Center. Diese beinhalten Umsatz, Ergebnis, Vermögen und Renditen sowie die wesentlichen geschäftsindividuellen Erfolgsfaktoren (profit driver) im Sinne von Frühwarnindikatoren bzw. schwachen Signalen.

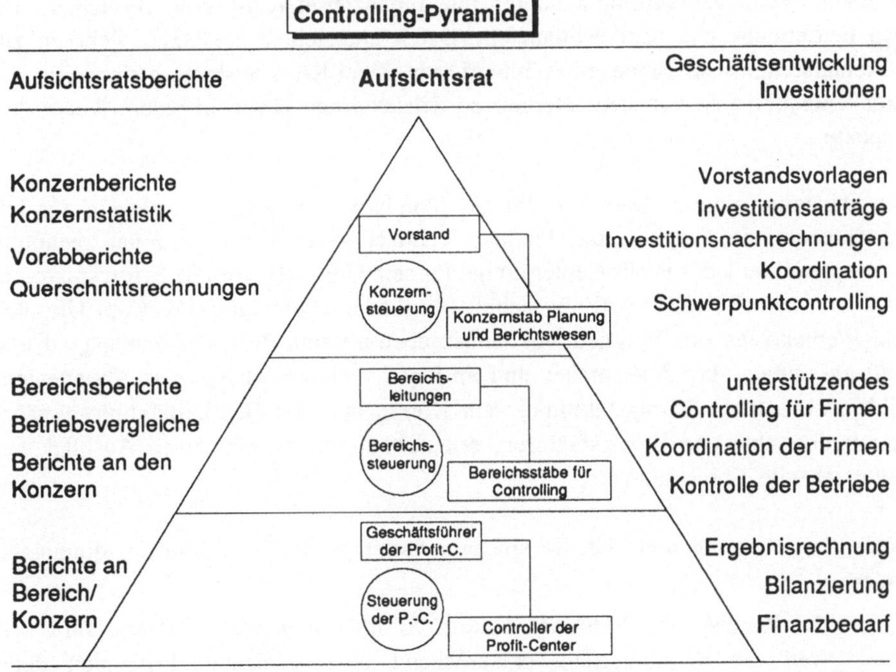

Abb. 6/2: Controlling-Pyramide

Controlling auf Konzernebene ist zugleich Schwerpunkt-Controlling: Insbesondere die großen Geschäfte, Problemfälle und neuen Geschäfte stehen unter laufender Beobachtung. Abweichungen wichtiger Kennzahlen können darüber hinaus bei allen anderen Profit-Centern Handlungsbedarf für die Konzernzentrale signalisieren. Schließlich ist ein übergreifendes strategisches Controlling (einschließlich Investitionen) Aufgabe des Konzerns.

Der Controlling-Prozeß der Konzernberichterstattung ist nach dem Feedback- und Feedforward-Prinzip angelegt. Eine monatliche Ist-Berichterstattung wird zweimal jährlich durch Vorschaurechnungen ergänzt. Die Planung erfolgt im Gegenstromverfahren, so daß grobe Rahmenvorgaben des Vorstandes, die sich aus den Entwicklungszielen des Konzerns ableiten, zunächst auf Bereichsebene und dann auf Profit-Center-Ebene heruntergebrochen werden. Die Ausfüllung der Rahmenvorgaben erfolgt in der operativen Planung der Profit-Center. Bei der anschließenden Verdichtung der Pläne über die Bereiche zum Konzern kann auf jeder Ebene die Einhaltung der Rahmenvorgaben überprüft werden. Abweichungen können zu einer Überarbeitung der Detailplanungen, aber auch zu einer Anpassung der Rahmenvorgaben führen. Das Budget enthält einen monatlich detaillierten Plan für das kommende Geschäftsjahr und Trendaussagen für zwei weitere Jahre.

Die Inhalte der Konzernberichterstattung folgen den Konzernaufgaben, wie sie oben dargestellt wurden: Es werden die betrieblichen Daten zu den drei Dimensionen Ergebnis, Vermögen/Verbindlichkeiten und Finanzierung/Cash-flow verdichtet. Da sich betriebliche und handelsbilanzielle Daten unterscheiden können, gehören zur Berichterstattung im Sinne eines integrierten Zwei-Kreis-Systems gleichzeitig die Brückenrechnungen von den internen zu den externen Daten in jedem dieser drei Aspekte.

Die Darstellung dieser Daten erfolgt auf Standard-Formularen, die jeweils für Ist-Berichterstattung, Prognose und Planung identisch sind. Über diese Finanzrechnung hinaus berichtet jedes Profit-Center einige für sein Geschäft typische Erfolgsfaktoren. Dies sind zum Beispiel im Clubgeschäft Mitgliederentwicklung, Pro-Kopf-Umsätze und Werbekosten pro Mitglied; im Industriebetrieb sind dies Auslastungsgrad und Auftragseingang; bei Zeitschriften und im Pay-TV sind beispielsweise Abonnentenzahlen wesentliche Erfolgsfaktoren. Ein Kommentar des Geschäftsführers ergänzt Standardberichte und Erfolgsfaktoren, erläutert diese und gibt einen Ausblick auf bevorstehende Entwicklungen.

Controlling-Systeme und -Inhalte spiegeln damit genau ihre Rahmenbedingungen wider:

- Da Rechts- und Führungsstruktur völlig voneinander getrennt sind und weil die Verantwortung entsprechend oben genannter Prinzipien delegiert ist, muß die interne Rechnung eine verantwortungsgerechte Darstellung von Kosten/Leistungen, Vermögen/Verbindlichkeiten und Finanzbedarf gewährleisten.

- Eine eigene interne Rechnung wird benötigt, um in bewußter Abweichung vom deutschen Handelsrecht verschiedene Sachverhalte nach Controlling-Gesichtspunkten wirtschaftlich sinnvoll darzustellen.

- Internationalität und Verschiedenartigkeit der Geschäfte erfordern eine Standardisierung der Darstellung. Dies geschieht zum einen durch Bezug auf das deutsche Handelsrecht (wie in der Konzernbilanzierung), aber darüber hinaus durch einige betriebswirtschaftliche Standardisierungen wie z.B. bei kalkulatorischen Zinsen, bei einer theoretischen Eigenkapitalzuweisung, bei der Beurteilung der Gewinne in unterschiedlichen Ländern durch Einbeziehung eines kalkulatorischen Inflationsverlustes, durch die Aktivierung selbstgeschaffener immaterieller Rechte oder durch linearen Abschreibungsverlauf bei Sachanlagen.

- Darüber hinaus stellt die Internationalität von BERTELSMANN besondere Anforderungen an das Controlling. Diese Anforderungen reichen von dem Sprachproblem, den großen geographischen Entfernungen, den lokalen Rechnungslegungsgewohnheiten bis hin zu einer unterschiedlichen Management- und betriebswirtschaftlichen Philosophie.

- Außerdem ist die heterogene Größenstruktur der BERTELSMANN Profit-Center zu beachten: Gut die Hälfte der Profit-Center hat eine 'mittelständische' Größenordnung von bis zu 100 Mitarbeitern und nur 6% der Profit-Center haben über 1.000 Mitarbeiter. Dies bedeutet, daß von sehr unterschiedlichen lokalen Voraussetzungen bezüglich Systemen und Personalausstattung ausgegangen werden muß.

- Und schließlich verdient die Unterschiedlichkeit der Geschäfte eine besondere Beachtung. So stark die Erfordernis zur Standardisierung ist, so wenig soll die Aussagekraft in Bezug auf die Entwicklung der einzelnen Geschäfte verlorengehen. Ebenso findet sich in den Profit-Centern durch die verschiedenen Geschäftsansätze bedingt eine sehr unterschiedliche inhaltliche Basis, was z.B. die Art der Controlling-Systeme und -Objekte angeht.

Alle diese eben geschilderten Rahmenbedingungen haben ein spezifisch angepaßtes Controlling-System bei BERTELSMANN hervorgebracht. Und eben diese Prämissen sind es, die bei der Gestaltung der Informationssysteme im Konzern-Controlling bei BERTELSMANN beachtet werden müssen.

6.2.2 IV-Systeme im Controlling bei BERTELSMANN – Überblick

IV-Systeme im Controlling können ebenfalls wie die Controlling-Aufgaben grob nach den Hierarchieebenen im Konzern klassifiziert werden. Aufgabenteilung, Dezentralisation und Vielfalt der Anforderungen führen hierbei zu folgendem Bild:

- Auf der operativen Ebene des Profit-Centers bestimmt der Geschäftsführer sein Instrumentarium, also auch seine IV-Unterstützung. Das operative Controlling und die zugehörigen IV-Systeme werden dort vor allem auf Kostenrechnungssystemen und speziellen Systemen der betrieblichen Funktionen beruhen. Dabei muß je nach Geschäftsansatz die Intensität der IV-Unterstützung und die Gestaltung der Instrumente sehr unterschiedlich aussehen.

- Auf der Bereichsebene (gegebenenfalls auch in Subbereichen, ebenso auf Ebene der Produktlinien) werden zur Wahrnehmung der Bereichsaufgaben teilweise zusätzliche Systeme eingesetzt. Da in diesen Einheiten eine Zusammenfassung gleichartiger Geschäfte erfolgt, besteht ein Interesse daran, standardisierte Informationen aus verschiedenen Geschäften vergleichend darzustellen. Die Ausstattung mit IV-Systemen muß nicht auf operative und schnelle Entscheidungsunterstützung gerichtet sein, sondern dient eher der Koordination und der Beobachtung der Geschäfte. Die Systeme auf dieser Ebene enthalten Auszüge aus den operativ verfügbaren Daten und müssen vielfach schon die Anforderungen internationaler Verbundenheit und Standardisierung erfüllen.

- Auf der Konzernebene werden Systeme zur Konzernberichterstattung wie oben geschildert bereitgestellt, betreut und entwickelt. Dies sind sowohl Systeme, die im Konzern und im Bereich verwendet werden als auch Systeme, die die Berichterstattung der Firmen an den Konzern unterstützen.

Auf dieser Ebene ist sowohl inhaltlich als auch systemmäßig der kleinste gemeinsame Nenner aus allen Geschäften des Konzerns zu suchen. Insofern sind die IV-Anforderungen, die an die berichtenden Einheiten gestellt werden können, am geringsten, die Heterogenität der Voraussetzungen am höchsten.

Aufgaben und damit auch Systemanforderungen des Controlling sind auf Unternehmensbereichsebene und Konzernebene ähnlich. Das in der Zentrale genutzte entwickelte Host-basierte IV-System zur Unterstützung des Konzern-Controlling ist deshalb auch zur Nutzung durch die Unternehmensbereiche geeignet. Zusätzlich hat die Konzernzentrale aus Gründen der Synergienutzung und auch der Qualitätssicherung ein PC-gestütztes IV-System entwickelt, das in den Profit-Centern zur Erstellung der Konzern- und der jeweiligen Bereichsberichte eingesetzt werden kann.

Von den sieben Unternehmensbereichen nehmen zur Zeit fünf diese Systemangebote der Zentrale wahr. Ein Bereich erstellt mit eigenem System die Konzernberichte zentral. Ein weiterer Bereich erstellt die Bereichs- und Konzernberichte mit eigenem System dezentral, das heißt in den Profit-Centern mit einem vom Bereich vorgegebenen System.

In den folgenden Abschnitten soll, gegliedert nach den verschiedenen Funktionen von Systemen, ein Abriß über Arten, Auswahl und Betreiber dieser Systeme gegeben werden, bevor wir uns in Abschnitt 6.2.2.3 speziell den Systemen der Konzernberichterstattung zuwenden. Diese sind in Abbildung 6/3 hervorgehoben. Die Abbildung zeigt im Überblick die verschiedenen Systeme der internen und externen Rechnung.

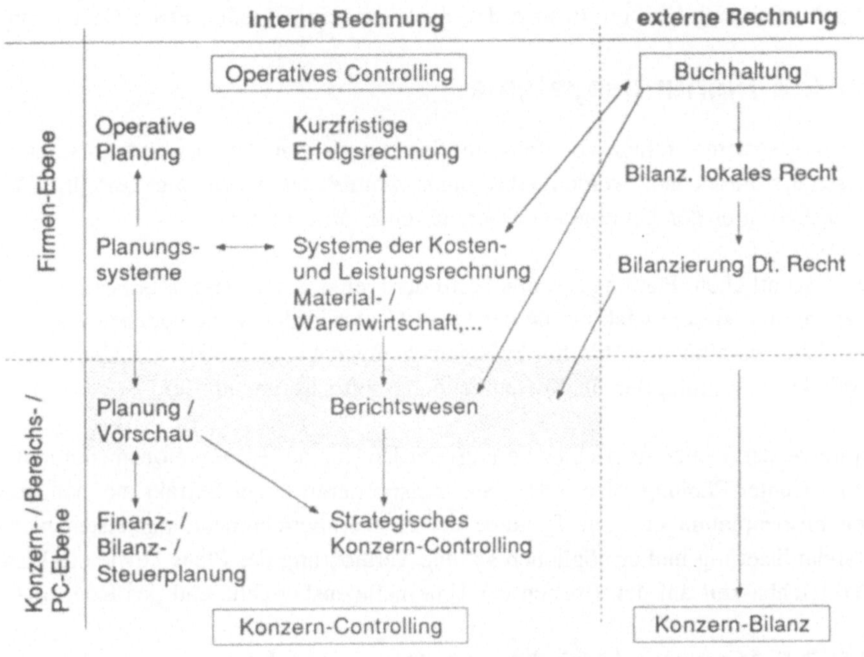

Abb. 6/3: Systeme des Controlling und des externen Rechnungswesens

6.2.2.1 Kosten- und Leistungsrechnung, Material- und Warenwirtschaft

Die Auswahl dieser Systeme erfolgt von den Profit-Centern selbst nach individuellen Anforderungen. Bei der Auswahl hilft auf Wunsch die Hauptverwaltung und die Zentrale Informationsverarbeitung. Der Bereich nimmt über seine IV-Strategie Einfluß auf die Systementscheidung.

Eine Basisversorgung mit Kostenarten-, Kostenstellen- und Kostenträgerrechnung wird den inländischen Firmen zur Verfügung gestellt, die die Dienstleistungen der Zentralen Geschäftsbuchhaltung ('Gütersloher Buchungskreis') in Anspruch nehmen. Im Einzelfall erfüllen diese Daten und Systeme aber nicht alle operativen Anforderungen, so daß lokale Systeme durch Schnittstellen aus der Buchhaltung bedient werden müssen. Neben den Wert-Informationen werden aus den Vorsystemen der zentralen Geschäftsbuchhaltung und aus den Logistik-Systemen, zum Beispiel der BERTELSMANN Distribution, Mengen-Daten zur Verfügung gestellt.

Diese lokalen Systeme, insbesondere Kostenrechnungs-, Waren- und Materialwirt-schaftsysteme, werden im Inland in der Regel als Dienstleistung zentral vom Güters-loher IV-Service-Center gefahren.

Im Ausland gelten grundsätzlich dieselben Prinzipien. Ähnlich wie im Inland können sich mehrere Firmen zu einem IV-Dienstleistungszentrum zusammenschließen, oder es schließen sich kleinere Firmen den Systemen eines großen Profit-Centers an.

6.2.2.2 Planungssysteme

Planungssysteme fallen ebenfalls in den operativen Verantwortungsbereich des Geschäftsführers und werden i.d.R. nicht zentral zur Verfügung gestellt. Wo er-forderlich, gibt der Unternehmensbereich eine Hilfestellung.

Die eigentlichen Planungssysteme erfordern eine stark geschäftsspezifische Aus-prägung und sind je nach Größe der Profit-Center in den verschiedenen Formen von der Tabellenkalkulation bis hin zu eigenständigen Programmen von Unternehmens-modellen bzw. integriert in Kostenrechnungssoftware anzutreffen.

Systeme der Konzernberichterstattung werden nur als Informationsmedium für die Profit-Center-Planung verwendet. Sie transportieren einen Extrakt aus den operati-ven Firmenplanungen. Die Systeme der Konzernberichterstattung leisten hier eine Standardisierung und ermöglichen so eine Verdichtung der Pläne sowie die Plan-Ist-Vergleichbarkeit auf den Ebenen der Unternehmensbereiche und des Konzerns.

6.2.2.3 Konzernberichterstattung und Investitionsrechnung

Aus der Aufgabenstellung des Konzern-Controlling heraus ergeben sich Informati-onsanforderungen auf zwei Gebieten:

- Strategisches und Schwerpunkt-Controlling: Zielvereinbarung mit dem lo-kalen Management über strategische Entwicklungslinien, Geschäftsansätze, Investitionen und Überwachung dieser Ziele anhand von Eckwerten der Geschäfte. Als Spezialfall kann in dieser Hinsicht die Investitionsrechnung und -nachrechnung gelten, wo projektbezogen dieses Controlling betrieben wird.

- Ergebnis- und Finanz-Controlling: Zielvereinbarungen mit dem lokalen Ma-nagement über zukünftige Ergebnisse und über Mittelverwendung und Mit-telherkunft als Grundlage einer im Konzern abgestimmten Investitions- und Finanzierungspolitik. Dazu gehört auch die Überwachung dieser Ziele, ins-besondere im Hinblick auf die Konzern-Finanzziele.

Für die in den genannten Aufgabenfeldern eingesetzten Systeme ist die Konzernzentrale der Anbieter, Betreuer (sofern PC-Systeme betroffen sind) und gegebenenfalls Betreiber (sofern HOST-Systeme betroffen sind) – außer in den beiden Unternehmensbereichen mit eigenen Systemen.

Das Zentrale Berichtswesen ist deshalb auch Träger aller Entwicklungs- und Pflegeaufwendungen für diese Bereiche. Eine Zusammenarbeit mit der Organisationsabteilung der Hauptverwaltung und der Zentralen Informationsverarbeitung erfolgt in allen Phasen der Konzeption, der Entwicklung und der Einführung sowie Betreuung dieser Systeme.

6.2.2.4 Finanzplanung, Bilanzplanung, Steuerplanung

Finanz-, Bilanz- und Steuerpolitik und -gestaltung unterliegen der Verantwortung der Konzernzentrale und nicht den Unternehmensbereichen/Profit-Centern. Die hier benötigten Systeme werden deshalb auf Ebene der Hauptverwaltung und einiger Landesholdings (z.B. USA) eingesetzt.

Input sind die durch das Konzernberichtswesen bereitgestellten Daten und weitere bilanzielle Informationen. Insofern können diese Aufgaben als Teilsysteme der Konzernplanung aufgefaßt werden, die allerdings organisatorisch getrennt durchgeführt werden.

Die Planung des Finanzbedarfs leitet jedes Profit-Center selbst aus seiner Ergebnis- und Vermögensplanung ab. Die Finanzierungsplanung liegt dagegen in der Verantwortung der zentralen Finanzabteilung und erfolgt auf Basis der konsolidierten Pläne von einzelnen Ländern bzw. des Gesamtkonzerns. Dort wird für einen Großteil der inländischen Firmen auch Liquiditätsmanagement betrieben. Im Ausland nehmen diese Aufgabe große Firmen als Landesholding oder die Einzelfirmen selbst war.

Ebenso wie die Finanzierungsplanung basiert die Bilanzplanung auf den Ausgangsdaten, die im Rahmen des Konzernberichtswesens als Einzelpläne der Profit-Center an die Zentrale weitergegeben werden und in einer Datenbank zur Verfügung stehen.

Dasselbe gilt für die Steuerplanung, die ihrerseits wieder mit ihren Auswirkungen auf Finanzierungsplanung und Bilanzplanung zu beachten ist. Die Koordination dieser Teilpläne auf Konzernebene und Zusammenfassung mit den operativen Teilplänen erfolgt im Zentralen Berichtswesen. Dabei wird das zentrale großrechnergestützte System des Konzernberichtswesens verwendet.

6.2.3 IV-Abläufe und -Systeme im Konzern-Controlling

6.2.3.1 Berichterstattung und Planung

6.2.3.1.1 Anwenderprofile

Das Systemangebot des Zentralen Berichtswesens geht aus von einer Analyse der
'Kunden'-Gruppen und 'Kunden'-Anforderungen. Unterschieden werden:

- Der Firmen-Controller möchte neben seinen operativen Controlling-Aufgaben
  die Konzernberichte schnell und einfach ableiten können. Das Regelwerk
  der Konzern-Richtlinien soll weitgehend in den Systemen abgebildet sein,
  und es soll Unterstützung in den spezifischen Rechnungen der Konzernberichterstattung gegeben werden. Auswertungen, Ad-hoc-Analysen und die
  damit verbundene hohe Flexibilität sind nicht erforderlich, da auf Firmen-
  ebene sowieso viel detailliertere Informationen verfügbar sind und spezifische
  Analyse-Tools verwendet werden.

  In der Regel erfolgt die Bearbeitung für nur eine Firma, in selteneren
  Fällen für eine Zusammenfassung aus wenigen rechtlichen Einheiten bzw.
  Organisationsteileinheiten.

  Die Konzernberichte müssen regelmäßig an die Zentrale versandt werden, so
  daß auch eine Unterstützung für den Datentransfer erforderlich ist.

  Da der Berichtsweg von den Profit-Centern über die Unternehmensbereiche an den Konzern führt, ist die Forderung naheliegend, daß der Firmen-
  Controller dasselbe System nutzen möchte, wenn er die vom Unternehmensbereich geforderten Zusatzinformationen aufbereitet und verschickt.

- Die zweite Anwendergruppe befindet sich in den Unternehmensbereichen
  (teilweise auch in Subbereichen und natürlich bei Produktlinien) und auf
  Konzernebene, wo große Mengen von Profit-Centern bearbeitet werden.
  Hier stehen die Massenfunktionen Währungsumrechnung und Verdichtung
  im Vordergrund. Regelmäßige Standardauswertungen und fest definierte
  Bearbeitungsfolgen müssen hier ebenso möglich sein wie frei definierbare
  Analysen. Basis muß eine große Datenbank sein, auf der Längsschnitt-
  und Querschnittsanalysen definierbar sind. Report-Generatoren sollen die
  Darstellung der Ergebnisse erlauben.

  Die Ansprüche an ein solches Werkzeug haben sich im Laufe der letzten
  Jahre gewandelt. Hier geht der Trend weg vom Spezialistenwerkzeug, hin
  zum 'Management-Informationssystem', das eine einfachere Handhabung
  und noch größere Flexibilität voraussetzt.

6.2.3.1.2 Systeme: Individualsystem zur Firmenberichterstattung

BICOS (Bertelsmann Internationales COntrolling System) ist auf die erste Anwendergruppe zugeschnitten. Als PC-gestütztes System ist es in der Lage, direkt aus Daten der Buchhaltung (Kontensalden) eine Rohform der Konzernberichte zu erstellen.

Es erlaubt dem Firmen-Controller in unterschiedlichen Bearbeitungsstufen manuelle Eingriffe und Korrekturen des Buchhaltungsstoffes. Dies ist erforderlich, um echte Fehler zu korrigieren, aber auch, um eine betriebswirtschaftlich korrekte Darstellung zu ermöglichen, wenn entsprechende kalkulatorische Buchungen nicht vorgenommen wurden.

Durch die Ableitung aus der Buchhaltung ist BICOS in der Lage, nicht nur die betriebliche Sphäre oder die bilanzielle Darstellung, sondern auch die Brückenrechnung zwischen beiden Berichtskreisen darzustellen. Ausgangspunkt ist unterjährig und zum Ende des Geschäftsjahres derselbe Buchungsstoff, der später in die testierte Handelsbilanz einfließt. Auf diese Weise ist die Konsistenz des internen und externen Berichtswesens gesichert und eine Abstimmung mit Nachweis der Überleitungsschritte möglich.

BICOS ist eine Eigenentwicklung – mittlerweile in der zweiten Generation –, die in Turbo Pascal programmiert, auf eine Einzel-PC-Datenbank zugreift. Es gibt ebenfalls eine netzwerkfähige Version, die eine entsprechende Netzwerk-Datenbank verwendet.

Das Regelwerk der Konzernberichterstattung ist fest einprogrammiert und geht vom BERTELSMANN-Kontenplan aus. Zum weltweiten Einsatz des Programms dienen Texttabellen, die unterschiedliche Sprachversionen erlauben und, was inhaltlich viel wichtiger ist, die Überleitungsmöglichkeit vom lokalen Kontenplan auf den BERTELSMANN Kontenplan. Auf diese Weise erfolgt die Arbeit im wesentlichen in zwei Schritten, die in Abbildung 6/4 dargestellt sind.

Zunächst erfolgt eine Übernahme der Konteninformationen aus dem lokalen Buchhaltungssystem. Wo eine solche Schnittstelle nicht verfügbar ist, können die entsprechenden Daten manuell entweder auf Kontenebene oder direkt auf Positionsebene der Berichte eingegeben werden.

Im ersten Schritt werden die Kontendaten, wenn notwendig, vom lokalen Konto auf ein Konto des BERTELSMANN-Kontenplans zugeordnet und von dort weiter in eine Berichtsposition eingestellt. Die Pflege der lokalen Zuordnung zum BERTELSMANN-Kontenplan muß vor Ort vom Controller vorgenommen werden. Eine jährlich aktualisierte Zuordnung der BERTELSMANN-Konten auf die Berichtspositionen wird zentral gepflegt und verschickt.

Bereits in diesem Schritt sind manuelle Eingriffe möglich: Typische Jahresabschluß-
buchungen, die unterjährig nicht im Buchhaltungsstoff enthalten sind, oder Aktuali-
sierungen des Buchhaltungsstoffes (da je nach Landestradition die Buchhaltung unterschiedlich aktuell geführt wird) können hier als Nachbuchungen eingefügt werden.
Dabei bleibt transparent, welche Daten original aus der Buchhaltung stammen und
welche vom Controller ergänzt wurden.

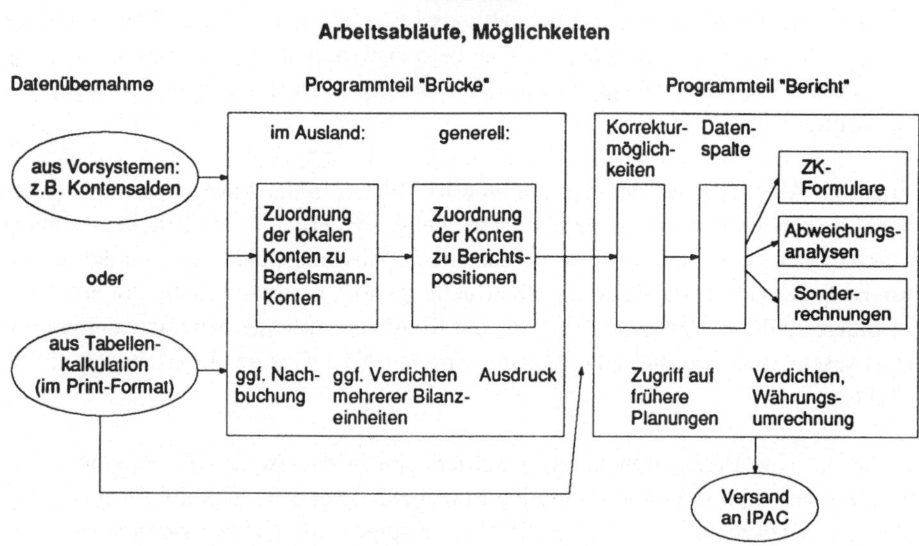

Abb. 6/4: Datenfluß und Grobablauf der Firmenberichterstattung mit BICOS

Im zweiten Schritt werden die Werte der internen Positionen in die Standard-
Formulare der Konzernberichterstattung eingetragen. Dabei wird nach den Regeln
der Konzernberichterstattung die Brücke zwischen dem Betriebsergebnis und dem
Jahresüberschuß sowie zwischen der Betriebsbilanz und der Handelsbilanz herge-
stellt. Aus Ergebnis- und Vermögensdarstellung wird dabei automatisch der Finanzbedarf abgeleitet. Diese 'Rohberichte' können auf Positionsebene korrigiert werden,
um zum gewünschten Ausweis zu gelangen. Das abgebildete Regelwerk macht den
Controller darauf aufmerksam, wenn Korrekturen nicht konsistent durchgeführt wurden (Verletzung der Doppik).

Das Programm sieht standardmäßig nur eine einfache Abweichungsanalyse zwischen
Plan-, Ist- und Vorjahreswert auf kumulierter und monatlicher Basis vor. Darüber
hinaus erlaubt es die Berechnung kalkulatorischer Zinsen und des kalkulatorischen
Inflationsverlustes auf Basis der in den Berichten enthaltenen Daten.

Im dritten Schritt erfolgt die Aufbereitung der Berichte zum Versand und je nach lokalen Gegebenheiten die Weitergabe über existierende Standleitungen, Datex-P, Modem
oder Akkustik-Koppler – ggf. zum Weitertransport über ein weltweites Service-Netz.

Verschiedene Unternehmensbereiche bzw. Subbereiche nutzen darüber hinaus die Möglichkeit, die vom Bereich geforderten Zusatzinformationen, die nicht an den Konzern weitergegeben werden, ebenfalls von BICOS erfassen, aufbereiten und versenden zu lassen. Diese Bereichssysteme stellen entweder höhere Detaillierungsgrade derselben Berichte dar und können deshalb aus demselben Buchhaltungsstoff abgeleitet werden, oder sie erfordern zusätzliche manuelle Eingaben oder zusätzliche Überleitungen der anderen Vorsysteme (z.B. Kostenstellenrechnung).

BICOS dient ebenfalls zur Übermittlung der Planung und der Vorschaurechnungen an den Konzern. Das Programm stellt dabei kein Planungssystem im engeren Sinne dar, sondern dient nur der Abbildung der Planungsergebnisse in den Standardformularen der Konzernberichterstattung. Deshalb ist i.a. eine manuelle Erfassung der Planungs- und Prognosedaten erforderlich. Wenn gewünscht, können diese Daten aber auch aus einer Tabellenkalkulation als Vorsystem übernommen werden.

Zur Zeit hat BICOS weltweit rund 100 Installationen. Die inhaltliche Betreuung und Schulung ist je nach personeller Ausstattung durch die zuständigen Unternehmensbereiche oder zentral durch das Entwicklungs- und Betreuungsteam gewährleistet. Von dort wird auch das Versions-Update und die nutzerspezifische Konfigurierung (falls erforderlich) geleistet.

Daß nach der Ersteinführung 1988 jetzt bereits die zweite Generation von BICOS im Einsatz ist, spricht für den Erfolg des Konzeptes 'Vom Konto zum Bericht' – der Philosophie von BERTELSMANN entsprechend dezentralisiert unter der Kontrolle des einzelnen Profit-Centers. Die weitgehende Unabhängigkeit von lokaler Hard- und Software bei geringen Systemvoraussetzungen (386er PC, DOS) sorgen für die einfache Verbreitung und Installation des Systems.

6.2.3.1.3 Systeme: Zentralsystem für aggregierte Informationen

Die zweite Nutzergruppe ist auf wenige Lokationen konzentriert. Es handelt sich um die in Gütersloh, München und Hamburg ansässigen Bereiche bzw. Subbereiche. Diese nutzen on-line das in Gütersloh betriebene Großrechnersystem IPAC (Interaktives Planungs-, Analyse- und Controlling-System). IPAC ist eine Eigenentwicklung von BERTELSMANN und basiert auf der Datenbank ADABAS. Die meisten der heute ca. 100 Nutzer sind über Emulation durch ihren PC am Großrechner angeschlossen.

Für den Nutzer erscheint IPAC als eine Art Tabellenkalkulation mit Datenbankhintergrund auf dem Großrechner. Ein wesentlicher Unterschied ist die getrennte Speicherung von Daten und Rechenvorschriften, den sogenannten 'Formularen'.

Der Anwender hat die Möglichkeit, Formulare wie Worksheets selbst zu definieren und in einer eigenen Sprache mathematische Formeln zu schreiben. IPAC übernimmt hier die Funktion eines Report-Generators mit entsprechender Aufbereitung zum Ausdrucken ebenso wie die Funktion eines List-Generators, bei dem die Definition von Datenbankabfragen eine Untermenge der Formulardefinition darstellt.

Kern des Systems ist die tabellengesteuerte Durchführung von Massenfunktionen wie Währungsumrechnung und Verdichtung. Der Nutzer kann sich außerdem feste Abläufe definieren, die wiederkehrende Arbeitsschritte beinhalten.

In Abbildung 6/5 sind die wichtigsten Features von IPAC dargestellt.

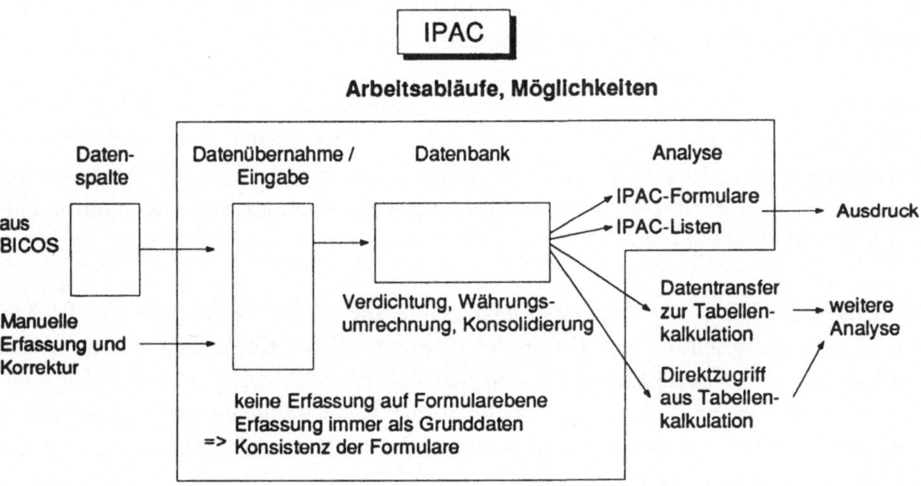

Abb. 6/5: Arbeitsabläufe und Möglichkeiten in IPAC

Sehr hohe Anforderungen werden an IPAC bezüglich des horizontalen und vertikalen Zugriffsschutzes gestellt. Da in diesem System sowohl die Bereichs- als auch die Konzernebene arbeiten, ist es erforderlich, daß Daten der Bereiche nur soweit vom Konzern eingesehen werden können, wie sie explizit freigegeben wurden. Ebenso sollen die Unternehmensbereiche gegenseitig keinen Einblick in ihre Daten haben können.

IPAC ist bereits seit 12 Jahren im Einsatz und erfüllt mit einigen Erweiterungen im Laufe der Jahre heute noch alle wesentlichen inhaltlichen Anforderungen, die von den Nutzern an dieses System gestellt werden. Da die Arbeit auf dem PC und insbesondere mit der Tabellenkalkulation aber heute dem allgemeinen Standard entspricht, sind die Ansprüche der Nutzer an Oberfläche, Bedienerfreundlichkeit und Flexibilität wesentlich gestiegen und heute von einem Großrechnersystem nicht mehr zu erfüllen.

Die Wünsche der Anwender erstrecken sich vor allem auf die flexible Weiterverarbeitung der IPAC-Daten in einer PC-Tabellenkalkulation – nicht zuletzt wegen der auf dem PC besseren Gestaltungsmöglichkeiten der Ausdrucke und Weiterverarbeitung in Graphiken und Texten. Bis vor kurzem mußte diese Anforderung durch einen File-Transfer vom Großrechner auf den PC gelöst werden. Heute ist aus der Tabellenkalkulation des PC heraus ein Direktzugriff auf die Großrechner-Datenbank möglich. So sind bei jedem Aufruf eines Worksheets die aktualisierten Werte der Datenbank enthalten. Dadurch ist bei Kenntnis der Zugriffsindizes der Datenbank eine beliebige Auswertung auf dem PC möglich.

6.2.3.1.4 Perspektiven

Schon heute stellt der Direktzugriff auf Großrechner-Daten über den PC eine erste Stufe der Client-Server-Architektur dar. Der Großrechner fungiert als Datenbank und stellt Massenfunktionen zur Verfügung, während Individualanalysen und Ausdrucke für gehobene Ansprüche auf dem PC erstellt werden.

Zur Zeit befaßt sich ein Projekt mit der Weiterentwicklung des Client-Server-Konzeptes zu einer Konfiguration, bei der das LAN der Hauptverwaltung die Funktionen des Datenbankservers und Massenverarbeitungsservers übernimmt und die angeschlossenen PCs als Clients unter der Oberfläche einer Standard-Tabellenkalkulation mit individuell programmierten Add-in's alle benutzerindividuellen Aufgaben übernehmen.

Das Projekt beinhaltet damit auch die Auseinandersetzung mit WANs und bei der Verteilung von Aufgaben auf die LANs der verschiedenen Lokationen Probleme der verteilten Datenhaltung.

6.2.3.1.5 Verbindung zwischen interner und externer Berichterstattung

Parallel zu BICOS existiert für die externe Berichterstattung der Einzelfirma das System BEBSY (BErtelsmann BilanzierungsSYstem), das in ähnlicher Art und Weise zum Jahresabschluß die Daten der Buchhaltung aus lokalen Konten in die Positionen des Konzern-Bilanz-Formularsatzes überführt, manuelle Ergänzungen insbesondere zum Übergang von lokalem Recht auf konzerneinheitliche Bewertungsregeln (HB II) zuläßt und diese Daten zur Konzernbilanzierung nach Gütersloh versendet. Hier sind teilweise Inhalte unterschiedlich und der Berichtsrhythmus ist ein anderer (Halbjahres- und Jahresabschlüsse).

Abbildung 6/6 zeigt, wie zum Bilanzstichtag aus der Buchhaltung als gemeinsamer Basis dieselbe Überleitung vom lokalen Kontenplan auf die BERTELSMANN-Konten und von lokalem Recht zur einheitlichen Konzernbewertung stattfindet. Erst anschließend verzweigen sich die Berichte. Es finden unterschiedliche Bearbeitungsschritte, Datenaggregationen, Prüfroutinen und Formularaufbereitungen statt. Das

Ergebnis wird wiederum mit derselben Versandprozedur nach Gütersloh weitergegeben.

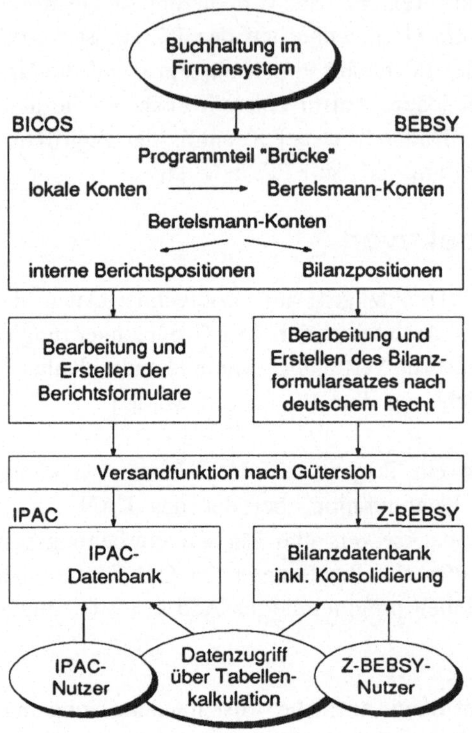

Abb. 6/6: Systemverbindung zwischen Konzern-Reporting und Konzern-Bilanzierung

In Fortführung der Systemintegration auf Profit-Center-Ebene nutzen verschiedene Stellen der Hauptverwaltung Daten der beiden Berichtswege: Hier kann mit derselben Art von Direktzugriff in einem Tabellenkalkulationsblatt auf die BEBSY- und auf die IPAC-Datenbank referiert werden.

6.2.3.1.6 Gesamtsicht der Systeme und des Datenflusses in der internen Berichterstattung

In Abbildung 6/7 ist noch einmal im Überblick dargestellt, welche Systeme zur Konzernberichterstattung ineinandergreifen. Dabei ist beachtenswert, daß der Datenfluß vom Konto zum Konzernbericht auf jeder Stufe eine explizite Freigabe der Daten erfordert und manuelle Korrekturen erlaubt. Zwar hat der einzelne Geschäftsführer eine Rechenschaftspflicht bezüglich seines Verantwortungsbereiches, aber er ist zugleich verantwortlich für 'seine Daten'. Die Verantwortung für die eigenen Daten ist notwendig, um eine Akzeptanz der auf Konzernebene verwendeten Daten zu erreichen und eine Basis für Diskussionen des Vorstandes mit dem lokalen Management zu bilden.

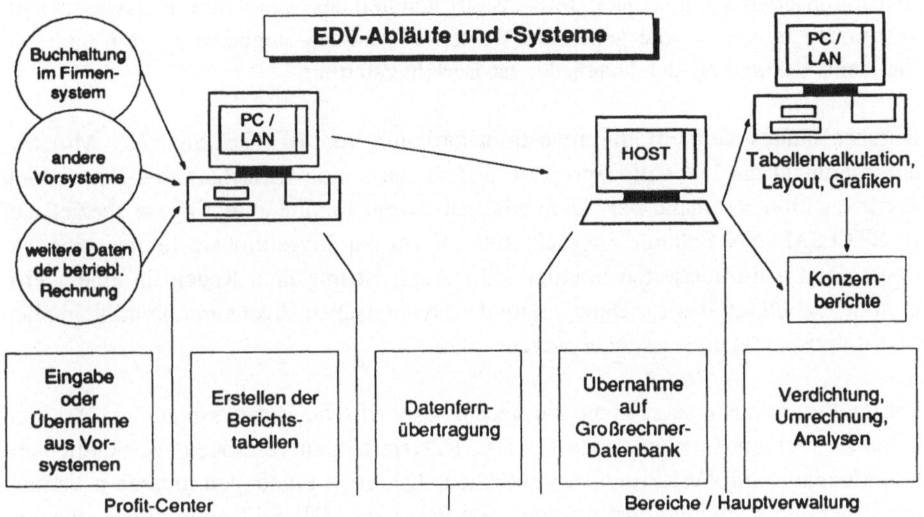

Abb. 6/7: Datenfluß vom Konto zum Konzernbericht

Die Gestaltung der weltweiten Datenkommunikation und gemeinsamen Systemnutzung beruht auf der Verbindung der lokalen Netzwerke mit dem Großrechner bzw. dem Senden und Abholen von Daten und Programmen über ein weltweites Service-Netz wie dies Abbildung 6/8 zeigt.

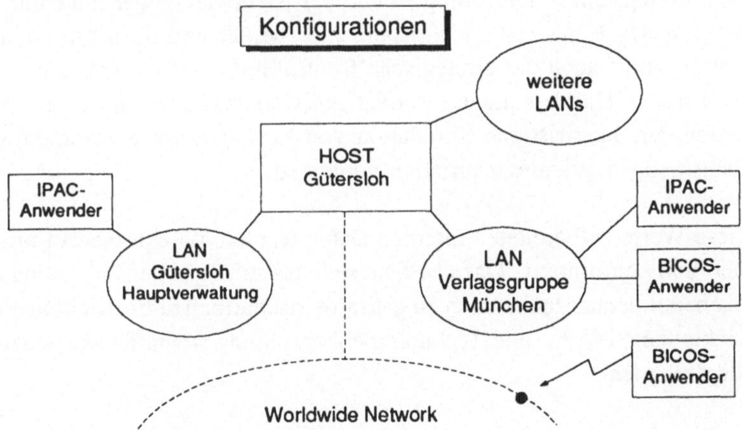

Abb. 6/8: Verbindungswege zwischen zentralen und dezentralen Systemen

6.2.3.2 Investitionscontrolling

Zum einen beinhaltet Investitionscontrolling die Planung und Vorbereitung der Investitionen – also auf Konzernebene die Vorbereitung einer Investitionsentscheidung durch den Vorstand. Zum anderen werden die Investitionsprojekte anhand spezieller Milestones verfolgt und in einer Gesamtsicht durch Investitionsnachrechnungen begleitet.

Investitionscontrolling ist dabei teilweise Bestandteil des Standardberichtswesens: Investitionen müssen in die geplanten Werte des Budgets eingearbeitet sein und sind ihrerseits Bestandteil der Daten der Ist-Berichterstattung.

Darüber hinaus definiert die Investitionsordnung von BERTELSMANN Mindestanforderungen an Investitionsprojekte und verlangt eine wirtschaftliche Beurteilung der Investitionen anhand der 'Dynamischen Eigenkapitalrendite'. Diese speziell auf BERTELSMANN-Belange zugeschnittene Form der Investitionsrechnung, eine Variante des Cash-orientierten internen Zinsfusses, ist mit allen Regeln in einem Programm abgebildet, das zur Berechnung der Dynamischen Eigenkapitalrendite in allen Investitionsanträgen verwendet werden muß.

Dieses Programm ersetzt nicht die geschäftsspezifische Businessplanung. So sind keine Zusammenhänge zwischen Umsatz, Kosten, Umlaufvermögen, Verbindlichkeiten, Mengen- und Wert-Prognosen enthalten. Derartige Planungen müssen außerhalb des Programms durchgeführt werden. Das Programm INVEST sorgt alleine für eine regelgemäße Verarbeitung der Projektplanung.

Dasselbe Programm wird für Investitionsnachrechnungen verwendet.

6.2.3.3 Strategisches Controlling

Soweit sich strategisches Controlling mit Langfristentwicklungen und mit der Zusammensetzung des Konzern-Geschäftsportfolios befaßt und dazu Querschnittsanalysen benötigt, greift auch das strategische Controlling des Konzerns auf die IPAC-Datenbank zurück. Darüber hinaus werden Individualsysteme, insbesondere Tabellenkalkulation, zur langfristigen Simulation von Eckdaten der Konzernentwicklung und zur langfristigen Prämissenvariation eingesetzt.

Die auf diese Weise aufbereiteten internen Daten werden mit externen Informationen angereichert und konfrontiert. Dazu bedient sich das strategische Controlling externer Datenbanken, auf denen Recherchen zu gesamtwirtschaftlichen Entwicklungen, Branchenentwicklungen, Markt- und Technologiebeobachtung sowie Konkurrenzanalysen durchgeführt werden.

6.2.4 Controlling der IV-Systeme

IV-Controlling im engeren Sinn wird entsprechend der Führungsphilosophie bei BERTELSMANN vom Geschäftsführer selbst betrieben. Da die effiziente Durchführung seines Geschäftes und die Organisation seines Profit-Centers in den Händen des Geschäftsführers liegt, ist IV-Controlling Teil des operativen Controlling.

Investitionsentscheidungen in diesem Bereich und Systementscheidungen sind geschäftsspezifisch und daher Profit-Center-bezogen sehr unterschiedlich zu beurteilen. Kosten-Nutzen-Analysen als Bestandteil von IV-Projekten können von kleineren

Profit-Centern auch als Beratungsleistungen der Zentralen Informationsverarbeitung eingekauft werden, die insofern als Inhouse-Consultant fungiert.

Ebenso berät eine Abteilung der Zentralen Informationsverarbeitung den Vorstand und die Bereichsgremien in Fragen der IV-Strategie. Die übergreifende Sichtweise dieser Abteilung führt zur Aufdeckung von Synergiepotentialen, deren Nutzung den betroffenen Profit-Centern aber i.d.R. selbst vorbehalten bleibt.

Dennoch haben verschiedene Faktoren die Einführung eines eigenen IV-Controlling auf Konzernebene gefördert: Die steigende Bedeutung der IV als produktive Ressource und Wettbewerbsfaktor ebenso wie die Bedeutung als Kostenfaktor (mit ca. 2% des Umsatzes, Tendenz steigend) vielerorts verbunden mit mangelnder Transparenz.

Dem möchten im wesentlichen vier Instrumente Rechnung tragen:

- Ein konzernweites IV-Berichtsssystem, das einmal jährlich Ist- und Plandaten zusammen mit der Geschäftsplanung über die Unternehmensbereiche an den Konzern weitergibt. Kenngrößen sind darin IV-Personal, -Kosten, -Projekte und -Investitionen.

  Der IV-Bericht enthält auf dieser Basis Branchenvergleiche und innerhalb des Konzerns Firmenvergleiche. Kennzahlen, die auf diese Weise gewonnen werden, sind Anhaltspunkt für Vorstand und Bereichsleitungen zur Entwicklung von IV-Strategien bzw. Frühwarnindikatoren zur Aufdeckung von notwendiger Hilfestellung für Profit-Center.

- Planungsgespräche, bei denen die Zentrale Informationsverarbeitung mit den IV-Verantwortlichen der Unternehmensbereiche und der großen Profit-Center die IV-Entwicklung diskutiert. Inhalte sind hier die aus der Geschäftsentwicklung abgeleiteten Planungen für die Weiterentwicklung der Anwendungen, damit verbundene Projekte sowie die Anforderungen an zentralen Support und das IV-Budget.

- Fallbezogene Analyseprojekte stellen ein Schwerpunkt-Controlling bezüglich fester Fragestellungen dar. Beispiel sind Wirtschaftlichkeitsvergleiche des Einsatzes mittlerer Datentechnik und Großrechner unter verschiedenen Rahmenbedingungen oder Synergiepotentiale der Zusammenlegung regionaler Rechenzentren.

- Installation und Anwendung eines Projektberichtswesens, um die effiziente Projektdurchführung zu unterstützen und zu gewährleisten.

Bevor aus diesen Elementen mittelfristig ein IV-bezogenes Executive Information System entsteht, sind positive Wirkungen schon auf dem Weg dorthin zu verzeichnen. Im Profit-Center und im Unternehmensbereich bildet sich auf diese Weise ein Bewußtsein für die Herausforderungen der IV: Schaffung von Transparenz der IV-

Kostenentstehung und IV-Nutzung, z.B. durch ausreichende Kostenartengliederung und verursachungsgerechte Umlagesysteme, Einführung von Projektmanagementsystemen, Installationsnachweise insbesondere von dezentralen Systemen.

Auf Konzernebene ermöglichen die Instrumente schon heute, Schwachstellen zu erkennen, Frühwarninformationen zu erhalten, Prioritäten zu empfehlen und Veränderungen der Strukturen sowie der Nachfrage nach zentralen Diensten zu verfolgen.

Die zentrale Informationsverarbeitung wird zur Zeit als Kosten-Center geführt, so daß Dienstleistungen, die zu Kostenpreisen an die nutzenden Profit-Center weitergegeben werden, seitens der Nachfrager jederzeit unter kritischer Beobachtung stehen. Dies gilt umso mehr, als BERTELSMANN-Profit-Center den Vergleich mit externen Dienstleistungen suchen und gegebenenfalls auf diese zurückgreifen können.

6.2.5 Zusammenfassung

Ausgehend von der Unternehmensphilosophie von BERTELSMANN hat Controlling auf unterschiedlichen Ebenen des Konzerns verschiedene Aufgabenschwerpunkte. Es wurde gezeigt, wie das Konzern-Controlling auf die ganz speziellen Aufgaben des Konzerns, nämlich Konzernentwicklung im finanzwirtschaftlichen Gleichgewicht, Investition und Finanzierung, Bilanzierung, Steuern und Recht ausgerichtet ist.

Operatives Controlling – und dabei auch das Controlling der IV-Systeme – findet insbesondere in den dezentralen Einheiten eigenverantwortlich statt, aber auch auf Unternehmensbereichs- und Konzernebene. Da die einzelnen Profit-Center nach Geschäft, Größe und lokalen Gegebenheiten sehr unterschiedliches Controlling betreiben, beschränkte sich die Darstellung auf das Konzern-Controlling und die dazu eingesetzten IV-Instrumente.

Im Konzern-Controlling werden für den Datenfluß 'Vom Konto zum Bericht' zwei Systeme eingesetzt: Mit BICOS bekommt der Firmencontroller ein Instrument zur Verfügung gestellt, mit dem er schnell und einfach aus seinen Buchhaltungsdaten Konzernberichte ableiten kann, die den wesentlichen Regeln des Konzernberichtswesens entsprechen.

Das System ermöglicht zugleich die Weitergabe der Daten nach Gütersloh, wo heute noch das IPAC-System auf dem Großrechner eine Weiterverarbeitung ermöglicht. IPAC hat seine Stärken in der datenbankorientierten Massenverarbeitung, der Abarbeitung vordefinierter Standardabläufe und den detaillierten Zugriffsschutzmechanismen.

Schon heute werden diese Möglichkeiten ideal ergänzt durch den Direktzugriff aus einer PC-Tabellenkalkulation heraus auf die IPAC-Datenbank. Hierdurch sind flexible Analysen und beliebig gestaltbare Outputs möglich. Mittelfristig wird hier angestrebt, die Server-Funktion des Großrechners durch entsprechende Funktionen von LAN-Servern zu ersetzen.

IV-Controlling ist Teil der operativen Verantwortung im Profit-Center. Insofern begnügt sich das Konzern-IV-Controlling mit einer gesamthaften Darstellung der Entwicklung von IV-Aufwendungen und -Investitionen, um so strategische Leitlinien für den IV-Einsatz zu definieren und – wo erforderlich – Synergiepotentiale oder Schwachstellen aufzudecken, die dann von den betroffenen Profit-Centern selbst zu realisieren bzw. zu beheben sind.

6.3 Produktionscontrolling bei der Krupp Hoesch Stahl AG Dortmund durch ein Informationssystem der Logistik

von Ernst Sander

6.3.1 Vorbemerkung

Ausgehend von den enormen Anlagen- und Betreibungskosten in der Stahlindustrie dominierte über viele Jahre ausschließlich das 'Tonnendenken'. Die komplexen Produktionsabläufe (thermodynamische Prozesse) wurden mit den beginnenden Möglichkeiten der modernen Datenverarbeitung früh ein anspruchsvolles Anwendungsfeld für die neuen Techniken. Zunächst standen im Vordergrund die Ziele Leistungssteigerung, Erhöhung des Ausbringens, Energieeinsparung. Die Veränderungen der Stahlmärkte weltweit und damit der Kundenwünsche erforderten dann zusätzliche Ausrichtungen auf logistische Faktoren wie Lieferpünktlichkeit, Liefervollständigkeit und Lieferschnelligkeit. Somit gewannen seit den 80er Jahren verstärkt Systeme für Informationsflüsse auch in der 'Fließfertigung' an Bedeutung (Vorreiter war die 'Stückfertigung') und schafften die Voraussetzung für eine schnelle und reproduzierbare Ausrichtung der Produktionsanlagen auf die Marktanforderungen.

6.3.2 Zur Krupp Hoesch Stahl AG

Die Krupp Hoesch Stahl AG ist eine eigenverantwortliche Unternehmenssparte unter dem Dach der Konzernholding der Fried. Krupp AG Hoesch Krupp. Der Konzern entstand Ende 1992 durch die Verschmelzung der Hoesch AG und der Fried. Krupp AG. Neben der Sparte Stahl sind weitere fünf eigenverantwortliche Unternehmenssparten unter der Konzernholding zusammengefaßt: Maschinenbau, Anlagenbau, Automobile, Verarbeitung und Handel. Der Außenumsatz beträgt rd. 23 Mrd. DM. Beschäftigt werden weltweit mehr als 90.000 Mitarbeiter.

Auf die Sparte Stahl entfällt ein Anteil von rd. 30% am Gesamtumsatz der Krupp/Hoesch-Gruppe. Im Rahmen von Umstrukturierungsmaßnahmen wurde sowohl bei Krupp Stahl als auch bei Hoesch Stahl in den zurückliegenden Jahren modernisiert und die Produktprogramme gestrafft. Der Gesamtumsatz wird gut 7 Mrd. DM betragen, beschäftigt werden rd. 28.000 Mitarbeiter.

Die Krupp Hoesch Stahl AG versteht sich als Spezialanbieter von Stahlerzeugnissen. Weit über die Stahlherstellung hinaus ist die Krupp Hoesch Stahl AG Werkstoffspezialist, Stahlverarbeiter und Marktpartner mit umfassenden Serviceleistungen. Vor dem Hintergrund ernster Schwierigkeiten beim Stahl erfolgten aktuell Neuordnungen und Konzentrationen mit dem Ziel der Vollauslastung der gesamten Produktionskette.

6.3.3 Abgrenzung

Controlling im klassischen und weitesten Sinne wird an den verschiedensten Stellen des Unternehmens je nach Notwendigkeit betrieben. So gibt es innerhalb der Vorstandsbereiche, die dem Gesamtunternehmen aus sieben Geschäftsbereichen vorstehen, einen eigenen Vorstandsbereich 'Finanzen/Controlling' für Betriebswirtschaft, Rechnungswesen, Datenverarbeitung und Organisation sowie Einkauf. Hier werden entsprechende Systeme eingesetzt; u.a. befinden sich SAP-Module im Einsatz und in der Implementierung.

Aus dem bedeutenden Umfang der Systeme der Krupp Hoesch Stahl AG Dortmund mit Schwerpunkt Auftragsabwicklung entsprechend Marktanforderungen wird im Rahmen dieser Darstellung das Produktionscontrolling-System LOGIS behandelt. Verantwortlich für Entwicklung, Erstellung und Funktion ist die Zentralabteilung Logistik Produktionscontrolling V LOC, zugeordnet dem Vorstandsvorsitzenden der Krupp Hoesch Stahl AG.

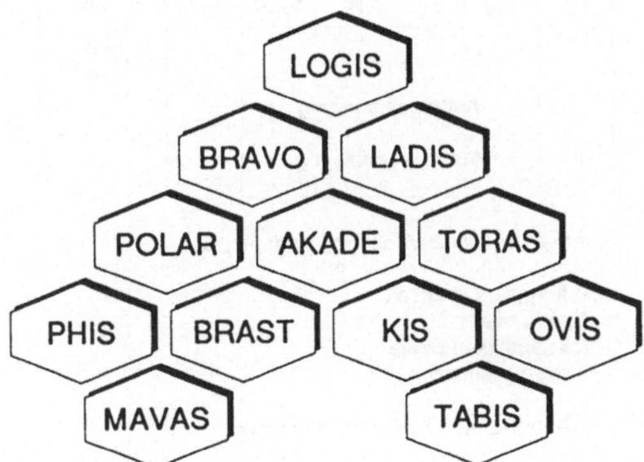

Abb. 6/9: Logistikbausteine der Krupp Hoesch Stahl AG/Dortmund

Abbildung 6/9 zeigt die Struktur der Auftragsabwicklungssysteme der Krupp Hoesch Stahl AG Dortmund. Hier werden sowohl die betriebsnahen Durchsetzungssysteme als auch die logistischen Informationssysteme zusammengefaßt. Dem System LOGIS fällt hier die Aufgabe zu, über das Erreichen der gesetzten Ziele automatisch zu berichten. Die Ergebnisdarstellung erfolgt unabhängig von den einzelnen Funktionsmodulen überbetrieblich, einheitlich und neutral.

6.3.4 Beschreibung des Informationssystems LOGIS

6.3.4.1 Zielsetzung

Die Krupp Hoesch Stahl AG hat sich die Aufgabe gestellt, die Serviceleistungen gegenüber den Kunden zu verbessern. Als Voraussetzung dazu sind Servicekennzahlen zu bestimmen und zu messen.

Für die Auftragsplanung und -steuerung notwendige Parameter im Sinne von Soll-Daten werden von den Betrieben gemeldet bzw. mit ihnen abgestimmt. Die Messungen/statistische Auswertungen der Ist-Daten (Soll-/Ist-Vergleich, Abweichungen) sind Aufgaben des logistischen Controlling. Es ist ein Instrumentarium zu schaffen, mit dem das bestehende, tonnagemäßig orientierte Berichtswesen um Kennzahlen ergänzt wird, mit denen die Erfüllung der Zielsetzung permanent beobachtet werden kann. Alle Ergebnisse sollen den Zentralabteilungen und Geschäftsbereichen aktuell zur Verfügung stehen; Abfragemöglichkeiten je nach Verwendungszweck sind vorzusehen (vgl. Abbildung 6/10).

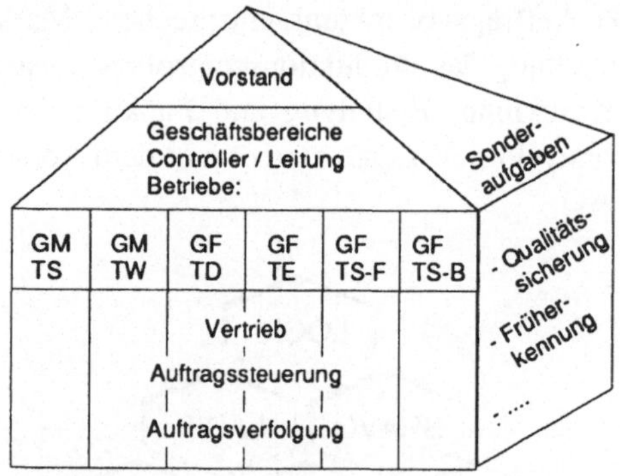

Abb. 6/10: Aufbau des LOGIS-Systems

Die Realisierung konzentriert sich auf die Betriebe mit den höchsten Anforderungen bezüglich der Auftragssteuerung: sechs Betriebe vom Stahlwerk bis zur Oberflächenveredelung (vgl. Abbildung 6/11).

Servicekenngrößen aus Kundensicht

Auftragsdurchlaufzeit
Pünktlichkeit
Vollständigkeit
Fertigungssituation

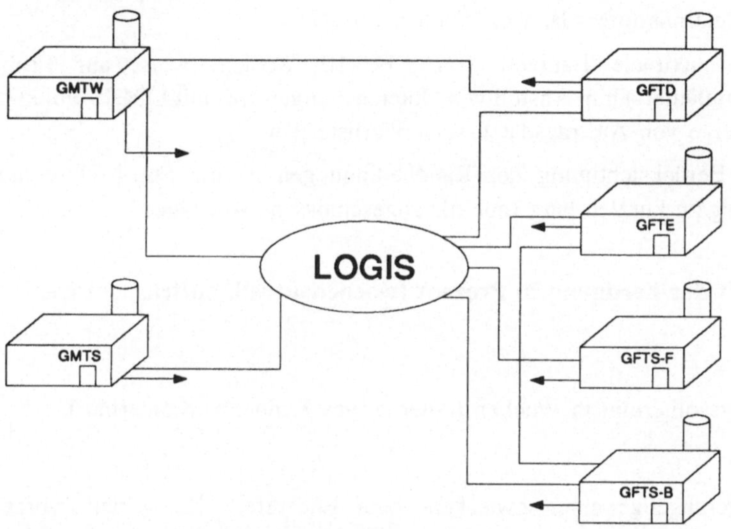

GM TS	Stahlwerk, Stranggießanlagen Dortmund
GM TW	Warmbreitbandwalzwerk Dortmund
GF TD	Beize, Kaltbandstraße, Glühen Dortmund
GF TE	Elektrolytische Veredelungsanlagen Dortmund
GF TS-F	Feuerveredelungsanlagen Eichen und Ferndorf
GF TS-B	Organische Beschichtungsanlagen Eichen und Ferndorf

Abb. 6/11: Verkettungsstruktur der Betriebe mit den höchsten Auftragssteuerungsanforderungen

6.3.4.2 Meßgrößen

Durchlaufzeit in Wochen (wochenaktuell, auftragsbezogen)

Bezug:

Startzeitpunkt ist der Start der Produktion im Stahlwerk oder der erste Anbindezeitpunkt in einem Betrieb.

Alternativen:

- Startzeitpunkte als Vorlauf: Auftragseingang, Warmbandbestellung, Freigabe.

- Endzeitpunkt als Nachlauf: Versandmeldungen.

Messung:

> Bei Fertiglagerzugängen einer Zwischen- oder Endstufe Zeitdifferenz zum
> Starttermin materialbezogen erfaßt, auftragsbezogen zugeordnet.

Typische Aussagen:

- In der Berichtswoche betrugen die Laufzeiten für ein Produkt oder eine
  Produktionsstufe z.B. vier Wochen im Mittel.

- Die maximale Laufzeit von z.B. 10 Wochen weist auf Probleme
  ('Langläufer') hin, Anstoß von Untersuchungen z.B. mit LOGIS-Funktionen:
  Anzeige von Auftragsdaten/Ausreißerliste usw.

- Bei Berücksichtigung der Randbedingungen ist die SOLL-Durchlaufzeit
  richtig/zu kurz/zu lang (nur für abgeschlossene Aufträge).

Pünktlichkeit der Fertigung in Prozent (wochenaktuell, auftragsbezogen)

Bezug:

> Fertigungssolltermin in Wochen (Alternative: Kundenwunschtermin).

Messung:

> Fertiglagerzugänge einer Zwischen- oder Endstufe.   Kategorien 'vorzeitig',
> 'rechtzeitig', 'verspätet' (zeitgerecht = vorzeitig + rechtzeitig).

Typische Aussagen:

- Die für ein Produkt oder eine Produktionsstufe erreichte mittlere
  Pünktlichkeit beträgt in der Woche x z.B. 77% für vorzeitig + recht-
  zeitig (Zeitreihen für Trenddarstellung/Erfahrung).
- Der Anteil an vorzeitiger Fertigung wirkt sich auf die Höhe der Bestände
  aus bzw. auf die zwangsweise Vorfertigung einer Folgestufe.
- Der Anteil an verspäteter Fertigung führt zu entsprechender Verspätung beim
  Kunden bzw. in der Fertigung der Folgestufe (abhängig von der Höhe der
  Bestände und ihrer Struktur).

Vollständigkeit der Fertigung in Prozent (wochenaktuell, auftragsbezogen)

Bezug:

> Sollmenge zum Fertigungssolltermin (Alternative: zum Kundenwunschtermin).

Messung:

> Vollständigkeit der Aufträge an einer Zwischen- oder Endstufe zum jeweiligen
> Solltermin als Verhältnis zwischen bereitgestelltem Gewicht (Fertiglagerzugang)
> und Sollgewicht (die Berücksichtigung von zulässiger Unterlieferung sowie von
> Stornierungen und manuellen Erledigtstellungen ist möglich).

Typische Aussagen:

- Der Anteil der Aufträge mit 100 prozentiger Vollständigkeit für ein Produkt oder eine Produktionsstufe beträgt in der Woche x z.B. 65% (Zeitreihen für Trenddarstellung).
- Der Anteil der entsprechenden Aufträge ohne jegliche Fertigung zum Solltermin beträgt z.B. 20%.
- Die nicht bereitgestellten Mengen führen zu entsprechenden Lieferproblemen, Fertigungsproblemen bei Folgestufen usw. (abhängig von der Höhe und der Struktur der jeweiligen Bestände). Frühwarnung bezüglich Vormaterialsituation ist gegeben.

Fertigungssituation (Vorgriff/Rückstand), (wochenaktuell, auftragsbezogen)

Bezug:

Sollmenge zum Fertigungssolltermin (Alternative: zum Kundenwunschtermin).

Messung:

Vollständigkeit der Aufträge an einer Zwischen- oder Endstufe in der Berichtswoche als Verhältnis zwischen gefertigtem Gewicht (Fertiglagerzugang) und Sollgewicht (die Berücksichtigung von zulässiger Unterlieferung sowie von Stornierungen und manuellen Erledigtstellungen ist möglich).

Typische Aussagen:

- Die aktuelle Vollständigkeit für ein Produkt oder eine Produktionsstufe beträgt z.B. zwei Wochen nach Solltermin zur Zeit 85% (Darstellung über 13 Soll-Wochen, davon drei Wochen in die Zukunft gerichtet).
- Die kumulierte 'offene Menge' beträgt zur Zeit als Beispiel 6.400 t (Rückstand). Die Lieferfähigkeit gegenüber dem Kunden oder die Fertigung der Folgestufe ist entsprechend betroffen (je nach Struktur und Höhe der Bestände).
- Die bereits gefertigte Menge für zukünftige Solltermine beträgt z.Z. als Beispiel 10.800 t (Vorgriff). Die Vorgriffe belegen Anlagenkapazität und erhöhen ungeplant die Bestände.

6.3.4.3 Grundfunktionen

Zur Erfassung der Basisdaten wurde soweit wie möglich auf vorhandene Datensysteme und deren Inhalte zurückgegriffen. Hier kam der Implementierung zugute, daß die Produktion der Krupp Hoesch Stahl AG bereits durch einen hohen Automatisierungsgrad gekennzeichnet war, als die neuen Aufgaben formuliert wurden. Neben den prozeßnahen Steuerungseinrichtungen waren auch bereits umfangreiche operative Informations- und Steuerungssysteme realisiert ('PHIS' – Phoenix-Informations-System, 'BRAST' – Breitband-Auftragssteuerungs-System, 'KIS' – Kaltwalzwerks-Informations-System, 'OVIS' – Oberflächenveredelungs-Informations-System). Als nachteilig stellten sich die historisch bedingten Unterschiede in den Definitionen und Strukturen heraus. Allen Systemen war jedoch gemeinsam, daß sie direkt oder indirekt mit einer zentralen Datenverarbeitung kommunizieren oder dort direkt integriert sind.

Die für die Ermittlung der Kenngrößen relevanten Basisdaten sowie notwendige begleitende Informationen werden aus den operativen Datentabellen im wöchentlichen Raster übernommen und in einer neuen DB2-Datenbank zusammengefaßt. Bei Aufbau und Pflege dieses Datenbestandes wird sichergestellt, daß auftragsbezogene Daten und Produktdifferenzierungen produktionsstufenübergreifend verfolgt werden können. So wird losgelöst von den unterschiedlichsten betrieblichen Lösungen eine 'Logistikkette' datentechnisch aufgebaut und mit normierten Begriffen beschrieben. Die LOGIS-Datenhaltung ist auf einem Zentralrechner (HOST) realisiert.

Da für die Darstellung der Ergebnisse des Monitoringsystems keine Standardsoftware angeboten wurde, mußten Anforderungen und Realisierungsmöglichkeiten neu definiert werden. Zur Überprüfung der vorhandenen Datenbasis in den operativen Datensystemen und zur Entwicklung von Visualisierungsmöglichkeiten der Ergebnisse wurde mit einem Prototyp gestartet. Hierbei zeigte sich, daß u.a. einerseits zum Erreichen der notwendigen Akzeptanz bei den weitgefächerten Zielgruppen eine flexible Aufbereitung der Ergebnisse und andererseits durch betriebliche und strategische Anpassungen eine hohe Flexibilität für die Verknüpfung der Daten notwendig sind. Es wurde entschieden, daß die datentechnische Realisierung mit einer Technik durchgeführt werden sollte, die Anpassungs-, Änderungs- und Fehlersucharbeiten auch durch die Fachabteilung zuließ und bei der Realisierung das Know-how der Fachabteilung effektiv einfließen ließ. Da gleichzeitig für die Visualisierung der Ergebnisse graphische Darstellungselemente als unbedingt notwendig betrachtet wurden in Verbindung mit einer benutzerfreundlichen Menüführung für die Abfrageformulierungen, fiel die Entscheidung für den Einsatz des Softwarepaketes AS der IBM. Das Gesamtsystem stellt sich demnach jetzt als eine Kombination von COBOL-Programmen für das Füllen der DB2-Datenbank und AS-Programmen für Bedienung und Abfrage zur Ermittlung der Ergebnisse sowie zur Ergebnisausgabe dar (IDV-Komponente, individuelle Datenverarbeitung durch Endanwender).

Der Anwenderzugriff auf die Ergebnisdaten erfolgt über Datenterminals oder/und entsprechend kompatible Personalcomputer, die an den HOST-Rechner angeschlossen sind. Da diese Technik auch für andere Funktionen der Auftragssteuerung bereits im Einsatz war, können so im notwendigen Umkreis von ca. 100 km problemlos alle interessierten Anwender versorgt werden (vgl. Abbildung 6/12). Zur Zeit sind mehr als 50 Anwender aus unterschiedlichsten Abteilungen zu LOGIS zugelassen.

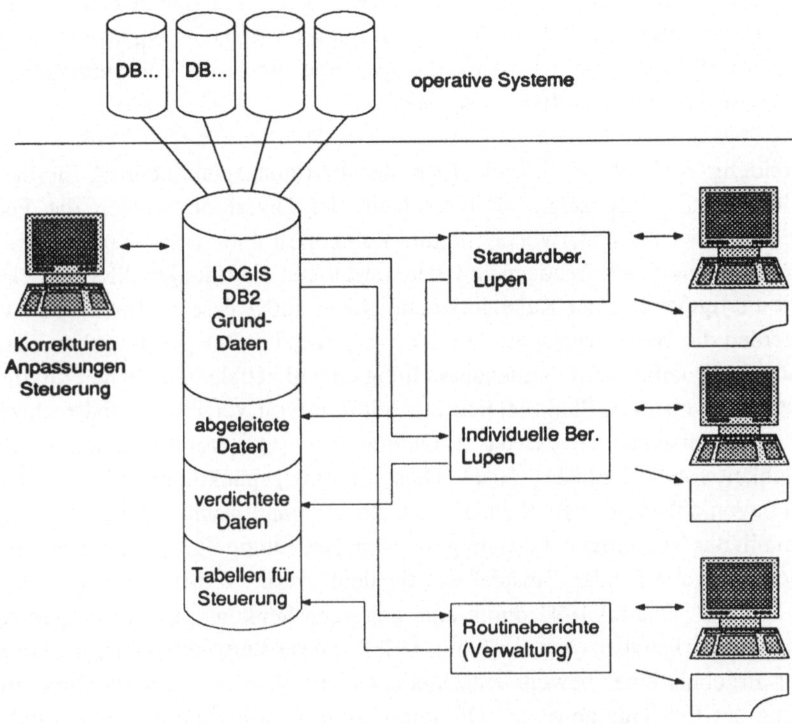

Abb. 6/12: LOGIS-Struktur

6.3.4.4 Ergebnisse

6.3.4.4.1 Beschreibung

Die Ergebnisse werden in Form von Graphiken und Listenberichten bereitgestellt. Über eine benutzerfreundliche Menüansteuerung (Auswahlen, Fenstertechnik, Mausbedienung) erfolgt die Formulierung der gewünschten Abfragen sowohl für individuelle Berichterstellungen als auch für Routineberichte. Durch die Anwahl sind sowohl hohe Raffungen für globale Aussagen als auch Fokussierungen auf sehr schmale Anwendungsbereiche möglich. Für die Menüführung sind die möglichen Differenzierungen und ihre Ausprägungen vorformuliert, so daß sie mit Langtexten in Fenstertechnik angeboten und entsprechend ausgewählt werden können. Im folgenden werden zwei Beispiele der Graphikberichte beschrieben.

Ein Graphikbericht setzt sich aus mehreren Elementen zusammen. Für die Kenngrößen Auftragsdurchlaufzeit, Pünktlichkeit und Vollständigkeit kann neben der Zeitreihe für die letzten aktuellen 13 Kalenderwochen eine Säulendarstellung für die Mittelwerte des aktuell laufenden und der vier abgeschlossenen Quartale davor angefordert werden (vgl. Abbildung 6/13). Somit sind Aussagen sowohl über die kurzfristige Entwicklung als auch über die längerfristigen Trends möglich. Jeder

Graphikbericht wird vervollständigt durch eine Tabelle. Die Tabelle enthält einerseits alle Zahlenwerte für den Aufbau der Graphik und andererseits ergänzende Angaben über die jeweils zugrundeliegenden Tonnagen und die in die Auswertungen eingeflossenen Anzahlen der Auftragspositionen.

In Abbildung 6/13 ist die Entwicklung der Fertigungspünktlichkeit für das ausgewählte Produkt aufgezeigt. Entsprechend der Definition werden die Fertiglagerzugänge einer Kalenderwoche in die Kategorien 'vorzeitig', 'rechtzeitig' und 'verspätet' eingeordnet, bezogen auf den jeweiligen Fertigungssolltermin. Hierfür wird die Fertigmenge einer Kalenderwoche gleich 100% gesetzt. Im Koordinatensystem werden die Werte 'gestapelt'. In dem vorliegenden Beispiel ist anhand der Entwicklung der Quartalswerte/Säulendarstellung eine gleichbleibend hohe Pünktlichkeit zu erkennen, wobei die Pünktlichkeit als Addition von vorzeitiger und rechtzeitiger Fertigung zu verstehen ist. Für das 2. Quartal 1993 (Q2) ergibt sich somit z.B. eine Pünktlichkeit von 80% (20% + 60%). Diese Fertigungspünktlichkeit ist entscheidend für den davon abhängigen Endkunden oder die eventuell nächste Verarbeitungsstufe. Der Anteil der vorzeitigen Fertigung ist von Bedeutung für die Entwicklung der Bestände. Im vorliegenden Beispiel ist sehr deutlich die Verbesserung vom 3. Quartal 1992 zum 4. Quartal 1992 durch eine deutliche Senkung des vorzeitigen Anteils der Fertigung erkennbar (von 35% auf 18%). Diese Entwicklung ist im konkreten Fall das Ergebnis einer bewußt entschiedenen und gesteuerten Maßnahme zur Reduzierung der Bestände gewesen. Die kurzfristige Entwicklung in der Zeitreihe von der 17. bis zur 29. Woche weist die Schwankungen der Fertigungspünktlichkeiten in Abhängigkeit von betrieblichen Ereignissen aus. Hier wirken sich z.B. auch Verpackungsengpässe an Wochenenden, temporäre Vormaterialausfälle mit dem Zwang zum Durchsatz von bereitliegendem vorzeitigen Material usw. aus. Im Mittel gesehen liegt im vorliegenden Beispiel eine zufriedenstellende Fertigungspünktlichkeit vor.

In Abbildung 6/14 ist die Auftragsvollständigkeit mit der Konsequenz der Vorgriffe und Rückstände bezogen auf die jeweiligen Solltermine dargestellt. Aus der aktuellen Sicht des Abfragezeitpunktes (hier Ist-Zustand in Kalenderwoche 29/1993) werden die in die Auswertung eingeflossenen Auftragspositionen auf ihre Vollständigkeiten untersucht und über ihre jeweiligen Sollwochen in einem Säulendiagramm dargestellt. Aus der Sicht des Abfragezeitpunktes werden die letzten zehn Sollwochen sowie die nächsten zukünftigen drei Sollwochen dargestellt. Neben der plakativen Darstellung in Säulen sind auch hier ergänzende Angaben aus der zugehörigen Tabelle abzulesen.

Für die Darstellung werden die Sollgewichte (Pos. Gew.) einer Kalenderwoche gleich 100% gesetzt. Für den gewichteten Mittelwert der Vollständigkeit werden Übererfüllungen einzelner Auftragspositionen in diesem Fall berücksichtigt. So entstehen für länger zurückliegende Sollwochen die mit den Kunden abgestimmten Übererfüllungen von 2 bis 3% (102 bis 103%). Für die Ermittlung der 'offenen Mengen' werden die jeweiligen exakten Sollgewichte verwendet. Alle 'offenen Mengen'

KRUPP HOESCH STAHL
L O G I S / Dortmund

Pünktlichkeit

Solltermin: FST

Betrieb:

26 Jul 93   08:42:07
Benutzer   :   B08167
Protokoll   :

Differenzierung: 1.   2.   3.

Steuerung: 1. PÜ bez. Solltermin von: - 2   2. PÜ bez. Solltermin bis: 1

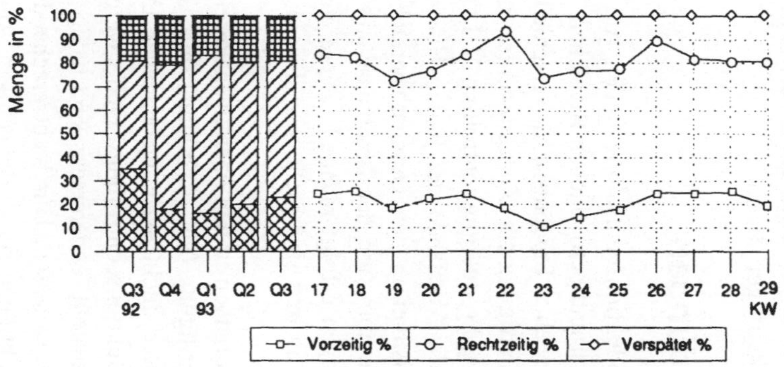

		Q3	Q4	Q1	Q2	Q3	KW17	KW18	KW19	KW20	KW21	KW22	KW23	KW24	KW25	KW26	KW27	KW28	KW29
Verspätet	%	19	21	17	20	19	16	17	27	23	17	7	26	23	24	9	18	19	19
Rechtzeitig	%	46	61	67	60	59	60	58	54	55	59	76	63	63	59	66	58	55	62
Vorzeitig	%	35	18	16	20	23	24	25	19	22	24	18	10	14	17	24	24	26	19
Fertigmenge	tT	137.6	114.1	144.1	121.5	24.1	10.4	11.0	8.9	9.3	12.0	8.7	11.4	11.1	11.1	10.7	8.5	6.6	9.0
Anz. Positionen		3764	2904	3559	3158	637	273	293	266	271	267	192	274	288	319	251	230	178	229

Abb. 6/13: Entwicklung der Fertigungspünktlichkeit

– einschließlich der für die aktuelle Kalenderwoche – ergeben in ihrer Addition die 'Rückstände'. Demgegenüber ergibt die Addition der bereits vorliegenden 'gefertigten Gewichte' für zukünftige Sollwochen die 'Vorgriffe'. Im vorliegenden Beispiel ist ein Rückstand von 13.800 t aus der Sicht der abgeschlossenen 29. KW festzustellen. Anhand der Wochenzuordnungen (offen) ist abzulesen, wie sich diese Gesamtmenge auf die einzelnen Wochen verteilt. Der größte Anteil der Rückstände bezieht sich im vorliegenden Beispiel auf die aktuelle Woche (29. KW) und die davorliegende Woche mit 4.300 bzw. 4.200 t. Die Vorgriffe sind ebenfalls den jeweiligen (zukünftigen) Wochen zugeordnet. Im vorliegenden Beispiel wurden bereits für Aufträge mit dem Solltermin 30. KW 4.200 t gefertigt. Angestrebt wird für die Servicekenngröße Auftragsvollständigkeit eine möglichst hohe Erfüllung der Sollgewichte bis einschließlich der aktuellen Kalenderwoche und eine möglichst geringe Vorfertigung für die zukünftigen Wochen.

6.3.4.4.2 Anwendungen

Die Ergebnisse des Produktionscontrolling finden Anwendung in den unterschiedlichsten organisatorischen und betrieblichen Bereichen. Für die strategische Berücksichtigung werden ausgewählte Ergebnisse für verschiedene Ausprägungen (z.B. Serviceaussagen über die Fertigung für Konzernwerke, für bestimmte Marktsegmente usw.) von der Abteilung Produktionscontrolling V LOC aufbereitet und kommentiert. Adressaten sind die Vorstände der Krupp Hoesch Stahl AG, die Leiter der Geschäftsbereiche, Logistiker in den Geschäftsbereichen und den tangierten Zentralabteilungen. Die Kombination der Ergebnisse mit anderen Informationen und strategischen Ausrichtungen erfolgt manuell. Diese Verfahrensschritte hängen von weiteren Einflußgrößen ab und sind nicht formalisierbar.

Für die Erfüllung der Aufgaben in den operativen Bereichen stehen die unterschiedlichsten Systeme zur Verfügung (vgl. Abbildung 6/9). Darüber hinaus ist auch hier die Einbeziehung weiterer, nicht systemgebundener Informationen unumgänglich. Die Ergebnisse des Produktionscontrolling LOGIS werden einerseits in festgelegten Routineberichten bereitgestellt, andererseits sind mehr als 50 Mitarbeiter für eigene Abfrageformulierungen zugelassen. Durch entsprechende Parametersteuerung für die Abfragen sind Lupenfunktionen für die jeweiligen Anwendungsbereiche steuerbar. Zur Aufdeckung der Problemfälle ist ein stufenweises Vorgehen über die Funktionskomponenten bis zur Auflistung weniger Problemfälle vorgefertigt (Rasterfahndung). Für bestimmte betriebliche Übergabestellen von Vormaterial sind in internen Vereinbarungen Zielwerte für Auftragspünktlichkeit und Auftragsvollständigkeit formuliert, die durch regelmäßige Berichterstattung verfolgt werden. Darüber hinaus sind die Beurteilung der Ergebnisse und die Definition der Zielwerte stark abhängig von den jeweiligen Beständen an Vor- und Fertigmaterial, den jeweiligen Marktanforderungen usw. und damit den strategischen Ausrichtungen. Die Umsetzung der Informationen erfolgt innerhalb der Abteilungen und in entsprechenden Sitzungen der Steuergremien.

KRUPP HOESCH STAHL
L O G I S / Dortmund

Vorgriffe / Rückstände

Istzustand in Kalenderwoche 29 / 93
Betrieb:

26 Jul 93   08:37:31
Benutzer   :   B08167
Protokoll   :

Differenzierung: 1.   2.   3.
                        4.   5.

Steuerung: 1. Keine

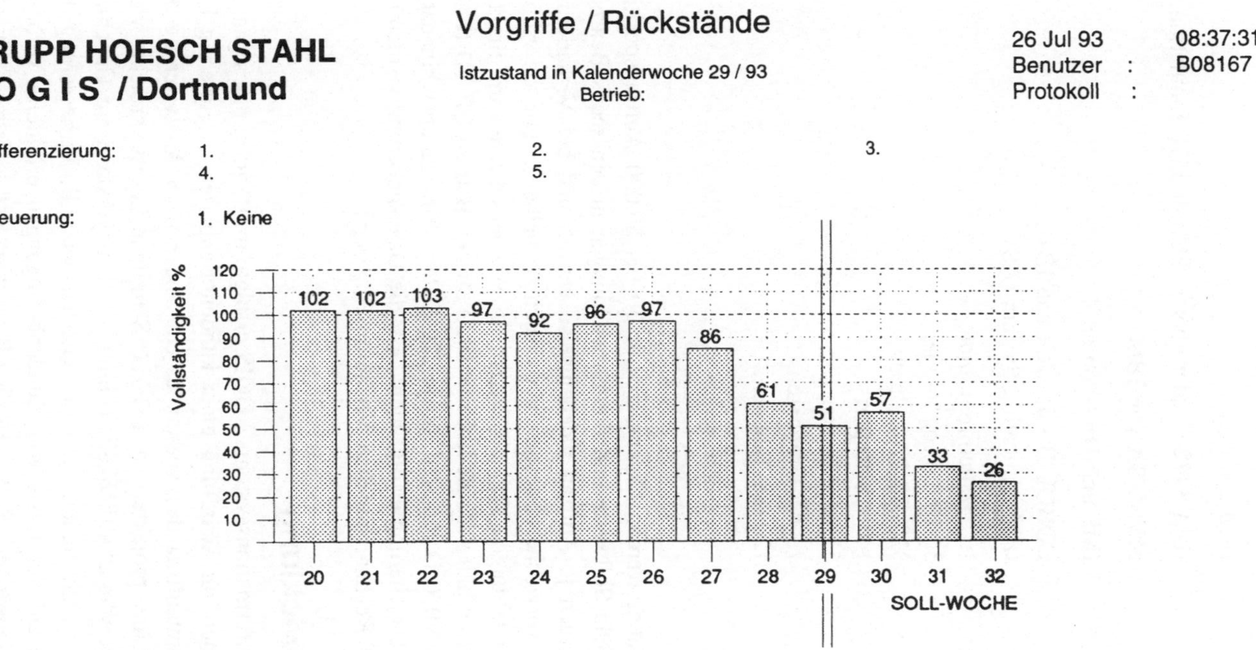

		KW20	KW21	KW22	KW23	KW24	KW25	KW26	KW27	KW28	KW29	KW30	KW31	KW32
Pos. Gew	tT	5.4	14.9	7.2	13.0	12.0	11.4	9.3	11.8	10.4	8.6	7.4	8.6	7.3
Gefert. Gew	tT	5.5	15.1	7.3	12.6	11.1	10.9	8.9	10.1	6.3	4.4	4.2	2.8	1.9
Offen	tT	0.1	0.2		0.5	0.9	0.7	0.7	2.0	4.2	4.3	3.3	5.8	5.4
Offen kum.	tT	0.1	0.3	0.3	0.9	1.7	2.4	3.2	5.2	9.4	13.8	17.1	22.9	28.3
Vollst. MW. gew		102	102	103	97	92	96	97	86	61	51	57	33	26
Anz. Positionen		93	208	121	130	139	148	135	144	121	74	107	96	92

Gewichte auf 100T gerundet

Abb. 6/14: Auftragsvollständigkeit in Bezug auf die jeweiligen Solltermine

6.3.4.5 DV-technische Daten

Hardware:	IBM ES/9021.
Bedienstationen:	IBM 3472-G oder entspr. PC mit 3270-Emulation.
Betriebssystem:	MVS/ESA von IBM.
Datenbanken:	IMS und DB2 von IBM.
Sprachen:	COBOL II mit SAA von IBM, IBM Aplication System (AS).
Programme für LOGIS:	107 Hauptprogramme, 35 Unterprogramme, 320 AS-Prozeduren, 147 AS-Reports, 53 AS-Masken, 73 AS-Graphiken, 120 AS-Tabellen.

Datenumfang:

Im LOGIS-System werden Datensätze für 30 bis 50.000 Auftragspositionen gepflegt. Die Sollwerte und die Entwicklungen in den sechs Bearbeitungsstufen werden je Auftrag wochenweise geprüft und bei Veränderung gegenüber der Vorwoche abgespeichert (Wochenscheiben). Für die Abfragen/Ergebnisdarstellungen sind die letzten 65 Wochenscheiben im direkten Zugriff. Hierfür enthält z.B. die Tabelle T320 für den Betrieb GF TD (Kaltwalzwerk 2) 276.000 Datensätze mit je 220 Daten. Eine darüber hinausgehende Langzeitspeicherung erfolgt nicht. Für die Datensicherung werden die für IBM-HOST-Rechner üblichen Verfahren eingesetzt.

6.3.5 Projektabwicklung

Die Realisierung des Informationssystems LOGIS erfolgte im Rahmen eines ganzen Bündels von Maßnahmen zur Schaffung einer kundenorientierten, integrierten Logistik. Aus dem Gesamtauftrag des Vorstandes entstanden nach Analysierung der Ist-Situation mehrere Einzelprojekte, u.a. LOGIS. Sämtliche Logistikprojekte wurden mit entsprechenden Wirtschaftlichkeitsrechnungen dem Vorstand zur Genehmigung vorgelegt. Für die nicht quantifizierbaren Größen, wie z.B. Verbesserung des Lieferservices, wurden auf der Basis von Kundenbefragungen ermittelte Verbraucheranforderungen herangezogen. So hatte sich z.B. gezeigt, daß logistisch kritische Kunden für die Lieferantenauswahl Parameter wie Pünktlichkeit, Schnelligkeit und Flexibilität mit sehr hoher Priorität einstufen.

Für die Realisierung wurde entsprechend Hoesch Stahl-Richtlinien nach Formulierung des Anforderungsprofils durch die Fachabteilung nach 'Phasenmodell' verfahren. In Zusammenarbeit mit der Zentralabteilung Organisation und Datenverarbeitung der Krupp Hoesch Stahl AG Dortmund und der Zentralen Datenverarbeitung der Fried. Krupp AG Hoesch-Krupp wurden die einzelnen Projektphasen beschrieben und weitgehend sequenziell abgearbeitet. Die Projektlaufzeit betrug von der Genehmigung der Mittel bis zum Abschluß der Inbetriebnahme zwei Jahre.

Die Realisierung der LOGIS-Funktionen auf IBM-Rechner erfolgte einerseits in bisher üblichen Techniken für die COBOL-Programmierung durch die Zentrale Datenverarbeitung und andererseits unter Einsatz des Softwarepaketes AS/IBM durch die Fachabteilung. Diese gemeinsame Realisierung von Funktionen führte insgesamt zu Vorteilen. So mußten die Anforderungen bezüglich Bedienung und Ergebnisdarstellung nicht erst für die datentechnische Realisierung im Detail festgeschrieben und von Dritten verarbeitet werden, sondern es wurde direkt realisiert, getestet und in Betrieb genommen. Diese Vorgehensweise brachte neben Zeitersparnis auch entsprechende Kostenvorteile.

Mit der Schulung der Mitarbeiter für die Nutzung der LOGIS-Funktionen wurde bereits in der Inbetriebnahmephase begonnen. Ziel war es, für die sechs von LOGIS erfaßten Betriebe in den Geschäftsbereichen genügend eingewiesene Mitarbeiter für die Nutzung der LOGIS-Ergebnisse aufzubauen, unabhängig von der Verwendung in der Zentralabteilung.

Die Rechenleistungen der Zentralen Datenverarbeitung werden je nach Inanspruchnahme den Nutzern der Krupp Hoesch Stahl AG in Rechnung gestellt. Die Betreibungskosten setzen sich aus einem fixen Teil für die Kernkosten und Abfragekosten zusammen. Der fixe Teil beinhaltet den routinemäßigen Aufbau der DB2-Datenbank. Die Abfragekosten entstehen durch Formulierung der Abfrage, Bearbeitung der Abfrage und Aufbau der Ergebnisse je nach Inanspruchnahme durch die einzelnen Anwender (CPU-Zeit-Verrechnung). Die Kernkosten werden nach einem Schlüssel auf die beteiligten Nutzer umgelegt, die Abfragekosten von Fall zu Fall verbucht. Weitere Kosten für die zentrale Hardware, Systemsoftware und Sprachen entstehen nicht. Die Verantwortung für Funktion und Ergebnisse liegt bei der Fachabteilung, die Wartung wird entsprechend der Realisierung durchgeführt.

6.3.6 Zusammenfassung

Im Zuge der veränderten Markt- und Verbraucheranforderungen entschied die Krupp Hoesch Stahl AG, daß nach der Vervollständigung der Durchsetzungssysteme die übergeordneten Planungs- und Steuerungsprinzipien den neuen Erfordernissen anzupassen sind. Im Rahmen eines ganzen Bündels von Maßnahmen (Logistik-Strategie) wurde das logistische Informationssystem LOGIS realisiert. Die Kenntnis der logistischen Leistungsfähigkeit ist Voraussetzung dafür, daß Planungs- und Steuerungsmaßnahmen auf die Verbesserung ausgerichtet werden können. Es wurden die Servicekenngrößen Auftragspünktlichkeit, Vollständigkeit, Durchlaufzeit und die Vorgriff-/ Rückstandssituation definiert und die Voraussetzungen für eine permanente Messung geschaffen. Die Berichterstattung über die Kenngrößen als Ergänzung zu dem tonnagemäßigen Berichtswesen stellt einen bedeutenden Informationsgewinn für entsprechende Entscheidungen dar. Mit Hilfe der neuen Sichten werden Zusammenhänge in der 'Produktionskette' aufgezeigt und sowohl die Leistungsfähigkeit gegenüber den Kunden als auch zwischen den einzelnen Fertigungsstufen transparent dargestellt. Insbesondere die Automobilindustrie fordert in immer stärkerem Maße objektive Methoden bei den Lieferanten zur Einhaltung der zugesagten Leistungen, wozu Pünktlichkeit und Vollständigkeit zu zugesagten Terminen gehören.

Bisherige Aktivitäten zur Überprüfung der Einhaltung der Lieferzusagen waren z.B. Berichte der Konzernrevision. Die Untersuchungen und Ergebnisbereitstellungen erfolgten im Abstand von ein bis zwei Jahren für ausgewählte Produkte verfahrens- und aufwandsbedingt. Das Monitoringsystem LOGIS liefert permanent Hinweise zur Zusageneinhaltung über wesentliche Teile der Produktionskette mit Meßgrößen, die zu Ursachenfindungen und Problemanalysen und nach Maßnahmendurchführung herangezogen werden.

Das Informationssystem LOGIS zeichnet sich aus durch einfache und trotzdem flexible Handhabung, schnelle und vollautomatische Graphik, wochenaktuelle, zuverlässige Datenbasis, Fokussierungen auf wesentliche Zielkriterien und einheitliche Methoden für die Produktionskette vom Auftragseingangsdatum bis zum Versanddatum.

6.4 Informationssysteme bei der VARTA Batterie AG

von Fritz Dürkop

6.4.1 Unternehmensbild der VARTA Batterie AG

6.4.1.1 Branche/Weltmarkt

Der Firmenname verdeutlicht, die VARTA ist im Batteriegeschäft tätig. Das weltweite Marktvolumen (ohne Ostblock und China) zu Fabrikabgabepreisen erreicht rd. 32 Mrd. DM. Der Weltmarkt ist eher stagnierend als wachsend. Dies deutet – bei flüchtiger Betrachtung – auf eine nicht sehr 'dynamische' Branche. Dennoch herrscht in diesem Markt viel Leben: Innovationen – sprich neue elektrochemische Systeme –, der Trend zu umweltverträglicheren Produkten, neue Anwendungen, Miniaturisierung der Produkte, Verlagerungen in andere Märkte, dazu neue Eigentümer mit anderen strategischen Konzepten. Diese Trends frühzeitig zu erkennen, abzuschätzen, Strategien zu entwickeln und als einer der ersten im Markt umzusetzen, ist für das Überleben außerordentlich wichtig. In Teilmärkten herrscht Verdrängungswettbewerb, der Trend zu größeren, weltweit tätigen Unternehmen ist unverkennbar.

Der weltweite Batteriemarkt läßt sich in drei Segmente gliedern:

- Industriebatterien (Weltmarktvolumen rd. 5 Mrd. DM) in der wesentlichen Untergliederung:

- Traktionsbatterien, d.h. Antrieb von z.B. Gabelstaplern, Grubenlokomotiven, Golf-cars, Elektro-Autos, Triebwagen, Unterseebooten u.ä.
- Ortsfeste Batterien, d.h. Einsatz in Telefonnetzen, Kraftwerken, Krankenhäusern, Gebäuden u.ä. – im wesentlichen zur Bereitstellung einer konstanten Energie oder zur Überbrückung von Stromausfällen.

Als elektrochemische Systeme werden hier im wesentlichen Blei- und Stahlakkumulatoren eingesetzt.

- Autobatterien (Weltmarktvolumen rd. 13 Mrd. DM), diese werden in jeder Art von Fahrzeugen (LKW, PKW, Motorräder, Diesellokomotiven u.ä.) zum Starten von Maschinen verwendet, dienen aber auch als Energiespender bei stehendem Motor (z.B. Standlicht, Alarmanlage, Stützung elektronischer Datenspeicher) oder zur Überbrückung von temporärem Mehrbedarf an elektrischer Energie, die durch die Leistung der Lichtmaschine nicht abgedeckt wird. Eine wesentliche Marktuntergliederung besteht hier in:

- Erstausrüstung, d.h. Erstbestückung eines Fahrzeuges beim Hersteller. Letzterer legt die Spezifikation einer Batterie bezüglich Leistung, Lebensdauer und Qualität im wesentlichen fest.
- Ersatzgeschäft, d.h. Austausch von ausgefallenen Batterien oder Ersatz gegen eine leistungsstärkere.

Als elektrochemisches System wird hier überwiegend der Blei-Akkumulator eingesetzt.

- Gerätebatterien (Weltmarktvolumen rd. 14 Mrd. DM), diese werden überwiegend bei tragbaren Geräten wie Taschenlampen, Radios, Uhren, Hörgeräten, Walkmen, Taschenrechnern, Spielzeug, schnurlosen Werkzeugen, Cordless phones, Datensicherung z.B. bei Fernbedienungen von Fernsehern usw. eingesetzt. Auch hier wird, wie bei Autobatterien, der Markt untergliedert in:

- Erstausrüstung,
- Ersatzgeschäft.

Es werden zahlreiche elektrochemische Systeme eingesetzt, wie z.B. Braunstein-, Alkali-Mangan, Zink-Luft, Silberoxyd, Lithium, Nickel-Cadmium, Nickel-Metall-Hydrid u.ä., jeweils auf den speziellen Einsatz zugeschnittene Systemlösungen.

Generell unterscheidet man nach Primär- und Sekundär-Batterien. Die Primär-Batterien werden im geladenem Zustand verkauft, nachdem die Energie verbraucht ist, werden sie entsorgt und gegen eine neue Batterie ersetzt. Der überwiegende Teil von Gerätebatterien besteht aus Primär-Systemen. Die Sekundär-Batterien sind wiederaufladbar und können je nach Einsatzgebiet eine Lebensdauer von drei bis zu zwanzig Jahren erreichen. Alle Auto- und Industriebatterien sind ebenfalls Sekundär-Batterien.

Im (westlichen) Weltbatteriemarkt dominieren drei Regionen, so vereinigen Nordamerika und Asien jeweils rd. 30% und Europa rd. 28% des Marktvolumens zu Fabrikabgabepreisen auf sich.

6.4.1.2 Unternehmensdaten

Die VARTA Batterie AG hat im Jahr 1988 ihr 100-jähriges Firmenjubiläum gefeiert. Sie rangiert unter den rd. 30 bedeutenden Batterieherstellern in der westlichen Welt – gemessen am Umsatz – auf Rang 4. Davor stehen mit einer weltweiten Präsenz Eveready (USA), Matsushita (Japan) und Duracell (USA). VARTA ist der einzige große Batteriehersteller der Welt, der das gesamte Spektrum der oben beschriebenen Anwendungsgebiete abdeckt. Das ist eine gute Risikostreuung, bedeutet aber auch eine breitere Auslegung der Forschungs- und Entwicklungsaktivitäten.

Die VARTA Batterie AG ist eine 100 prozentige Tochtergesellschaft der VARTA AG (Bad Homburg), der Vorstand besteht in Personalunion. Zur VARTA AG gehört als weitere wesentliche Beteiligung die VARTA-PLASTIC GmbH. Das Autobatteriegeschäft wurde 1992 ausgegliedert und mit den Autobatterieaktivitäten der BOSCH-Gruppe in die VB Autobatterie GmbH eingebracht, an der die VARTA Batterie AG mit 65% beteiligt ist. Die industrielle Führerschaft liegt bei VARTA.

Die VARTA erreicht mit über 50 Tochtergesellschaften einen konsolidierten Weltumsatz von rd. 2,4 Mrd. DM, beschäftigt werden 14.100 Mitarbeiter. Knapp 40% der Drittumsätze werden in Deutschland abgewickelt, die restlichen gut 60% im Ausland mit Schwerpunkt Europa. Gut 20% des Weltumsatzes wird mit Industriebatterien, knapp 39% mit Autobatterien und etwa 36% mit Gerätebatterien erzielt. Neben dem Produktumsatz werden auch komplette Fabriken verkauft sowie Know-how in Form von Lizenzen vergeben.

Die VARTA ist in jedem bedeutenden europäischen Markt mit Produktions- und/oder Vertriebsgesellschaften vertreten. In Übersee gibt es Tochtergesellschaften in Kanada, USA, Mexiko, Kolumbien, Argentinien sowie Singapur einschließlich 4 Vertriebsbüros in Hongkong, Taipeh, Seoul und Tokyo. Dazu haben wir eine wesentliche – aber nicht konsolidierte – Beteiligung am größten brasilianischen Batteriehersteller.

6.4.1.3 Organisation

Die VARTA erhielt im Jahr 1972 eine Spartenorganisation, die von der Beratungsgesellschaft McKinsey eingeführt wurde. Die Organisationsstruktur wurde mehrfach an sachliche und personelle Veränderungen angepaßt. Die VARTA Batterie AG organisiert sich in drei Sparten und spartenübergreifende Gesamt-Unternehmensaufgaben:

Die Sparten lehnen sich an die oben näher beschriebene Weltmarktgliederung an, d.h., wir kennen die Sparten: Industrie- (Sitz: Hagen), Auto- (Sitz: Hannover) und Gerätebatterien (Sitz: Ellwangen). Jede Sparte wird von einer – nach überwiegend funktionalen Gesichtspunkten organisierten – Spartenleitung geführt; dort liegt die weltweite Führung, Steuerung und Ergebnisverantwortung.

Zu den Gesamt-Unternehmensaufgaben gehören die Zentralverwaltung in Hannover sowie das Forschungs- und Entwicklungszentrum in Kelkheim. Die Zentralverwaltung teilt sich in vier Ressorts (Betriebswirtschaft, Finanzwirtschaft, Personal sowie Unternehmensentwicklung/Marktforschung/Organisation/Öffentlichkeitsarbeit). Im Forschungs- und Entwicklungszentrum gibt es zwei Ressorts (Forschung/Entwicklung und Umweltschutz/Technik).

Oberstes operatives Führungsgremium der Aktiengesellschaft ist der siebenköpfige Vorstand. Beim Vorstand liegt die Gewinnverantwortung, er bestimmt die strategische Ausrichtung des Konzerns und den Einsatz von Ressourcen, er genehmigt alle 'zustimmungsbedürftigen Geschäfte' insbesondere Planungen, Investitionen, Personalentscheidungen im Führungsbereich etc.

Im – dem Finanzvorstand unterstehenden – Ressort Betriebswirtschaft ist auch die Hauptabteilung 'Zentrales Controlling und Managementinformation' angesiedelt.

6.4.2 Controlling-Konzept der VARTA Batterie AG

6.4.2.1 Werks-, Gesellschafts- und Spartencontrolling

Bis hinunter in die kleinste operative und damit ergebnisverantwortliche Einheit ist die Controlling-Funktion bei der VARTA verankert. Je nach Größe der operativen Einheit wird diese Funktion vom Rechnungswesen oder von einer separaten Controlling-Abteilung wahrgenommen. In den Werken und Gesellschaften steht das Tagesgeschäft sprich Kalkulation (Deckungsbeitragsrechnung bis hinunter zu jeder Verkaufsbestellnummer), Produktion und Logistik, Vertriebscontrolling, Kontrolle von Vorräten, Forderungen, Fixkosten, Investitionen usw. im Vordergrund. Soweit auf dieser Ebene Daten regeneriert werden, die für weitere Konsolidierungen benötigt werden, so sind hierfür verbindliche Definitionen festgelegt und Berichtsformulare vorgeschrieben.

Werden unter dem Dach einer Gesellschaft die Geschäfte für mehrere Sparten abgewickelt, so stellt jede Sparte eine operative Einheit dar. Es gilt der Grundsatz, die Summe der operativen Einheiten muß die Zahlen der Gesellschaft ergeben, d.h. alle Umsätze, Kosten, Bilanzpositionen müssen den in der Gesellschaft vertretenen Sparten zugeordnet werden (in Grenzfällen durch Schlüsselung).

Die Summe der operativen Einheiten einer Sparte ergeben in konsolidierter Form die Spartenzahlen. Das Spartencontrolling befaßt sich vornehmlich mit Plan-Ist-Vergleichen, Sonderanalysen, Ergebnisverbesserungsprogrammen, Verrechnungspreisen, der Umsetzung von strategischen Zielsetzungen, Planungs- und Ergebnisoptimierungen etc.

6.4.2.2 Zentrales Controlling

Das Zentrale Controlling der VARTA ist in seiner heutigen Ausrichtung stark finanz-wirtschaftlich geprägt. Hier werden alle Voraussetzungen erarbeitet und festgelegt, die für ein ordnungsgemäßes Planungs- und Berichtswesen notwendig sind, wie z.B. Definitionen, Formulare, Terminpläne, Prämissen.

Das Zentrale Controlling sieht seine Aufgabe darin, vorwiegend dem Vorstand ein zeitnahes, betriebswirtschaftlich zutreffendes Bild über die Entwicklung unseres Un-ternehmens bis hinunter zur kleinsten operativen Einheit zu geben. Zusätzlich verstehen wir uns als dienstleistende Abteilung, die allen Führungsebenen die gewünschten Informationen in kürzester Zeit zur Verfügung stellt, Fehlentwicklun-gen und ihre möglichen Ursachen frühzeitig aufzeigt sowie in allen – nicht nur spartenübergreifenden – betriebswirtschaftlichen Fragen berät ('Schiedsrichterfunk-tion').

Zunehmend wird das Zentrale Controlling in Projektteams der Sparten eingebunden, um so von Beginn an das Erfahrungspotential aus vergleichbaren oder ähnlichen Vorhaben zu nutzen.

Eine wesentliche Aufgabe liegt in der Verfolgung der Investitionsbudgets, der for-malen und wirtschaftlichen Überprüfung von Großprojekten. Generell haben wir uns als Meßlatte für die Wirtschaftlichkeit für die Interne-Zinsfuß-Methode entschieden (die Barwert-Methode wird fallweise gestattet). Die Investitionsprozeduren sind in einer Investitionsrahmenrichtlinie festgelegt, die vom Zentralen Controlling verfaßt und gepflegt wird.

Im 'Tagesgeschäft' überwiegt die Darstellung der Unternehmens- und der Spartener-gebnisse, d.h. konsolidierte Zahlen, die von Fall zu Fall tiefer zu analysieren sind – dann jedoch auf Basis der jeweiligen Landeswährung.

Schließlich haben wir die Institution 'Controller-Meeting', in dem sich einmal pro Jahr alle Controller treffen, um über aktuelle Themen zu referieren und zu diskutie-ren. Dabei wird ein Projekt des Jahres (z.B. Reduzierung der Vorräte) vorgestellt, das beim nächsten Controller-Meeting präsentiert wird. Der Gewinner dieses Wett-bewerbs wird mit dem Controller Award ausgezeichnet.

6.4.2.3 Planungssystem

Das Planungssystem der VARTA ist dreischichtig aufgebaut (vgl. Abbildung 6/15).

'Grundstein' ist die Strategische Planung, die im (ausgedünnten) rechenhaften Teil die Zahlen von zwei abgeschlossenen Geschäftsjahren, ein Voraussichtliches Ist (aktuelle Lagebeurteilung) und darauf aufsattelnd eine Prognose für die nächsten drei Jahre gibt. Insgesamt wird somit eine Entwicklung über sechs Geschäftsjahre dokumentiert.

Varta - Planungssystem

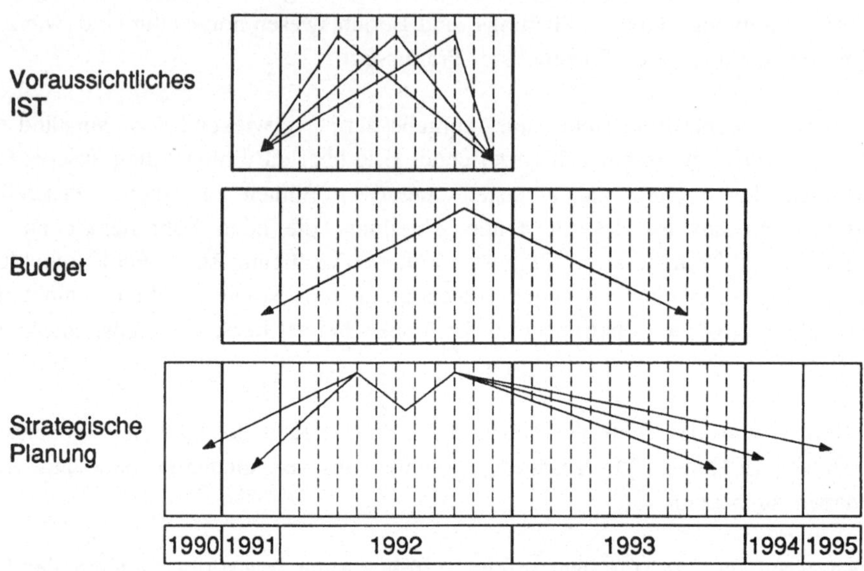

Abb. 6/15: VARTA-Planungssystem

Erheblich detaillierter ist das Budget zu erstellen. Es basiert auf den Vorjahreszahlen, dem aktuellen Voraussichtlichen Ist und der Erwartung für das Budgetjahr.

Schließlich kennen wir das Voraussichtliche Ist, es ist in der Detaillierung des Budgets dreimal im Jahr zu erstellen. Hierunter verstehen wir eine Aktualisierung des Budgets, d.h. eine Hochrechnung für das Restjahr basierend auf der Ist-Entwicklung per Ende März, Juni bzw. September.

6.4.2.4 Informations-/Kontrollsystem

Auch das Informations- und Kontrollsystem der VARTA ist dreistufig aufgebaut und läßt sich in Form einer Berichtspyramide formalisieren (vgl. Abbildung 6/16).

Nach dem Grundsatz 'all business is local' werden alle Grunddaten in Landeswährung auf der Gesellschaftsebene erfaßt und strukturiert an die Zentrale gemeldet. Das Gesellschaftsinformationssystem (GIS) enthält alle Informationen, die für nachgeschaltete Berichte erforderlich sind, dazu stellen die Daten eine gute Basis für eventuell erforderliche Analysen dar. Das Zentrale Controlling erfüllt hier die 'Briefkastenfunktion', es sorgt für die Einhaltung der Abgabetermine, überprüft die Vollständigkeit und Plausibilität der eingegangenen Daten und überführt die Daten in einen abteilungseigenen Kleincomputer.

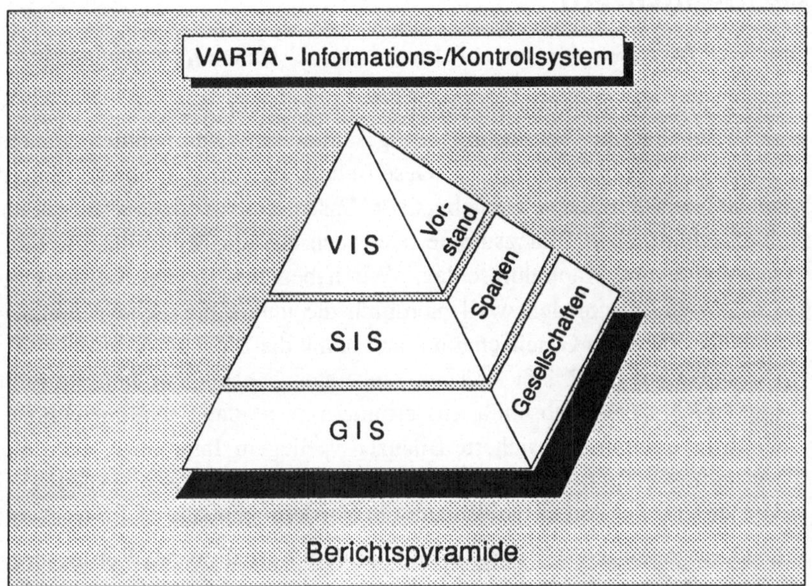

Abb. 6/16: VARTA-Informations-/Kontrollsystem

Wenn alle Daten vorliegen, erfolgt die Aufbereitung und Konsolidierung zum Sparteninformationssystem (SIS). Diese Daten werden dann den Spartenleitungen zur weiteren Analyse und Kontrolle zugeleitet, dazu gehen die GIS-Zahlen, soweit sie eine Sparte betreffen, im kompletten Umfang an das Sparten-Controlling. Das SIS stellt eine erste Verdichtung der in DM umgerechneten GIS-Zahlen dar. Im SIS werden die Umsatz- und Deckungsbeitragsentwicklung, die Erlöse usw. jeweils im Raster Plan/Ist/Abweichung/Vorjahr dargestellt. Es gibt eine zusammenfassende Ergebnisrechnung sowie zu jeder Zeile der Ergebnisrechnung eine Detaillierung nach operativen Einheiten mit der Summierung Inland, Ausland und Welt.

Die höchste Verdichtungsstufe des Berichtswesens stellt das Vorstandsinformationssystem (VIS) dar. Berichtsgrößen sind hier Umsatz, Ergebnis vor Steuern, Vorräte, Forderungen, Personal sowie eine Ableitung der für unser Geschäft außerordentlich bedeutenden Bleieinstandspreisentwicklung. Die ersten zusammenfassenden Seiten des VIS sind stark an aktienrechtlichen Erfordernissen orientiert, sie stellen ab auf die Berichtsebene Konzern-Inland, ausländische Tochtergesellschaften und Konzern weltweit. Besteht ein weiteres Informationsbedürfnis, so zeigen die folgenden Seiten auf der Ebene inländische Werke/Sparten, ausländische Tochtergesellschaften und Welt eine detaillierte Darstellung der oben genannten fünf Berichtsgrößen einschließlich Kennzahlen. Dem folgen im gleichen Aufriß die Details für die einzelnen Sparten.

Jedem Berichtsblock ist eine Graphik mit vier Fenstern vorgeschaltet, die 'auf einen Blick' die Entwicklung der Geschäfte verdeutlicht.

6.4.2.5 Kennziffern

Im Hause VARTA haben wir uns auf drei 'wichtige' Kennziffern festgelegt:

- Die operative Gesamtkapitalrendite (GKR) steht hier an oberster Stelle, sie beinhaltet die Verzinsung des gesamten im Unternehmen gebundenen Vermögens (respektive Sparte, Gesellschaft, operative Einheit). Sie errechnet sich aus dem Betriebsergebnis vor Zinsen und vor Lizenzerträgen und der durchschnittlichen Bilanzsumme oder auch aus der Multiplikation von Umsatzrendite und Kapitalumschlag. Wir haben uns für das Betriebsergebnis vor Zinsen entschieden, weil hierdurch die unterschiedliche Kapitalausstattung der einzelnen Gesellschaften (und damit die Zinslast) ausgeschaltet wird. Die operative GKR läßt sich am saubersten anhand von Jahresabschlüssen (ggf. auch Quartalsabschlüssen) ermitteln, weil dann durchgerechnete und durch Inventuren abgesicherte Bilanzen vorliegen. Innerjährig kann eine angenäherte GKR ermittelt werden, es stehen aber die Umschlagshäufigkeit der Vorräte und die Außenstandsdauer der Forderungen stärker im Vordergrund.

- Die Umsatzrendite (UR) ergibt sich aus dem Verhältnis des Betriebsergebnisses vor Zinsen und vor Lizenzerträgen zum Umsatz der betrachteten Periode.

- Der Kapitalumschlag (KU) ist die Division von Umsatz durch durchschnittlich gebundenes Kapital (Summe Aktiva am Anfang und Ende des Betrachtungszeitraumes dividiert durch zwei).

6.4.2.6 Datenbeschaffung und Datentransfer

Mit Hilfe einer maßgeschneiderten Software werden die Daten zur Planung und Berichterstattung weltweit erfaßt und abgerufen. Dieses 'MIS-Paket' ist in dBase geschrieben und in Fox-Base kompiliert. Wir haben dabei auf Anwenderfreundlichkeit großen Wert gelegt. Die menügesteuerte Datenerfassung erfolgt in aller Regel mit Hilfe eines PC, die Schnittstellen zum HOST sind definiert. Für den Datentransfer nutzen wir das GE Quick-Comm-Netz mit gutem Erfolg. Die Daten werden somit nur noch am Ort ihrer Entstehung 'angefaßt', alles andere läuft dann auf Knopfdruck in Sekundenschnelle.

Die Auswertung und Konsolidierung der Daten für das VIS erfolgt auf einem weiteren zentralen PC. Wir bedienen uns hier der APL-Programmierung, die sich als außerordentlich flexibel und damit erfolgreich zeigt. Wir sind somit in der Lage, kurzfristig Änderungen und Sonderauswertungen vorzunehmen, ohne den Datenbestand zu gefährden.

6.4.3 Informationsverarbeitung

Die Grundstrukturen der Informationsverarbeitung (IV) haben Auswirkungen auf die DV-technischen Möglichkeiten des Controlling. Hier werden folgende Punkte betrachtet:

- Struktur der IV-Systeme,

- Struktur der Netzwerke,

- Grundideen zweier im Umfeld Controlling interessanter Applikationen.

6.4.3.1 Struktur der IV-Systeme

Die Struktur der Informationsverarbeitung von VARTA ist wesentlich geprägt durch die Struktur des Unternehmens. Jedes Profitcenter von ausreichender Größe verfügt über eine eigene IV und kann innerhalb eines zentral vorgegebenen Rahmens autonom und somit möglichst marktnah agieren. Zusätzlich verfügt die Zentralverwaltung über einen DV-Bereich. Die logische Struktur dieser Systeme ist eine hierarchische (vgl. Abbildung 6/17).

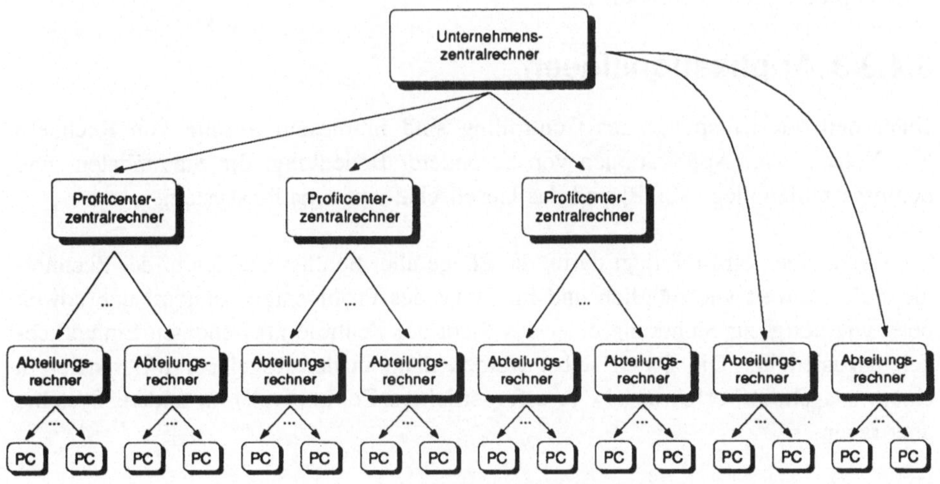

Abb. 6/17: Struktur der IV-Systeme

Die Grundidee dieser Rechnerstruktur ist die Abbildung entsprechender unternehmens- bzw. profitcentereinheitlicher Schlüsselungssysteme zur Sicherung der Gleichartigkeit von Stamm- und Bewegungsdaten, insbesondere von controllingrelevanten Absatz-, Umsatz- und Kostenauswertungen.

Die im Einsatz befindlichen Systeme in den einzelnen Kategorien sind:

- Zentralrechner: klassisch proprietäre Systeme,

- Abteilungsrechner: UNIX-Systeme,

- PC: MS-DOS, MS-Windows, Novell.

6.4.3.2 Struktur der Netzwerke

Die Rechnersysteme sind auf Basis folgender topologischer Grundideen weitgehend miteinander vernetzt:

- An den inländischen Hauptstandorten werden LAN-Netzwerke unter Berücksichtigung internationaler Standards (z.B. IEEE 802.3) aufgebaut und standortübergreifend durch Bridges/Router via HfD-Leitung verbunden.

- Alle wesentlichen Systeme im Inland sind mittels X.25-Netzwerk verbunden. Dieses Netzwerk besteht aus einer Kombination von Datex-P-Verbindungen und HfD-Leitungen, die mittels eines private-package-network-sytems (ppn) X.25-Anschlüsse realisieren.

- Diverse Anbindungen und Kundensysteme mittels DxP, DxL, BTX, Telefon.

- Das Mailbox-System Quick-Comm von General Electric im internationalen Verkehr zum problemlosen Austausch von Dateien über internationale Postrechte und Zeitzonen hinweg. Mit dieser Technik sind weltweit alle Regionen problemlos zu erreichen.

6.4.3.3 Applikationsideen

Unter dem Gesichtspunkt des Controlling sind in diesem System von Rechnern und Netzen zwei Applikationen von besonderer Bedeutung, die Stammdaten- und Schlüsselzahlenpflege (SDP) und das Gesellschaftsinformationssystem.

Die Grundidee von SDP liegt darin, die Pflege aller Schlüsselzahlen in der Rechnerhierarchie soweit wie möglich und im Sinne des Profitcenters sinnvoll und soweit oben wie nötig zur Sicherung einer aus Sicht der Zentrale notwendigen Einheitlichkeit anzusiedeln. Die Daten selbst werden dann in der Regel per file-transfer in einem snapshoot-Verfahren (1x je erforderlichem Zeitintervall) an andere Systeme übertragen.

Diese Verfahrensweise wird sowohl im Verbund mit der Zentrale profitcenterübergreifend als auch für Teilbereiche profitcenterintern genutzt. Sie stützt somit nicht nur das zentrale Controlling, sondern ebenso das dezentrale wie auch das gesamte Berichtswesen der VARTA.

Das GIS ist von der Idee her ein Raster, in dem alle für das zentrale Controlling relevanten Informationen der einzelnen Gesellschaften berichtet werden. Hierzu steht jeder Gesellschaft ein PC mit entsprechender Software zur Verfügung. Diese Software kann folgende Aufgaben erfüllen:

- Erfassung aller GIS-Informationen inklusive Prüfung alternativ,

- Übernahme der GIS-Informationen von einem gesellschaftseigenen lokalen System inklusive Prüfung,

- standardisierte Aufbereitung der Information als ASCII-file,

- Übermittlung der Informationen an die Quick-Comm-Mailbox,

- Übermittlung und Empfang beliebiger ASCII-files via Quick-Comm-Mailbox.

Dieses Verfahren wird im Ausland und im Inland gleichermaßen genutzt. Es lebt wesentlich von den Grundlagen, die das System SDP schafft.

6.4.4 Modernisierung des innerbetrieblichen Rechnungswesens

Die VARTA Batterie AG ist seinerzeit aus dem Zusammenschluß dreier rechtlich selbständiger Gesellschaften entstanden. Folglich finden wir an den einzelnen Standorten keine einheitlichen innerbetrieblichen Rechnungswesensysteme, vielmehr sind diese historisch mit unterschiedlichen Zielsetzungen und damit auch mit anderen Schwerpunkten und eigenproduzierter Software entwickelt worden. Seit 1990 arbeitet ein Projektteam an der Konzeption, ein einheitliches internes Rechnungswesen aufzubauen und schrittweise mit einer Standardsoftware einzuführen. Die flexible Grenzplankostenrechnung soll mit dem Softwaresystem von SAP die Basis für ein einheitliches dezentrales Controlling liefern, das Analysen in der notwendigen Tiefe erlaubt und ein nach Verantwortungsbereichen gegliedertes Berichtswesen ermöglicht. Gleichzeitig sind die vorgelagerten Arbeitsgebiete wie Finanz-, Anlagen- und Materialbuchhaltung integriert mit der Kostenrechnung abzuwickeln. Die Ablösung der standortindividuellen Altprogramme wird den Pflege- und Wartungsaufwand in der Datenverarbeitung drastisch reduzieren.

Aufbauend auf einer analytischen Kostenplanung liefert die monatliche Kostenstellenrechnung detaillierte Informationen für das Gemeinkostencontrolling. Regelmäßige Kostendurchsprachen mit den Kostenstellenleitern und Abweichungsanalysen sorgen für die notwendige Transparenz und geben Hinweise auf Kosteneinsparungen.

Aussagefähige Produktkostenkalkulationen mit monatlichen Herstellkosten-Soll-Ist-Vergleichen unterstützen die Vertriebsabteilungen und das Produktmanagement durch Aufzeigen von Voll- oder Teilkosten bei der Festlegung von Preisgrenzen und der Auswahl von Produktionsstandorten im Rahmen des Produktkostencontrolling.

Die integrierte Ergebnisrechnung für Vertriebsprofitcenter erlaubt mit stufenweiser DB-Rechnung und damit klarer Zuordnung von Kosten und Erlösen ein verantwortungsorientiertes Vertriebscontrolling. Das Management erhält Informationen für gezielte Marktaktivitäten und einheitliche Vergleichsmaßstäbe (Zeit- und Vertriebsbereichsvergleiche). Die Steuerung des Unternehmens wird durch Profitcentervorgaben und permanente Abweichungsdokumentation erleichtert.

Nach der durchgängigen Einführung der Grenzplankostenrechnung wird VARTA weltweit über ein einheitliches Rechnungswesen verfügen. Das Zentrale Controlling wird dann nicht nur die finanzwirtschaftliche Geschäftsentwicklung abbilden können, sondern auch auf vergleichbare betriebswirtschaftliche Daten Zugriff haben.

6.4.5 PIMS-Analysen

Das operative Controlling wird bei VARTA durch regelmäßige Bestandsaufnahmen ergänzt. Zu diesem Zweck sind innerhalb der einzelnen Sparten jeweils mehrere Strategische Geschäftseinheiten definiert worden. Die für die Analyse dieser Geschäftseinheiten erforderlichen Daten werden teils aus dem operativen Berichtswesen übernommen, teils eigens für strategische Zwecke erhoben.

Methodisch greifen wir auf das PIMS-Instrumentarium zurück (PIMS = Profit Impact of Market Strategy). Hintergrund für diese Methodik ist die von PIMS gepflegte Datenbank, die strategische Informationen für über 3.000 Geschäftseinheiten enthält. Diese werden mit Hilfe mathematisch-statistischer Verfahren den Daten für jede VARTA-Geschäftseinheit gegenübergestellt. Aus diesem Vergleich können Rückschlüsse auf die strategische Positionierung sowie die mögliche Entwicklung der entsprechenden Geschäftseinheit gezogen werden (sogenannte PAR-Analyse). Aus dem Vergleich dieser PAR-Performance mit der Ist-Situation können Verbesserungspotentiale veranschaulicht und mögliche Risiken identifiziert werden.

Aus Gründen der Praktikabilität und Wirtschaftlichkeit bedienen wir uns in der Regel nicht der vollständigen PIMS-Datenbank mit über 3.000 Geschäftseinheiten, sondern einer abgemagerten Version, die per Regressionsanalyse die Datenbank simuliert. Dieses sogenannte LIM-Modell (LIM für 'limited') läuft auf PC unter DOS und ist ohne Hinzuziehung externer Ressourcen zu verwenden. Zugleich bietet dieses System den Vorteil, neben der PAR-Analyse Indikationen über die Wertentwicklung jeder Geschäftseinheit zu liefern, was der strategischen Analyse aus Shareholder-Value-Sicht entgegenkommt.

6.4.6 Ausblick: Funktionales Controlling

Die Strukturierung der zentralen Controllingaufgaben erfolgte in der Vergangenheit vorrangig unter regionalen und spartenbezogenen Kriterien. Die regionale Konzentration ist sinnvoll bei mehrspartigen Landesgesellschaften zur Vermeidung von parallelen Abläufen zwischen Zentrale und Region. Nach der Gründung des Gemeinschaftsunternehmens Varta/Bosch sind aber Einspartengesellschaften vorherrschend, Überschneidungen sind die Ausnahme. Spartencontrolling findet dezentral in den umfassenden kaufmännischen Leitungen der Unternehmensbereiche statt. Ein zentrales Spartencontrolling kann zusätzlich im wesentlichen ein Management-Berichtswesen mit – aufgrund der größeren Entfernung zum Geschäft – geringerer eigener Analysekapazität realisieren.

Maßgeblich für die Gestaltung eines zentralen Controlling als Querschnittsfunktion ist einerseits die Vermeidung von Redundanzen mit den Geschäftsfeldern/Sparten, andererseits die Realisierung eines eigenen Ergebnispotentials. Dies ist in einer grundlegenden Spartenorganisation auf Konzernebene – mit einer funktionalen Organisation innerhalb der Sparten – durch ein funktional strukturiertes Controlling realisierbar.

Ein funktionales Controlling organisiert als Querschnittsfunktion für alle Geschäfts-
bereiche/Sparten die spezifischen Controllingaufgaben in den Funktionsbereichen

- Produktion,

- Vertrieb,

- Administration, F&E, DV, sonstige Funktionen,

- Betriebsnotwendiges Anlage- & Umlaufvermögen.

Dieser funktionalen Struktur entsprechen in der Bilanz/GuV-Rechnung die folgenden
Kosten- bzw. Vermögenskategorien:

- Gestehungs-/Herstellkosten,

- Vermarktungs-/Vertriebskosten,

- Verwaltungs-/Gemeinkosten,

- Forderungen/Vorräte/Investitionen.

Neben der kostenmäßigen und bilanziellen Auswertung kann ein funktiona-
les Controlling aber bereits bei spezifischen Erfolgsparametern ansetzen (z.B.
Qualitätsentwicklung, Außendienstorganisation, F&E-Entwicklungszyklen, DV-
Routinen, Servicegrade).

Deren ursächliche Verknüpfung mit Kostenkonsequenzen sollte spartenübergreifend
ausgewertet und zur Identifizierung von (relativen) Unwirtschaftlichkeiten genutzt
werden. Neben der – überwiegend monetären – Abweichungsanalyse als Controllinginstrument erscheint die funktionale Ausrichtung im Controlling besser zum
Verständnis von wirtschaftlichen Ursachen-Wirkungs-Mechanismen geeignet, da
jede betriebswirtschaftliche Funktion eher spezifische als allgemeine Charakteristi-
ken aufweist (Spezialisierung des Controlling).

Zielsetzung ist die systematische Identifikation und Ausschöpfung von Wirtschaft-
lichkeitsreserven – mit anderen Worten: die Vermeidung von Kostennachteilen gegenüber dem Wettbewerb, die auch nicht einfach – gegenüber der früher herrschenden
Meinung – durch 'Economy of Scale'-Effekte zu erreichen sind. Nach der Schaffung einer weitgehenden wertmäßigen Transparenz des Unternehmensgeschehens
im klassischen Controlling dient das funktionale Controlling der Transparenzma-
chung sachlicher Abhängigkeiten im Unternehmensgeschehen. Die ertragsoptimale
Gestaltung dieser sachlichen Abhängigkeiten ist eine vorrangige Aufgabe der Unternehmensführung, die instrumentellen Voraussetzungen dafür liefert das (funktionale)
Controlling.

Autorenverzeichnis

Dr. Wolfgang Behme

Wissenschaftlicher Mitarbeiter am
Institut für Betriebswirtschaftslehre
(Rechnungswesen/Controlling),
Universität Hildesheim

Prof. Dr. Jörg Biethahn

Professor für Betriebswirtschaftslehre,
Institut für Wirtschaftsinformatik,
Abteilung I, Georg-August-Universität
Göttingen

Dipl.-Kffr. Edda de Boer

Wissenschaftliche Mitarbeiterin am
Institut für Wirtschaftsinformatik,
Abteilung I, Georg-August-Universität
Göttingen

Dr. Rainer Brockhaus

Mitarbeiter in der zentralen
Planungsabteilung bei der Hewlett
Packard GmbH in Böblingen

Dipl.-Inform. Walter Dölle

Wissenschaftlicher Mitarbeiter am
Institut für Betriebswirtschaftslehre
(Rechnungswesen/Controlling),
Universität Hildesheim

Dipl.-Kfm. Fritz Dürkop

Direktor bei der VARTA Batterie AG in
Hannover

Dr. Axel Dycke

Abteilungsleiter für Methoden und
Systeme von Konzernberichtswesen und
-planung in der Hauptverwaltung des
Bertelsmann-Konzern, Gütersloh

Dr. Dirk Fischer

Wissenschaftlicher Mitarbeiter am Institut
für Wirtschaftsinformatik, Abteilung I,
Georg-August-Universität Göttingen

Prof. Dr. Burkhard Huch

Professor für Betriebswirtschaftslehre, Institut für Betriebswirtschaftslehre (Rechnungswesen/Controlling), Universität Hildesheim

Dipl.-Kfm. Jochen Kuhl

Wissenschaftlicher Mitarbeiter am Institut für Wirtschaftsinformatik, Abteilung I, Georg-August-Universität Göttingen

Dr. Reinhard Liedl

Bereichsleiter für Konzernberichtswesen und Planung und IV-Organisation in der Hauptverwaltung des Bertelsmann-Konzern, Gütersloh

Dipl.-Inform. Thomas Ohlendorf

Wissenschaftlicher Mitarbeiter am Institut für Betriebswirtschaftslehre (Rechnungswesen/Controlling), Universität Hildesheim

Dipl.-Ing. Ernst Sander

Leiter Produktionscontrolling in der Zentralabteilung Logistik bei der Krupp Hoesch Stahl AG, Dortmund

Dipl.-Inform. Katja Schimmelpfeng

Wissenschaftliche Mitarbeiterin am Institut für Betriebswirtschaftslehre (Rechnungswesen/Controlling), Universität Hildesheim

Abkürzungsverzeichnis der Zeitschriften

ACM	Association for Computing Machinery
BFuP	Betriebswirtschaftliche Forschung und Praxis
CM	Controller Magazin
CP	Computer Persönlich
c't	Magazin für Computertechnik
FB/IE	Fortschrittliche Betriebsführung und Industrial Engineering
HBR	Harvard Business Review
HMD	Handbuch der Modernen Datenverarbeitung
IM	Information Management
IO	Information Office
iX	Multiuser-Multitasking-Magazin
krp	Kostenrechnungspraxis
OM	Office Management
WI	Wirtschaftsinformatik
WISU	Das Wirtschaftsstudium
WiSt	Wirtschaftswissenschaftliches Studium
ZfB	Zeitschrift für Betriebswirtschaft
ZfbF	Zeitschrift für betriebswirtschaftliche Forschung
ZP	Zeitschrift für Planung

Springer-Verlag und Umwelt

Als internationaler wissenschaftlicher Verlag sind wir uns unserer besonderen Verpflichtung der Umwelt gegenüber bewußt und beziehen umweltorientierte Grundsätze in Unternehmensentscheidungen mit ein.

Von unseren Geschäftspartnern (Druckereien, Papierfabriken, Verpackungsherstellern usw.) verlangen wir, daß sie sowohl beim Herstellungsprozeß selbst als auch beim Einsatz der zur Verwendung kommenden Materialien ökologische Gesichtspunkte berücksichtigen.

Das für dieses Buch verwendete Papier ist aus chlorfrei bzw. chlorarm hergestelltem Zellstoff gefertigt und im pH-Wert neutral.